中国教育学会“十二五”教育科研规划重点课题“幼儿园课程资源建设研究”成果

幼儿园课程资源丛书

幼儿园美术教育资源
（绘画）

主　编　张念芸

人民教育出版社

图书在版编目（CIP）数据

幼儿园美术教育资源：绘画 / 张念芸主编. — 北京：人民教育出版社，2017.3
（幼儿园课程资源丛书）
ISBN 978-7-107-31154-3

Ⅰ. ①幼… Ⅱ. ①张… Ⅲ. ①美术课 — 学前教育 — 教学参考资料 Ⅳ. ①G613.6

中国版本图书馆CIP数据核字（2017）第060214号

幼儿园美术教育资源（绘画）

出版发行 人民教育出版社
（北京市海淀区中关村南大街17号院1号楼 邮编：100081）
网 址 http://www.pep.com.cn
经 销 全国新华书店
印 刷 保定市中画美凯印刷有限公司
版 次 2017 年 3 月第 1 版
印 次 2017 年 7 月第 1 次印刷
开 本 787 毫米 × 1092 毫米 1/16
印 张 30
字 数 607 千字
印 数 0 001 ~ 3 000册
定 价 68.00 元

如发现内容质量问题、印装质量问题，请与本社联系。电话：400-810-5788

幼儿园课程资源丛书编写委员会

主 任 委 员 魏运华　罗先友

副主任委员 周　菲　刘雅琴

编　　　委（按姓氏音序排列）

陈伊丽　焦　艳　刘　丽　刘　馨　刘占兰　秦光兰

王迎兰　许卓娅　张　帆　张念芸　张慧和　周　兢

秘　书　长 焦　艳

本书编写人员

主　　　编 张念芸

编　　　委（按姓氏音序排列）

陈玉红　崔雪雁　韩　鸫　刘亚明　任晓燕　袁　静

作　　　者（按姓氏音序排列）

陈玉红　陈　远　崔雪雁　丁　琪　韩　鸫　华冬梅

景丹丹　李　蓉　刘思纯　刘晓颖　戚　伟　任晓燕

宋佳洛　田　颖　王　娜　王　欣　魏　红　吴晓娟

杨　丽　姚立新　袁　静　张慧姿　张念芸　张婷婷

张　伟　张　妍　周晓丰　周浙燕

出版说明

自20世纪80年代以来，尤其是在贯彻《幼儿园工作规程》的过程中，我国学前教育界就开始了全面改革，儿童观和教育观发生了深刻变化。教育者开始重新认识幼儿身心发展的规律和需求，认识到幼儿是在与周围事物的相互作用中，在与成人和同伴的共同生活和游戏中，获得持续而有效发展的。幼儿园的教育是教师以多种形式有目的、有计划地引导幼儿主动学习的过程。教育的重点应放在开发幼儿的潜能，促进其个性健康发展，帮助幼儿形成初步的终生学习的愿望和能力上。

在教育理念发生深刻变化的同时，幼儿园课程和教学的研究也在深入。幼儿园教育实践开始打破以往以学科逻辑为中心的分科课程模式，开始尝试围绕幼儿经验和活动组织课程。各种课程模式、教育方案在幼儿园教育实践中应运而生，诸如领域课程、单元主题课程、整合课程、多元智能课程、项目活动或方案教学等。各地根据自己的课程实践，编写了多种幼儿园教材。

毋庸置疑，这些幼儿园教材以及其中蕴含的课程思想，对教师的教学起到了一定的支持作用。但是，没有一种预成的课程，也没有一种教材，能够适应不同地区的幼儿教育实际，穷尽幼儿教育实际中的所有问题。因此，教师在课程的选择和发展、在教学实际中的创造性得以凸现。

2001年，教育部颁布的《幼儿园教育指导纲要（试行）》（以下简称《纲要》），不仅对幼儿园教育的内容与要求、组织与实施，以及教育评价做出规定，也明确提出教师角色和要求。《纲要》提出：教师不仅是知识的传授者，还应当成为幼儿学习活动的支持者、合作者和引导者。教育活动的组织与实施的过程是教师创造性地开展工作的过程。

教师在课程选择和开发中的主体性，在教学中的创造性的发挥，不仅需要教师根据当地教育实际、教育传统，选择一种主体课程模式，更需要教师根据自身的特点和幼儿的学习、发展实际，选取和组合丰富的教育资源，生成和发展课程。课程资源对教师的课程实施、教学组织起到十分重要的作用。

为了满足广大幼儿园教师对新型幼儿园课程资源的需求，我社课程教材研究所学前教育课程教材研究开发中心承担了中国教育学会“十二五”教育科研规划重点课题“幼儿园课程资源建设研究”，组织我国学前教育领域的有关专家学者、幼儿园园长和骨干教师，根据新的课程理念和《纲要》精神，开展了幼儿园课程资源的理论与实践研究。本研究围绕如何开发教师的创新能力，引导教师以适宜的材料和方式去教育和指导幼儿，促进幼儿园的有效教学，促成儿童的良好发展而进行。希望能够开发出一套既能突出教师在课程开发中的主体作用，又能够保证幼儿主动学习的课程资源，支持教师在教学实际中根据幼儿发展和学习需要，创设环境、设计活动，引导幼儿主动学习。

现在呈现给大家的幼儿园教育课程资源丛书正是上述研究的结晶。本丛书概括起来有以下几个主要特点。

1. 课程资源涵盖幼儿发展的各个方面

为满足幼儿全面发展的需要，根据《纲要》以及2012年教育部颁发的《3—6岁儿童学习与发展指南》（以下简称《指南》）的要求，本丛书涵盖幼儿园健康教育、语言教育、社会教育、科学教育和艺术教育五个领域，并围绕《纲要》和《指南》的内容组织资源素材。根据幼儿园的现实教学情况，为方便教学，我们将科学领域的内容划分为科学和数学两大部分，将艺术领域的内容划分为美术和音乐两大部分，并分别单独成书。

2. 不拘于课程模式，供教师灵活选用

本丛书根据教师完成教育任务的需求，提供可适用于多种课程模式的教育素材，其中包括不同年龄班幼儿在不同学习领域的关键经验、基本教学内容和指导要点，大量的教育活动和游戏活动实例，丰富的素材如诗歌、故事、绘画作品、手工作品、歌曲、舞蹈和小知识等，以及相关的幼儿操作材料和配套产品。在提供素材的同时，给予相关的教学提示，包括教师在组织相关教育活动时，如何创设环境、提供材料，如何设计教育活动实施步骤，如何指导幼儿探索等。

作为幼儿园最基本的课程资源，本丛书适用于各种课程模式，无论是分领域教学还是综合教学，或其他各种课程模式的教学都可以灵活选用。从而将过去那种固定搭配的教案改变为一系列备选的素材，同时对教师提出多种组织教育活动的建议。这样不仅有利于教师自主开展教育活动，而且可以使幼儿获得更有效的发展。

3. 实用性和操作性强

本丛书为教师提供了教学时可供选择的多种教育活动方案、相关资源与操作材料。不仅包括文本形式，还提供了多媒体资源。其中包括供观察欣赏的图片，引发幼儿兴趣的动画、教学用图，幼儿使用的添画纸、模板、贴画等的图样。这些成品或半成品资源，为幼儿提供了大量的动手动脑的机会，同时还可以减轻教师制作教具和学具的负担。

本丛书得到中央教育科学研究所、北京师范大学、华东师范大学、南京师范大学、首都师范大学学前教育学院、北京市教育科学研究院、南京高等幼儿师范学校的有关专家、教师以及众多幼儿园的参与和支持，在此表示诚挚的感谢！

衷心希望广大读者在使用过程中提出宝贵的意见，以使本丛书更臻完善和实用。

幼儿园课程资源丛书编写委员会
2016年8月16日

编者的话

绘画是美术中最常见的一个种类，它是指运用线条、形状、颜色，通过造型、构图、色彩等表现手段，在二维空间即平面上塑造视觉形象。二维性是绘画的根本特点。

绘画的基本心理过程是再现，即画者运用绘画媒介创造图形或图像代表客观事物或意义，将内心所知所想外化，以物化手段体现出来。这一过程的实质是创造。绘画是培养幼儿创造性的极佳手段。

绘画对幼儿来说还是一种文化的学习。绘画是人类文化最早和最重要的载体之一，记载了许许多多著名人物和历史事件，是人类思想和情感的一面镜子。通过绘画，幼儿可以认识人类的历史、生活、信仰、风俗、地理风貌和著名的人物。

当前，随着信息化进程的加快，图像作为一种有效而生动的信息载体，越来越广泛地出现在人们的生活中。学习绘画，有助于幼儿熟悉图像媒材特性，理解和运用视觉语言，更多地介入信息交流，共享人类社会的文化资源。

教师指导幼儿绘画需要注意以下几方面的问题。

形象是幼儿绘画的基本元素，来源于视觉经验。因此，视知觉是美术创作中的重要因素，对事物的观察不可忽视。在绘画创作中，表现对象和主题确定之后，教师要注意引导和指导幼儿观察表现对象。

情感是另一重要因素。幼儿绘画的愿望、内容、方式都会受到情感的影响。因此，教师在选择绘画对象和方式时，要充分考虑幼儿的情绪、心情，并注意调动幼儿的内在情感和积极性。

艺术再现能力对于绘画创作必不可少。所谓艺术再现是指创作者经由一系列的、艰难的思维，为自己的经验找到体现其意义的外部表现形式。长久以来，在美术教育过程中，教育者对于幼儿绘画时的再现环节缺乏了解和指导。为解决创作中的困难，教师往往依赖于范例。这种指导方式看似效果不错，但是由于跨过创作中的思维过程，幼儿不会从中获得真正的绘画能力。因此少用范例，代之以能够引导幼儿进入艺术再现的方法，才有望培养出他们真正的绘画能力。

操作，即动手描绘，可促进幼儿对表现媒材的理解和熟悉，增进对它的驾驭程度。因而，教师应为幼儿提供良好的绘画条件和丰富充分的绘画材料工具，方便幼儿进入创作，并体会不同媒材的特质，增进对媒材的敏感性和亲近感，进而学会用绘画媒材作思考，发展艺术创造和想象力。

指导幼儿绘画还需注意幼儿的年龄特点。

幼儿的绘画基本可以分为前绘画期和绘画期。

在前绘画期，幼儿的涂涂画画没有表现的意图，属于单纯的画线活动，一般称之为涂鸦期。对处于涂鸦期的幼儿，教师和家长要关注并允许幼儿涂鸦，尽可能多地让幼儿接触各种工具材料，提供充分的条件，让他们涂涂画画，玩玩做做，既获得游戏的乐趣，又发展视觉的感受力和手的灵活性，为下一阶段的到来，为真正的绘画做好准备。

当幼儿长到三四岁的时候，会经历一个由无表现意图的涂鸦向有表现意图的绘画转化的过渡阶段。此时，教师和家长要注意发现幼儿有意识表现的萌芽，保护、鼓励幼儿有意识表现的信心，提示或引导幼儿觉察涂画痕迹与事物的联系，适时导入新的阶段。

四岁左右，幼儿进入绘画期，他们的绘画能力迅速发展，能够稳定地、有明确意图地进行表现。在造型方面，幼儿逐渐能用所掌握的形状表现越来越多的事物，并且表现得越来越丰富和深入。对此，教师要注意让幼儿接触和表现各种不同的事物，多积累形象；在表现方面，幼儿不仅是表现物体的大轮廓，还需要区分出物体的各组成部分和细节并加以表现，以期描绘出物体的特征。这一阶段幼儿在表现事物情节上也会大大进步。为此，教师要注意向幼儿揭示事物的差异和由此而来的简单矛盾以及这些矛盾引起的事物的变化，适时提出包含一定情景及情节的主题引导幼儿表现，同时对涉及情节表现的构图加以指导。在绘画用色方面，幼儿主要倾向为装饰。一般来讲，教师在指导幼儿用色上，不必要求幼儿使用固有色描绘物体，只要求他们在描绘事物时颜色有区别就可以了。不同的物体用不同的颜色来画，大胆地使用色彩，这样幼儿就能画出很漂亮的儿童画。进一步，教师可以引入深浅色，引导幼儿画得色彩更有层次一些。当幼儿萌发出表现事物的客观颜色和表达情感的愿望时，教师应注意选取色彩单纯鲜明的事物、景物，抓住其美感、动人之处引导幼儿描绘。另外，在表达情感方面，教师应注意激励幼儿发现色彩的情感特性，探索运用简单的色彩规律进行表达。

本书以绘画活动为主线，共设计了246个活动方案。方案按小、中、大班编排。需要说明的是，本书非课本，属于资源性质，旨在为教师提供尽可能多的教育教学活动素材。教师在使用本书时，不需要按照本书给出的方案顺序逐个组织活动。教师可以根据本班幼儿的实际水平与经验选取合适的方案，甚至跨年龄选取，然后组成有特色、有针对性的美术课程。

根据需要，本书的一些活动设计后面附有“提示”和“延伸”。“提示”主要是提醒教师该活动中需注意的事项以及某些环节的替代方法。“延伸”的内容为该活动可引申的相关活动。大多数方案都附有“资料夹”。“资料夹”的内容包括与活动相关的小知识、儿歌、歌曲、故事等。这些内容供教师选择运用。

另外，本书配有多媒体资源光盘。多媒体资源包含两类：一类是与活动方案相配的“专用资源”，内容包括图样、图片和动画。图样是供教师打印、复制后用于教学和幼儿操作的简图。图片是以幻灯片的形式提供给幼儿观看与欣赏的照片与美术作品，以扩大幼儿的眼界。动画为PPT动态形象，用于增进幼儿美术情趣，调动创作积极性。另一类是多用资源，主要是按生活常识分类制作的幻灯片，可用于任何绘画，甚至绘画之外的相关活动。为了充分发挥资源的作用，教师在使用本书之始，应粗略地浏览光盘目录及内容，这样在设计活动时便可以跨年龄、跨方案地选取适用资料，而不必局限于作者提供的资源指南，使工作效率与质量得到提高。

本书活动方案的设计者大致来自四个方面：北京市西城区幼儿园韩鹣等老师、总政“五一”幼儿园陈玉红老师、光明幼儿园任晓燕老师、明天幼稚集团袁静老师。这些教师设计的美术活动方案基于她们多年成功的教育实践和研究。不同作者编写的方案侧重点与风格有所不同。西城区教师的方案注重创作的内容，以精选的物象与事物激发幼儿的兴趣与艺术思考。陈玉红老师的方案更多地提供了幼儿美术创作形式的组合变化，包括综合运用多种材料、变化材料规格，以及幼儿的分组变化。任晓燕老师的方案围绕各主题设计了一组组相关活动，其好处是可以使幼儿体会到事物不同的侧面与关联，打开联想的空间。袁静老师则对美术创作中的艺术要素比较重视，她提供了大量的以美术元素为焦点的活动方案。这有助于幼儿体会各种美术要素的表现性，提高他们的艺术素养。如此之多侧重点与风格不同的活动方案，给予本书的使用者极大的选择性。希望教师们能够利用好本书，设计出适合自己教育对象的最佳课程。

需要说明的是，本书编写启动于五年之前。当时网络信息的传播与图像的摄取都远不如当今方便快捷，而本书提供的有些资料在今日则唾手可得。那么，希望本书能为教师提供一个设计活动与搜集编制相关资料的样本。教师们可以参照本书，设计适合自己教育对象的美术活动，并充分利用电子信息手段找到有用的文字、图像资料。

在编写本书时，我们收集了大量的资料，从中选取了与教学相关的内容，其中包括一些优秀的原创文字、音乐、美术作品。非常遗憾，虽经努力，未能联系上全部作者，在此谨表歉意。望相关人士与出版社联系。

张念芸

2016年5月7日

目录

大班

小班

1. 漂亮的彩虹伞（涂色）

目标

1. 认识生活中常见的几种颜色，如红、黄、蓝、绿等。

2. 大胆选用色彩，学习使用画笔，比较均匀地将颜料涂满画布或画纸。

准备

1. 经验准备：

在户外活动时，教师组织幼儿玩“彩虹伞”游戏。

2. 物质准备：

（1）欢快的音乐，彩虹伞，红、黄、蓝、绿等各色摇铃。

（2）水粉颜料 4～6 色，小刷子、海绵滚、海绵印、圆形画布或画纸（规格：直径 20 cm～50 cm），每个幼儿 1 份。

过程

1. 教师带领幼儿玩彩虹伞游戏，激发幼儿对色彩的兴趣。

（1）教师将彩虹伞面平铺于地上。

教师：今天我们来玩“彩虹伞”游戏。小朋友，看看彩虹伞漂亮吗？彩虹伞上面都有哪些颜色？

幼儿指认彩虹伞上的颜色，并说出其名称。

（2）教师播放音乐，摇彩铃。幼儿听音乐，在彩虹伞伞面上按节奏走动。音乐停，教师请幼儿找到伞面上与摇铃颜色相同的格子，站在上面。

教师：你站在什么颜色上了？你还见过什么东西也是这种颜色？

（3）游戏进行 2～3 次，每次颜色不同。最后一次请幼儿找一个自己喜欢的颜色站好。

2. 教师引导幼儿设计漂亮的彩虹伞。

教师引导幼儿讨论：

除了彩虹伞上的颜色，你还见过什么颜色？你最喜欢什么颜色？

我们亲自动手用自己喜欢的颜色制作一个小彩虹伞怎么样？

请把自己最喜欢的颜色涂在彩虹伞上。

3. 教师介绍工具材料及涂色的方法。

教师边演示边说：涂颜色时，从哪儿开始呢？（可从最上面开始，这样不会弄脏衣服）

教师：拿画笔时，要握住它，蘸上颜色，看一看“不流眼泪”了，就可以开始涂色了。

4. 幼儿涂色，教师鼓励并指导。

(1) 教师给幼儿发放伞面（圆形画布或画纸），鼓励幼儿选用自己喜欢的颜色，在上面大胆涂色。

(2) 教师提醒幼儿：用颜料把彩虹伞涂满，不要让彩虹伞上有“漏风”的地方。

5. 教师引导幼儿分享活动成果。

创作后，教师协助幼儿晾放作品，同时引导赏析：小朋友，找找自己喜欢的彩虹伞，说说它是什么颜色的，为什么喜欢它。

待伞面晾干后，教师协助幼儿为伞面装上伞把。

提示

1. 本活动的重点是引导幼儿大手笔涂色，将画布或画纸涂满自己喜欢的颜色。

2. 幼儿可以独立或合作进行创作。

3. 做好的彩虹伞可用于幼儿的游戏中，如翻饼烙饼、荷叶钻爬、小坐垫等。

资料夹

散文

请你来认识我——小花伞

我是小花伞，我们家族有好多成员呢！我们每个人有一个好看的伞面，有的只有一种颜色，有的有许多颜色，还有的带着许多漂亮的花纹呢！你快来看看我吧！

下雨的时候用雨伞。雨伞被打开，变成了一个漂亮的小蘑菇，雨水落在上面，就从高处流下来，你就不会被淋到了。

晴天防晒用遮阳伞。遮阳伞一打开，就遮住了阳光，太阳公公就晒不到你。

很多小朋友一起玩的伞叫彩虹伞。每个人拽住一个地方，大家一起向上将彩虹伞举起来，再落下去，彩虹伞就会上下飘动，很好看的。彩虹伞的玩法很多呢，你也和老师、小朋友一起去玩玩吧！

多媒体资源库

专用资源

1. 动画：彩虹伞

2. 图片：小花伞

2. 快乐的涂鸦（水粉玩色）

目标

1. 用自己喜欢的方式大胆地进行表现和创作。

2. 对丰富多彩的颜色感兴趣，体验大胆用色的乐趣。

准备

1. 经验准备：

(1) 活动最好选择在春夏色彩丰富的季节，在户外活动中教师注意引导幼儿感受树木花草的不同色彩。

(2) 活动之前，教师设法使幼儿获得使用水粉和毛笔的经验，知道将笔放在颜料盒里。

2. 物质准备：

(1) 透明塑料桌垫（规格：130 cm×80 cm），幼儿每组1张；教师自选轻音乐。

(2) 毛笔若干，丰富多彩的水彩颜料。

过程

1. 教师激发幼儿对色彩的兴趣。

教师带领幼儿跟随欢快的音乐，做动作进入活动室。

教师：小朋友们现在是什么季节啊？你们发现春天都有哪些颜色？你喜欢什么颜色？

2. 教师引发幼儿玩色的兴趣。

教师提示：

小朋友喜欢这么多漂亮的颜色，就让我们和它们做朋友，用小刷子、毛笔刷刷刷，玩一玩吧！

现在就把咱们的好朋友毛笔和颜料宝宝请出来，小朋友们一起来用神奇的颜料把桌垫变得更漂亮。

3. 幼儿玩色，教师鼓励并指导。

教师：请小朋友分组站在桌子前，玩颜色时，找你喜欢的颜色，刷一刷、玩一玩，想怎样涂都可以，只是尽量不要把衣服弄脏。

幼儿大胆用色，用自己喜欢的方式装饰美工区桌垫（轻音乐伴随）。教师观察并鼓励幼儿的多种尝试，指导幼儿大胆涂刷。

4. 教师引导幼儿分享成果。

教师：请你和老师或小朋友说说自己使用过什么颜色，是怎样玩颜色的。

有的小朋友还没有玩够，欢迎小朋友以后常到美工区来玩涂涂画画的游戏。

提示

1. 本活动的重点是引导幼儿大手笔地涂色、玩色，幼儿有混色、覆盖等举动都应支持，鼓励幼儿将桌垫涂满自己喜欢的颜色。

2. 涂好的桌垫晾干后可以铺到美工区的桌子上作为装饰物。

3. 塑料桌垫可反复使用，随时可以将桌垫上的颜色擦洗掉，让幼儿涂画新的内容。

资料夹

儿歌

春天是……

春天是，
暖暖的太阳照，柔柔的风儿吹，
蓝蓝的天空云朵白。
春天是，
潺潺的河儿开，绿绿的草儿长，
杨柳扭着细细的腰。
春天是，
粉粉的桃花娇，白白的玉兰俏，
黄黄的迎春风里笑。
春天是，
可爱的鱼儿游，快乐的鸟儿鸣，
蜜蜂、蝴蝶来舞蹈。
春天是，
满天的风筝飘，满地的孩子笑。
五彩的世界真美丽。

多媒体资源库

专用资源

图片：美丽的春天

3. 滚印花布（滚珠画）

目标

1. 尝试用滚珠的方法制作纹理。

2. 体验摇动纸盒，滚动珠子留下印迹的绘画乐趣。

3. 发展手眼的协调能力。

准备

1. 经验准备：

教师将滚珠画的制作过程拍摄下来，幼儿在活动过渡环节时随意观看。

2. 物质准备：

玻璃弹珠若干；红、黄、蓝三色水彩颜料，调好，装入小桶中；小勺若干；幼儿每组 1 份。圆形、心形、方形等各种形状的盒盖，里面铺上画布，幼儿每人 1 份。

过程

1. 教师创设情境，激发幼儿对活动的兴趣。

教师：花布店里缺货了，请小朋友帮忙制作一些花布吧。

2. 教师带领幼儿参观“花布加工厂”的工具，引导幼儿回忆已有经验。

（1）教师引导幼儿观察作画材料。教师：你们认识这些工具吗？猜一猜可以怎么用它们？

教师根据幼儿的回答提炼制作步骤。（将玻璃弹珠放入颜料桶内蘸满颜料，然后用小勺将珠子舀出来放到任意一种形状的盒子里，来回摇动盒子，让珠子在盒子里滚动，留下印迹）

（2）教师小结：小弹珠，真淘气，跳到桶里做游戏。舀出珠，放盒里，滚来滚去做花布。

3. 幼儿制作花布，教师巡回指导。

教师鼓励幼儿边说儿歌边操作。遇到幼儿把弹珠摇晃到盒子外时，教师可引导幼儿讨论：为什么弹珠会掉到外面去？

教师鼓励幼儿都来说一说，介绍自己的操作方法。

教师小结摇动的方法：小小弹珠真淘气，双手端盒子要用力，前后左右慢慢摇，不让小弹珠跳出去。

4. 作品展示。

教师引导幼儿把加工好的小花布放到绳子上晾晒，鼓励幼儿相互欣赏，看看谁的小花布最漂亮。

资料夹

儿歌

花　布

大花布，真好看，拿来剪刀和针线，
做了衣服和鞋帽，送给娃娃好喜欢。

小花布（绕口令）

我家有块小花布，布上画只小老虎，
画上老虎会发怒，吓跑远处小花兔。

多媒体资源库

专用资源

动画：珠子滚滚

4. 小汽车去旅行（户外玩色）

目标

1. 尝试操作玩具汽车玩色，发现车轮滚动后留下的不同痕迹。
2. 体验玩色游戏的乐趣，大胆想象。

准备

1. 经验准备：

在户外游戏时，教师组织幼儿玩“开汽车”的游戏。

2. 物质准备：

（1）各种玩具小汽车若干辆，长卷纸 1 轴，红、黄、蓝三色水粉颜料若干盘，绿色塑料盘或塑料垫子 2～3 个，毛巾 1～2 条。

（2）教师自备《去郊游》的音乐及播放设备。

过程

1. 教师用音乐游戏《去郊游》导入活动，激发幼儿兴趣。

教师播放音乐《去郊游》，并带领幼儿模仿司机开汽车的样子行进。教师：我们要开着小汽车去旅行了，我们会走不同的路，小司机可要看好路线呀！

2. 教师引导幼儿回忆游戏经验。

教师：刚才我们的小汽车走过什么样的路呀？（直直的、弯弯的、环形路）

3. 教师出示材料，演示讲解操作的方法。

教师将长卷画纸铺展在地板上，拿起小汽车说：我的小汽车会画画，看看我用了什么方法？

教师把小汽车轱辘蘸上颜料说：我们让小汽车的车轮在颜料上面滚一滚，蘸一蘸，这样小汽车跑起来就更有力气了，还会有新奇的事情发生。

教师把小汽车放到纸上，用手轻轻推动，说：我是司机，看，我的小汽车在马路上开过去会留下漂亮的线呢。

4. 幼儿操作，教师巡视指导。

（1）教师指导幼儿把玩具汽车轱辘蘸上颜料，然后进行玩色游戏。教师：小司机准备好了，我们出发吧！幼儿操作玩具小汽车，在长画纸上滚印。滚印时，可以几名幼儿围绕长画纸同时操作，使活动略带竞赛气氛。

（2）当幼儿滚印尽兴时，要及时结束活动，教师可对幼儿说：小汽车跑累了，我们快把小汽车停到停车场休息一下吧！幼儿将玩具小汽车放到教师事先准备好的盘或垫子、毛巾上。

5. 集体分享作品，大胆想象。

教师展示作品，并带领幼儿观赏。教师：呀！在咱们刚才开车的路上，留下了这么多彩色的线，真漂亮！快看，这一条像什么呀？……快给它起个好听的名字吧！

教师逐一指点线条，示意幼儿说出线条的样子。（直直的、弯弯的、环形路）

提示

长卷纸可以自己制作。将1开的画纸，横向裁为2～3条，然后根据活动空间的大小粘连成2～3米的长卷纸。长卷纸上可以标上交通标记，例如箭头、斑马线等。一般一条长卷纸供十名左右幼儿使用。

资料夹

儿歌

能干的小汽车

小汽车，嘀嘀嘀，

四个轮子转转转。

一直走，向前行，
轮子走出直直线。
向左转，向右转，
轮子走出弯弯线。
小汽车，转圈圈，
车下出现环行线。
快快开，慢慢行，
小小汽车真能干。

多媒体资源库

专用资源

动画：小汽车去旅行

5. 好吃的匹萨（油画棒添画）

目标

1. 大胆地在纸盘上添画，表现匹萨饼上的各种食物。

2. 在绘画活动中，巩固正确握笔的姿势。

准备

1. 经验准备：

创设情景“匹萨店”，将各种样式的匹萨照片悬挂在活动室的一角，所挂位置要便于幼儿观察和欣赏。

2. 物质准备：

圆形、方形纸盘幼儿每人 1 只，油画棒若干，小厨师胸饰幼儿每人 1 个。

过程

1. 教师引导幼儿通过进行“逛匹萨店”的情境游戏，感受匹萨上丰富的馅料。

（1）教师引发幼儿的兴趣：匹萨店里有许多好吃又好看的匹萨，我们一起来看看吧。

（2）引导幼儿观察匹萨上的材料，鼓励幼儿说一说：匹萨上面有什么？（胡萝卜、绿青椒，黄玉米、圆香肠……）

教师：它们是什么形状的？（圆形、方形、三角形……）

教师：它们有什么颜色？（红色、绿色、橘黄色……）

（3）教师小结：匹萨圆，匹萨香，做个匹萨尝一尝。胡萝卜、绿青椒，黄玉米、圆香肠，小小厨师快来做，看谁的匹萨做得香。

2. 教师请幼儿通过添画大胆表现匹萨上的不同食物。

（1）教师借助“魔术棒”，把幼儿变成“小厨师”，激发幼儿制作匹萨的兴趣。

（2）鼓励幼儿用油画棒在圆形纸盘上大胆添画。

教师：匹萨上有很多好吃的食物，小厨师们，你们想给自己的匹萨放上什么食物呢？（玉米、香肠、鸡蛋、冰激淋、水果……）

教师：快用小画笔给你的匹萨画上好吃的食物吧！

（3）幼儿绘画，教师及时肯定幼儿用线条和简单图形在纸盘上大胆表现的行为，并纠正幼儿握笔姿式。

教师：油画棒，手中拿，拇指、食指捏住它，身体坐直别乱晃，找准位置来画画。

3. 作品展示。

幼儿把匹萨送到娃娃家，互相欣赏，体验快乐。

引导幼儿在娃娃家开展“匹萨品尝会”的活动。

资料夹

故事

匹萨的故事

匹萨是一种饼，传说它来源于中国的葱油馅饼。当年意大利著名旅行家马可·波罗在中国旅行时特别喜欢吃葱油馅饼，回到意大利后他还想吃，但不会做。于是，马可·波罗就向厨师描绘了葱油馅饼的样子和味道，让他按自己所说的方法试试。可是，忙了半天，却无法将馅料放到面团里面，厨师非常着急，于是马可·波罗就让厨师将馅料放在面饼上烤着吃。饼终于做好了，大家都说好吃。这位厨师后来就配上乳酪和作料又做了几次，人们都非常喜欢，从此匹萨就流传开了。

多媒体资源库

专用资源

图片：好吃的匹萨

6. 五彩鞋（水粉画）

目标

1. 运用水粉画笔、水粉颜料装饰鞋子。

2. 感受用水粉画笔玩色、刷色的乐趣。

3. 大胆作画，初步养成良好的绘画习惯。

准备

1. 经验准备：

教师将水粉画笔和水粉颜料投放到美术活动区中，以便幼儿在区域游戏时尝试使用，获得运用相关材料工具的经验。

2. 物质准备：

（1）自制幻灯片：4组用大面积色块装饰的鞋子。

（2）水粉颜料、小碟子、水粉笔，幼儿每组1份；剪好的鞋样，数量要多于幼儿人数。

过程

1. 教师和幼儿共同欣赏几组鞋子的幻灯片，感受五彩鞋的美丽。

教师提出问题引导幼儿欣赏：

你看到了什么？你喜欢这样的鞋子吗？

你觉得这些鞋子漂亮吗？

你觉得它哪里漂亮？（颜色，样子……）

你都看到了哪些漂亮的颜色？（红色、绿色、黄色……）

你觉得哪些颜色挨在一起很漂亮？（红色和黄色做好朋友很漂亮；我喜欢绿色和红色做好朋友；有很多颜色它们都是好朋友，我喜欢五颜六色，很漂亮……）

2. 教师出示各种工具，引导幼儿探索“五彩鞋”的装饰画法。

教师引发幼儿制作的兴趣：你想做一双漂亮的五彩鞋吗？

教师依次用以下问题引导幼儿：

你猜猜鞋子上这些漂亮的颜色是怎么画上去的？（用笔和颜料画的）

怎样把鞋子画满各种颜色？（画上五彩颜色，每个地方都画到）

想换颜色怎么办？（把笔宝宝送回它的家，再换一根笔宝宝）

3. 幼儿创作，教师指导。

教师鼓励幼儿在鞋样上大胆用水粉颜料涂画：你喜欢什么颜色，小鞋也很喜欢这个颜色，快给它涂上吧！

教师注意引导幼儿观察、发现不同色块交织在一起的美丽：你觉得哪些颜色宝宝挨在一起漂亮？可以试一试。

4. 集体欣赏，交流作品。

教师：你更喜欢哪一只鞋子？为什么？（它有很多颜色宝宝，很漂亮！）

资料夹

1. 谜语

大小一样两只船，
没有桨也没有帆。
白天带人四处走，
晚上一对摆床前。

谜底：鞋

2. 参考图

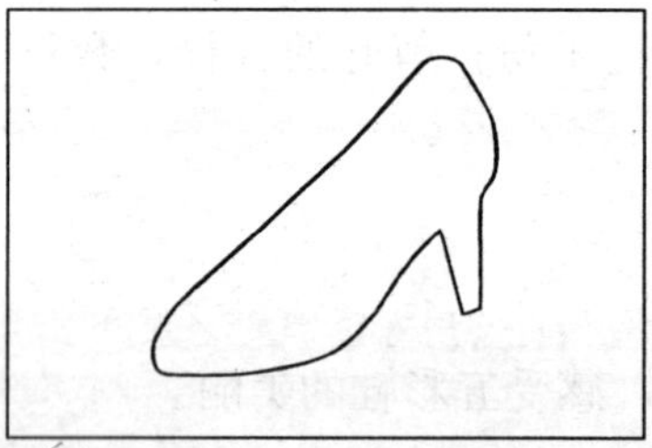

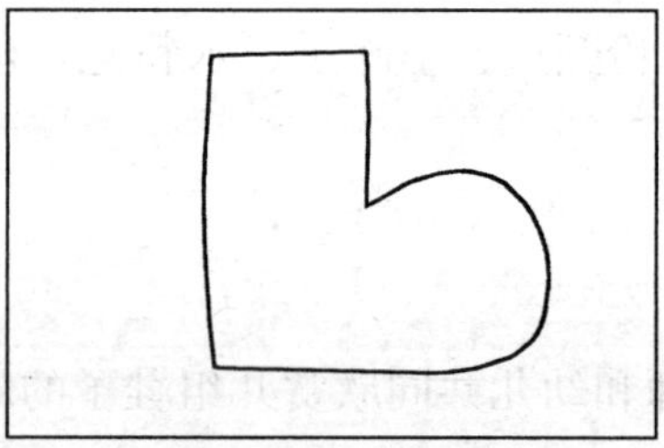

鞋样

多媒体资源库

专用资源

1. 图片：五彩鞋

2. 图样：鞋

7. 小花被（团纸印画）

目标

1. 尝试用团纸拓印的方法装饰。

2. 体验创作的乐趣与创作后的成功感。

准备

1. 经验准备：

(1) 教师在美术区角提供废旧纸张，使幼儿获得团纸的经验。

(2) 教师在午睡前提示幼儿观察自己被子的样子。

2. 物质准备：

(1) 有图案的小花被 1 条。

(2) 小熊图片幼儿每人 1 张；各色水粉颜料、皱纹纸块，若干空白的被子纸型幼儿每人 1 份。教师从多媒体资源库中下载的小熊卡片，幼儿人手一张。

过程

1. 教师和幼儿一起谈谈自己的小花被，说一说小花被上的图案。

教师边出示花被纸型边说：我有一床小花被，它可漂亮了。你们看看小花被上有什么？幼儿讲述教师被子上的花纹图案，教师给予提示、补充和归纳。

教师：小朋友，你们有小花被吗？你的小花被漂亮吗？它上边有什么图案？

幼儿谈自己被子上的花纹图案，教师给予提示、鼓励。

2. 教师请幼儿给小熊做花被，引发幼儿创作。

教师边出示白色的被子纸型边说：小熊也有一个小被子，可是它的小被子不漂亮，请小朋友来帮帮忙，让小熊的小被子也变成漂亮的小花被好吗？

3. 教师向幼儿介绍材料。

教师：小朋友，请你们看一看，老师给你们准备了一些纸和颜料，你们能用这些东西帮助小熊吗？教师与幼儿一起了解教师准备的材料。

教师：我们怎么用这些东西把小被子变漂亮？

幼儿发表意见，教师选择性地加以归纳。

教师边演示边说：我们可以把纸团成小球，再用小球蘸上各种颜料在白色的被子上印，就能印出好看的图案了。

4. 幼儿进行创作，教师指导。

教师：小朋友，你也来用这个方法，给小熊的被子印上图案吧！看一看，你能印出什么图案？

5. 幼儿以游戏方式结束活动，展示作品。

教师：小朋友，请小熊睡在你做的小花被里，并请小朋友和老师看看你给小熊做的花被。

提示

1. 教师要给幼儿准备易团的纸如皱纹纸，以免幼儿不能将纸团成球。

2. 教师可以让幼儿在班上找寻可拓印的材料来给小熊印花被，让幼儿从中发现拓印的新奇，感受拓印的乐趣。

资料夹

儿歌

小 花 被

小花纸，团一团，
颜料里边蘸一蘸。
拿出来，想想好，
我们来印小花被。
轻轻印，慢慢点，
一二一二排好队。
红黄蓝，换一换，
小小花被真好看。

多媒体资源库

专用资源

图片：小熊（1～3）

8. 漂亮的购物袋（水粉画）

目标

1. 观察、欣赏购物袋的美丽图案与色彩。
2. 在购物袋图形上大胆涂色，进行装饰。

准备

1. 经验准备：

教师通过谈话、讲故事等，使幼儿明白一次性塑料袋及塑料制品对环境的不良影响，提倡使用环保型购物袋。

2. 物质准备：

（1）漂亮的购物袋图片若干。

（2）调好的彩色水粉颜料放入小盘中，每种颜料配毛笔 2 支，幼儿每组 1 份；画纸幼儿每人 1 张。

过程

1. 教师出示购物袋图片或实物购物袋引出主题。

教师：这里有许多漂亮的购物袋，你喜欢哪一个？你为什么喜欢？（因为它的颜色漂亮；我喜欢它的图案……）

2. 教师请幼儿欣赏购物袋，引导幼儿观察购物袋的样式、色彩及图案。

教师：这个购物袋是什么形状的？（方形、长方形……）

教师：购物袋上面有什么样的图案？（有花、有点点……）

3. 教师鼓励幼儿大胆讲述自己想要设计的购物袋。

教师：今天我们也来当小小设计师，把购物袋装饰漂亮，你想在上面画什么？（画泡泡、画糖果……）

教师：你喜欢什么颜色？你想给它涂什么颜色？（红色、绿色……）

4. 幼儿绘画，教师鼓励并指导。

教师提示：

请小朋友在涂色时要把颜色涂均匀。

涂完一种颜色后，可以换一种颜色涂色。换颜色时，把毛笔放回这种颜色的颜料盘的盘边上，然后取另一支颜料盘盘边上的毛笔，蘸上盘中的颜料，继续给购物袋涂色。

注意不要在购物袋的一个地方来回涂色，这样会让你的购物袋破掉！

5. 幼儿自愿向大家展示作品，分享成果并送给自己喜欢的人。

教师：看一看，小朋友们的购物袋漂亮吗？你喜欢哪一个？

提示

绘画过程中，教师应注意观察，当某些幼儿开始脱离涂鸦期，将色块、线条作为某些事物的替代物，显露出描绘的有意性时，教师应加以鼓励。

多媒体资源库

专用资源

图片：漂亮的购物袋

9. 梅花俏枝头（手指点印）

目标

1. 通过观察，感受梅花的特征，尝试用手指点画的方法表现梅花。

2. 大胆表现，感受手指点印的乐趣。

准备

1. 经验准备：

(1) 教师在美术区角为幼儿提供拓印的工具材料，并鼓励幼儿尝试运用这些工具材料，获得手指点印的绘画经验。

(2) 教师在活动室和美术区角提供实物梅花或图片供幼儿观赏；有条件的地区和幼儿园，教师或家长可带领幼儿到植物园、花卉市场观赏梅花，使幼儿对梅花有初步的认知经验。

2. 物质准备：

(1) 梅花图片。

(2) 从多媒体资源库中打印“梅花花朵”，将花朵涂色并分瓣剪下，在每个头饰底条上粘上一片花瓣，做成头饰，幼儿每人1顶；红、粉色水粉颜料若干；画有梅枝的画纸幼儿每人1张，或将数张画纸连接为供集体创作的大画纸，幼儿每组1份。

过程

1. 教师出示梅花图片，引导幼儿欣赏，重点观察梅花枝干傲然挺立的样子和花的颜色、外形和生长等方面的特征。

教师提问：

梅花有什么颜色的？(红色、粉色……)

它有几个花瓣？(5个)

梅花开在什么地方？(树枝上)

2. 教师组织幼儿做游戏“梅花朵朵”，在游戏中感受梅花5个花瓣紧紧地围在一起的样子。

游戏玩法：每个幼儿头戴花瓣头饰，在音乐的伴奏下，5个小朋友手拉手转圈，最后抱在一起，抬起头变成一朵5片花瓣挨在一起的梅花。

3. 幼儿在教师的带领下，尝试想出手指点印梅花的方法。

教师：我们点画过大红枣，手指点一下就是一个红枣，我们要想点出梅花怎么点呢？教师听取幼儿的意见。

教师边演示边总结点印的方法：可以点一个点当花，也可以点5个挨在一起的点组成梅花。

4. 幼儿尝试作画，教师指导。

在幼儿点印时，教师重点提示幼儿将梅花点在树枝上。

5. 展示分享作品

教师组织幼儿集体欣赏作品，说一说自己喜欢的梅花，数数有多少朵梅花。

提示

1. 在幼儿用手指点印梅花时，教师要注意，孩子们的能力是不同的，不必要求全部都点出 5 瓣的梅花，也可以只点一个点儿来表现梅花。如果幼儿点 5 瓣梅花，只要将 5 个点挨在一起即可，不必像真花一样 5 个瓣围成一个圆。

2. 可将绘有梅树枝干的数张画纸连接起来，作为集体作画用纸，如下图：

树形图

多媒体资源库

专用资源

1. 图片：梅

2. 贴图：梅花

3. 添画纸：梅树枝干（1～5）

10. 彩色气球（水粉涂色）

目标

1. 大胆使用水粉颜料涂色。

2. 感受涂色游戏的快乐，初步体验色彩美。

准备

1. 经验准备：

幼儿已有使用水粉作画的经验。

2. 物质准备：

（1）节日的气球图片、实物若干。

（2）各色水粉颜料，每种颜色配毛笔 1 支，幼儿每组 1 份；抹布、纸浆气球（将纸浆覆盖在吹满气的气球上，待纸浆干燥后，供幼儿涂色）幼儿每人 1 份。

过程

1. 教师出示节日气球的图片及实物，引发幼儿对活动的兴趣。

教师引导幼儿谈话：

看看这是什么？（气球）

节日的时候，到处都可以看到各式各样的气球随风飘动，空中仿佛开满了五颜六色的花朵，好看极了。你们都看到什么颜色的气球了？（红的、黄的、花的……）

2. 教师演示，幼儿了解涂色方法。

教师：今天咱们也来画一画漂亮的气球吧！

教师边说边演示：颜料盒里有很多好看的颜色，每种颜色里有一支毛笔，选出你喜欢的颜色，用毛笔蘸上颜料，在盒子边抹一抹，然后给白气球涂上漂亮的颜色。涂完颜色后，把笔放回去，你可以再换一个颜色来涂。

3. 幼儿绘画，教师鼓励并指导。

在幼儿绘画的过程中，教师应提醒幼儿大胆使用颜色。

4. 幼儿分享作品。

教师把幼儿涂好的气球悬挂在活动室内，请幼儿观赏。教师：看，我们班的气球多漂亮！都是谁涂的？

资料夹

故事

小气球旅行记

一只粉色的气球被卖气球的叔叔牢牢地抓住小尾巴，尽管一个劲儿地往上窜，可就是逃不走。粉色的小气球只好在半空中无精打采地晃来晃去。

卖气球的叔叔又拿出了一个白气球和一个红气球，开始给它们打气。它们也像粉气球一样，越来越大，越来越轻，在空中一个劲儿地跳舞，要不是卖气球的叔叔抓着它们的小尾巴，它们肯定能飞到天上去和云姐姐做游戏。

白气球、红气球是第一次来到人间，它们从卖气球的叔叔头顶上往下看，对什么都感到新鲜，它们想飞到更高、更远的地方去。

突然，一阵风吹来，卖气球的叔叔被沙尘迷了眼，好难受啊，他伸出手想揉揉眼睛，结果一松手，粉气球、白气球、红气球欢快地飞向了天空。

“气球，气球，我的气球，快帮我抓住它们！”

一个踩高跷的人伸手去抓，没有抓住。

“看我！”一个杂技演员抓住钢索，“嗖”的一下荡到空中，翻了两个跟头。可是，气球躲开了杂技演员的手。杂技演员也没有抓住气球。

“噢！噢！气球飞走喽！”旁边的小女孩高兴得跳了起来。

飞到天上的气球也特别高兴，它们飘在空中讨论着要去哪里。

粉气球说：“我想到田野上去。”

白气球和红气球说：“你去哪儿，我们就去哪儿吧，我们跟着你。我们什么都想看看。”

粉气球说：“好吧，最后咱们去找小朋友玩，他们最喜欢咱们气球了。”

粉气球对风姐姐说：“请你带我们去我们想去的地方，好吗？”

“好！”风姐姐说，“我们先去田野吧！”

气球们被风姐姐带着，飘到了田野上空。绿油油的天地，弯弯的小河，老牛在耕地，人们在锄草。三个气球高兴地说：“真好啊！这里的风景真美！”

小气球又跟着风姐姐，来到了城市。高耸的大楼，宽宽的马路，汽车在路上跑，公园里人们在锻炼。“真热闹啊！”三个小气球高兴地喊了起来。

“我带你们去找小朋友吧！”风姐姐轻轻一吹，小气球们飞进了幼儿园。

粉气球、白气球、红气球飘在天花板下面，它们把小尾巴垂了下去，小朋友看见了高兴极了，牵着它们来到了草地上玩起了游戏。

多媒体资源库

专用资源

1. 动画：小气球飞起来

2. 添画纸：气球

11. 夜空的小星星（模具拓印）

目标

1. 感受夜空星星的美，用模具拓印的方法表现夜空的星星。

2. 喜欢参加拓印活动，体验拓印活动的乐趣。

准备

1. 经验准备：

教师在活动前教幼儿学会唱歌曲《小星星》。

2. 物质准备：

(1)《小星星》音乐录音磁带或“星空夜灯”或“星星”动画、图片。

（2）星星的拓印模具、拓印棉包、黑色纸幼儿每人1份；各色水粉颜料。

（3）活动开始前，用黑布将活动室或睡眠室的窗户和门遮挡好，使室内变暗。

过程

1. 教师播放歌曲《小星星》，幼儿随音乐自然演唱。

教师引导幼儿谈话：

听，这是什么歌，让我们一起唱一唱吧！师幼一同唱《小星星》。

一闪一闪亮晶晶，满天都是小星星，你们看见过夜空中的星星吗？幼儿发表自己的观感。

2. 教师带领幼儿进入情景，感受“星空”。

教师：今天老师把小星星请到了我们班，你们想看吗？

教师带幼儿来到事先将窗户和门用黑布遮挡住的睡眠室，将“星空夜灯”打开，制造出满天星星的情境（播放视频或欣赏图片），引导幼儿在观察中感受星星的美。

教师提问：

小星星在哪里？（天上）

有多少小星星？（许多）

你们觉得星星漂亮吗？（漂亮）

打开窗帘，星星哪儿去了？

3. 教师引导幼儿产生制作小星星的愿望，并介绍工具材料。

教师：小朋友，想不想留住小星星呀？老师有一个好办法，让小星星留在我们的画纸上。

教师边说边做：用星星拓印模具和拓印棉包来帮忙，先把星星模具放在黑色纸上，再用拓印棉包醮黄色颜料在模具上拓印，看一个小星星出来了！

教师加强幼儿关于拓印的了解：再来一个小星星，请小朋友说说拓印的两个步骤。

4. 幼儿拓印，教师指导。

教师视拓印情况，重点提示幼儿按步骤拓印，以及用手压住星星的模版，防止模版移动而影响拓印效果。

5. 集体分享创作成果

幼儿拓印完后，将作品贴在班内墙上组成一幅大的星空图，集体欣赏。

提示

如果条件允许，最好采用“星空夜灯”，这样可以把星星的图案通过光折射到屋顶。

资料夹

1. 小知识

为什么晚上能看到星星而白天看不到？

天空中的绝大多数星星是恒星，它们白天黑夜都一直亮着。

我们在白天看不到星星，是因为白天太阳辐射的一部分光线被地球大气所散射，把天空照得十分明亮，星星的光就显不出来了。所以，我们在白天看不到星星。

星星为什么总是眨眼睛？

天气晴朗的夜晚，我们仰望天空，总看到星星一闪一闪的，好像不停地眨眼睛，这是怎么回事呢？原来，星星离地球非常遥远。星星发出的光，要穿越地球周围厚厚的大气层，经过大气层的折射才能到达地球，而大气层的空气不停地在流动，改变着星光的方向，所以人们在地球上看到的星光好像在抖动，不停地闪烁，这就是星星眨眼睛的原因。

2. 参考图

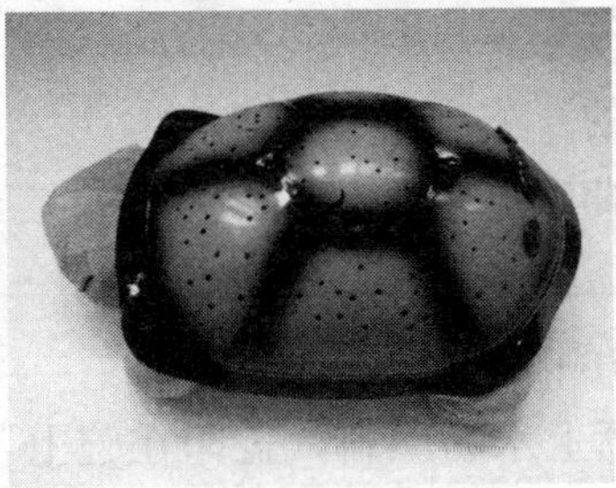

星空夜灯

拓印模板

拓印棉包

多媒体资源库

专用资源

动画：小星星

12. 彩色生日面（折纸印）

目标

1. 愿意用自己喜欢的颜色为娃娃制作彩色生日面条。

2. 通过反复操作，感受拓印活动的乐趣。

准备

1. 经验准备：

教师充实娃娃家区角，促使幼儿展开游戏。

2. 物质准备：

（1）歌曲《生日快乐》，幼儿过生日的照片若干，面条图片，录音机，娃娃。

（2）各种颜色的水粉颜料幼儿每组 4 盘，4 cm×8 cm 大小的瓦楞纸每个颜料盘配 2～3 张，画好碗形的图画纸幼儿每人 1 张（可从多媒体资源库打印）。

过程

1. 教师与幼儿一起观看过生日的照片，激发幼儿参与活动的兴趣。

教师出示幼儿过生日时的照片：小朋友们在做什么？小朋友们过生日会吃什么？

教师边出示娃娃边说：今天娃娃家的小娃娃也过生日，她一个人很孤单，连生日面条都没有吃到，小朋友们愿意为小娃娃制作生日面条吗？

2. 教师引导幼儿观察图片，感知面条的特征。

教师出示面条图片并提问：

面条是什么样子的？（一根一根的，长长的，细细的……）

小朋友猜猜，这橘黄色的面条是什么口味的？（橘子味的）

还有什么口味的面条？（香蕉味、苹果味、菠萝味、葡萄味……）

3. 教师向幼儿介绍材料和拓印方法。

教师向幼儿一一介绍瓦楞纸、画好碗形的图画纸和水粉颜料。

教师边演示边说：我们为娃娃做一些面条，将瓦楞纸蘸上水粉颜料，盖印在碗上，再轻轻掀起。看，碗里盛满了好吃的面条。

4. 幼儿印画，教师指导。

教师：我们一起为小娃娃做营养丰富的面条，好吗？想一想，你给娃娃做什么味道的面条？用什么颜色？

在幼儿印制过程中，对于技能不熟练的幼儿，教师视情况给予帮助。

5. 教师引导幼儿分享活动成果。

幼儿印好后，教师播放《生日快乐》歌曲并提出建议：小朋友为娃娃做的面条真香呀！我们一起给娃娃送去吧！

幼儿边唱，边一起为娃娃送面条。

多媒体资源库

专用资源

1. 图片：彩色的生日面
2. 图样：碗

13. 树叶的舞蹈（印画）

目标

1. 大胆使用色彩进行树叶拓印，初步尝试树叶拓印的方法。
2. 在拓印中体验玩色的乐趣。

准备

1. 经验准备：
在户外活动时，教师带领幼儿观看树叶飘落的景象，与落叶做游戏。
2. 物质准备：
(1) 树叶飘落的动画。
(2) 幼儿4人一组，每组桌上铺一张1开的白色画纸；每组一种色彩不同的颜料，放入盘中；每组树叶若干。

过程

1. 教师播放树叶飘落的动画，引发幼儿对此情景的回忆。
教师引导幼儿谈话：
小朋友们，现在是什么季节啊？(秋天)
你们还记得树叶飘落的样子吗？让我们一起看一看，小树叶是怎么飘落下来的？教师播放动画，幼儿观看。
2. 教师请幼儿模仿树叶飘落的样子，引发拓印兴趣。
教师提问：
小树叶落下的时候在空中像什么？(像蝴蝶、像舞蹈。幼儿用动作模仿树叶飘落的样子)
你发现秋天的小树叶都有什么颜色？(红色、黄色、绿色)
你们想不想把美丽的落叶留在班里？
3. 教师向幼儿介绍材料和拓印方法。
教师出示树叶和颜料，向幼儿介绍材料。教师边演示边说：拿住小树叶的一端，蘸上你喜欢的颜色，看看树叶不流颜料了，把树叶有颜料的一面对着纸，平放在上面。用手轻轻按一按树叶，再拿住小树叶的一端把它小心地揭起来，树叶的形状就印在了画纸上。

教师：一个小树叶跳舞太孤单了，我们要多印几片，让它们一起跳舞。教师重复刚才的做法，以加强幼儿的印象，掌握树叶印画的方法。

4. 幼儿拓印，教师鼓励指导。

在幼儿拓印的过程中，教师要注意：

（1）鼓励幼儿大胆地印，同时还要注意操作要领，小心仔细。

（2）当幼儿印出完整清晰的印迹时，教师要及时赞扬。

（3）提示幼儿，同组小朋友要互相谦让，共同创作。

5. 教师引导幼儿分享活动成果。

（1）印好后，教师协助幼儿晾晒作品，并引导赏析：这么多小树叶在跳集体舞，你最喜欢哪片树叶跳的舞？

（2）教师：我们也来像小树叶一样集体跳舞吧！教师和幼儿一起假扮树叶，模仿其飘落的样子舞蹈。

提示

1. 本活动的难点在于设法使幼儿掌握树叶拓印的方法和要领，如蘸色、盖印、揭树叶等。

2. 将树叶的背面，也就是有叶脉的一面蘸上颜料朝向画纸上盖印，不但能印出树叶的轮廓，还能印出叶脉精致的纹理。教师可以根据幼儿的感知能力、区别物体细节的水平，决定是否对幼儿提出这方面的要求或建议。

延伸

本活动可延伸到区域活动，教师提示幼儿寻找可以用于拓印的物件作为印章，自由拓印，并且在印迹上添画。

资料夹

儿歌

秋风与树叶

秋风吹呀吹，
树叶沙沙响。
离开树妈妈，
树叶落地上。
一片真孤单，
来把伙伴想。

秋风吹呀吹，
树叶把歌唱。
百片千万片，
翩翩在飞舞。
好友齐相聚，
大地变了样。

多媒体资源库

专用资源

动画：树叶舞蹈

14. 画架长梯摘水果（毛笔画）

目标

1. 尝试从纸的一边到另一边画出长长的横线。

2. 能大胆地使用色彩，体验用毛笔作画的乐趣。

准备

1. 经验准备：

教师在活动前带领幼儿仔细观察梯子的形状。

2. 物质准备：

（1）教师在活动室创设果园的情景：准备数张长画纸，在每张长画纸的一端画一棵长满了水果的大树，依树画一架没有横档的梯子，画好后张贴在活动室墙壁下部。长梯图片1张，音乐《去郊游》。

（2）各种颜色的颜料，幼儿每组1份；毛笔，幼儿每人1支。

过程

1. 教师创设情景，激发幼儿参与活动的兴趣。

教师播放音乐《去郊游》，带领幼儿进入水果园（教室）：孩子们，我们一起去果园里游玩吧！

教师：水果园里有几棵水果树？都有哪些水果？

2. 教师与幼儿谈话并观察图片，了解长梯的特点。

教师：我们要想吃到水果，有什么好办法摘到呢？（架上长长的梯子爬上去摘）

教师出示长梯图片，请幼儿观察并发现长梯的特点：长梯是什么样子呢？（由两根又长又粗的杆子做边（竖线），中间架上一根一根的横杆（横线），用于爬高）

3. 教师演示长梯的画法。

教师在长画纸的最底端画一条线，并讲解画法：要从梯子的一边画到另一边，这样长梯才坚固。

教师引导幼儿徒手在地上练习画横线。

4. 幼儿尝试用毛笔画长梯。

幼儿自选颜色，尝试在长画纸上画横线。

教师提示幼儿从梯子的一边画到另一边，尽量把线画直，别画断了。

5. 集体欣赏作品。

待画上的颜料晾干后，教师与幼儿一起看一看，比一比。教师：看一看，哪棵树上的梯子最结实。幼儿指出那些画得直而均匀的长线，教师加以肯定。

提示

活动后，教师将小幅添画纸投放到美术活动区，引导幼儿用水彩笔在画纸上画长梯。

资料夹

参考图

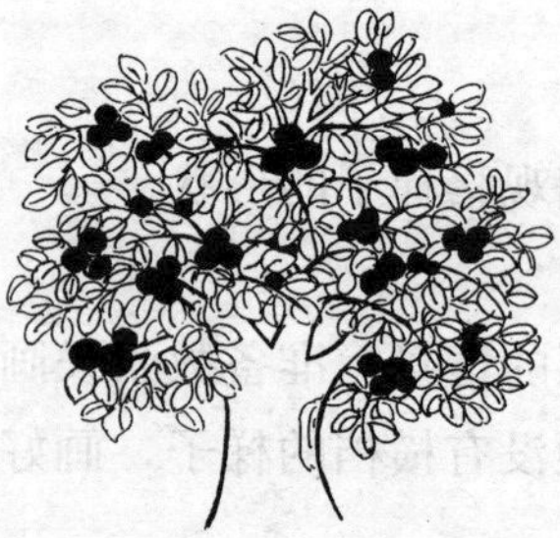

大树添画图示

多媒体资源库

专用资源

1. 动画：小猴摘果子

2. 教学用图：一棵长满果子的大树

15. 小鱼游、游、游（拓印画）

目标

1. 用模具进行拓印游戏，感受拓印的乐趣。

2. 尝试集体共同创作，在创作中大胆表现。

准备

1. 经验准备：

（1）在音乐或自由活动中，教师教会幼儿唱歌曲《小鱼游》。

（2）教师或家长带领幼儿观察小鱼在水里游的情景。

2. 物质准备：

（1）动画《小鱼游啊游》，歌曲《小鱼游》。

（2）各色水粉颜料，鱼形的拓印玩具若干，画有水波纹的大绘画纸。

过程

1. 教师播放歌曲与视频，激发幼儿参与活动的兴趣。

教师在播放小鱼游水视频的同时播放歌曲《小鱼游》，师生共同边唱边跳。

教师提问：

一条鱼在水里游时，小鱼是什么心情？（不高兴、很孤单）

三条鱼一起游时，它们是什么心情？（高兴、开心）

如果你是小鱼，你喜欢一个人游，还是和好朋友一起游？

2. 教师出示集体拓印纸，请幼儿观察拓印材料，了解用法。

教师：看，有一条大河，小鱼在这里可以快快乐乐地戏水。

教师边说边在纸上印出一条小鱼：老师印一条小鱼，可是一条鱼太孤单了，小朋友们都来印，印出许多小鱼儿一起玩吧！

3. 幼儿分成几组作画，教师指导。

教师重点提示幼儿：拓印后手不动，稍后将鱼模具平稳移开。印的过程中不要挪蹭模具才可以印出较完整的鱼的形象。

4. 幼儿创作后，将各组的画组合成一幅大图，集体欣赏。

教师：看，我们班的小鱼真多呀！让我们数一数有多少条小鱼吧！

提示

1. 在小班开展集体拓印活动时，幼儿之间不要太拥挤。

2. 拓印的活动材料要准备充分，以免幼儿发生冲突。

资料夹

1. 小知识

为什么小鱼成群结队地游呢？

大海里有好多好多鱼，有些鱼长得特别特别的小，遇到大鱼攻击的时候，它们没有武器保护自己，怎么办呢？它们只能快快逃跑。如果它们单独行动，随时都有可能会被吃掉，于是，它们就喜欢成群结队地游在一起，就算是遇上敌人的袭击，其中一部分小鱼仍然可以逃脱。所以，小鱼总是成群地游在一起。

2. 参考图

凡是具有浮雕式凹凸纹理的小饰品，都可以选择用作印制模具。如下图：

小鱼模具

多媒体资源库

1. 动画：小鱼游啊游
2. 添画纸：水波

16. 小小粉刷匠（水粉刷色）

目标

1. 选择喜欢的颜色大胆涂抹。
2. 通过自己的尝试，初步掌握涂刷的技能。
3. 享受玩色游戏的乐趣。

准备

1. 经验准备：

（1）教师在美工区提供水粉和笔刷，使幼儿在操作中学习用笔、舔笔，将小刷子放到对应的颜料盒里。

（2）教师为幼儿讲述《小猪盖房子》的故事。

2. 物质准备：

（1）待粉刷的房间内景图，《粉刷匠》的音乐，录音机。

（2）各种水粉颜料、笔刷、湿布、旧报纸、塑料袋围裙，幼儿每人1份。

过程

1. 教师设置情境，激发幼儿参与活动的兴趣。

教师：小朋友都听过小猪盖房子的故事吧。它们盖的房子可结实了，但是还没有给房间刷上漂亮的颜色。让我们来帮助它们吧！

2. 幼儿学习为小猪刷房子的方法。

教师提示：

我们来当一名小小粉刷匠。穿好工作服，手拿小刷子，做好准备。

教师边唱边演示粉刷的方法：我是小小粉刷匠，手拿刷子刷呀刷。向上刷、向下刷，上上下下都刷到。

幼儿在歌曲《粉刷匠》的伴奏下做模仿动作。

3. 幼儿帮助小猪刷房子，教师指导。

教师：请小朋友看一看，桌上有些什么颜色的颜料，你喜欢什么颜色，你想用什么颜色帮助小猪粉刷房间呢？

幼儿指出和说出自己喜欢并打算使用的颜色。

教师：请小朋友每人选择一座小房子，试着刷上你最喜欢的漂亮颜色吧。

教师与幼儿共同进行粉刷活动。其间，教师注意观察幼儿涂刷的情况，用游戏的语言提示幼注意操作要领，如注意蘸色后舔笔，不要把颜料滴在不该有的地方，不要让画笔“流泪”；将颜色涂满画纸，涂抹均匀（“不留缝、不漏风”等）

4. 结束活动，幼儿共同欣赏作品。

幼儿展示作品，共同欣赏自己的“劳动成果”，体验劳动的喜悦。

提示

1. 本活动的目的在于放手让幼儿大手笔地涂刷、玩色。幼儿如有混色、覆盖等举动都属于大胆的尝试，教师不必责怪幼儿，应鼓励幼儿将“墙壁”涂满、涂匀自己喜欢的颜色。

2. 涂刷过的房间内景图晾干后可以投放到表演区，作为背景供幼儿进行表演。

区角自由或延伸活动：教师将图样“室内家具和饰物”打印数份，引导幼儿将其中图形涂色并剪下，粘贴在已完成作品《房间内景图》的适当位置上。

多媒体资源库

专用资源

贴画：家具和饰物

17. 泡泡游戏（综合美术活动）

目标

1. 在游戏中感受泡泡的特征，乐于选择不同的形式表现泡泡。

2. 感受大家在一起作画的乐趣。

准备

1. 经验准备：

在户外游戏时，教师组织幼儿玩吹泡泡游戏。

2. 物质准备：

（1）吹泡泡器、泡泡水、《去郊游》歌曲音乐。

（2）大小不一的彩色圆形纸、螃蟹、小鱼等纸样，若干长画纸、蜡笔、小毛笔、颜料、胶棒、湿布等材料，幼儿每组1份。

过程

1. 教师带领幼儿做吹泡泡游戏，激发其活动兴趣。

教师用泡泡器吹泡泡：快看小鱼姐姐在吹泡泡。幼儿追逐观赏泡泡。

教师：用小手一摸，泡泡会怎么样呀？（泡泡飞了、泡泡破了）

2. 教师引导幼儿观察泡泡。

教师继续吹泡泡：泡泡是什么样子的？（圆的、有大的、有小的）

教师：泡泡都有什么颜色？（红的、绿的、花的、彩色的）

3. 教师向幼儿介绍新的绘画方法。

（1）教师将长画纸铺展于桌上，把毛笔蘸上颜料在画纸上画圆圈。

教师边演示边说：今天我们请来了新朋友，颜料和毛笔，在和它做朋友时可要注意啦，小毛笔蘸上颜料后要在杯子边上舔一舔，可别让它流鼻涕呀！

（2）教师向幼儿简略提示曾经学习过的画法要领，如，用蜡笔画泡泡用笔要稳，给泡泡涂颜色用力要均匀等。

4. 幼儿创作，教师鼓励指导。

（1）幼儿选择自己喜欢的方式在长画纸上表现泡泡。

（2）指导画好的幼儿，将大小不一的彩色圆形纸、螃蟹、小鱼等纸形粘贴在画纸的空白处。

5. 集体欣赏作品。

教师：我们休息一会儿吧，说一说，你最喜欢哪些泡泡？为什么？

幼儿指点并议论。

提示

在做吹泡泡的游戏时，可请配班教师帮助用泡泡器制造泡泡；主班教师则重点引导幼儿观察泡泡，感受泡泡的特点、形状和颜色。

在游戏和绘画时，可播放音乐或轻哼歌曲，以活跃气氛。

资料夹

1. 故事

五颜六色的泡泡

妈妈的朋友从遥远的地方给小姑娘带来一瓶泡泡水。阿姨说，这瓶泡泡水很神奇。

怎么神奇呢？小姑娘吹啊吹，和原来一样，都是一些透明的泡泡。小姑娘决定带着她的泡泡水去找朋友。

小姑娘走到池塘边，小鱼们正在水中嬉戏玩耍。它们看到小姑娘的神奇泡泡水，一条小鱼跃出水面喊道："小姑娘，小姑娘，能不能让我们玩玩你的泡泡水?"小姑娘笑着对小鱼们说："好呀，咱们一起玩吧!"小鱼们吹出了许多蓝色的泡泡。

小姑娘又走到了小河边，螃蟹妈妈正在教小螃蟹练习走路。它们看到小姑娘的神奇泡泡水，高兴喊道："小姑娘，小姑娘，能不能让我们玩玩你的泡泡水?"小姑娘笑着对小螃蟹们说："好呀，咱们一起玩吧!"小螃蟹们吹出了许多红色的泡泡。

小姑娘来到了荷叶边，小青蛙们正在练习合唱。它们看到小姑娘的神奇泡泡水，高兴地喊道："小姑娘，小姑娘，能不能让我们玩玩你的泡泡水?"小姑娘笑着对小青蛙们说："好呀，咱们一起玩吧!"小青蛙们吹出了许多绿色的泡泡。

小姑娘又来到岸边的大树下，黄鹂鸟们正在进行飞行杂技表演。它们看到小姑娘的神奇泡泡水，高兴地喊道："小姑娘，小姑娘，能不能让我们玩玩你的泡泡水?"小姑娘笑着对黄鹂鸟说："好呀，咱们一起玩吧!"小鸟们吹出了许多黄色的泡泡。

小姑娘高兴极了，因为她发现了泡泡水的秘密。她拿着神奇的泡泡水，去找更多的朋友们玩了起来。小姑娘吹出了五颜六色的泡泡。

2. 儿歌

吹　泡　泡

吹泡泡，吹泡泡，
五颜六色花泡泡。
上下左右四处飘，
快快乐乐在舞蹈。

多媒体资源库

专用资源

图样：小鱼（1～5）、气泡、螃蟹

18. 迷路的小兔子（油水分离画）

目标

1. 尝试运用"油水分离"的画法，并对其特殊的效果感兴趣。
2. 尝试使用工具玩色。

准备

1. 经验准备：

教师在美术活动区，为幼儿提供水粉颜料，供幼儿操作，以获得相关经验。

2. 物质准备：

(1) 小兔子手偶。

(2) 4 开画纸，用白色油画棒在上面画一只可爱的小兔子、小兔回家的路和房子，幼儿每组 1 张；幼儿每人 1 支毛笔；各色水粉颜料、抹布，幼儿每组 1 份。

过程

1. 教师以情境引入，引起幼儿参与活动的兴趣。

教师操纵手偶，表演小兔子蹲在地上哭。

教师：咦？这是谁呀？小兔子为什么哭呀？

小兔：我迷路了，找不到家了，怎么办呢？

教师：小朋友快来帮助小兔想想办法吧！（给妈妈打电话、找警察叔叔帮忙、找朋友帮忙等）

教师：我有一个好办法能帮小兔子回家，请你们来看看。

2. 教师演示，幼儿观看绘画方法。

教师边用毛笔演示边说：我们用毛笔亲亲漂亮的颜料宝宝，然后让毛笔在大白纸上跳舞，毛笔的舞跳得越漂亮，小兔子就能够越快地找到回家的路。

随着教师涂色，画纸上白色的蜡痕渐渐显示出来，小兔子和小兔子的家以及回家的路出现在画面上。

3. 幼儿绘画，教师鼓励并指导。

在幼儿活动过程中，教师鼓励幼儿大胆涂色，将颜料涂满画面；但同时要注意，不要在画纸的同一个位置反复用力涂色，这样会把蜡痕涂薄，使笔道变模糊。

4. 教师带领幼儿一起欣赏大家的作品。

教师引导幼儿欣赏：

看看，这里有什么？（小兔家的房子和路）

我们帮助小白兔找到家了，太好了。

小兔说："太感谢小朋友了，这样我就可以回家了！"

资料夹

1. 童话

小兔子上幼儿园

兔妈妈带着小兔宝宝上幼儿园。

在幼儿园门口，兔妈妈让兔老大为兔弟弟、兔妹妹发小书包。兔老大蹦蹦跳跳来到书包旁，拿起一个书包就背在身上，然后叫来其他那些兔宝宝，准备给他们分书包。"一个，两个，三个……六个。""呀，怎么六个书包呀。怎么少了一个？"兔老大着急地喊道，怎么数都是六个书包呀！这一下可急坏了兔老二，他又把书包放在了一起，自己也学着兔老大的样子，先自己背了一个书包，然后让老大把身后的书包取下来，放回书包堆里，自己也"一二三……六地数了一遍。"可是，怎么数也还是少一个。兔老三、兔老四、兔老五、兔老六，按照大哥、二哥的样子，先自己背了一个小书包，然后在一个一个地数，大家怎么数都是六个。兔小七急哭了，“肯定是妈妈嫌我小，没给我准备书包。呜呜——”

小朋友，难道兔妈妈真的没给兔小七准备书包吗？

这时，幼儿园的熊大叔走过来，给兔老七擦了擦眼泪，说道：“七小弟，别哭啦，有你的书包，你看你哥哥身后不是还背着一个吗？”兔子七兄弟这才恍然大悟，原来大家都害怕自己没有书包，先给自己拿了一个，结果在分书包的时候都忘记算自己身上的了。

小兔兄妹们一起向熊大叔说谢谢，然后背着小书包高高兴兴地上幼儿园了。

2. 参考图

迷路的小兔子图示

多媒体资源库

专用资源

1. 图样：兔妈妈、小兔子

2. 添画纸：小兔子回家的路

19. 池塘里的水（水粉画）

目标

1. 练习用短线、长线、波浪线、折线画池塘里的水，对玩色活动感兴趣。

2. 产生爱护幼小生命的情感。

准备

1. 经验准备：

幼儿学习音乐《许多小鱼游来了》。

2. 物质准备：

(1)《许多小鱼游来了》的音乐磁带及播放设备。

(2) 每组幼儿1张桌垫，在上面铺一张1开的白纸，教师事先用油画棒在上面画出许多小鱼、泡泡、水草等作为添画纸；每桌四根排笔，一份蓝色水粉颜料，两块抹布。幼儿平时利用彩色纸剪或撕出来的小鱼若干。

过程

1. 创设情境引出主题，激发幼儿想要帮助小鱼的情感。

(1) 教师播放音乐《许多小鱼游来了》。幼儿在音乐中游戏，在唱到“我们抱一抱”时，幼儿与同伴或者老师抱一抱。

(2) 教师：小鱼在水里游戏，是一件多么快乐的事情呀！可是池塘里的水都干了，小鱼要没水喝了，特别难过，咱们一起帮助小鱼把鱼塘里的水灌满吧！

教师提出问题：鱼塘里的水是什么样子的？(满满的水、干净的水、蓝色的水等)

2. 教师介绍工具材料及涂色的方法。

教师带领幼儿到桌子周围介绍材料。教师：小朋友轻轻地跟在老师身边，看看用什么能帮助小鱼儿把池塘里灌满水。(用画笔和水粉颜料。)

教师边演示边说：拿画笔时，要握住它，蘸上颜色，看一看“不流眼泪”了，就可以开始涂色了。

教师：涂颜色时，从哪儿开始呢？(可从最上面开始，这样不会弄脏衣服)

教师边演示边讲解：池塘里的水有短线，有长线，有直线，有波浪线……

3. 幼儿涂涂画画，教师鼓励并指导。

(1) 教师：请小朋友给池塘里添上满满的水，你会发现惊喜哟！池塘灌满水小鱼儿就会来了，它们会轻轻地游到池塘里，我们开始吧！

(2) 教师鼓励幼儿大胆用短线、长线、直线、波浪线画水。

(3) 教师：我们要给池塘添上满满的水，让小鱼在水里面快乐地游戏。

(4) 幼儿完成作品后，教师提醒幼儿：小朋友，我们要把剪好、撕好的小鱼放在有水的池塘里呀。

4. 教师引导幼儿分享活动成果。

(1) 教师引导幼儿欣赏作品。教师：小朋友们已经给池塘里灌了满满的水，小鱼躲在水里吹泡泡、做游戏呢！

(2) 活动结束，幼儿围在教师身边模仿小鱼游。

教师：小朋友用自己的小手帮助小鱼儿建了一个可爱的家，小鱼又可以在水里快乐地游戏了，我们快为自己鼓鼓掌吧！小鱼回家，咱们也回家了！

提示

1. 本次活动的重点是鼓励幼儿大胆涂画，进一步提高幼儿对玩色的兴趣。
2. 可先让幼儿涂满整张画面，再画多种线形，作为活动变式或延伸。
3. 幼儿可以几人一组合作完成作品，如幼儿愿意独自完成也可以提供 16 开白纸。
4. 为避免幼儿弄脏衣服，可让幼儿围上小围裙或用大塑料袋剪开下面的封口当围裙。

延伸

1. 将幼儿完成的作品投放到表演区，作为幼儿进行表演的背景图。
2. 将作品投放到科学区，丰富科学区环境，引导幼儿了解小鱼的生活习性。

资料夹

参考图

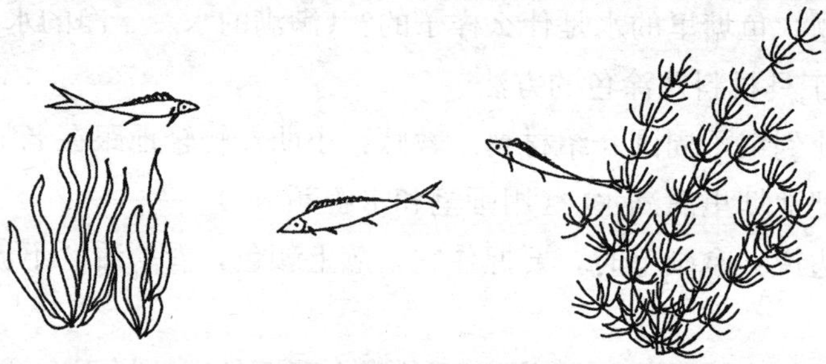

添画纸示意图

多媒体资源库

专用资源

添画纸：池塘里的水

20. 彩色的小路（棉签画）

目标

1. 学习使用棉签画封闭的线，感受用棉签绘画的乐趣。
2. 体验帮助小动物的快乐情绪。

准备

1. 经验准备：

教师在美术活动区角提供水彩笔、油画棒，让幼儿随意涂鸦，同时练习正确的握笔方法。

2. 物质准备：

(1)《灰太狼与喜羊羊》音乐；自制“喜羊羊”手偶与“小房子”图板，各1个。

(2) 彩色鹅卵石，幼儿每人1块；调好的各色颜料若干，放入盘中，幼儿每组1份；棉签幼儿每人2支。

过程

1. 教师创设情境引出主题，激发幼儿想要帮助小羊的情感。

教师播放音乐《灰太狼与喜羊羊》，拿出喜羊羊手偶，去亲一亲、摸一摸小朋友。

教师：小朋友们好，我是喜羊羊，灰太狼把我们的路给破坏了，现在都不能出去找好吃的了，你们能帮我们吗？我想请小朋友帮我铺上石头路。

2. 教师引导幼儿感受与再现石子。

(1) 教师：你们知道石头是什么样子的吗？请你选一块漂亮的鹅卵石，用手摸一摸，看一看，它是不是圆形的？

教师：你摸了鹅卵石后，有什么感觉？幼儿触摸鹅卵石，感受石头的形状和光光、滑滑的特点，讲述自己的感觉。

(2) 教师：请用你的小手指来画一画鹅卵石。幼儿书空封闭的圆形。

3. 教师介绍工具材料。

(1) 教师向幼儿介绍棉签：今天我们使用一种新的工具——棉签来画画。

(2) 教师边说边演示画封闭的线：拿起小棉签，蘸一蘸颜料，变成小画笔，来画小石头。

(3) 教师激发幼儿的绘画动机：请小朋友们用棉签来帮助喜羊羊修路吧！

4. 幼儿绘画，教师鼓励并指导。

教师鼓励幼儿大胆地画出大大小小、各种各样封闭的线条。

5. 幼儿作品欣赏。

(1) 教师将小房子图板和喜羊羊手偶固定在展示板的左上角或右上角，带领幼儿将作品置于其下，连接成一条长长的石子路，共享创作的快乐。

(2) 教师引导幼儿讨论：谢谢小朋友帮助喜羊羊，你们最喜欢谁为喜羊羊修的路呀？为什么？

提示

1. 因为幼儿的绘画水平不同，有的幼儿会没画完或觉得自己画得不好，教师应为幼儿搭建一个再次尝试的平台。将本活动的工具材料放到美工区角，对幼儿说：没画完，没关系，我把你的画放到美工区角，区域游戏的时候，你再来帮助喜羊羊。以此保持幼儿绘画的兴趣。

2. 教师可将幼儿作品分类放在展览板上展示，例如：石子大小、形状、颜色、排列整齐一致的作品放在一起，石子大小、形状、颜色、排列多样变化的作品放在一起……以便幼儿发现画面形式变化的规律。

延伸

教师带领幼儿用积木搭建小房子作为喜羊羊的家，活动结束后，幼儿每人在喜羊羊的家门口摆上一颗石子，铺成一条石子路。

资料夹

1. 儿歌

小　路

小路，小路，
弯又弯。
好像一根
长扁担。
这头挑着我，
那头连着天。

（作者：李爱君）

2. 故事

彩色的小路

小兔家门前有彩色的小路，小路上铺着花花绿绿的鹅卵石，小路的两旁开着五颜六色的小花。因为这条好看的小路，像一个美丽的、长长的舞台，许多小动物都喜欢走这条小路。

每天最先出场的是小羊先生，它的新皮鞋走在每一块鹅卵石上，总会发出踢踢踏踏好听的声音。接下来出场的是模特猫小姐，伴随着小羊先生踢踢踏踏的伴奏声，猫小姐穿着漂亮的衣服，走着猫步，一边走一边说："阳光照在花花绿绿的鹅卵石上，像一个放射着五颜六色光芒的小舞台，多漂亮的小路啊！"

小狗哥哥和小蛇姐姐也跟着它们来看表演，小狗说："我喜欢走这条小路，不仅可以听到小羊先生踢踢踏踏的音乐声，看着猫小姐美丽的表演，而且我的小爪子走在上面暖暖的，真舒服啊！"小蛇姐姐说："我经过这条小路的时候，也是暖暖的，小石子还能按摩我的小肚皮，也很舒服呢！"

鸡妈妈听说了这条美丽的小路，也带着自己一大群的小鸡宝宝来到了这里。小鸡宝宝看到漂亮的鹅卵石放射着五颜六色的光芒，特别开心，为了告诉别人小鸡宝宝来过这里，它们商量好都用小嘴在鹅卵石上啄出“小鸡到此一游!”。别的小动物见了，也都学小鸡的样子，在小路上乱写乱画，美丽的小路不见了。

小鸟再也不来小兔家做客了。小兔子给小鸟打电话邀请他，小鸟说：“以前我看到那条美丽的小路，就能找到你的家，可是现在美丽的小路不见了，我都找不到你的家了!”小兔子伤心地挂了电话。心里想：“我一定要把美丽的小路找回来。”

这天，小兔子早早起了床。他拿着水盆和抹布，用力地擦着小路上的每一块鹅卵石，小羊先生、猫小姐、小狗哥哥、小蛇姐姐、鸡妈妈、鸡宝宝们看见了，也赶来帮忙，他们提着洒水壶，给花儿浇水，给小路洗澡。

不一会儿，原来那条干净、美丽的小路又出现了。小兔子说：“啊，美丽的小路好香啊!”猫小姐说：“美丽的小路好亮啊!”鸡妈妈对鸡宝宝说：“让美丽的小路一直和我们在一起吧!”

美丽的小路上又出现了小动物们开心的身影。

多媒体资源库

专用资源

教学用图：房子

21. 鸟儿的花衣裳（综合印制）

目标

1. 感受色彩的美，愿意用自己喜欢的颜色为鸟儿印制花衣裳。
2. 增强爱护小动物的情感，感受帮助他人的乐趣。

准备

1. 经验准备：

（1）教师请家长带领孩子到动物园或街心公园等地观看鸟，以获得相关经验。

（2）教师在美术活动区投放印制材料，引导幼儿尝试简单印制，如用印章印等。

2. 物质准备：

（1）有关鸟的图片、背景音乐（自选）。

（2）自制鸟形模板和瓦楞纸印章、小鸟印章，各色皱纹纸，幼儿每人1份；调好红、黄、蓝、绿色水粉颜料放入盘中，幼儿每组1份。

过程

1. 教师出示图片，请幼儿欣赏美丽可爱的小鸟，引发幼儿的兴趣。

教师请幼儿观察鸟的图片，并提问：

你看到了什么动物？（各种姿态和颜色的鸟）

这些鸟儿的身上都有什么颜色？（红、黄、蓝、绿、桔、紫色等）

它们身上的颜色是什么样的？（是两种或三种颜色在一起）

2. 教师出示鸟形模板，引发幼儿制作的兴趣。

教师：刚才我们看到的那些小鸟都穿着漂亮的花衣裳。但是，这些小鸟身上没有衣裳，你能给它们穿上漂亮的花衣裳吗？你喜欢给它们穿上什么颜色的衣裳？

3. 教师选择多种印章进行印制，幼儿观察。

4. 幼儿选择自己喜欢的印章和颜色印制，给小鸟穿上漂亮的新衣服。

5. 欣赏作品。

教师引导幼儿相互欣赏自己为小鸟制作的新衣服。

资料夹

小知识

鸟的自我介绍

小朋友们，我是一只漂亮的小鸟，我的全身几乎都有羽毛，我的后肢就像小朋友的脚一样，所以也能像小朋友一样走路，我的前肢就像小朋友的手一样，它变成了翅膀。在我们鸟类家族中，大多数的鸟都能飞。可是我也有少数的好朋友不会飞，因为它们是平胸类鸟，比如像我的好朋友鸵鸟。我们是人类的好朋友，希望小朋友能够爱护我们。

鸟到底睡觉不睡觉

小朋友们每天晚上都要睡觉，中午在幼儿园还要睡午觉，现在请小朋友猜一猜，鸟到底睡觉不睡觉？鸟当然也要睡觉，但鸟的睡觉姿势不像小朋友那样躺着睡。最有趣的是，雨燕在空中飞的时候，还能一边飞一边睡觉。

鸟为什么会飞

鸟类为什么会飞呢？首先是因为鸟全身几乎都有羽毛，羽毛又轻又温暖，具有保温的作用。鸟的身体像飞机一样呈流线形，在空中飞行的时候阻力小。飞的时候，鸟的两只翅膀不断地上下扇动，让身边的气流运动，这样鸟就能快速地飞行了。其次是因为鸟的骨骼轻，骨头是空心的，里面充有空气，减轻了重量。最后是因为鸟的胸部肌肉很发达，在飞行时，一次吸气，肺部可以完成两次气体交换，这种特有的“双重呼吸”保证了鸟在飞行时氧气充足，所以鸟就能飞远了。

多媒体资源库

专用资源

图样：小鸟（1～11）

22. 大雨和小雨（棉签画）

目标

1. 学习用棉签画线，表现各种不同的雨。
2. 激发对大自然的热爱以及绘画活动的兴趣。

准备

1. 经验准备：

教师在活动前带领幼儿观看下雨。

2. 物质准备：

雷声音频；云朵添画纸、棉签，幼儿每人1份；蓝色颜料调好放入盘中，幼儿每组1份。

过程

1. 教师创设情境，激发幼儿参与活动的兴趣。

教师播放打雷声音并提问：这是什么声音？

教师请幼儿模仿雷声：轰隆隆——

2. 教师与幼儿谈话，引导幼儿了解雨的特征。

（1）教师提问：雨是从哪儿落下来的呢？雨落下来的时候是什么样子的？（雨是从

天上乌云里落下来的。雨落下来，有时像许多条细细密密的线，有时又像点点滴滴断续的线）

教师：我们把一滴一滴落下的雨，叫什么？我们把一条一条落下的雨又叫什么？（一滴一滴落的是小雨，一条一条落下来的是大雨）

（2）教师请幼儿用身体动作模拟雨从天空中落下来的样子。

教师：小雨是一滴一滴地落下来，大雨像线一样一条一条地落下来。如果刮风的话，雨还会斜着落下来，有时向左斜，有时向右斜，好像在跳舞一样。我们来学一学雨落下来的样子。

3. 教师出示画纸，引起幼儿作画的兴趣，用棉签画雨并讲解画法。

（1）教师出示画纸：画中有什么？（乌云）

教师：这么多云，要下雨了。老师来画上小雨点。

（2）教师边演示边说：雨点从天上落下来，一滴一滴落在地上，下小雨了。雨像线一样一条一条落下来，下大雨了，哗啦啦。刮大风了，雨被风吹得都变斜了。

幼儿跟随老师在空中画雨。

4. 幼儿尝试用棉签画雨。

教师提示：

小朋友在空中画的雨非常好看，我们把它们请到我们的画纸上来，让更多的人看到它们好吗？

小朋友要在乌云下面画小雨和大雨。

5. 欣赏作品

教师请幼儿展示作品，并相互说说哪幅作品好看，为什么？

提示

本活动的重点是用棉签画出长线条和短线条，分别表现大雨和小雨。教师可以在幼儿无意间画出短线时说：下小雨了！画出长线条时说：下大雨了！以强化幼儿对线条的区别。

资料夹

故事

雨中的房子

小松鼠住在大树上面一个结实的木房子里，房子的侧面有个洞，其他的地方全是封闭的，风刮不进来，雨淋不着，小松鼠住在里面每天都特别开心。

穿山甲是小松鼠的好朋友。他的家在地底下，要穿过一条又长又黑的隧道，才能到他家的客厅。小松鼠从来都不敢去，但穿山甲喜欢，他说那儿凉快，再热的天也不怕。

一天，天空响起“轰隆隆”的雷声，小雨点刷刷地落下来，小动物们都躲进自己的家里。小松鼠站在窗前看雨，突然想起了穿山甲，它的家在地下，这场雨还不把它的家给淹了呀！

小松鼠越想越着急，赶快打着雨伞跑到穿山甲家门口，使劲敲门大声喊：“穿山甲，穿山甲，下雨了，你快来我家避避雨吧！”可能是雨声太大了，穿山甲根本听不见，它一直没来开门，小松鼠只好伤心地回家了。

雨停了，小松鼠赶紧去找它的好朋友穿山甲。小松鼠说：“你真的不能住在地下室了。”可穿山甲说没关系的。小松鼠决定帮助穿山甲，它让小兔姐姐在山脚下给穿山甲盖了一间新房子。

新家建好了，小松鼠带穿山甲去看新房子。“这是给我的房子？”穿山甲惊讶地问，“可是，这屋不适合我住，因为我不喜欢这么多阳光。”穿山甲带小松鼠去看他的家。哇，弯弯曲曲的，像一座迷宫。遇到下雨，穿山甲就用一堆东西把门口堵得严严实实，再大的雨也不怕。这下子，小松鼠放心了。

多媒体资源库

专用资源

1. 动画：下大雨、下小雨
2. 添画纸：乌云（1～2）

23. 勇敢的小矮人（粉笔画）

目标

1. 大胆尝试用粉笔在地上画直线。
2. 体验粉笔画线游戏“打败怪兽”的乐趣。

准备

1. 经验准备：

教师组织幼儿在户外游戏时玩“大怪兽来了”的游戏。

2. 物质准备：

（1）音乐《小矮人》，怪兽和鸭子的面具。

（2）粉笔、沙包若干。

过程

1. 教师与幼儿做“打怪兽”的游戏，激发活动兴趣。

教师A（扮演小鸭子）：小朋友们，昨天我在森林里看见一头大怪兽，可怕极了，你们都是勇敢的小猎人，能帮我抓住它吗？

音乐响起，幼儿随音乐做小矮人的动作来到大森林。

教师A和幼儿一起说：可怕的怪兽你在哪儿，可怕的怪兽你在哪儿？我们做个大笼子，牢牢关住你！

教师B（扮成怪兽）：我在这儿呢。

教师A：勇敢的小猎人快拿起手中的沙包打倒大怪兽，你们看，大怪兽不动了，我们快做个大笼子，牢牢地关住它！

大家听着音乐，小手叉腰，胜利而归。

2. 教师演示画笼子，关住大怪兽。

（1）教师介绍材料的使用方法。

教师：快看，这里有三只大怪兽睡着了，我们做个笼子关住它们吧！

教师先将大怪兽画在地面上先前已画好正方形的框内，边说边给幼儿示范握笔画线的方法：小手捏住粉笔尖，弯下腰来画直线，从上一直连到下，做个笼子关住怪兽！（如下图所示）

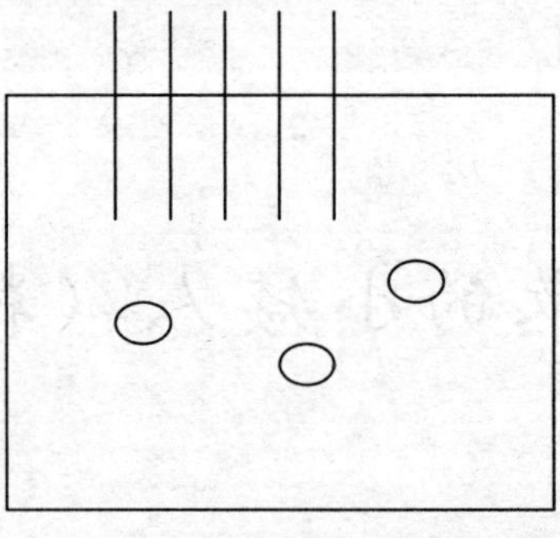

“关住大怪兽”示意图

（2）幼儿操作，教师重点指导。

教师：在做笼子时，一定要从上面画到下面，要不然大怪兽会跑出来的。

3. 教师引导幼儿分享活动成果。

教师：××的笼子一根接一根的，很结实，大怪兽一定跑不出来。×××的这根柱子要是能从上边一直连到下边，我们就不用担心大怪兽会跑出来，欺负小动物们了。没关系，大怪兽还没醒，一会儿你再把这笼子修一修，好吗？

提示

1. 在户外活动时，幼儿的注意力会容易分散，尤其是小班幼儿，教师要注意集体与个别幼儿兼顾。

2. 幼儿绘画时，教师要鼓励幼儿大手笔绘画，不要怕幼儿画得不好。

多媒体资源库

专用资源

图样：小鸭子、怪兽（1～2）

24. 可爱的小鸡（棉签画）

目标

1. 观察小鸡的外形特征，尝试用圆形等简单形状表现小鸡的外形。

2. 学习使用棉签、水粉颜料等工具材料，表现小鸡毛茸茸的样子。

准备

1. 经验准备：

教师请家长在春天设法带领幼儿观察小鸡，在活动之前引导幼儿观察小鸡图片。

2. 物质准备：

(1) 关于小鸡的音乐（自选）。

(2) 小鸡头饰，幼儿每人 1 顶；皱纹纸做成的小米、小虫，数量为幼儿人数的 3～4 倍；棉签，黄色、黑色水粉颜料，幼儿每组 1 份；外裹白纸的大纸箱若干（幼儿在此箱上作画）。

过程

1. 教师出示小鸡头饰，引发幼儿观察和讨论小鸡的外形特征。

教师边出示小鸡头饰边说：看看，这是谁？（小鸡）

教师：小鸡长什么样？（黄色的毛、圆圆的身体、圆圆的头、尖尖的嘴、分叉的脚、黑黑的圆眼睛）

教师将许多不同姿态的小鸡头饰贴在黑板上：这里有很多的小鸡，你们猜一猜它们在做什么？在说什么？

2. 教师引导幼儿模仿小鸡的样子做游戏。

教师为幼儿戴头饰：我们也来当小鸡，学学小鸡的样子吧！

（1）教师引导幼儿用身体去模仿小鸡的形态：

我们把手变成尖尖的，当小鸡的嘴；怎么才能把手变尖呢？

小鸡的身体小小的、圆圆的；怎么把我们的身体变小、变圆呢？

小鸡的脚在肚子下面，看看我们的脚是不是也在肚子下面？

（2）教师边说《小鸡》儿歌，边引导幼儿学小鸡走路的动作。

（3）教师将皱纹纸做的小米、小虫撒在地板上，组织幼儿游戏：小鸡最爱在一起捉虫、吃米。我们也来捉些小虫，吃些小米吧！把捉到的小虫和找到的小米送到妈妈这里来。

在游戏中，教师穿插说儿歌，巩固对小鸡外形的认识。

3. 教师引导幼儿总结小鸡的主要画法，激发幼儿绘画的兴趣。

教师：小鸡太可爱了，我们把小鸡画下来，让它们留在班里和我们做朋友好吗？

教师：小鸡怎么画呢？

（1）教师带领幼儿边说边用手书空。例如：圆圆的身体，用手在空中画圆；尖尖的嘴，用手做出尖嘴的样子；分叉的脚，把手张开，看一看手指分开的样子。

（2）教师在外裹白纸的大纸箱上边演示画小鸡边说：用棉签蘸水粉色在画纸上画一个圆，看看这是什么？（小鸡的身体）

教师：挨着这个圆再画一个圆，猜猜这又是什么？（小鸡的头）

教师：再添上尖尖的嘴巴、圆圆的眼睛和两只小脚。哇！可爱的小鸡变出来了。

教师引导幼儿回忆绘画过程：可爱的小鸡是怎么画出来的？（先画圆圆的身体和头，再画尖尖的嘴巴、眼睛和两只小脚）

4. 教师提出绘画要求，引导幼儿大胆创作。

（1）教师引导幼儿了解作画工具。

教师：我们是用什么工具来画的小鸡？怎么用的？（用棉签和颜料画的；棉签蘸上颜料要在盘子边上刮一刮，不能让颜料流眼泪）

（2）幼儿在外裹白纸的大纸箱上绘画，教师巡回指导。

5. 经验分享与作品欣赏。

教师：说一说，你们画的那些可爱的小鸡在玩什么游戏呢？

教师启发幼儿互相欣赏作品，并说一说作品的内容。

教师播放音乐，带领幼儿做律动，表现小鸡的可爱。

资料夹

儿歌

小　鸡

小小鸡，叽叽叽。
尖嘴巴，黑眼睛。
分叉脚，圆身体。
穿着一身绒毛衣。
四处吃虫吃小米。

多媒体资源库

专用资源

添画纸：小鸡（1～4）

25. 甜甜的糖果（综合美术活动）

目标

1. 大胆使用颜色，用涂抹、拓印、绘画等方式装饰糖果。

2. 发展小肌肉动作的协调，体验、分享创作的快乐。

准备

1. 经验准备：

（1）幼儿和教师一起用报纸包裹饮料罐、易拉罐、薯片筒，制作成大大的糖果。

（2）教师在美术活动区和前期活动中，引导幼儿学习使用毛笔、板刷、海绵刷等绘画工具。

2. 物质准备：

（1）兔妈妈头饰1顶，欢快的音乐。

（2）包有不同糖纸的实物糖果，幼儿每人1颗；废报纸包裹好的“大糖果”、糖纸图样若干，幼儿每组1份；3～4色水粉颜料放入盘中，幼儿每组1份；印章若干；印台，幼儿每组1份；笔刷、抹布、围裙，幼儿每人1份。

过程

1. 教师创设情境，引出主题。

（1）教师头戴兔妈妈头饰扮兔妈妈，引发活动兴趣。

教师：今天兔妈妈给小朋友带来了许多糖果，我们来尝一尝这些糖果是什么味道的。

（2）教师向幼儿分发糖果。幼儿品尝糖果，进行简单交流。

教师：看看手里的糖纸，花花绿绿的，真好看。说说你的糖纸是什么颜色的？有什么花纹？

教师：兔妈妈的糖果都送给了小朋友，小兔子都没糖果吃了。我们也做一些糖果送给兔妈妈和小兔吧。我们问问它们喜欢什么样的糖果。

2. 教师指导幼儿给“糖果宝宝”穿花衣。

（1）教师引导幼儿思考。

教师：刚才我们吃的糖果都有漂亮的花衣裳，我们送给兔宝宝的糖果要更漂亮。怎样才能让糖果宝宝的衣服更漂亮呢？想一想，可以用什么工具，什么颜色来帮忙？

（2）教师出示工具材料，提示幼儿想出美化糖纸的办法。（用描绘、涂色等方法装饰糖果纸形和报纸包裹好的“大糖果”）

3. 幼儿创作，教师鼓励并指导。

在幼儿作画过程中，教师可做如下引导：

（1）鼓励幼儿使用多种色彩装饰糖纸。

教师：可以用你喜欢的各种漂亮颜色给“糖果宝宝”穿上花花绿绿的衣服。

（2）引导幼儿尝试用其他方法装饰糖纸。

教师：可以试试用不同的工具能画出什么不同的图案。

教师：看看旁边小朋友用的方法跟你一样吗？你也试一试。

（3）教师提示幼儿注意操作要点。

教师：刷颜色的时候注意蘸完颜色让画笔、小刷子在瓶口刮一刮，不流眼泪了再拿起来画。

教师：小画笔用完要把它送回家，看看它的家是什么颜色的。

教师：小手印完画要用抹布擦一擦，然后再换一种颜色。

4. 教师引导幼儿分享创作成果。

教师：请小朋友把做好的糖果给兔妈妈看看，告诉兔妈妈你想把糖送给谁，想对它说什么话。

教师：请小朋友互相看看，你最喜欢哪个糖果？为什么？

提示

1. 在活动中，教师应鼓励幼儿大胆使用多种颜色，愿意尝试多种表现形式，以体验创作的快乐为主，不以作品的好坏作为评价的标准。

2. 活动评价时，教师应鼓励幼儿大胆表达自己的情绪情感，注重快乐体验。

3. 做好的彩色糖果可用于幼儿的游戏，如钓糖果，或用于环境装饰。

资料夹

儿歌

糖　果

糖果圆，糖果方，
糖果纸里把身藏。
糖果甜，糖果酸，
宝宝都来尝一尝。

多媒体资源库

专用资源

1. 图片：各种各样的糖纸

2. 图样：兔妈妈、糖果

26. 小手来跳舞（玩色游戏）

目标

1. 尝试用手指、手掌涂抹、勾画颜料。

2. 喜欢参加集体活动，充分体验玩色的乐趣。

准备

1. 经验准备：

教师在前期活动和美术区域有计划地投放不同美术工具材料，使幼儿获得相关的使用经验。

2. 物质准备：

(1)《小手和小线条舞蹈》动画、欢快的背景音乐。

(2) 瓷砖、宣纸、水粉颜料、毛笔，幼儿每人 1 份；糨糊，幼儿每组 1 份。

过程

1. 教师播放小手跳舞的视频，并提出问题，引发幼儿的活动兴趣。

教师引导幼儿：

小手在做什么？（跳舞）

她们在用身体的什么部位来跳舞？（指尖）

你喜欢玩小手跳舞的游戏吗？请你也来学一学吧。幼儿大胆尝试用指尖跳舞。

你们的小手跳得真好，再用小手来跳跳其他的舞。幼儿用手指模仿不同的舞步。

2. 教师引导幼儿充分感受材料，体验游戏的快乐。

（1）教师引导幼儿每人找到一块瓷砖，感受新材料：摸摸这个瓷砖，有什么感觉？（凉凉的、滑滑的）

教师：我们让小手在上面跳跳舞吧。想一想，我们可以用小手的哪些地方来跳舞？（手掌、手背、手指头、手掌的侧面）

教师：小手会跳什么舞？

幼儿听音乐用不同的方法让小手在瓷砖上跳舞。

（2）教师出示糨糊并引导幼儿观察。

教师：看看老师还准备了什么宝贝？它会让颜色粘得更牢一些。

教师：用你的小手在盘子里蘸一蘸，两只小手互相搓一搓、抹一抹；然后在瓷砖上跳跳舞。

幼儿感知糨糊，并在瓷砖上随意涂抹。

（3）教师出示各种颜料。

教师：我们请颜色宝宝来帮忙，让小手的舞蹈更美丽。选自己喜欢的颜色蘸一蘸，然后在瓷砖上跳跳舞。

3. 幼儿尽情玩色，教师层层推进，将活动引向深入。

（1）教师播放欢快的乐曲，并引导幼儿思考：

你的小手跳出了什么舞？你用了小手的什么地方跳舞？

画出的线是粗的还是细的？

还可以让小手的什么地方来跳舞？怎样跳舞？（用手掌、手背、手的侧面、手指等。）

幼儿分享经验，并想出更多的方法。

教师：你的小手跳了什么颜色的舞？再换一种颜色试试。

幼儿尝试多种颜色。

（2）教师播放《四小天鹅》舞曲，并引导活动。

教师：

我们继续用小手学小天鹅跳舞，他们用哪来跳舞？（脚尖）

那我们就把手指立起来，用指尖跳跳舞，试试看。

你跳出了什么舞？看看小手的指尖跳出的舞像什么？（泡泡舞、汽车舞、棒棒糖舞、苹果舞……）

幼儿大胆联想、创作。

4. 教师随时将幼儿的精彩作品印在纸上。

教师：小手跳的舞真美丽，我们来给它拍张照吧。教师把纸盖在瓷砖上，边做边说：小手轻轻跳一跳，捏住纸角提起来，照片照好了。

教师：如果你的小手还想跳舞，你可以再去跳，跳完后把手洗干净，再来拍照片。

5. 教师引导幼儿分享活动成果。

（1）教师引导幼儿讨论：你的画用了什么颜色？你的画像什么？你最喜欢哪张画？他的小手是怎样跳舞的？

（2）教师引导幼儿把画放在指定的地方晾干。

提示

1. 如无瓷砖可用平滑的桌面代替。

2. 活动的重点是让幼儿充分感受不同材料，体验玩色的快乐，无拘无束地大胆表现。

3. 个别幼儿不愿意用手摸糨糊及颜料时，可使用毛笔。

多媒体资源库

专用资源

1. 动画：小手和小线条跳舞

2. 图片：舞蹈

27. 我帮动物宝宝洗澡（彩笔画）

目标

1. 在游戏情境中，尝试画短线、线团和圆，体验情境绘画的乐趣。

2. 通过活动，知道要做个爱清洁的宝宝。

准备

1. 经验准备：

活动之前，教师带领幼儿玩给小动物洗澡的游戏。

2. 物质准备：

（1）音乐《我爱洗澡》，小动物手偶。

（2）小动物添画纸、水彩笔、油画棒，幼儿每人 1 份。

过程

1. 幼儿跟随教师舞蹈，引出活动主题讲卫生、爱洗澡。

跟随欢快的《我爱洗澡》音乐，教师带领幼儿边做动作边进入活动室。

教师：小朋友们，刚才我们跳的是什么舞啊？你们都爱洗澡吗？为什么？

2. 教师激发幼儿给动物洗澡的兴趣。

教师：因为小朋友们讲卫生、爱洗澡，所以小动物们都来找你们玩儿了，还给小朋友们带来了好听的故事，我们来听一听。

3. 教师持手偶讲故事。

教师：有一天，小狗去找小猫玩儿踢足球的游戏，它们玩儿得满头大汗，可开心了。后来，小兔子也来找它们玩，它们又一起去玩儿滑滑梯。玩着玩着，它们发现了在一边玩儿沙土的小猪。它们怕小猪一个人太孤单，于是，就和小猪一起玩起了沙土。小动物们在外面玩了一整天，脸上、身上都弄脏了。

教师：动物宝宝身上脏了，我们应该怎么帮助它们？（给它们洗澡）

4. 教师用拟人化的方式为幼儿示范绘画方法。

教师引导幼儿讨论：

我们应该怎样给动物宝宝洗澡呢？（放在水里，还要打出泡沫）

洗澡需要那些东西？（香皂、浴液、盆、洗发水……）

小朋友们是怎样洗澡的？（坐在澡盆里，打上香皂，搓出很多的泡泡，再用水一冲，就洗干净了）

哇，小动物真脏呀！我用短线来画水，把水放得多多的。教师在添画纸上重复画短直线。

现在，我们来给动物宝宝擦肥皂，我用油画棒在动物身上转呀转，涂上了很多肥皂，这儿涂涂那抹抹。教师在小动物身体的不同部位，转圈画线。

涂完了肥皂，搓呀搓，搓出了许多泡泡，这样动物宝宝就会洗得非常干净。教师在空白处画上许多圆圈。

5. 幼儿为动物宝宝洗澡，尝试绘画活动。

教师边重复示范时的话语，边巡回指导；鼓励幼儿在添画时多放些水，多抹一些肥皂，搓出泡泡来。

6. 自然结束活动。

教师：帮动物宝宝洗完澡的小朋友，闻闻它们身上香不香，然后把动物宝宝送回家。

教师帮助幼儿将作品布置在展示板上。

提示

1. 活动中，教师指导的重点在引导幼儿画短直线。

2. 活动中用到的小故事，教师可根据班级情况自编自讲，也可将上述故事改编完善。

延伸

活动后，教师将本活动的材料转移到美术活动区，以便幼儿继续涂涂画画。

资料夹

1. 故事

小猪变干净了[①]

有一只小猪，它长着圆圆的脑袋，大大的耳朵，小小的眼睛，翘翘的鼻子，胖乎乎的身体。真有趣！可就是不爱清洁。它常常到垃圾堆旁找东西吃，吃饱了就在泥坑里滚来滚去，滚得身上都是泥浆。

小猪想去找朋友。它一面走，一面“哼哼哼，哼哼哼”地叫着。小猪走着，走着，看见前面有只小白兔，长着长长的耳朵，短短的尾巴，红红的眼睛，白白的毛。真好看！小猪高兴地叫：“小白兔，我和你一块儿玩好吗?”小白兔回头一看，原来是小猪，就说：“哟，是小猪呀，看你多脏啊！快去洗洗吧，洗干净了我再和你玩。”小猪不愿意洗澡，只好走开了。它走着，走着，走到草地上，碰到一只小白鹅。小白鹅，真美丽，红红的帽子，白白的羽毛。小猪高兴地说：“小白鹅，我和你一块儿玩好吗?”小白鹅说：“哟，是小猪，看你多脏啊！快去洗洗吧，洗干净了我再和你玩。”小猪看了看自己的身上，可不，满身都是泥浆。泥水还在“滴答，滴答”地往下滴呢！小白鹅又说：“走，我带你到河边去洗个澡吧！”

小猪跟着小白鹅来到小河边，小白鹅“扑通”跳进河里，用清清的水泼呀泼，泼在小猪的脸上、身上。小猪用清清的水洗呀洗，洗得干干净净的。小白鹅高兴地说：“小猪变干净了，我们一起玩吧！”小白兔看见小猪变干净了，也走来跟它玩了。小猪和朋友们玩得可高兴啦！

2. 儿歌

我给玩具洗洗澡

小玩具，你别闹，
我来给你洗洗澡。
洗洗你的小脸蛋，
洗得白白香又香。

---

① 《幼儿园教材（试用本）语言（教师用书）》，人民教育出版社 1984 年版，第 6 页。

洗洗你的小胸脯，
香皂泡泡多又多。
洗洗你的小脚丫，
碰到痒处咯咯笑。
好孩子，爱洗澡。
全身都要洗洗到。

多媒体资源库

专用资源

1. 图样：小动物（1～4）
2. 添画纸：小动物（1～4）

28. 天上的彩云（水彩笔画）

目标

1. 画封闭的圆，大胆想象和表现变化的云。
2. 在故事情境中体验自由涂鸦的快乐。

准备

1. 经验准备：

在户外活动时，教师带领幼儿观看天空中的云；在美术活动区，引导幼儿观看云朵图片。

2. 物质准备：

画有太阳公公的添画纸、剪刀、水彩笔，幼儿每人 1 份。

过程

1. 教师通过故事情境，激发幼儿的活动兴趣。

（1）教师讲故事。

教师：太阳公公每天都和云娃娃一起在天空中做游戏。今天，太阳公公出来了却找不到云娃娃，天空中多了许多奇怪的东西，有小白兔、小绵羊、棒棒糖，还有大蘑菇。太阳公公想，这些东西怎么飞到天上来了？云娃娃们都跑到哪去了呢？突然，这些东西都动起来，变、变、变，变成了可爱的云娃娃。原来云娃娃在和太阳公公玩捉迷藏，这些奇怪的东西是它们变的。

（2）教师提问，引发幼儿对故事的回忆和思考。

教师：你看见过什么样的云娃娃？它是什么形状的？它变成了什么？（圆形的、方形的、萝卜形的、棒棒糖形的等；它变成了小羊、毛毛虫、小汽车、小娃娃……）

2. 教师激发幼儿大胆想象与创作。

教师：想想云娃娃还会变成什么？（吃的、玩的、动物、工具……）

教师提示幼儿在画面上合理布局：小朋友，云娃娃为了让太阳公公找不到它，它会躲在什么地方？（躲在太阳公公的头顶上，藏在太阳公公的下边……）

教师提出绘画要求：画云娃娃的时候要封上口，不然它就被风吹散了。

教师鼓励幼儿大胆作画：请你把各种各样的云娃娃画出来，和太阳公公一起玩吧。

3. 幼儿绘画，教师个别指导，鼓励幼儿大胆想象绘画。

教师：你的云娃娃变成了什么样子的？它藏在了什么地方？还有什么样的云娃娃来和太阳公公捉迷藏？

4. 教师引导幼儿分享活动成果。

教师鼓励幼儿大胆说出自己的创意，互相欣赏作品：我们来帮太阳公公找一找，看看你们的云娃娃变成了什么？

提示

本活动的重点在引导幼儿大胆画封闭的圆，并在此基础上添画成不同的形象。教师应关注幼儿画面中的图像符号，对幼儿作品中出现的新图形或新的符号给予肯定。

资料夹

故事

云朵棉花糖

有三只小老鼠，他们是鼠老大、鼠老二和鼠小小。

他们住在一栋小房子里。鼠老大最大，住在最下面，鼠老二住在二楼，鼠小小住在三楼。

一天，鼠小小打开窗子，一朵云飘进来了。啊，这朵云很白很白，很软很软，很松很松。

鼠小小抱着白云到二楼去。鼠老二说："我看可以用它来做枕头，肯定很松软的。"

鼠小小和鼠老二又到了一楼。鼠老大说："我看可以用它来做棉衣，肯定很暖和的。"

鼠小小说："我看还是把它做成棉花糖吧。"鼠老大和鼠老二说："对，这个办法好。”

三只小老鼠开始做云朵棉花糖。他们先往云朵里加一些水果味，再加一些奶味，再加一些甜叶。抬到太阳底下去晒，香味就开始飘散开来。

闻到香味，动物们都来了。大家好馋呀，三只小老鼠把云朵棉花糖分给大家，这个一朵，那个一朵，大家吃得真开心。

分到最后，云朵棉花糖只剩这么一点点了。三只小老鼠你舔一口，我舔一口，舔得很开心。

第二天，大家都等着云朵再飞进鼠小小的窗口，他们要做更多的云朵棉花糖。

（作者：李没）

多媒体资源库

专用资源

添画纸：太阳公公

29. 我做煎蛋大家尝（棉签画）

目标

1. 学习画大小不同封闭的圆。
2. 在游戏情境中体验自由创作的乐趣。

准备

1. 经验准备：

教师在活动前，为幼儿演示煎鸡蛋，并请幼儿品尝。

2. 物质准备：

（1）在娃娃家放置煎蛋玩具或煎蛋图片。

（2）蛋形纸，幼儿每人 1 张；各色水彩颜料调好注入盘中，幼儿每组 1 份。

过程

1. 教师引导幼儿回忆煎蛋的情景，引发绘画兴趣。

教师：你喜欢吃煎鸡蛋吗？

教师出示煎蛋玩具或图片引导幼儿观察：煎鸡蛋的蛋黄在哪里？它是什么形状的？蛋清煎熟后是什么样子的？（蛋黄在蛋清的中间，是圆形的；蛋清煎熟后是圆形的，把

蛋黄包起来）

教师：煎蛋上面还有什么配料？（黄瓜丁、洋葱丝、番茄块……漂亮又美味）

2. 教师以游戏的口吻演示煎蛋的画法。

教师：今天你也来当小厨师，做煎鸡蛋给大家尝一尝。

教师：你吃过什么味道的煎鸡蛋？今天你想做什么口味的煎鸡蛋？（咸香洋葱味、糖醋黄瓜味、酸甜番茄味……）

幼儿根据自己的生活经验大胆表达。

教师演示用棉签画煎蛋的方法：先用小棉签蘸上喜欢的颜色，转一转画出圆圆的蛋黄；再选一种喜欢的颜色在蛋黄的周围画一圈蛋清，一定要封上口，不要让蛋清流出来；最后，把棉签蘸上漂亮的颜色，点在煎蛋上，当作美味的配料。

教师鼓励幼儿大胆创作：请小厨师多做几种不同口味的煎鸡蛋请大家品尝，看看谁的煎蛋又漂亮又美味。

3. 幼儿绘画，教师个别指导，鼓励幼儿大胆想象绘画。

教师鼓励幼儿运用多种颜色画煎蛋：你的煎蛋是什么味道的？你想用什么颜色的调料？

4. 教师引导幼儿分享活动成果。

教师：小朋友，看一看小厨师做了什么口味的煎鸡蛋，猜猜他放了哪些配料，你喜欢吃什么味道的煎鸡蛋？

幼儿表达自己的想法。

教师：我们把这些美味的煎蛋带回家请爸爸妈妈尝一尝。

提示

为了使幼儿能用多种颜色绘画，教师可以鼓励他们画“许多配料，混合口味”的煎蛋。

多媒体资源库

专用资源

图样：饼铛（1～2）

30. 可爱的大树（手印画）

目标

1. 用手掌印出主要色块，感受手形印的乐趣。
2. 根据主要色块联想、想象，尝试用手指添印细节，表现各种形象。

准备

1. 经验准备：

活动前，教师引导幼儿玩手影游戏“手指变变变”，欣赏手的造型影像。

2. 物质准备：

画纸，若干；红、黄、蓝、绿水粉色调好，注入铺有海绵的盘中，幼儿每组1份；小擦布，每组若干。

过程

1. 教师组织幼儿做手指游戏，引出活动内容。

教师：小朋友，我们玩一个“手指变变变”的游戏吧。

教师：我们的小手可真能干，那看看能不能用我们的小手印出画来呢？

2. 教师带领幼儿用手掌印画。

教师边演示边说：将五指张开，蘸上水粉颜料后，按在画纸上；每一个手指都按一下，让手指印完整。

教师提问：

把手从纸上拿开，看一看，画纸上出现了什么？（手掌印）

小朋友，想一想，你能把手掌印变成什么？（大树、小花、小鸟……）

怎样把手掌印变成你想象中的东西呢？（用手指蘸颜料，在手掌印上印出手指印，如：用手指点印出绿色的树叶、红色的果子、各种颜色的小花、小鸟的眼睛和嘴巴……）

3. 幼儿绘画，教师巡回指导。

教师指导幼儿用小手蘸一种颜色，然后用力按在画纸上，将小手印完整。

教师启发印好手掌印的幼儿思考和尝试，通过手指点印把手掌印变成美丽的、可爱的东西。

4. 作品交流分享。

教师将幼儿作品一一拍照，然后利用多媒体展示给幼儿欣赏，并对幼儿说：看看小朋友把小手变成了什么啊？

教师：我们小朋友可真能干，那我们一起去户外，在阳光下玩一玩手影游戏吧！

提示

1. 活动前，教师多带领幼儿玩“手指变变变”的游戏和“手影游戏”，丰富幼儿关于以手造型的经验。

2. 教师应尽力帮助幼儿根据主要色块进行联想，如果用添印的方法不能很好地再现某些形象的细节，可以用手指补印或画笔添画。

资料夹

参考图

手影示意图

多媒体资源库

专用资源

图片：手影

31. 小兔家门前的路（彩笔画）

目标

1. 学习正确握笔，练习画封闭的线，体验大胆绘画的快乐。

2. 培养乐于助人的好品质。

准备

1. 经验准备：

在自由活动时间，教师带领幼儿做“走出迷宫”的游戏。

2. 物质准备：

(1)《小兔回家的路》背景图 1 幅，小兔手偶 1 个。

(2) 水彩笔，幼儿每人 1 盒。

过程

1. 教师操纵手偶小兔，以“小兔迷路”为情境引发幼儿帮助小兔的愿望。

(1) 教师模仿哭声，让幼儿听一听、猜一猜是谁哭了。(小兔)

(2) 教师出示、操纵手偶小兔，告诉幼儿是小兔哭了，并告诉幼儿，是因为它家门口的路坏了，它不能出来找朋友玩了，所以急哭了。

(3) 教师请幼儿帮助小兔：你们愿意帮助小兔把家门口的路修好吗?

2. 教师以游戏“帮助小兔修路”引导幼儿绘画。

(1) 教师出示背景图《小兔回家的路》，并提问：小朋友，请找找，小兔的家在哪儿？

（2）教师边在背景图上画圆圈（石子）边说：我们给小兔画一条路，好不好？画上很多又大又圆石子，铺一条石子路。

3. 幼儿绘画，为小兔“铺路”。

（1）教师组织幼儿分列于背景图边，在图上选好位置画圆圈。

（2）在幼儿画时，教师应提示幼儿用封闭的曲线画出石子，并加以演示；同时注意提醒和纠正幼儿的握笔方法。

4. 小兔家的路修好了，大家以游戏的方式分享快乐。

教师：小兔家门口的路修好了吗？

教师：你们可真棒，帮助小兔修好了路，小兔特别高兴，它说特别感谢咱们班的小朋友。

提示

1. 教师在出示背景图后，要着重引导幼儿观察小兔的家在哪里，路在哪里。以便幼儿在绘画过程中能找准位置。

2. 教师要鼓励幼儿画出“又大又圆的石子”为小兔铺路，以锻炼幼儿画出长而均匀的弧线，增强手的执笔稳定性、准确性和力度。

资料夹

参考图

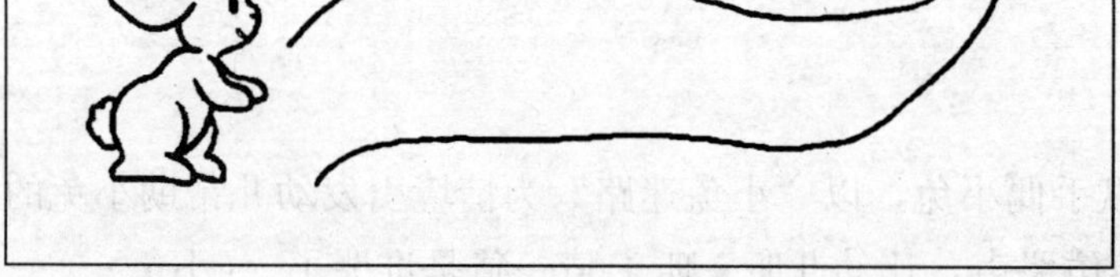

小兔回家的路图示

多媒体资源库

专用资源

教学用图：小兔回家的路

32. 鱼宝宝拉手跳（画线练习）

目标

1. 尝试在画纸上用笔画螺旋线，大胆想象添画小鱼。
2. 体验和许多朋友在一起的快乐。

准备

1. 经验准备：
在语言活动中，教师引导幼儿学说儿歌《三条鱼》。
2. 物质准备：
头饰“鱼”，蓝色复写纸、蜡笔，幼儿每人 1 份。

过程

1. 教师与幼儿一起说儿歌、做游戏，引出活动内容，引发幼儿参与活动的兴趣。
（1）教师头戴小鱼头饰引导幼儿讨论。
教师：小朋友，你们看今天谁来到咱们班了？（小鱼）
教师：小鱼说它很孤单，你知道是为什么吗？（它没朋友；它总是一个人）
教师用儿歌中的话进行总结：一条鱼，水里游，孤孤单单在发愁。
（2）教师与幼儿一起边说儿歌边做游戏。
教师：小鱼怎样才能不孤单？（去找好朋友；我们和它一起玩）
教师给幼儿戴头饰并引导：我们一边说儿歌、一边找朋友好吗？
教师与幼儿齐声说：两条鱼，水里游，摆摆尾巴点点头。
幼儿两个人手拉手跳舞。
教师与幼儿齐声说：三条鱼，水里游。快快活活笑开口。
幼儿三个人手拉手跳舞。
教师与幼儿齐声说：许多鱼，水里游，大家都是好朋友。
幼儿多人手拉手跳舞。
2. 教师引导幼儿说一说游戏时的情景，帮助幼儿回忆游戏时的动作。
教师：你和很多小朋友们一起做游戏，快乐吗？
教师：你和小朋友跳舞是怎样跳的？（手拉手跳舞）
教师边拉幼儿的手边说：手拉手跳舞真好！
教师：刚才你和哪条小鱼拉手做朋友了？

3. 教师演示画“手拉手的小鱼”，引导幼儿找到绘画方法。

教师：小蜡笔也要跳舞了，快看它跳出了什么？教师用蜡笔在纸上如图画螺旋线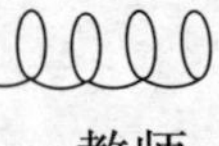，请幼儿观看。

教师：蜡笔宝宝画的什么样的线？（螺旋线）

教师引导幼儿发现螺旋线形成的小鱼：你们在这里面发现小鱼了吗？谁发现了小鱼，来给老师指一指。

教师把幼儿指出的小鱼涂上颜色，画上眼睛和鱼鳍、鱼尾，请其他幼儿观察。

教师：还有没有小鱼？教师请更多的幼儿寻找画中的小鱼。

教师：谁还记得小鱼是怎么画出来的？（画螺旋线）

教师带领幼儿空手画线：把你的小手拿出来，我们一起画一画螺旋线。

4. 幼儿绘画，教师进行指导。

教师：小朋友，现在请你用小画笔在纸上试着画螺旋线，看看是不是也变出了小鱼！

教师：连续不断地画下去，小鱼的朋友多又多！

教师帮助幼儿在螺旋线上画鱼眼、鱼鳍、鱼尾。当幼儿明白画法后，教师鼓励幼儿尝试自己添画。

5. 教师带领幼儿将作品连接在一起成为一幅大画，大家共同欣赏。

教师：小鱼拉手跳舞多快乐呀，给你的小鱼朋友们唱支好听的歌吧。

提示

活动的重点有两个：一是螺旋线的画法，对于有些幼儿会有难度，教师不必要求幼儿把线条画得均匀有序，只要能旋转着画线即可。二是在螺旋线中发现小鱼，对观察能力弱的幼儿也有难度，教师可先在一两个螺旋线圈内点鱼眼睛，让幼儿试试能不能发现小鱼；如果幼儿看不出，教师可继续添画鱼鳍、鱼尾和鱼鳞，直到幼儿看出是小鱼为止。

资料夹

1. 童谣

三　条　鱼

一条鱼，水里游，孤孤单单在发愁。
两条鱼，水里游，摆摆尾巴点点头。
三条鱼，水里游，快快活活笑开口。
许多鱼，水里游，大家都是好朋友。

（放平）

2. 参考图

螺旋线画小鱼参考图

多媒体资源库

专用资源

图样：小鱼头饰

33. 神秘的礼物（沙画）

目标

1. 尝试用沙画及添画的方法表现食物的形状。
2. 喜欢玩沙子，感受用沙子作画的乐趣。

准备

1. 经验准备：

在平时玩沙活动中，教师注意培养幼儿遵守玩沙规则。

2. 物质准备：

在沙池中摆上小动物形象的图片或玩具，布置成动物园；将小动物们爱吃的食物图卡，如苹果、西瓜、桃、香蕉等埋于沙中；小棍、铲子等摆放于沙池旁。

过程

1. 教师带领幼儿做“寻宝”游戏，体验玩沙的快乐。

教师与幼儿一起走进动物园，引起幼儿的寻宝兴趣。

教师：动物园里有什么动物？小动物送了我们许多礼物，我们一起来找一找。

教师与幼儿进入沙池，寻找礼物。

教师：小朋友，请你说一说，你找到了什么礼物？礼物是什么颜色的？什么样子的？什么形状的？

2. 教师带领幼儿做“变宝贝”游戏，体验在沙中作画的乐趣。

教师：小动物送了我们这么多礼物，我们也送给它们一些好吃的吧！小动物最爱吃什么呢？送给谁？看看老师变了什么好吃的？教师用小棍在沙上画出小动物喜欢吃的一两样东西。

幼儿仿照教师的样子，尝试用手或小棍在沙中画出送给小动物的礼物。

教师：小朋友，请你说一说，你为小动物变出了什么礼物？什么样子？送给谁？谁最爱吃？

3. 教师引导幼儿分享活动的快乐。

教师带领幼儿与小动物道别，祝它们在动物园过得快乐。告诉小动物，以后还会经常来看望它们。

活动自然结束。

提示

1. 没有沙池的幼儿园所，可以为幼儿提供沙盘。
2. 绘画过程中，要鼓励幼儿大胆想象，将食物形状特征在沙上勾画出来。

资料夹

小知识

小动物们爱吃哪些食物

小动物们都有自己爱吃的食物。小猫爱吃鱼。小兔爱吃青草、青菜和萝卜。小狗爱吃肉，还特别爱啃骨头。小羊爱吃青草。熊猫爱吃竹子。小考拉爱吃桉树叶。

多媒体资源库

多用资源

图片：可爱的小动物、树木、叶子、水果

34. 长长的火车道（油彩棒画）

目标

1. 喜欢用画笔涂鸦，对画线条感兴趣。
2. 辨认图形与线条，增进视觉分辨力。

准备

1. 经验准备：

教师在区域活动中引导幼儿认识和尝试使用油彩棒。

2. 物质准备：

(1) 教师把课桌拼摆成至少为3～4米的长条桌。

(2) 白色图画纸幼儿每人一张，粘连成长卷，用胶带固定在长条桌面的两边。

(3) 红、橙、黄、绿、青、蓝、紫色油彩棒各10支，分放在四个托盘中；四个托盘分别放在长条桌的两端。

过程

1. 教师带领幼儿围绕长桌做开火车的游戏。

教师：这里的画纸长又长，让我们开着火车逛一逛，把手轻轻搭在前面小朋友的肩膀上，呜呜——开车喽！

游戏可重复一次。

教师：小火车去哪里？快请画笔来帮忙。

2. 教师带领幼儿在图画纸上画长线。

教师：小画笔画一画，火车开过河流，开过小山，开上高速路，开到了幼儿园。

幼儿一个跟一个地围绕两张长条图画纸重复画长线。

3. 教师根据幼儿情绪适时转换活动，鼓励幼儿独立涂鸦。

教师：火车进站啦！

教师：小火车进站休息一下，看看这里有什么？还想有什么？小朋友们画画吧。

幼儿边说出自己的想法边涂鸦。

4. 教师带领幼儿欣赏集体作品，并说出画中有什么。

教师：小朋友，说一说，我们的画中都有什么？开着火车来欣赏吧！

提示

教师应尽可能满足幼儿涂鸦的兴趣，鼓励幼儿任意、大胆地涂画。

资料夹

儿歌

开 火 车

呜呜呜，呜呜呜，
我用积木当火车。
先钻山洞再过河，
把货送到全中国。

35. 小黄和小蓝（水粉调色画）

目标

1. 培养对色彩的兴趣。

2. 通过活动感知黄加蓝变成绿色。

准备

1. 经验准备：

教师指导幼儿在日常活动中认识黄色和蓝色。

2. 物质准备：

大白云毛笔，幼儿每人一支；黄、蓝色水粉，各一瓶；白色塑料盘，幼儿每人一个；白色图画纸，幼儿每人1张。

过程

1. 教师讲故事引发幼儿对调色的兴趣。

教师出示黄、蓝两种颜料给幼儿讲故事：黄色颜料的名字叫小黄，蓝色颜料的名字叫小蓝。一天，小黄遇到了小蓝，它们很高兴在一起玩儿。于是，它俩手拉着手转了一圈，咦？小黄和小蓝的手就变成一样的颜色了，于是它们又转起来，一圈、两圈、三圈……它们的身体都变成一样的颜色了。

教师：小朋友猜一猜，它们变成什么颜色了？（绿色）

2. 幼儿动手调色——黄＋蓝，教师指导。

教师：现在，小黄和小蓝就在我们的桌子上，我们请它们到我们的白色调色盘中一起游戏吧！教师用毛笔蘸一点黄色颜料到调色盘中，再蘸一点蓝色颜料到调色盘中，然后调和两种颜料。

幼儿自己动手取黄色、蓝色放在调色盘中，用毛笔尝试调色。

3. 教师引导幼儿用调出的绿色画画。

教师：请小朋友想一想什么东西是绿色的？我们用小黄和小蓝变成的绿色画一画吧。

幼儿用点点画树叶、雨点，用线条画树枝、河流，用平涂的方法画草地、大山等。

4. 集体展示作品。

教师：小朋友和小黄、小蓝一起画出了这么多好看的画，我们一起来欣赏吧。教师鼓励幼儿边欣赏边说出画中的内容，满足他们的成就感。

提示

1. 为了调动幼儿尝试调色的愿望，教师讲述故事时不做示范。

2. 当幼儿观察到每个人调出的绿色并不相同时，可能会提出问题：老师，为什么我的颜色和他的颜色不一样？教师应当引导幼儿讨论和尝试：试一试，把蓝色放得多一些会怎样？再试一试把黄色放得多一些会怎样？（如果蓝色多，调出的就是蓝绿色；如果黄色多调出的就是黄绿色）

资料夹

小知识

什么是色彩混合

所谓色彩混合是指在某一种色彩中混入另一种色彩。两种不同的色彩混合后，可获得第三种色彩。在色彩混合中，每两原色混合，可以调出若干间色，如红、黄、蓝三原色中的红色与黄色混合，变为橙色；黄色与蓝色混合，变为绿色；蓝色与红色混合，变为紫色。橙、绿、蓝是典型的间色。在颜料混合中加入的色彩种类越多，颜色越暗，最终变为混浊的黑色。

多媒体资源库

专用资源

动画：色彩混合

36. 纸片小精灵（撕纸添画）

目标

1. 大胆想象，敢说敢画。
2. 画出长直线、短直线、弯曲的线、圆。

准备

1. 经验准备：

（1）教师启发幼儿想象，鼓励并肯定幼儿的直觉想象。

（2）提供材料，以便幼儿在自由活动时间练习撕纸和使用胶棒。

2. 物质准备：

（1）白色画纸，幼儿每人 1 张。教师可以先把这些图画纸粘连起来，形成长卷。

（2）彩色纸边角料若干；油彩棒或水彩笔，幼儿每两人 1 盒；胶棒，幼儿每人 1 支。

过程

1. 教师启发幼儿把彩色纸片想象成为“小精灵”。

教师引发幼儿讨论：

我听见小纸片们说：真喜欢长长的图画纸，它们真想在上面玩一玩。

如果小纸片想看到小朋友，它需要有什么呢？（眼睛）

如果小纸片想要唱歌，它需要有什么呢？（嘴巴）

如果小纸片想要和你拉拉手，它需要有什么呢？（手臂）

如果小纸片想要跳个舞，它需要有什么呢？（腿和脚）

小纸片变成了一个可爱的小精灵，如果小纸片希望自己是个女孩子，它需要有什么呢？（长头发，花裙子，头发是弯弯曲曲的或是直直的）

如果小纸片希望自己是个男孩子，它的头发是什么样子呢？（直直的、短短的头发）

请小朋友先把小纸片粘在图画纸上，再用画笔帮助小纸片变成小精灵。

2. 教师鼓励和指导幼儿创作。

幼儿挑选自己喜欢的小纸片或任意撕下一块纸片，粘贴在图画纸上。

幼儿在小纸片上面和周围添画长线、短线、弯曲的线、圆圈等，边画边说出它们是什么、像什么等。

3. 教师带领幼儿欣赏长卷《可爱的纸片小精灵》。

幼儿围绕长卷边走边欣赏自己和他人的纸片小精灵，教师指导：请小朋友们看一看，说一说，小精灵们在做什么？自己都帮助它们画出了什么？

教师和幼儿一起把“小精灵”长卷贴在展示墙上，供幼儿欣赏，满足他们的成就感。

提示

1. 小班的幼儿具有初步的形状联想能力。例如：这个是船，那个是鳄鱼等，这是形象思维的萌芽，教师应给予充分的鼓励和帮助。

2. 教师对于依然喜爱涂鸦的幼儿也应该尽量满足他们的需求。

多媒体资源库

专用资源

动画：小纸片

37. 茂盛的大树（集体合作撕纸粘贴）

目标

1. 观察树木外形及枝杈之间的关系，形成关于大树的整体印象。
2. 把纸撕成不同宽及窄的长条形，粘贴出大树的主要枝干。
3. 学习合作创作，共享创作的乐趣。

准备

1. 经验准备：

教师带领幼儿观察树干与树枝，对比它们的“长和短，粗和细”。

教师：树枝和树干谁粗谁细？谁多谁少？它们是怎样连接在一起的……

2. 物质准备：

（1）全开白纸或单色彩纸 1～2 张，贴在展示板上。

（2）8 开彩色纸，幼儿每人 1 张；胶棒，幼儿每组 2 支。

过程

1. 教师引导幼儿形成关于大树的清晰完整表象。

（1）教师引导幼儿回忆并说出树干、树枝的基本形状。

教师：我们刚刚看过大树，谁能说说大树的树干什么样？（长的、粗的……）

教师：树枝是什么样的？（又细又长的、弯曲的……）

（2）教师引导幼儿观察图片中树干与树枝的关系。

教师：树枝都是从哪里长出来的？（树干上生长许多树枝）

2. 教师引导幼儿用撕纸粘贴，表现大树。

（1）教师取彩色纸，从上面撕下一长条，贴在白色衬纸上，当作树干。教师边操作边指导：我撕下又宽又长的一条纸当作粗壮的树干，谁能撕出长长的纸条，当作树枝？

（2）教师带领幼儿从长方形纸的长边一侧开始向下撕，撕出长条形树枝，幼儿跟随教师动手撕纸。

（3）幼儿撕出一些纸条后，随意地把它们粘到树干上当树枝。教师鼓励幼儿：大树真高兴，它想拥有许多许多树枝，成为一棵茂盛的大树。

3. 教师与幼儿分享创作成果。

教师和幼儿一起欣赏集体创作的大树，并鼓励他们说一说，大树还需要有什么？（树叶、果实等）

教师：小朋友在自由活动的时候，再给大树粘上树叶和果实好不好？

提示

1. 彩色纸的选择应注意色调协调，避免过于凌乱，以便给予幼儿美的感受。

2. 所观察的树木以幼儿熟悉的树种为主，观察时教师要注意鼓励幼儿的主动探索和发现。

3. 活动中，教师应重点指导幼儿如何撕纸，促进幼儿动手能力的发展。

延伸

在自由活动中，教师为幼儿提供撕贴工具材料，鼓励幼儿撕小纸片作为树叶，撕圆形作为果实。当撕出一定数量的纸形时，教师指导幼儿将其粘贴到大树的树枝上。

多媒体资源库

专用资源

图片：长满果子的大树

38. 小鸟飞飞（手印添画）

目标

1. 充分接触和感受色彩，提高对色彩的兴趣。

2. 学习用手印的方法表现飞翔的鸟，初步体验手形变化与印记的关系。

准备

1. 经验准备：

教师请幼儿家长带孩子去公园或郊外等地观看鸟。

2. 物质准备：

(1) 飞翔着的鸟的图片或录像，电脑或投影仪。

(2) 水粉色红、黄、蓝、绿，分别装在盘子里；2～4 开白色素描纸，幼儿每两人 1 张；擦布，幼儿每人 1 块，各色水彩笔，幼儿 2～3 人 1 盒。

过程

1. 教师带领幼儿欣赏飞翔着的鸟的图片或录像。

教师引导幼儿观察：

请小朋友仔细看一看鸟在飞翔时头部是怎样的？（向前伸着）

鸟在飞翔时翅膀是怎样的？（舒展开，上下扇动）

鸟在飞翔时腿和脚是怎样的?（缩在肚子下面或者伸向尾巴的方向）

2. 教师引导幼儿用手模仿鸟儿飞翔的动作。

教师：鸟儿飞起来真好看，请小朋友用小手学一学小鸟儿飞翔的动作。

教师任意伸出一只手，大拇指平伸并与四指分开，模仿翅膀扇动的动作。边演示边说：小鸟的翅膀扇一扇，小鸟的脖子伸一伸，小鸟上上下下飞一飞。

3. 教师引导幼儿用小手印飞鸟。

教师：小手飞呀，飞到了画纸上；小手蘸蘸颜色，伸长拇指当脖子（大拇指平伸并与四指分开），张开四指当翅膀，印个小鸟真漂亮!

幼儿根据自己的意愿选择颜色和方式用手印画。

4. 幼儿印画。

教师提示：小朋友在换颜色时先把小手擦一擦，再蘸新颜色，小鸟会更漂亮。

5. 教师引导幼儿在印迹上添画细节。

教师回放录像，幼儿陆续将印好的画放在桌上晾干。

待所有幼儿印完后，教师鼓励幼儿在印迹上进行添画。

教师：鸟有圆圆的眼睛，尖尖的嘴巴，细细的腿和脚，请小朋友帮助小鸟画一画。

在幼儿添画过程中，教师提示：这里有长长嘴的鸟，这里有长长腿的鸟，这里有短嘴巴短腿的鸟，想一想，怎样画出各种各样的鸟。教师鼓励和肯定幼儿的任意添画。

6. 展示和欣赏作品。

教师：小朋友的小手飞鸟真漂亮！把它贴在墙上欣赏一下吧。

作品展示完毕，大家一起欣赏，并指出自己喜欢的、有特点的手印小鸟。

提示

1. 本活动重点在于启发幼儿对色彩和画笔的兴趣，因此教师应多准备一些材料，允许幼儿重复操作，直至尽兴。

2. 添画时教师要尊重并听取幼儿的意见，不用要求幼儿刻意添画出某种形象。

延伸

作品完成后，教师可根据幼儿的兴趣，引导他们用软笔在画面空隙处点点、画线，进一步丰富画面。

教师：鸟飞到了有树的地方，密密麻麻的树叶可以保护它们。（画点）

教师：鸟飞到了有水的地方，清清的水塘里可以洗澡。（画线）

资料夹

谜语

五个小兄弟，
有高又有低。
遇事互相帮，
团结有力量。
（谜底：手）

多媒体资源库

专用资源

1. 动画：拼小鸟
2. 拼板：飞翔的小鸟

39. 树叶和毛毛虫（印染添画）

目标

1. 尝试用手指连续点染，练习用水彩笔画简单的线条。
2. 感受树叶印染和手指印染的乐趣。

准备

1. 经验准备：

（1）教师带领幼儿感受色彩缤纷的秋叶之美，并捡拾美丽的叶子。

（2）引导幼儿寻找秋叶上的小虫或欣赏毛虫图片。

2. 物质准备：

图画纸粘连成长卷；红、黄、绿、橙广告色，每瓶颜料配 1 把 5 号板刷，幼儿每两人 1 瓶；水彩笔，幼儿每人 1 支；印台，幼儿每组 1 份。

过程

步骤一

1. 教师启发和调动幼儿的绘画热情。

教师：秋天像个魔术师，它把绿色的树叶变成了既有绿色又有红色、黄色的美丽叶子，小叶子也像个魔术师，它能帮助我们来画画儿呢，让我们一起来试一试小叶子是否会画画。

2. 教师引导幼儿探寻印树叶的方法。

教师引导幼儿观察和思考：

请小朋友摸一摸、看一看手中的小叶子，感觉一下哪一面的叶脉更清晰？为什么？

把叶脉清楚的一面朝上，左手按住小叶子，右手用板刷给小叶子刷上广告色。

请小朋友想一想，现在该怎样做了？（把刷有颜色的一面朝下，扣在图画纸上，用手压一压）

3. 幼儿用树叶印画，教师协助指导。

（1）幼儿尝试用树叶印画。

（2）幼儿尽情享受叶子印画的快乐，教师根据幼儿的能力差异进行指导，提醒幼儿树叶上刷色不宜过多，换色时要换刷子。

教师：小朋友印的叶子真漂亮！红叶子、黄叶子、蓝叶子，像是彩色的翅膀！还像什么呢？启发幼儿说一说自己的想象。

4. 展示并分享作品。

当幼儿印得尽兴后，教师将印满树叶痕迹的画纸铺展，引导幼儿环绕走动欣赏，同时一边走一边说一说，都有哪些树叶的印痕，它是什么形状的，什么颜色的。

步骤二

1. 教师启发幼儿尝试用手指印画。

教师引导幼儿思考：

小朋友也是魔术师，伸出手指蘸上颜色印一印。啊，纸上出现了一个手指印。

给手指印画上腿，它变成了小虫子。

如果你想变出有毛毛的小虫子，该怎么办？（用水彩笔为手指印画上许多毛）

如果你想变出长长的虫子该怎么办？（印出连串的手指印）

如果你想变出爬行动作的、长长的毛毛虫该怎么办？（让手指连串印并拐弯）

2. 幼儿尝试手指印画。

幼儿在印有树叶的长卷画纸上，加印毛毛虫。教师鼓励和帮助幼儿实现他们的各种不同想法和愿望。

3. 展示和欣赏作品。

教师把长卷《树叶和毛毛虫》装饰在活动室，引导幼儿观赏并自由议论。教师肯定和称赞幼儿的创作，满足幼儿的成就感。

提示

在步骤二的活动过程中，教师要鼓励幼儿尝试用不同的方式印手印并帮助幼儿进一步添画成各种形象，达到调动幼儿绘画兴趣的目的。

多媒体资源库

专用资源

1. 图片：叶子

2. 图片：毛毛虫

40. 小蜘蛛织网（点点连线）

目标

1. 练习画长直线，体验画线条的乐趣。

2. 小组合作画线，学习相互配合，共同完成作品。

准备

1. 经验准备：

教师在活动区提供水彩笔、画纸等，鼓励幼儿学习使用这些常见的绘画材料与工具。

2. 物质准备：

（1）4～8 开白色图画纸，幼儿 4～6 人 1 张，固定在课桌上。

（2）12 色水彩笔，幼儿每 4～6 人 1 盒；贴画蜘蛛，幼儿每 4～6 人 1 张。

过程

1. 教师激发幼儿参与画线游戏的兴趣。

教师手拿水彩笔在图画纸上边演示边说：小蜘蛛轻轻地走着、走着（在靠近纸边处用笔点点儿），它想去找对面的小朋友玩儿，于是它吐出一根丝。（画出一条线至对面）啊！我来到小朋友的家了。它觉得很好玩又吐出一条丝（再画一条线至另一条边）来到了另外一个小朋友的家……就这样，它不停地吐着丝，很快就用一条条细丝织出了一张网。

教师：请小朋友拿好水彩笔，也学学小蜘蛛织网吧。

2. 幼儿做画线游戏。

幼儿 4～6 人一组，相对而坐。教师和小朋友一起说：小蜘蛛轻轻地、轻轻地走着，它想去找×××玩。幼儿每人说出对面小朋友的名字，并画线。

教师提示：小蜘蛛走路时是轻轻地、轻轻地走，两只小蜘蛛遇到一起时绕开走，就不会撞到一起了。

教师观察并提示幼儿更换笔的颜色：小蜘蛛吐出了绿色的丝，又吐出了红色的丝，又吐出了蓝色的丝……

教师观察幼儿画画的兴致，鼓励画更多的线：小蜘蛛的网真漂亮，小蜘蛛的网再密一些就能捕到食物了。

3. 幼儿展示作品。

教师逐一点评，并发给每个小组一只贴画蜘蛛，幼儿将其粘贴到画好的蜘蛛网上。

教师把一只贴画蜘蛛贴到墙饰的蜘蛛网上。教师：请把你们作品贴到墙上来，这里有一只小蜘蛛在等着呢。

各组幼儿展示作品。

提示

活动后，教师可以用幼儿的作品装饰环境，还可以给作品装饰上相框，这将让幼儿获得更大的成就感。

资料夹

小知识

蜘蛛是如何织网的

蜘蛛有架设“天索”的本领。它是如何在相隔很远的两树间架网的呢？原来蜘蛛腹部末端有三对纺织器。从纺织器的小孔中，分泌出一种液体，碰到空气就会硬化变成丝。蜘蛛丝的成分是蛋白质。它和蚕丝相似，刚流出来时，还是一种发黏的黏液，当它一接触空气，马上就变硬而成丝了。

蜘蛛就是利用蜘蛛丝进行拉网。蜘蛛在两树之间架网时，先从立脚点引出许多长丝，这些长丝在空中飘。蜘蛛又常用脚去触这些丝，如果有一条丝拉不动，就是这条丝被风吹到另一棵树上，并且被缠到树枝上啦，它便顺着丝爬到另一头，这样来回拉丝网就拉成了。

另一种办法是，蜘蛛先固定一个点，自己就吊在丝上，下垂到地面，肚子上继续放丝，爬到对面树上，再用脚收丝，然后把丝缠到新固定点，这样来回几次网就架好了。

多媒体资源库

专用资源

1. 动画：小蜘蛛织网

2. 贴画：蜘蛛

41. 雪中寻宝（油水分离画）

目标

1. 尽情涂鸦，体验使用油水分离方法作画的乐趣。

2. 在绘画中回想下雪的情景，回味美好的体验和美感。

准备

1. 经验准备：

幼儿有使用油画棒进行涂鸦的经验。

2. 物质准备：

油画棒，幼儿每两人 1 盒；湖蓝色或青莲色水粉颜料加水稀释后分装 3～5 瓶；小板刷 3～5 把；白色图画纸，幼儿每人 1 张。

过程

1. 教师讲述故事《下雪天》，引出活动内容。

教师：冬天来到了，外面下雪了，房子变白了，树变白了，幼儿园的大滑梯也变白了。有个小姑娘从家里跑出来，她在找被自己忘在外面的红皮球，咦？皮球哪儿去了？小朋友，你们说红皮球哪儿去了？（被雪盖住了，等雪化了，球就会露出来了）

教师：我们也做一个在“雪中找宝贝”的游戏吧。

教师手拿白色油画棒，在白色图画纸上一边悄悄画出球、棒棒糖、小汽车等幼儿喜欢的东西，一边画许多圆点作为雪花。边画边提示：我在画雪花，雪下得很大，盖住了许多许多的宝贝。

教师拿出蓝色水粉说：大雪藏住了什么宝贝呢？让我们找一找。一定要仔细看哟！看宝贝是怎样变出来的。

教师用板刷蘸稀释过的水粉颜色，刷在画面上。白色油画棒的画痕从蓝色水粉中分离，变出宝贝。

2. 教师鼓励幼儿尽情涂鸦（可以用任意颜色）。

教师：现在请小朋友用油画棒在画纸上也画许多许多宝贝，还有白色的雪花；然后再用刚才老师的方法把宝贝变出来好吗？

幼儿喜欢在涂画中想象，教师应允许幼儿边说边画，所画宝贝可以是线条的堆砌。

对胆怯的幼儿，教师应鼓励他们大胆涂画，例如：重复画圈，当作雪球；来回画线，当作下大雪。

3. 教师指导和帮助幼儿用水粉色找出雪中的宝贝。

教师指导幼儿用水粉色在画纸上刷色。在刷色过程中，教师提示幼儿观察画面的变化，感受油和水彩分离带来的瞬间效果。教师：小朋友一定要仔细看画面上的宝贝是怎样变出来的。

4. 教师引导小朋友欣赏、介绍作品。

幼儿逐一展示作品。教师：小朋友，请你说一说，你画的雪中藏了什么宝贝？

提示

水粉颜料和水至少以 1∶5 的比例进行稀释。

资料夹

儿歌

淘气的雪宝宝

冬天一来到，
天上雪花飘。
飘下雪宝宝，
对我微微笑。
飘到房子上，
变成大白帽。
飘到田地里，
变成白棉袄，
飘到我手里，
马上不见了。

多媒体资源库

专用资源

动画：小雪花

42. 好长好长的毛毛虫（拼贴画）

目标

1. 贴出毛毛虫，感受重复连续拼贴的乐趣。

2. 体验集体创作和游戏的乐趣。

准备

1. 经验准备：

幼儿在活动区练习使用胶棒。

2. 物质准备：

彩色手工纸剪成的大小相同的圆形，若干；瓷砖墙或展示板 1 块；胶棒，幼儿每人一支；水彩笔，幼儿每人 1 支，颜色自选。

过程

1. 教师启发幼儿对拼贴画的兴趣。

教师手拿 1～3 张事先剪好的彩色圆形纸，分别贴在展示板上。

教师一边在圆形纸上画毛毛虫的脸和触须，一边说：小朋友猜猜它们是谁呀？

幼儿随意猜测。

教师拿出若干彩色圆形纸，边演示边说：我们把这些圆形纸一个接一个地粘在刚才老师画过的圆形纸的后面，它就变成了什么？（长长的毛毛虫）

2. 教师组织幼儿拼贴长长的毛毛虫。

教师：请小朋友把圆形纸贴在毛毛虫头的后面，看看哪条毛毛虫最长。

教师向幼儿分发圆形纸，幼儿在教师粘好的圆形纸后面接着粘贴上新的圆形纸。

教师启发幼儿：

长长的虫子向上弯曲怎么贴？（圆形纸向上粘）

长长的虫子向下弯曲怎么贴？（圆形纸向下粘）

3. 教师鼓励幼儿为虫子添画细节。

教师一边把水彩笔放在课桌上一边说：小朋友拼贴的彩色虫子真好看，谁有办法把它们变成更漂亮的毛毛虫？（添画毛刺和斑点……）

教师逐一请想出办法的幼儿为虫子添画，直至全体幼儿都参与到添画中。

4. 教师带领小朋友欣赏作品。

教师：小朋友画出了好长、好漂亮的毛毛虫。我们也来做长长的毛毛虫吧！请小朋友排好队，把手轻轻放在前面小朋友的肩上，一边踏步一边和我一起说："好长好长的毛毛虫呀！你要到哪里去呀？和我去散步吧"。重复游戏。

延伸

用以上方法可以做相同纸形重复粘贴的拼贴画，如水果火车、小动物火车，还可以搭高楼，穿项链，修大桥等。

多媒体资源库

专用资源

图样：小象、牵牛花、蜗牛、车厢

43. 开心小火车（拼贴画）

目标

1. 学习粘贴技能，体验动手制作的乐趣。

2. 通过活动体会自己是集体中的一员，体验合作的快乐。

准备

1. 经验准备：

幼儿在区角活动中使用胶棒，做简单粘贴。

2. 物质准备：

（1）教师及每一位幼儿的一张个人照片（大头贴）。

（2）正方形彩色纸，幼儿每人 1 张；圆形纸，幼儿每人 2 张；彩纸条，若干；胶棒，幼儿每人 1 支。

过程

1. 教师带领幼儿排队做开火车的游戏，引起幼儿对活动的兴趣。

教师：呜——我们班的小火车出发啦！车厢里面有谁呀？（第一个小朋友报名）

教师：呜——车厢里面还有谁呀？（第二个小朋友报名，依次类推）

2. 教师引导幼儿把开火车游戏的情景创作成一幅画。

教师：火车上的小乘客们开心吗？我们班就是开心小火车。

教师：让我们一起为开心小火车作一幅画好不好？

教师把自己的照片粘贴在手工纸的上方，然后粘贴车轮。教师：小车厢里面有谁呀？（有老师）

教师抚摸幼儿的头说：老师在火车头里面，后面的车厢里面还有你们呀！

教师手拿彩色手工纸说：请小朋友把自己的照片贴在小车厢上，可别忘记贴车轮啊。幼儿粘贴车厢。

幼儿粘贴。当有些幼儿粘贴好自己的车厢后，教师开始连接每节车厢，在火车头及每节车厢的侧面依次粘贴链接条，即彩纸条。每粘一节车厢之前，教师说：谁的小车厢来了？幼儿说出自己姓名，教师将其车厢与前面的车厢粘连在一起。

所有的小车厢连接完毕，教师说：我们的开心火车连接成功了！幼儿拍拍手一起说：嗨嗨！我真棒！

3. 教师带领幼儿欣赏作品并做“开火车”的游戏。

教师带领幼儿边走边说：我们班的开心小火车真漂亮！车厢里面都有谁呀？幼儿依次报名。

提示

1. 游戏时，教师应提示幼儿注意倾听，及时说出自己的姓名。

2. 活动时，可以把“我们班”的称呼改为具体的班级名称，如：“小一班”。（小一班的开心小火车真漂亮！）

3. 可用“开心小火车”作为日常鼓励竞赛栏。例如：“看谁的星星多？”“看谁的小花多？”（把作为奖励、表扬标记的小花或星星贴在受奖幼儿的车厢面上）

多媒体资源库

专用资源

1. 动画：小火车

2. 拼图：列车

44. 粉刷小房子（水粉画）

目标

1. 用水粉颜料为纸箱小屋的各部分涂上相适宜的颜色。

2. 在想象中美化环境，感受涂色过程的乐趣。

准备

1. 经验准备：

教师在日常活动中引导幼儿认识红、黄、蓝、绿等常见颜色。

2. 物质准备：

纸箱改装成房子的样子，幼儿每组 1 个；红、黄、绿广告色调好放入小桶中，幼儿每组 1 份；5 号板刷，幼儿每人 1 把；透明塑料调色杯，幼儿每人 1 个；报纸折叠的帽子，幼儿每人 1 顶。

过程

1. 教师启发幼儿的活动兴趣。

教师为幼儿戴上纸做的帽子说：戴上小帽子，来做粉刷匠。谁知道粉刷匠是做什么的？幼儿根据个人经验进行回答。

教师请幼儿来到一个“纸箱房子”旁，把调好浓度的红、黄、绿广告色分别倒在透明塑料杯中，并在每个塑料杯中放一把板刷。

教师：现在，大家知道粉刷匠是做什么的了吗？（为房子刷上好看的颜色）教师稍加演示，在纸箱上刷颜料。

教师：好！小朋友来做“小小粉刷匠”，把房子刷得更漂亮好吗？

2. 教师引导幼儿讨论如何选配色彩。

教师一边用水彩笔勾画出房顶、门、窗、墙壁的边缘，一边说：哪种颜色刷在屋顶上感觉亮堂？（黄色）

教师：哪种颜色刷在墙壁上感觉很温暖？（红色）

教师：哪种颜色刷在门窗上面感觉很清爽？（绿色）

3. 幼儿每人选择一种颜色粉刷纸箱房子。

（1）教师引导幼儿分组。教师依次站到每个纸箱旁对幼儿说：想粉刷这座小房子的小朋友请过来。

当聚拢过来的幼儿达到预定人数时，教师换一只箱子召唤幼儿，直到每个箱子都有了粉刷匠。

（2）教师依次拿起黄、红、蓝颜料桶，以征询幼儿选择颜料的方式引导幼儿分工。

教师：哪个小朋友想为小房子的屋顶刷上亮堂的黄颜色？请拿上调色杯来取黄色的颜料。教师为幼儿在杯中倒入黄色颜料。取得黄色颜料的幼儿开始粉刷。

教师依次分发其他颜料。

（3）幼儿刷色时，教师提示：刷子蘸好颜料后，在杯子的边沿上刮一刮，再刷到房子上面，这样才干净漂亮。

4. 教师引导幼儿欣赏劳动成果。

教师为幼儿与粉刷一新的小房子合影拍照，并一起说：小小粉刷匠真棒呀！真能干！红的墙，绿的窗，金色的屋顶亮堂堂，我们粉刷的房子真漂亮。

提示

在活动之前，教师要计划好幼儿的组数、各组的人数以及所需纸箱数。一般来说，5～6 人粉刷一个纸箱，1～2 人刷一种颜色比较合适。这样幼儿之间容易分工合作。

延伸

粉刷后的纸箱小屋可以放在“娃娃家”或组成建筑群，供幼儿游戏时使用。

资料夹

参考图

（1）纸箱小屋

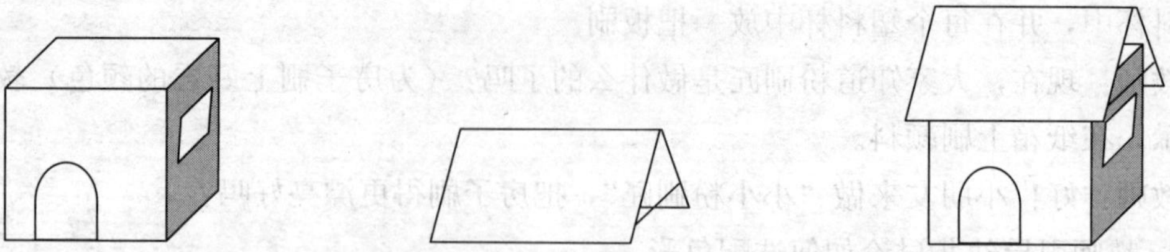

①选大纸箱一个，在箱体上开出门窗，做成房体。

②选纸箱板一块，对折。在纸板两边相对的两角穿上绳子，将对折的纸板固定为适当的角度，做成屋顶。

③将屋顶置于房体上，做成小屋。

纸箱小屋制作法

（2）纸帽

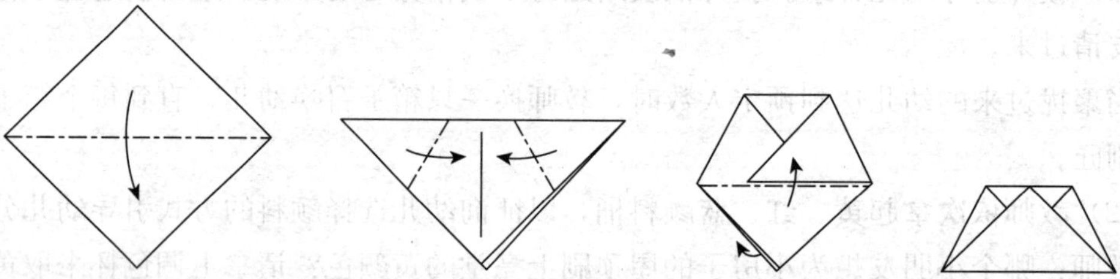

①对角折　②两角向中心线折　③向上折，背面相同　④完成

纸帽折叠法

45. 小小太空船（拼贴）

目标

1. 用红、黄、蓝三种颜色的材料装饰塑料瓶。
2. 感受色彩拼贴的快乐。

准备

1. 经验准备：

教师在活动区投放太空船和其他航天器图片、模型等，鼓励幼儿观察欣赏。

2. 物质准备：

矿泉水瓶，幼儿每两人1个；剪成不规则形状的红、黄、蓝色即时贴若干，分别放在材料筐中；幼儿大头贴照片每人 1 张（事先修剪成椭圆形）。

过程

1. 激发幼儿对活动的兴趣。

教师事先把矿泉水瓶的瓶盖处用彩色纸装饰成锥状，带到班上，引导幼儿观察：一天，小小太空船来到了我们班，它们想带小朋友在空中旅行。不过，它们需要请小朋友先帮忙把自己变成红、黄、蓝色的彩色太空船，小朋友可以帮忙吗？

2. 教师引导幼儿选择自己喜欢的即时贴纸，装饰太空船。

教师拿出盛有红、黄、蓝三种颜色即时贴片的材料筐，请幼儿辨认。教师：请小朋友挑选自己喜欢的颜色，并说一说颜色的名称。

教师指导幼儿（每两人一组）把彩色即时贴片随意粘贴在瓶子上。

3. 教师请幼儿在太空船上粘贴自己的照片。

教师指导幼儿把自己的照片横向并列粘贴在装饰好的水瓶上。

照片粘好后，教师：红色（蓝色/黄色）太空船的小朋友登上太空船了！

4. 教师展示幼儿作品，让幼儿从中获得成就感。

教师把贴好照片和彩色贴片的太空船悬挂在活动室内。

教师：小朋友帮助太空船贴上了好看的颜色，太空船带着小朋友的照片在空中旅行，我们的活动室还因为小朋友的努力变得更漂亮了。

提示

教师应注意观察幼儿粘贴彩色纸片的兴趣和效果，适时提出请幼儿贴照片。

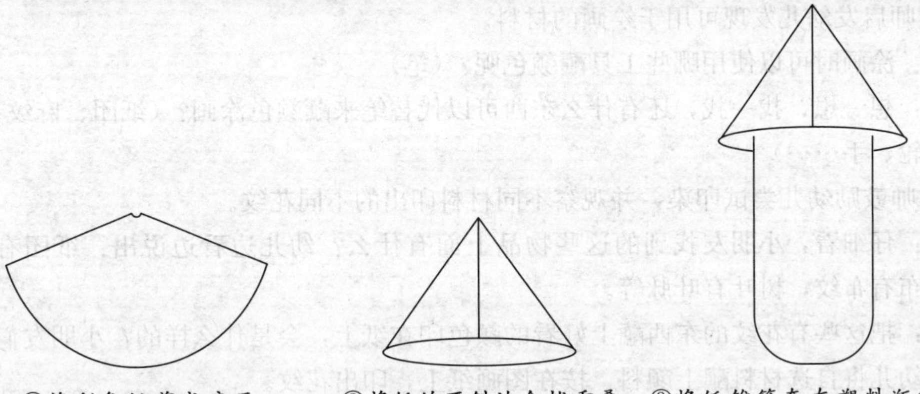

①将彩色纸剪成扇面形。 ②将纸的两斜边合拢重叠后粘合，做成锥筒状。 ③将纸锥筒套在塑料瓶顶部，制成太空船。

塑料瓶制作太空船示意图

46. 找一找，猜一猜（印画）

目标

1. 引发对色彩的兴趣。

2. 喜欢尝试用不同的物件印色。

准备

1. 经验准备：

教师在美术活动区提供装饰画，供幼儿欣赏。

2. 物质准备：

红、黄、蓝、绿四色水粉颜料调好后分别装在四个瓶内；颜料盘，幼儿每组 4 个；报纸团、麻纹布、毛线绳、玩具小汽车、毛笔、毛刷、树叶……装入筐中，分别摆放在桌子上或幼儿可以找到的其他地方；4 开图画纸，幼儿每两人 1 张。

过程

1. 教师利用水粉色鲜艳的色彩效果调动幼儿的兴趣。

教师一边把颜料倒入每组幼儿的盘中，一边说：这些都是什么颜色？（红、黄、蓝、绿）

教师：漂亮的颜色可以做什么用呢？（涂涂、画画、印印……）

2. 教师启发幼儿发现可用于绘画的材料。

教师：涂画时可以使用哪些工具蘸颜色呢？（笔）

教师：想一想，找一找，还有什么东西可以代替笔来蘸颜色涂画？（纸团、麻纹布、树叶、车轮、手……）

3. 教师鼓励幼儿尝试印染，并观察不同材料印出的不同花纹。

教师：仔细看，小朋友找到的这些物品上面有什么？幼儿边看边说出：纸团有褶皱，麻纹布有布纹，树叶有叶脉等。

教师：把这些有花纹的东西蘸上好看的颜色印在纸上，会是什么样的？小朋友们试一试吧。幼儿将自选材料蘸上颜料，按在图画纸上，印出花纹。

教师：请小朋友注意看自己印出了怎样的花纹。幼儿历数印出的各种花纹。

4. 教师组织幼儿展示并欣赏作品。

教师把幼儿的作品展示在墙壁上，并说：请小朋友找一找，猜一猜，纸团印、车轮印、树叶印……它们在哪里？

教师：小朋友回家后和妈妈一起找一找，看看还有什么东西可以用来印花纹，然后把印出的作品带到幼儿园来，请小朋友猜一猜是什么印的。

提示

教师在活动中要鼓励幼儿动脑筋，想办法尝试各种各样的印法。

多媒体资源库

专用资源

图片：巧印

47. 彩色鱼（拼贴画）

目标

1. 辨别红、黄、蓝、绿等常见色。

2. 尝试用彩色纸拼贴，体验色彩拼贴的快乐。

准备

1. 经验准备：

教师引导幼儿在日常活动中认识红、黄、蓝、绿等常见色。

2. 物质准备：

（1）教师在一两张全开图画纸上，用红、黄、蓝、绿水彩笔画一幅群鱼图，只画出鱼的彩色轮廓线和黑色的眼睛；鱼群或各种鱼的图片，若干；投影仪一台。

（2）将红、黄、蓝、绿即时贴剪成不规则的小块，面积大小不限。

过程

1. 教师带领幼儿欣赏鱼的图片，激发贴画兴趣。

教师和幼儿一起欣赏鱼的图片。教师：请小朋友说一说，图片上有什么颜色的鱼？

幼儿分别回答。

2. 教师演示拼贴方法。

教师出示鱼群图并提示：这里的小鱼还没有颜色，大家一起为它们贴上漂亮的颜色好吗？

教师揭去即时贴的背纸，选与轮廓线颜色相同的小鱼，将即时贴贴在鱼身上，边演示边说：红色轮廓的鱼喜欢红色的贴片；黄色轮廓的鱼喜欢黄色贴片……

3. 幼儿自由拼贴。

幼儿拼贴，教师鼓励：画中的小鱼有了美丽的色彩一定很高兴。

教师提醒幼儿注意将彩色即时贴贴均匀，这样小鱼就会更漂亮。

4. 教师引导小朋友分享成果。

教师和小朋友一起展示作品，欣赏色彩鲜艳的小鱼。教师：小朋友用自己的双手为小鱼增添了美丽的色彩，这幅画更漂亮了，我们把它装饰在我们的活动室里吧。

教师和幼儿一起模仿小鱼游动、嬉戏，快乐地结束活动。

提示

1. 教师注意指导幼儿贴彩色即时贴的疏密要得当，为画面带来美感，并鼓励幼儿的大胆创作。

2. 教师注意掌握好即时贴的大小，便于幼儿在一次活动时间内完成拼贴，满足成就感。

延伸

1. 教师在美术活动区提供彩色即时贴，引导幼儿装饰其他形象。

2. 教师选择色彩丰富的事物，引导幼儿做多色混合拼贴，其作品可获得五颜六色的灿烂效果。

资料夹

参考图

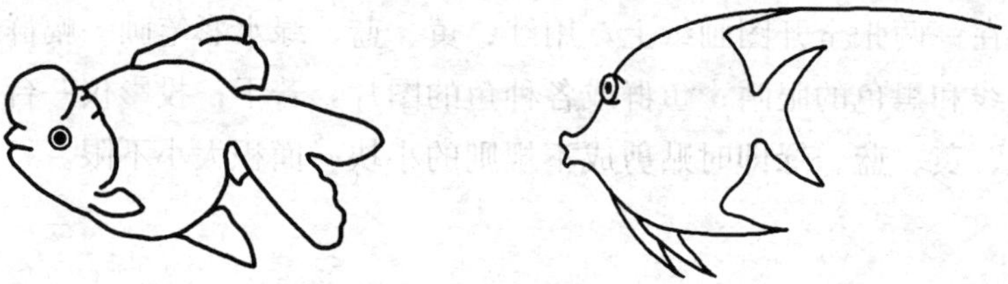

金鱼图示

多媒体资源库

专用资源

1. 贴画：鱼鳞

2. 动画：小鱼游啊游

多用资源

美丽的鱼

48. 笔宝宝跳舞（水彩画）

目标

1. 大胆尝试用粗细不同的笔在纸上随意画线。

2. 感受不同粗细的彩色线交错构成的美。

准备

1. 经验准备：

教师在美工区提前投放棉签、海绵棒、毛笔、水粉笔、水粉颜色等材料，使幼儿获得操作这些材料的经验。

2. 物质准备：

(1) 音乐《小狗与口哨》。

(2) 工具箱每组一个，内放棉签、海绵棒、毛笔、水粉笔，幼儿每人 1 份；水粉颜色，幼儿每组 1 份；擦手毛巾，若干；水粉画纸，幼儿每人 1 张。

过程

1. 教师用故事引出活动内容，激发幼儿的参与兴趣。

教师：天黑了，幼儿园的小朋友都回家了，忽然一个班的美工区热闹非凡，原来……

教师停顿讲故事，请幼儿猜猜接下了发生了什么事情。

教师：原来，是美术工具箱里面的小工具都跑出来了，它们觉得闷在那个黑黑的盒子里太难受了，于是跑到桌子上来跳舞了。

教师从工具箱中陆续拿出幼儿熟悉的绘画工具并提问：

你们看看是谁第一个跑出来跳舞的？（是毛笔。笔头粗粗的、软软的，画出的线条就会粗）

它穿的什么颜色的衣服？幼儿根据所选笔的笔杆颜色来回答。

再看看第二个跑出来的是谁？它可不想和第一个出来的穿一样衣服，看看它穿什么颜色的衣服？它是谁？

幼儿根据所选物件回答。

教师：哎呀，还有这么多小工具都等不急了，快看看你们的工具箱里都有谁？

幼儿查看工具箱。

2. 教师带领幼儿熟悉绘画工具。

教师：小朋友想不想让我们的小工具也出来一起在纸上跳舞，并留下美丽的身影啊？

教师：那快请它们出来吧！你想请谁，就叫它的名字，对它说："请你和我一起跳舞。"

幼儿自选绘画工具在纸上画线。

教师：看看谁的小工具跳得最高兴，谁的小工具穿的衣服最漂亮。

3. 幼儿绘画，教师指导。

在幼儿画的过程中，教师可作如下提示：

(1) 教师提示幼儿尝试用不同的工具画线：可别冷落哪个小工具啊，它会不高兴的。

(2) 教师提示幼儿尝试画各种不同的线条：看看谁的舞步最特别，看看谁的线条颜色搭配最好看。

提示

1. 为了让幼儿更大胆地涂鸦，可以选择废旧报纸涂画。

2. 将纸贴在墙壁上，可以更好地解放幼儿的大小臂，更放松地进行涂鸦。

资料夹

小知识

水粉颜料的调制方法

红、黄、蓝为三原色。三原色不能由其他颜色混合而成。除此以外，从理论上讲，其他颜色可由不同比例和种类的原色混合而成。需要注意的是，在调制颜料时，参与混合的颜料种类越多，混合而成的颜料会越暗淡，所以，调制颜料时尽量不要混合过多种类的颜料。另外，一般情况下，调制颜料时应先取所需的浅色颜料，然后一点点加入所需的深色颜料，这样才好控制所调配的颜料量。

颜色混合效果见多媒体资源：色彩原理图

多媒体资源库

多用资源

图片：色彩原理图

49. 美丽的彩霞（彩笔画）

目标

1. 用流畅不间断的线条表现天空中的彩霞。

2. 喜欢尝试用多种颜色进行表现。

准备

1. 经验准备：

教师在活动前期注意引导幼儿观察早晨或傍晚的天空，看看每天的颜色是否有变化。

2. 物质准备：

（1）晚霞或朝霞图片。

（2）彩色复印纸、水彩笔，幼儿每人1套。

过程

1. 教师引导幼儿欣赏图片，感受天空色彩的美。

教师引导幼儿思考：

你在这些天空图片中都看到哪些漂亮的颜色？

你在天空中看到过这些颜色吗？

这些颜色都会在什么时候出现？（早晨、傍晚……）

我们把天空中出现的这些颜色美丽的东西叫做什么？（彩霞、彩云……）

如果请你来画一幅美丽的天空你会怎么表现？

2. 教师演示讲解。

教师边演示边启发幼儿：

今天我们要用一些长长的彩色线条来表现天空中的彩霞。

为了让画面饱满、有层次，在画彩霞之前要先在纸的下方画上一些自己喜欢的景物。（树、房子、人、车等）

彩色的线条要铺满整个天空。线条之间距离都很近，所以画的时候不能太快。

彩霞有很多种颜色，我们也要经常变化颜色来画，这样天空才会更漂亮！

3. 幼儿绘画，教师指导。

在幼儿绘画过程中，教师需作如下提示：

先把天空下面的景物画出来，只占画面的一少部分。

天空的彩色线条要从纸的一边到另一边，画得长长的。

小线条之间要挨得近一点，别让天空出现那么多的空隙。

提示

提供多种变化的天空图片，布置在教室内供幼儿欣赏。

延伸

在区域活动中，教师可以投放软头笔和水粉颜料或剪贴用的工具材料，引导幼儿尝试用更多的方式来表现彩霞。

多媒体资源库

专用资源

图片：美丽的天空

50. 坏脾气的风伯伯（线条画）

目标

1. 学习画旋转的线条，感受线条的连续流畅之美。

2. 尝试用粗细、轻重、长短不同的线条表现风的大小，增强对线条粗细、轻重、长短区别的感知。

准备

1. 经验准备：

（1）教师在户外活动时带幼儿感受不同的风。

（2）教师带领幼儿玩游戏“风”。

2. 物质准备：

（1）有关风声的音乐、录音或录像。

（2）大张图画纸，幼儿每人 1 张；红、黄、蓝水粉颜料，每组幼儿各 1 瓶；教师自制的海绵棒，幼儿每人 1～2 个，放入颜料瓶中待用；罩衣，幼儿每人 1 件。

过程

1. 教师用不同的语调和肢体动作表现风的变化，激发幼儿的表现热情。

教师：小朋友们，你们都见过风爷爷么？他是一个很古怪的老伯伯，高兴的时候他会轻轻地哼着歌，吹着微微的风，让人感到很愉快。不高兴的时候他就会张大嘴巴大声地吼，使劲地吹着大大的风，把尘土也一起卷到天空中。现在我们来一起学学风伯伯的声音吧！

2. 教师以风伯伯的形象激发幼儿画粗细、轻重、长短等不同的线条。

教师带着幼儿学风伯伯吹气的样子，如轻轻地吹、使劲地吹、短短地吹、长长地吹。

教师：看看我听到的风伯伯的声音是什么样子的。教师取出海绵棒，蘸上颜料，边画线边说：风伯伯心情好的时候我用细细的线条轻轻地画，他心情不好的时候我用粗粗的线条重重地画。教师旋转着画出轻细和粗重的线条，同时配合上不同的声音。

教师：小朋友，你们也用小画笔画画风伯伯的声音吧！你可以一边唱歌，一边画风伯伯高兴的样子，也可以学学他生气的样子，并画出来！

3. 幼儿绘画，教师鼓励、强化幼儿有新意的画法。

幼儿用海绵棒在画纸上画线，教师巡视并加以提示：

教师：看一看，谁的风伯伯声音最好听？（用细线条代表好听的声音）

教师：看一看，谁的风伯伯吹出的风最有力气？（用粗线条表示力气较大）

教师：看一看，谁的风伯伯一口气能吹得长长的，吹得最远？（线条的长短表示距离的远近）

教师提醒幼儿把画面填充满。

4. 教师组织幼儿展示分享作品。

教师帮幼儿把作品贴在展示墙上，引导幼儿找出细线条和粗线以及线条最长的画。

教师提问：

小朋友看一看，哪幅画的风伯伯是轻轻地吹？哪幅画的风伯伯力气最大？

再来找一找，哪个风伯伯是吹的长长的气？

提示

1. 为了让幼儿大胆地练习画线条，教师应给幼儿提供充足的材料和空间，比如提供废旧的报纸，或让幼儿在贴有纸的墙面上练习，大的空间更能让孩子放开手脚大胆地画。

2. 如果幼儿具有足够的能力和经验，可以在画线时增加色彩要素，在用水彩笔画线时，教师引导幼儿用色彩表现不同的风。例如：用浅颜色表现轻轻的风，用深颜色表现大大的风。

资料夹

1. 小知识

风给人们带来的好处和危害

风的好处：

（1）风能驱散掉湿热的空气，让我们感到凉快。

（2）风能摇动树的枝叶，让每片枝叶都能有充分的机会享受阳光的照射，使植物长得更好。

（3）微风还能帮助一些植物散发出诱人的香味，招引来昆虫和动物替它们授粉和散播种子。

（4）风能推动风车旋转，帮助人们发电。

（5）风使帆船加速行驶。

（6）风能够吹散大气中的污染物。

（7）风能够将雨云吹到远方，让地球干湿得到平衡。

（8）有风的时候，可以玩一些风力游戏，如放风筝，玩风车等。

（9）风能帮助树木适应季节的更替，枯叶被吹走，减少养分损失。

……

风的危害：

（1）狂风可以把房子、植物吹坏。

（2）风能传播病原体，蔓延病害。

（3）风能够将土地沙化，然后变成沙漠。

……

2. 风的游戏

风

教师："风大了。"——幼儿旋转着跑。

教师："风小了。"——幼儿轻轻地跑。

教师："风停了。"——幼儿慢慢地蹲下。

多媒体资源库

专用资源

图片：起风了

51. 我和米罗一起画（油水分离画）

目标

1. 观察大师作品中常用的美术元素与美术符号，尝试用这些符号进行绘画。
2. 以艺术家的心态享受绘画的乐趣。

准备

1. 经验准备：

（1）教师在美工区投放米罗的作品《天蓝色的金子》《女人》《诞生日》等有米字符号的作品。

（2）教师向幼儿简单介绍画家米罗。

2. 物质准备：

（1）米罗作品。

（2）水粉纸、油画棒，幼儿每人 1 份；调好的蓝色水粉颜料、水粉笔，幼儿每组 1 套。

过程

1. 教师引导幼儿欣赏作品，感受大师作品的简洁美。

教师将所要欣赏的作品布置在展示板上，引导幼儿观察：

老师这里的作品都是大画家米罗画的，这些画有趣吗？

画面虽然都很简单，但是很鲜艳，很漂亮。

咱们一起来找一找，每幅画里有哪些一样的东西？（米字形的符号）

这些米字型的符号都一样吗？（大小、粗细、所在位置不一样）

除了这个符号，画面上还有些什么是画家最喜欢画的东西？（各种各样的线和大块的颜色）

这些线都像什么？

幼儿表达自己的想象。

2. 教师引导幼儿大胆表现。

教师：

今天我们也来学学米罗，用他的米字形符号和粗粗细细的线条画一幅有趣的画吧！

你想用哪几种颜色来画这些线条？看看米罗都用了什么颜色？

画好这些线条后老师和你一起给画刷上漂亮的颜色。

教师协助幼儿在画面上刷调好的蓝颜色。

3. 教师与幼儿一起分享、讲述作品。

教师：看，我们也能像大师一样画出这么漂亮的画，真棒啊！

教师：谁来说说你都画了哪些线条，你用这些线条表示了什么？

幼儿自愿讲述自己的作品。

提示

1. 为了提高幼儿的兴趣和自信，宜选择较简单的作品，使他们感觉画画并不是一件很难的事情，简简单单的几笔就能成为一件美术作品。

2. 如果幼儿能力较强，可以给幼儿准备更多颜色的水粉颜料，并让他们自己完成刷背景色的过程。

资料夹

小知识

米　罗

米罗（1893—1983年），全称约安·米罗，出生在西班牙巴塞罗那。西班牙也是诞生毕加索和达利的国家，他们都是很有名的大画家。米罗14岁进入了巴塞罗那美术学校。他喜欢简单的形状。在米罗的画中，我们看到很多和儿童画一样的作品，简单到只有几种颜色：蓝、红、黄、绿，以及几根线条。但是他却用这几种颜色和线条描绘了一个反复无常的滑稽世界，一个多彩多姿的梦幻世界。其实，米罗就是在学习儿童画画时的简单和天真。

52. 爱美的大狮子（添画）

目标

1. 学习用多种线条表现狮子的毛发。
2. 体验五颜六色线条的灿烂之美。

准备

1. 经验准备：

教师带幼儿一起观看狮子的录像。

2. 物质准备：

（1）卷发棒、直板夹、梳子等简单的理发工具1套。

（2）画好狮子脸的图画纸，幼儿每人1张；12色水彩笔，幼儿每人1套。

过程

1. 教师出示理发工具，引起幼儿对活动的期待。

教师：请小朋友看一看，我这里有什么东西？

教师出示理发工具，作简单介绍，直板夹可以做直发，卷发棒可以做卷发，剪子可以剪出短发等。教师边介绍边画出相应的线条。

教师：小朋友，猜一猜，今天谁要来我们这里换发型？

待幼儿议论片刻后，教师出示画有大狮子的图画纸。

教师：在变发型之前，大狮子想先请小朋友们帮它设计一个与众不同的款式。

2. 教师引导幼儿大胆想象大狮子头发的样子和颜色。

教师：大狮子说了，谁设计的发型最漂亮，颜色最好看，它就选择谁来帮它做头发。小朋友作为小小设计师，你想给大狮子设计一个什么样的发型呢？

幼儿用语言和手势描述自己设想的大狮子头发的线条。

教师：你想让大狮子的头发变成什么颜色呢？只有一种颜色？还是五颜六色的？

幼儿发表自己的想法。

3. 幼儿作画，教师鼓励指导。

教师：一定要让你设计的发型与众不同，大狮子才会喜欢。

教师：大狮子还喜欢颜色漂亮的头发。

4. 教师和幼儿一起分享作品。

（1）教师引导幼儿表达自己的设计意图：你为什么要给大狮子设计这样的发型呢？（这种头发看起来更漂亮、威风、精神、温柔、厉害等）

（2）教师引导幼儿欣赏伙伴的作品，发现别人的优点：如果你是大狮子，除了你自己设计的发型外，你还喜欢这里的哪些发型？为什么？

提示

1. 用上述方法做大狮子面具，供幼儿在平时的游戏中使用。

2. 可以采用多种材料制作大狮子的毛发，如线绳、棉絮、碎布条、羽毛、纸条等。

延伸

可采用撕纸粘贴的方法做大狮子的毛发，用各种颜色的复印纸撕成长短不同的条，粘贴在大狮子脸的周围。根据幼儿的年龄和经验水平，可在颜色搭配上做些要求，如：一种颜色纸条为主加色，加少量其他颜色的纸条；深色或浅色纸条为主，加少量深浅对比不同的纸条。让幼儿在操作中感受色彩搭配所产生的美感。

资料夹

小知识

狮　子

亲爱的小朋友们，你们知道狮子是什么样子的吗？

狮子的身体特别大，全身上下长着短短的毛，有浅灰色的、黄色的、还有棕色的。狮子有一个大大的头，宽宽的脸上有一个黑黑的鼻子。狮子的耳朵是圆圆的、短短的。狮子有四条腿，爪子很宽，前面两条腿比后面两条腿更强壮，能够帮助狮子更快地奔跑。狮子的尾巴比较长，顶端还有一簇深色长毛。

雄狮子和雌狮子长相不同，雄狮子头上还长着长长的鬃毛，有浅棕色的、深棕色的，还有黑色的。长长的鬃毛一直延伸到肩部和胸部，这样可以在相互打斗时保护颈部。鬃毛越长、颜色越深的狮子越厉害。

狮子喜欢成群生活在一起，属于猫科动物。主要生活在非洲草原上。雄狮子和雌狮子的分工不同，雌狮子负责捕食，主要捕食的动物有牛羚、大羚羊、斑马，有时也捕食大象、犀牛等。

雄狮除了做小狮子的爸爸以外，还有保卫狮群安全的任务。

多媒体资源库

专用资源

添画纸：大狮子

多用资源

图片：野生动物

53. 淘气的种子宝宝（线条画）

目标

1. 认识几种基本的颜色，画出不同颜色的线条。
2. 尝试用小的图形添画和装饰。
3. 体验绘画游戏的乐趣。

准备

1. 经验准备：

（1）教师带领幼儿泡发绿豆或黄豆芽，观察其发芽过程，了解种子发芽成长的条件。

（2）教师为幼儿播放种子发芽成长的视频。

2. 物质准备：

（1）教师演示用的画有小种子的图画纸 1 张，12 色水彩笔 1 套。

（2）图画纸，幼儿每人 1 张；12 色水彩笔，幼儿每人 1 套。

过程

1. 教师边讲故事边画，引发幼儿参与绘画的兴趣。

教师边讲故事边画出各种不同的线条：春天到了，豆子妈妈在土地里种了许多种子宝宝，豆子妈妈还给宝宝们起了好听的名字：红宝宝、黄宝宝、绿宝宝……外面很冷，豆子妈妈怕宝宝们冻坏了，总不让它们出去玩。一天，豆子妈妈睡着了，种子宝宝们商量好了，一起偷偷到外面去看看。红宝宝怕吵醒妈妈，轻轻地走了出去。蓝宝宝早就等不及了，一下子就跑了出去。黄宝宝则边跳边唱跑了出去。

教师：这里还有这么多的种子宝宝没有出去呢，小朋友们能猜出他们是怎么跑出去的吗？

幼儿在老师的作品上添画出自己想出来的线条。

2. 教师鼓励幼儿大胆想象，并尝试绘画。

教师鼓励幼儿在每人自己的纸上画出不同颜色的种子：现在请小朋友在自己的图画纸上种上自己的种子宝宝，看看谁的种子宝宝的颜色最多！

教师提醒幼儿用与种子一样颜色的线条画线：在小种子跑出来之前，要先看看它穿的是什么颜色的衣服，可别穿着别人的衣服跑出来啊。

教师鼓励幼儿大胆添画各种形状的叶子：小种子跑出来以后遇到阳光公公和水婆婆。阳光公公和水婆婆很喜欢这些小种子，就抱了抱它们。没想到小种子的身体上很快就长出了各种形状的叶子。小朋友，你的小种子都长出了什么样的叶子呢？

3. 教师引导幼儿欣赏及分享同伴的作品。

教师：请小朋友说说自己都种了什么颜色的小种子，它们都是怎么钻出地面的，身体上都长出了什么样的叶子。

教师要注意引导幼儿用完整的语句表达自己的画面内容，能准确地表达出所用的颜色及线条，并说出叶子的形状。

教师：请小朋友说说其他小朋友的小种子和自己的有什么不一样，叶子有什么不一样。教师主要引导幼儿从线条和色彩上进行比较。

提示

1. 为了让幼儿大胆地练习画线条，教师应给幼儿提供充足的材料和空间，比如提供废旧报纸、海绵棒等；可以让幼儿在墙面上练习，大的空间更适合幼儿放开手脚大胆画线。

2. 根据本班幼儿的情况，可以调整活动准备及内容。例如：提前将各种颜色的小种子画在图画纸的最底部，有疏密的变化。绘画时，幼儿对应着老师提前画好的彩色小种子添画线条和叶子。如果幼儿能力达不到，可以只添画线条，不添画叶子。

3. 引导幼儿用不同线条表现想象中种子发芽的动态，如：直线、斜线、螺旋线、波浪线等。教师的提示：你想让它们怎么钻出来呢？

延伸

活动前，教师可以带领幼儿一起玩“小种子”游戏：先请幼儿都趴在桌子上，装作睡着的小种子，当老师摸到哪个小朋友的头时，他就学着小种子的样子慢慢长大，并自己设计一个姿势保持不动。最后大家看一看，谁的样子最可爱，通过游戏增添活动的趣味性。

资料夹

小知识

种子发芽的条件

种子发芽必需的条件是水分、温度、氧气及光线。

1. 水分是种子发芽的首要条件。种子必须吸收足够的水分才能加速种子内部的生理作用，促进酶的活动，有利于贮藏养料的溶解和胚细胞的增长，从而促进种子的萌发。

2. 温度也是种子发芽的必要条件之一。种子在吸收足够水分和氧气后，还需要一定的温度才能萌发，温度是种子萌发的能量来源。温度的作用在于促进酶的活性，种子萌发的最适宜温度也就是酶的最适宜温度。此外，温度也直接影响到种子吸水快慢和呼吸强弱。在一定温度范围内，温度越高，种子吸水越快，呼吸也越强，发芽越快。

3. 种子发芽试验需要大量的氧气。种子发芽时呼吸作用增强，如果种子缺氧呼吸，会造成种子不宜发芽。

4. 不同作物种子，发芽时对光的反应不同。大部分农作物种子（如玉米、禾谷类等种子）对光照要求不严格。做这些种子的发芽试验时，用光照或黑暗条件下均可发芽。有一些好光性的种子如烟草种子、芹菜种子等，只有在光照条件下才能发芽或促进发芽。还有一些嫌光性的种子，如黑草种有光照时会抑制发芽。对这些种子做发芽试验时应给予黑暗处理。

多媒体资源库

专用资源

1. 图片：淘气的种子宝宝

2. 教学用图：种子

54. 爱吐泡泡的小鱼（彩笔画）

目标

1. 练习画大小不同封闭的圆，锻炼手的控制力。

2. 区分不同色彩，大胆使用多种颜色进行绘画。

3. 在游戏情境中添画，感受活动的乐趣。

准备

1. 经验准备：

（1）在活动前，教师提供条件并指导幼儿获得添画的经验。

（2）活动之前教师带领幼儿玩吹泡泡的游戏，让幼儿直接感受泡泡的形状和大小的变化。

2. 物质准备：

（1）轻快的音乐。

（2）印有小鱼的图画纸，幼儿每人 1 张；彩色水笔，幼儿每人 1 套。

过程

1. 教师以儿歌引导幼儿进入情境，引发兴趣。

教师：小鱼小鱼真爱玩，游来游去不疲倦。围个圆圈吐泡泡，哪个泡泡大又圆？

2. 教师边提问边演示。

教师引发幼儿思考：

小鱼最喜欢在什么地方玩啊？（水里）

它们最喜欢玩什么游戏呢？（游来游去、吐泡泡）

你们猜猜小鱼会吐出什么颜色的泡泡呢？你想让它吐出什么颜色的泡泡呢？

幼儿议论，教师根据幼儿所说在书写板上画出各色泡泡。

3. 幼儿绘画，教师鼓励指导。

（1）教师依次用以下话语引导活动进展：

现在就请小朋友和自己的小鱼一起来玩吐泡泡的游戏吧！

泡泡有大有小，还有漂亮的颜色！我们看看谁的小鱼吐出的泡泡最漂亮！

你还想让谁来和小鱼一起玩？

（2）教师引导幼儿添画出水里其他的小动物。

4. 教师带领幼儿进行简单评价。

教师引导幼儿讨论：

哪个小鱼吐的泡泡最多啊？

哪个小鱼吐的泡泡颜色最漂亮？

哪幅画除了小鱼和泡泡还有其他的东西？

提示

1. 教师可以将小鱼印在彩色纸上，让幼儿在彩色纸上添画泡泡。颜色丰富的纸张会增进幼儿对绘画的兴趣。

2. 教师可以和幼儿一起准备大小不同的瓶盖，用瓶盖印泡泡。

多媒体资源库

专用资源

1. 动画：小鱼吐泡泡

2. 图片：水下世界

55. 气球宝宝（彩笔画）

目标

1. 画出各种造型的、拟人化的气球。

2. 形象主体突出，有大有小，构成简单的情节。

准备

1. 经验准备：

活动之前，教师设法使幼儿获得吹气球和玩气球的经验。

2. 物质准备：

大小、造型不同的气球若干；8 开图画纸，幼儿每人 1 张；水彩笔，幼儿每人 1 套。

过程

1. 教师以故事导入活动，激发兴趣。

教师：昨晚老师做了一个梦，梦见自己变成了一个大气球慢慢地飞到了天上。我看到了太阳公公、月亮姐姐、淘气的小星星。我和白云打招呼，和小鸟一起唱歌。后来听到很多声音在叫我，一看原来是小朋友们也都变成了气球宝宝飞到了天空中。正当我们玩得高兴的时候，梦就醒了。在天上飞的感觉真好啊，一会儿快一会儿慢，一会儿高一会儿低。小朋友想不想也把自己变成一个气球宝宝，体会一下自由飞翔的感觉？

2. 教师边引导边演示。

教师引导幼儿将圆形画大：我先变出一个大大的身体，要想让自己飞得高就要吹得大大的。

教师可以让幼儿试着在空中摆出各种动作和造型：想想我们的胳膊和腿在天空中是什么样子的？

教师间接地帮助幼儿掌握大小远近的构图关系：那些离我们很远的气球宝宝会变得很小吗？

教师引导幼儿添画出云朵、小鸟、星星、月亮、太阳等物体，丰富画面：你想在天空中看到谁呢？

3. 幼儿作画，教师指导。

当幼儿作画时，教师可作如下提示：

教师：看看哪个小朋友把自己变得最大。

教师引导幼儿尽可能多的在空白处添画：看看哪个气球宝宝的好朋友最多。

教师引导幼儿用线条或漂亮的颜色对气球宝宝进行装饰：看看哪个气球宝宝的衣服最漂亮。

提示

1. 活动前，教师可以带着幼儿做游戏，以提高他们参与的兴趣。

游戏方法：请幼儿将手放到肚子上，嘴里发出“呲呲”的打气声。手跟着声音一点点的撑开，越变越大。开始两次可以让幼儿将气球吹爆，满足他们的游戏心情。最后一次要提醒幼儿：这次可不能再吹爆了，不然就没法飞到天上了。教师还可以带着幼儿一起找找飞翔的感觉。这个游戏可以帮助幼儿更具体形象地感受气球变大的过程，使他们更大胆地在画面上表现自己的气球宝宝。

2. 老师可以通过插入意外情节的方式，帮助幼儿丰富画面。如：突然有个气球宝宝漏气了，它快要掉下去了。大家都来帮助它，有的帮它打气，有的拉住它的手。这样可以引导幼儿画出向下掉落的气球宝宝，还可以画出互相帮助的简单情节。

资料夹

参考图

气球图示

56. 圣诞老人的胡子（添画）

目标

1. 大胆使用各种线条进行添画。

2. 喜欢用多种颜色进行绘画活动。

准备

1. 经验准备：

教师向幼儿简单介绍圣诞节的来历。

2. 物质准备：

（1）有关圣诞节来历的动画片或故事。

（2）画有圣诞老人面孔的添画纸、水彩笔，幼儿每人1套。

过程

1. 教师播放动画片，通过提问帮助幼儿了解圣诞老人。

教师提问：

圣诞老人一般会在什么时候出现？（圣诞夜）

猜猜他喜欢给小朋友们准备什么样的礼物？（各种各样小朋友们喜欢的礼物，有糖果、毛绒玩具、音乐盒、遥控汽车等）

你想象中的圣诞老人是什么样子的呢？（戴着红帽子、穿着雪地靴、戴着眼镜、长着长长的胡子）

看看我们这里的圣诞老人脸上缺什么？（没有胡子）

我们一起来用漂亮的线条帮圣诞老人画上漂亮的胡子吧！

2. 幼儿绘画，教师鼓励指导。

教师鼓励幼儿用不同线条表示胡须：看看谁给圣诞老人画的胡子最漂亮！

教师引导幼儿把线条画密：比比谁的圣诞老人的胡子长的最多！

提示

1. 活动结束后，教师帮助幼儿把作品布置到墙面上；哪个幼儿表现得比较好，就在他的作品周围放上一个小礼物或是小贴画，作为圣诞老人对他的奖励。

2. 在绘画过程中，可以播放《铃儿响叮当》的歌曲，增添节日的气氛。

3. 建议这个活动在圣诞节前后进行。

资料夹

小知识

圣诞老人

圣诞老人是传说中的一位专门为好孩子在圣诞节送上礼物的神秘人物。传说每到12月24日晚上，有个神秘老人会驾乘由12只驯鹿拉着的雪橇，挨家挨户地从烟囱进入屋里，然后偷偷把礼物放在好孩子床头的袜子里，或者堆在壁炉旁的圣诞树下。虽然没有人真的见过神秘老人的样子，但是人们装扮成他的样子，头戴红色圣诞帽子，留着大大的白色胡子，身着红色棉衣，脚穿红色靴子。因为他总在圣诞节前夜来派发礼物，所以习惯地称他为“圣诞老人”。

多媒体资源库

专用资源

添画纸：圣诞老人的胡子（1～2）

“美食厨房”系列美术活动

1. 噼啪爆米花（综合美术活动）

目标

1. 喜欢参与模拟食品制作活动，体验和大家一起游戏的快乐。

2. 尝试学习使用不同的工具材料进行创作。

准备

1. 经验准备：

（1）教师在美术活动区投放纸团粘贴游戏材料，使幼儿充分与材料互动，感知纸的形态变化。

（2）教师将爆米花包装纸投放于美术活动区，引导幼儿为纸上的花纹、文字涂色。

2. 物质准备：

（1）爆米花图卡；若干团好的纸团，盛入广口大塑料瓶中。

（2）自制爆米花包装纸，幼儿每人1份；白色正方形卫生纸，边长5 cm若干；黄色、红色、棕色丙烯颜料调好放在浅盘中，幼儿每组 1 份。

过程

1. 教师同幼儿一起游戏，模仿爆米花，激发幼儿创作兴趣。

教师模仿爆米花的动作，边晃动装有纸团的广口瓶，边说儿歌：噼啪噼啪，砰！爆米花喽！倒点儿油，放玉米，放点糖，搅一搅。噼啪噼啪，砰！爆米花熟喽！看看我们做了什么好吃的？（爆米花）

教师：小朋友，我们一起说儿歌，来爆米花！噼啪噼啪，砰！爆米花喽！倒点儿油，放玉米，放点糖，搅一搅。噼啪噼啪，砰！爆米花出锅喽！幼儿在教师的带领下模仿爆米花的动作。

2. 教师介绍制作材料及步骤。

教师：小朋友，我这里有一个爆米花机，里面的爆米花爆好了，现在我就把爆米花变出来。教师摇动大塑料瓶，然后打开瓶盖，让瓶里的纸团落到桌上铺垫好的纸上。

教师：爆米花出锅喽！蘸点黄油香又甜。教师边说边捏住纸团，蘸点黄油和调料——各色颜料，粘到爆米花包装纸上。

教师：我们再爆一锅米花好吗？现在先请小朋友来做米花。教师取正方形卫生纸一张，用手团揉成球，然后将团好的纸团装入大塑料瓶中。教师请几个幼儿参与团纸。

当塑料瓶中有一定数量的纸团时，教师把瓶盖盖上，重复爆米花出锅的动作过程。

参与团纸的幼儿取纸团，蘸上颜料、粘贴到爆米花包装纸上，其他幼儿观察，并议论他们是怎么做的。

当包装纸上蘸有足够数量的爆米花时，教师将包装纸卷成锥状纸筒。

3. 幼儿创作，教师鼓励并指导。

教师：小朋友，这爆米花太好吃了，现在请你们每人都爆一锅香甜美味的爆米花。把出锅的爆米花蘸上黄油和调料，装到纸筒里。

幼儿分组制作爆米花。

当幼儿在包装纸上蘸爆米花时，教师提醒：注意黄油和调料不能蘸太多，蘸一点就够了。

当大部分幼儿的包装纸上蘸满爆米花时，教师提示：爆米花太多了，都从袋子里掉出来了。

教师帮助幼儿将爆米花包装纸合拢成锥形筒。

4. 教师和幼儿一起分享创作成果。

教师与幼儿一起将作品贴在爆米花机挂图的周围，展示劳动成果，体验参与制作的快乐。

提示

1. 活动中，教师应注意观察，提醒幼儿颜色不要蘸太多，一个爆米花上只能蘸一种颜色，这样可防止混色。如果幼儿团纸出现困难，教师要给予演示或引导，提示他们通过团揉把纸变小。

2. 象征爆米花锅的塑料瓶可由塑料袋、纸袋、布袋等代替。

活动前，教师可准备一些可食用的爆米花。活动后，教师和幼儿一起分享真正的爆米花，满足幼儿的愿望，感受生活的美好。

多媒体资源库

专用资源

1. 图片：爆米花

2. 添画纸：爆米花

2. 大家做匹萨（泥画）

目标

1. 喜欢参与模拟食品制作活动，体验成功的快乐。

2. 能运用团、搓、压等方法进行彩泥创作。

准备

1. 经验准备：

（1）教师在美工区提供彩泥，使幼儿了解彩泥的基本特性，获得使用彩泥的经验。

（2）教师建议幼儿和家长一起外出品尝匹萨。

2. 物质准备：

（1）面团、黄油、奶酪、火腿、青椒等加工好的食料若干，电烤箱一个。

（2）画有匹萨面饼的添画纸、各色彩泥，幼儿每人1份。

过程

1. 教师同幼儿一起做可以食用的匹萨。

教师边说儿歌边带领幼儿取食料制作匹萨：匹萨面饼圆又圆，抹点黄油在上面。火腿、鸡肉、绿青椒，玉米奶酪全放上。放进烤箱烤一烤，直到匹萨微微焦。教师将做好的匹萨放入烤箱烘烤。

2. 教师介绍制作材料及步骤。

教师出示画有匹萨面饼的图画纸：匹萨做好放进烤箱了，我这儿还有许多匹萨面饼，上面还没有加上好吃的配料。小朋友们，再帮我把这些匹萨做完吧！

教师取彩泥，演示为匹萨添加配料。（团圆红色彩泥，加点小番茄；搓长绿色彩泥，加点绿青椒；压扁棕色彩泥，加点火腿肠）

教师：还能加点什么？请小朋友来帮忙！你也来做匹萨吧！

3. 幼儿创作，教师鼓励并指导。

教师：小朋友匹萨面饼上需要加不同的配料，颜色不同、形状不同、味道不同。请你想好了再把配料加上。

教师根据幼儿的能力，做有针对性的指导。能力弱的幼儿可以只用搓或团的方法制作简单配料，能力强的幼儿，可以将搓长的彩泥盘起来做香肠。

4. 教师和幼儿一起分享创作成果。

教师与幼儿一起将桌面整理干净，将做好的匹萨送到娃娃家餐厅，供幼儿游戏时使用。

5. 活动结束后，教师和幼儿一起分享之前烤好的食用匹萨，满足幼儿的愿望。

提示

1. 制作和品尝食用匹萨前，教师要让幼儿将手洗干净。

2. 活动中，教师应注意提醒幼儿，没有用完的彩泥要放回盛泥的盘子里，防止掉在地上。

资料夹

小知识

匹萨制作方法简介

1. 和面

在面粉中加入酵母适量（若想快速发酵，需多加一些），加入 40 ℃左右的温牛奶适量，用筷子搅拌均匀，面要稀软一些，和好后进行发酵。可根据个人口味再加入适量奶油。

2. 配料

（1）调味品：蕃茄沙司、沙拉酱（甜面酱）、奶酪丝或奶酪小丁。

（2）蔬果类：甜玉米豆、豌豆、口蘑丁、胡萝卜小片、青椒小块、红椒小块、菠萝块、橄榄菜、榛子碎粒、核桃仁碎粒、松子仁等。

3. 制作

面团发酵好后，预热平底锅，锅底铺一薄层植物油，将发好的面饼平摊在锅底上，再淋少许植物油，加一层蕃茄沙司，一层沙拉酱（或甜面酱等），再撒上蔬果类的配料，最上层摆匀奶酪丝或奶酪小丁。用小火烙 15 分钟左右即可。也可将烤箱预热 220 度，烤制 20 分钟左右，美味匹萨出炉了。

多媒体资源库

专用资源

添画纸：匹萨面饼

3. 好吃的水果沙拉（油画棒画）

目标

1. 喜欢吃水果，知道多吃水果蔬菜有利健康。

2. 尝试用圆形、三角形、正方形等简单的图形表现水果沙拉。

准备

1. 经验准备：

（1）教师在美术活动区投放图形添画游戏图卡，使幼儿对圆形、三角形等几何形状的基本特征有一定的认识和了解。

（2）教师在活动前让幼儿了解水果沙拉的制作过程。

2. 物质准备：

（1）几种水果洗净切块，放入盘中。

（2）纸盘、油画棒、淡黄色水粉颜料（颜色接近沙拉酱）、大号水粉笔，幼儿每人 1 份。

过程

1. 教师同幼儿一起制作水果沙拉，激发幼儿的创作兴趣。

（1）活动选择在午点前，教师和幼儿一起加工水果沙拉。

教师边说儿歌边取食材操作：水果沙拉香又甜，水果切块放里面。挤上一点沙拉酱，搅拌均匀快尝尝！

幼儿帮助教师搅拌水果沙拉。

（2）幼儿分享自制的水果沙拉。

2. 教师介绍制作材料及步骤。

午点后，餐具收拾完毕，开始美术活动。

教师：小朋友，我这里有个装水果沙拉的盘子，可是里面还没有水果沙拉，现在就请小朋友把切好的水果块放到盘子里。

教师用油画棒在纸盘上画圆形、三角形、正方形并涂上颜色作为水果，最后用水粉笔蘸上水粉颜料刷在盘子中作为沙拉酱。

3. 幼儿创作，教师鼓励并指导。

教师：小朋友，请你们每人都做一盘颜色好看、味道鲜美的水果沙拉，要注意水果丁的形状各不相同。

当大部分幼儿盘子里的水果丁画得差不多时，教师提示：水果丁切好的小朋友，可以放沙拉酱啦!

幼儿在画好的盛满水果丁的盘子上刷水粉颜料，随即产生油水分离的效果。

4. 教师和幼儿一起分享创作成果。

教师与幼儿一起将作品贴在展示板或墙上，共享劳动成果，体验模拟制作食品的快乐。

提示

创作活动中，教师要注意观察幼儿，鼓励幼儿大胆运用图形表现水果丁，可以自创花形。另外，用彩色纸剪一些纸形直接粘到盘子上当水果，即可以丰富表现形式，又降低了难度，能使缺乏自信的幼儿也有信心参与美术活动。

资料夹

小知识

水果沙拉制作简介

水果沙拉 A

食品用料：苹果、香蕉、橘子、梨、提子、色拉油沙司、鲜奶油、柠檬汁。

制作方法：

1. 先将苹果、香蕉、橘子、梨、提子去皮去籽，切成小块，放入容器。生菜叶洗净待用。

2. 在小盘里用生菜叶垫底，上面放切好的水果块。再将鲜奶油、柠檬汁倒入色拉油沙司拌匀，浇在水果块上即成。

水果沙拉B

食品用料：小番茄60克，苹果丁65克，葡萄30克，樱桃20克，草莓15克；酸奶50毫升。

制作方法：将以上果蔬摆在盘内，淋上酸奶即可。

食品特点：甜酸可口，红白相映。

多媒体资源库

专用资源

添画纸：盘子

4. 串串烧（彩笔画）

目标

1. 感受自制烤串的乐趣，品味与朋友一起吃烤串的温馨。

2. 能根据自己的需要在材料上进行适当添画，喜欢参与动手活动。

准备

1. 经验准备：

(1) 教师在美工区域投放不同的材料，使幼儿获得相关的使用经验。

(2) 教师请家长带领孩子一起品尝烤串或参加烧烤，以获得相关经验。

2. 物质准备：

(1) 烧烤活动和烤串的图片与视频。

(2) 青菜、蘑菇、鱼、苹果等形状的彩色卡纸若干，中间打上孔；长吸管若干；酸奶纸盒自制的烤炉、纸盘，幼儿每组1份；彩色水笔，幼儿每人1份。

过程

1. 教师同幼儿一起观看烧烤活动的照片或视频，引发幼儿参与活动的兴趣。

教师将剪好的食物纸形串在吸管上，边说边演示，周末聚会真热闹，烧烤炉前味道香。青菜蘑菇串成串，辣椒孜然都放上。阵阵香味飘过来，大家快来尝一尝！

幼儿跟随教师一起学说儿歌。

2. 教师介绍制作材料及步骤。

教师出示剪好的食物纸形：小朋友，我这里给大家准备了许多制作烤串的材料，有青菜、蘑菇、鱼、苹果等。你先把这些材料串成串，再用彩色笔给穿好的串点上颜料当调料，放到酸奶盒做的烤炉上烧烤。

教师：为了让这些材料更像你想要的食物，小朋友可以在纸形上添画和涂色，画上青菜、蘑菇、鱼……

3. 幼儿创作，教师鼓励并指导。

幼儿制作，教师有针对性地指导。能力弱的幼儿只要将食物纸形串上就可以了。对能力强的幼儿，教师可以要求他们将食物纸形按颜色或形状有规律地排列，串在吸管上。

4. 教师和幼儿一起分享创作成果。

教师：烤串熟啦快放到纸盘里，请大家品尝！

完成制作的幼儿将作品集中到各组画有盘子的画纸上。

教师同幼儿一起玩烤串游戏，体验大家一起烧烤的快乐。

游戏玩法：幼儿和教师一起边说儿歌边做模仿动作，烤烤烤串串，鸡肉羊肉（蘑菇、青菜）串成串；烤烤烤串串，辣椒孜然要放全；烤烤烤串串，送给朋友尝一尝。

幼儿串什么材料，儿歌就说什么。

5. 活动结束后，幼儿将自己做好的烤串放到娃娃家小餐厅，供游戏时使用。

提示

1. 创作活动中由于要使用吸管，教师要注意观察幼儿，提示其注意安全。

2. 对能力强的幼儿，教师可以引导他们在彩色纸上画出烤串食材，剪下后串成自己的特色烤串。

3. 由于烧烤的难度和安全问题，这个活动只进行模仿性质的艺术活动，不制作真实的食品。

多媒体资源库

多用资源

图片：美味小吃

“糖果店”系列美术活动

1. 棒棒糖（泥工）

目标

1. 喜欢参与模拟制作糖果的活动，体验成功的快乐。

2. 学习用搓、盘的方法进行彩泥创作。

准备

1. 经验准备：

（1）教师在美术区域提供彩泥，以便幼儿充分了解彩泥的基本特性，学习使用彩泥。

（2）教师引导幼儿在美术区域创设糖果店场景，贴上幼儿收集的各种棒棒糖、糖纸和图片。

2. 物质准备：

（1）食物棒棒糖、糖果仙子纸人、棒棒糖摆放架、音乐《糖果仙子舞曲》。

（2）冰棒棍、硬吸管，分成蛋黄大小的彩色黏泥，幼儿每人1份。

过程

1. 教师请幼儿听音乐《糖果仙子舞曲》，引出活动。

教师播放音乐，出示折纸“糖果仙子：糖果仙子有个秘密，当太阳升起的时候，她就会变出各种各样的棒棒糖放在糖果店里，有奶油棒棒糖、水果棒棒糖、小熊棒棒糖……你还想要什么样的棒棒糖，请告诉糖果仙子吧。

2. 教师介绍制作材料及制作方法。

教师边说边介绍材料：糖果仙子今天需要小朋友帮忙做一些特别的棒棒糖，她准备了许多五颜六色的彩泥。教师出示几块用盘泥的方法制作的棒棒糖。

教师演示用盘泥方法制作棒棒糖的方法：先取一块彩泥，把它搓长，然后由内向外盘圆；最后插上粗吸管或冰棒棍。教师：棒棒糖做好了，小朋友快来试试，你也来做一块棒棒糖吧！

3. 幼儿创作棒棒糖，教师鼓励并指导。

教师：小朋友，棒棒糖盘得圈越多，味道就越好，所以你要把彩泥先搓匀、搓长，盘泥的时候不要急，一点一点地盘绕，你就会成功的。

对能力弱的幼儿，教师可以帮他们盘一个开头儿，然后由幼儿自己接着盘完剩余部分。对能力强的幼儿，教师可以指导他们搓两条不同颜色的彩泥，盘成双色棒棒糖。

幼儿创作时，教师可以播放《糖果仙子舞曲》做背景音乐。

4. 教师和幼儿一起展示制作的糖果。

（1）教师请幼儿向大家介绍自己制作的棒棒糖是什么样子的，什么颜色的。

（2）教师请幼儿将自己制作的棒棒糖，按颜色或造型分别插在架子上，摆放到活动区的糖果店里或超市里。

提示

1. 制作完成后，教师提示幼儿，将没有用完的彩泥放回盛泥的盘子里，防止掉在地上。

2. 根据条件，教师为每个幼儿准备一个可食用的棒棒糖。活动结束后，教师把棒棒糖分给幼儿品尝，作为参与制作活动的奖励。

3. 活动后可以在泥工区提供模具，让幼儿有更多的练习和尝试。

资料夹

参考图

1. 糖纸小人制作法

1. 选糖纸一张，压或熨平，如图所示，沿线将糖纸剪开。

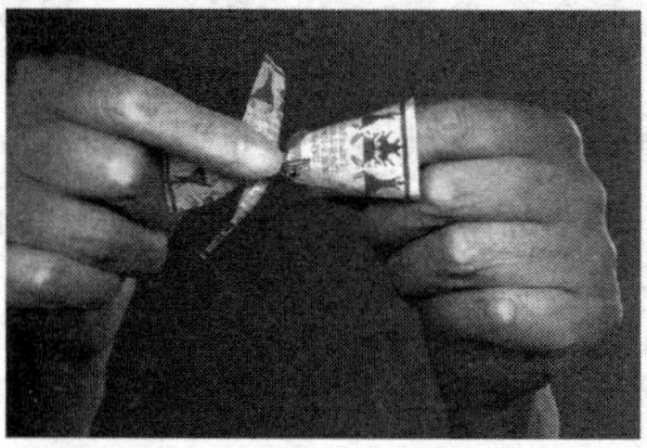

2. 将糖纸左右两边对接成筒状，双手捏住糖纸中部拧动。

3. 将拧好的糖纸竖起，糖纸小人就做好了。

2. 棒棒糖摆放架制作法

多媒体资源库

专用资源

1. 图片：棒棒糖

2. 动画：糖果仙子

2. 彩虹糖（油画棒画）

目标

1. 喜欢五颜六色的糖果，能说出它们的颜色。

2. 能运用封闭的圆形表现糖果，并涂上自己喜欢的颜色。

准备

1. 经验准备：

（1）在活动前的午点时间，教师请幼儿品尝彩虹糖，使之了解彩虹糖的味道和颜色，并能说出几种常见的颜色。（红、黄、蓝、绿等。）

（2）教师在活动区投放添画纸，引导幼儿练习添画圆，并进行涂色练习。

2. 物质准备：

（1）彩虹糖和彩虹糖的图片。

（2）画有糖口袋的画纸、黑色单支水彩笔、油画棒，幼儿每人1份。

过程

1. 教师请幼儿听音乐《糖果仙子舞曲》，引出活动。

（1）教师：雨过天晴，糖果仙子又来了，她给我们小朋友带来了好看又好吃的一种糖，你们知道是什么糖吗？（棒棒糖、巧克力、水果糖、彩虹糖）

教师出示图片：对啦！她把天上的彩虹变成了彩虹糖，快看一看，这些糖都是什么样子的？都有什么颜色？（圆形，有红色、蓝色、黄色……）

（2）教师：不同颜色的彩虹糖味道会有什么不同？请说出颜色和糖的口味。（橘色是橘子味，紫色是葡萄味，黄色是柠檬味……）

教师：哎呀！糖果仙子把彩虹糖都分给了大家，糖果店里就没有了。请小朋友赶快把她的糖果口袋装满彩虹糖。

2. 教师介绍制作材料及制作方法。

教师拿出画有糖口袋的绘画纸：这就是糖果仙子的糖口袋，现在请大家先用黑色的水彩笔把许多圆圆的彩虹糖画在口袋里，然后再给它涂上不同颜色，不同颜色的彩虹糖味道可不一样。哪位小朋友来帮忙画上一粒彩虹糖？画好了涂上你喜欢的味道！

教师请几名幼儿轮流演示画不同样子和颜色的彩虹糖。

3. 幼儿创作彩虹糖，教师鼓励并指导。

教师：圆圆的彩虹糖味道多，圆圆的彩虹糖颜色多。请你快用彩笔画一画，到底味道、颜色谁更多？

在幼儿画的过程中，教师提示幼儿在添画彩虹糖的时候注意糖的形状和颜色要有变化。

对能力弱的幼儿，教师鼓励他们多画几颗彩虹糖，颜色不求太多。对能力强的幼儿，教师可以引导他们有目的地涂色，尽量把彩虹中的七种颜色都用上。

幼儿创作时，教师可以播放《糖果仙子舞曲》作背景音乐。

4. 教师和幼儿一起分享创作成果。

教师将幼儿的作品贴在一个大口袋纸形上，展示活动成果，体验丰富的色彩带来的不同视觉感受。

提示

1. 为了幼儿能更专注地画画，避免工具材料对他们的干扰，在添画活动中，教师先提供黑色水彩笔请幼儿画圆圆的彩虹糖，等幼儿基本画完后再提供油画棒涂色。

2. 可以在美术活动区提供多色彩泥、彩色圆片，使幼儿有机会用团、压、粘贴的方式继续进行彩虹糖的创作。

资料夹

儿歌

糖果仙子

小宝宝，爱吃糖，
仙子姐姐来帮忙；
伸手接住小雨滴，
变出颗颗冰糖粒。

小宝宝，爱吃糖，
仙子姐姐来帮忙；
展开裙子接雪花，
抖落盘盘白砂糖。

小宝宝，爱吃糖，
仙子姐姐来帮忙；
采来白云一片片，
卷成团团棉花糖。

小宝宝，爱吃糖，
仙子姐姐来帮忙；
摘得彩虹一缕缕，
撒下串串彩虹糖。

多媒体资源库

专用资源

1. 图片：糖果

2. 添画纸：彩虹糖

3. 泡泡糖（油画棒画）

目标

1. 了解可以用泡泡糖吹出大泡泡和小泡泡。

2. 较自如地运用封闭的圆形表现大圆和小圆，并涂上自己喜欢的颜色。

准备

1. 经验准备：

教师在活动区投放图形添画纸，以便幼儿练习画大圆和小圆及涂色。

2. 物质准备：

画有小熊吹泡泡糖的添画纸、黑色单支水彩笔、油画棒，幼儿每人1份。

过程

1. 教师请幼儿听音乐《糖果仙子舞曲》，引出活动。

(1) 教师：今天糖果仙子又来了，她要向大家介绍一只可爱的小熊。你们知道小熊最爱吃什么糖吗？(蜜糖)

教师：对啦！可是这只小熊还爱吃一种东西，请你猜猜看。有块糖真奇怪，嚼在嘴里香又甜。使劲吹个大泡泡，再吹一遍，没看清！(泡泡糖)

教师出示图卡：猜对啦！就是泡泡糖。它可以吹成好大好大的泡泡，也可以吹成好小好小的泡泡。

(2) 教师可以演示吹泡泡糖，让幼儿充分感知泡泡由小变大的过程。

2. 教师介绍制作材料及制作步骤。

教师拿出画有小熊的绘画纸：今天小熊又在吃泡泡糖，可是今天怎么也吹不出泡泡，这可把小熊急坏了，请你帮它画个大泡泡吧！它一定会很高兴的。

教师边说儿歌边画一个大泡泡。

3. 幼儿创作大泡泡糖，教师鼓励并指导。

教师：吹呀，吹呀，吹泡泡，吹出一个大泡泡。请你赶快拿起笔，画出泡泡，你最棒！

幼儿在添画完大泡泡后，教师提示他们：在大泡泡的旁边还可以再画几个小泡泡。画完后别忘了给泡泡涂上好看的颜色。

对能力弱的幼儿，教师鼓励他们把泡泡画大，颜色不求太多；对能力强的幼儿，教师可以引导他们涂多种颜色，将颜色涂均匀。

4. 教师和幼儿一起分享创作成果。

教师组织幼儿展示作品，和幼儿一起找出作品中的大泡泡和小泡泡。

提示

1. 由于幼儿在食用泡泡糖时会将糖与胶一同吞食，用泡泡糖胶吹泡泡有难度，因此在这个活动中不包含幼儿食用泡泡糖的环节，只由教师演示吹泡泡。或者用吹泡泡液演示。

2. 活动后，教师在美术活动区为幼儿提供 4 开绘画纸，鼓励幼儿在大张绘画纸上添画泡泡。

多媒体资源库

专用资源

添画纸：小熊吹泡泡糖、小熊吹肥皂泡、小鱼吹泡泡、肥皂泡泡

4. 糖纸礼服（糖纸贴）

目标

1. 观察糖纸，发现糖纸上不同的图案，欣赏糖纸的美。

2. 尝试用糖纸上的图案进行拼贴组画。

准备

1. 经验准备：

(1) 教师带领幼儿在美术活动区创设糖果店的场景，贴上由幼儿收集的各种糖纸和图片，引导幼儿观察它们的色彩及图案。

（2）教师在美术活动区或前期的美术活动中引导幼儿用彩色纸进行拼贴，使其获得相关经验。

2. 物质准备：

（1）教师与幼儿收集的各种糖纸，有关糖纸的图像资料。

（2）印有糖果仙子的添画纸、剪刀，幼儿每人 1 把；双面胶、胶条，幼儿每组 1 份。

过程

1. 教师请幼儿看糖果纸的图像资料，引出活动。

教师：糖果仙子要去参加舞会，她想要一件糖纸做的新礼服，这些都是她准备做衣服用的糖纸。看看上面都有什么图案？（有水果、有大白兔、有花边……）

教师：小朋友有这么多好看的糖纸，你们能帮糖果仙子设计一件用糖果纸做成的礼服吗？

2. 教师介绍制作材料及制作步骤。

教师边说边介绍材料：这里糖纸可真多，五颜六色放满桌。请你快来选一选，拼出漂亮礼服来。小朋友可以用剪刀剪纸或折叠的方式制作糖纸礼服，然后粘贴到画纸上。

教师出示几件制作好的糖纸礼服，供幼儿欣赏借鉴。

3. 幼儿创作糖纸礼服，教师鼓励并指导。

教师：小朋友，想一想，你打算做一件什么样的糖纸礼服，选出你有用的糖纸，然后再进行创作。

对能力弱的幼儿，教师可以帮他们将糖纸简单变形，然后由他们自己组合成礼服。对能力强的幼儿，教师可以指导他们用对称剪的方法一次剪出礼服。

幼儿创作时可以播放《糖果仙子舞曲》做背景音乐。

4. 教师和幼儿一起展示制作的糖果舞会礼服。

教师将幼儿设计制作的舞会礼服粘贴到糖果店的互动墙面上，供大家欣赏。

提示

由于糖纸的材质较特殊，不太容易固定连接，教师应提示幼儿可以用双面胶或胶条组合粘贴。

延伸

活动结束后，教师将剩余材料转移到美术活动区，供幼儿继续尝试，根据糖纸的颜色、图案创作更多的作品。

多媒体资源库

专用资源

添画纸：糖果仙子

5. 怪味糖（水彩笔、油画棒画）

目标

1. 品尝不同口味的糖果，知道不同的味道会带来不同的感受。

2. 能用不同的形状或颜色表现糖果的不同味道。

准备

1. 经验准备：

（1）在之前的午点时间向幼儿提供多种口味的糖果，以便幼儿有品尝不同口味糖果的经验。

（2）在前期活动中，教师引导幼儿观察和表现人在品尝不同味道时的表情。

2. 物质准备：

酸、甜、苦、辣味的糖果分装于小盘，幼儿每组 1 份；16 开绘画纸、黑色水彩笔、油画棒，幼儿每人 1 份。

过程

1. 教师请幼儿品尝不同味道的糖果，引出活动。

教师：今天糖果仙子又来了，她想请小朋友尝一尝不同味道的糖果。（有点辣、凉凉的、甜的、苦的……）

教师：请小朋友换一种味道的糖果尝一尝，比较味道有什么不同？

2. 教师请幼儿把自己吃到的糖果的感觉画下来。

教师启发幼儿：你可以把自己吃的糖的味道画下来，也可以把别人吃到的怪味糖味道画下来，看看谁画的怪味糖的种类最多。它可以有不同的形状，还可以有不同的颜色，你想要什么口味都可以。教师可以边讲解边演示画几块怪味糖。

3. 幼儿创作怪味糖，教师鼓励并指导。

教师：怪味糖呀真奇怪，酸甜苦辣在里面。请你赶快拿起笔，把那怪味画下来！

教师：小朋友可以用不同的形状或颜色表现不同的味道。如果你想用一种形状、不同颜色表现味道也可以。

在幼儿创作过程中，教师对能力强的幼儿应鼓励其有更多的创意。

4. 教师和幼儿一起分享创作成果

教师组织幼儿分享作品，先请幼儿相互交流自己的创作，然后再请幼儿向大家讲一讲自己的怪味糖有什么样子和颜色，有什么不同的味道。

提示

1. 活动中，教师事先把糖分成小块，以免孩子们摄入过多的糖。

2. 在美工活动区，为幼儿提供 4 开的绘画纸，鼓励幼儿在大张绘画纸上画出奇怪的味道，或把自己新体验到的味道画下来与大家分享。

资料夹

儿歌

糖　果　罐

糖果罐里糖果多，
不知味道怎么样。
闭上眼睛来闻闻，
各种味道真是香。
再用手来摸一摸，
软的硬的不一样。
要想知道糖味道，
还要打开尝一尝。

多媒体资源库

专用资源

图片：猜一猜，尝到了什么味道

中班

1. 快乐的小雨点（彩笔画）

目标

1. 大胆想象并尝试用简单的线条画出小雨滴的形态。

2. 体验帮助别人的快乐心情。

准备

1. 经验准备：

教师在活动前带领幼儿跳《快乐的小雨滴》舞蹈。

2. 物质准备：

（1）歌曲《快乐的小雨滴》。

（2）水彩笔、A4 纸，幼儿每人 1 份。

（3）小雨滴帮助他人的图片。

过程

1. 教师播放歌曲《快乐的小雨滴》，幼儿边唱边跳，抒发对小雨滴的喜爱之情。

教师：让我们变成一个小雨滴来跳舞吧！

2. 教师与幼儿讨论“小雨滴”的形状。

教师：谁知道小雨滴长什么样子呀？

幼儿议论。

教师边说儿歌边画：尖脑袋，圆下巴，一笔画个小水滴，帮助大家真快乐。

3. 教师引导幼儿讨论歌曲内容，并根据生活经验大胆想象。

教师依次出示图卡：花园里帮助口渴的小花，草地上帮助自卑的小兔子，池塘里帮助生病的小鱼……

教师引导幼儿讨论：

猜一猜，谁还需要小雨滴的帮助呀！

如果你是一个小雨滴，你想给谁带来快乐呀？

幼儿发表意见，教师通过强调、重复、补充等方法，帮助幼儿形成下一步的绘画内容。

4. 幼儿绘画，教师鼓励与指导。

教师提示：

快把你的好想法画下来吧！

你想要帮助谁，就把它画在画纸显眼的位置上，然后在它的周围画上各种颜色的小雨滴。

如果你想让人看清楚谁是小雨滴，谁是小雨滴帮助的人，涂色的时候要注意，给他们涂上看起来很不一样的颜色，比如，被小雨滴帮助的人都缺少水，给他们涂上显得干热的红、黄、橙、赭石色；小雨滴是青鳞鳞的水滴，给它涂上显得清凉的淡蓝色、淡绿色、粉色、浅紫色。

5. 教师引导幼儿分享作品。

教师鼓励幼儿说出帮助别人的快乐心情。教师：看一看，都有谁受到了小雨滴的帮助，他们快乐吗?

提示

在分享作品时，为了照顾每个幼儿想表达的心情，教师可请幼儿与同伴交流自己的作品。

资料夹

儿童诗

小　雨　点

小雨点，沙沙沙，
落到花园里，
花儿乐得弯了腰。
小雨点，滴滴答，
落到池塘里，
鱼儿乐得蹦蹦跳。
小雨点，哗啦啦，
落到田野里，
苗儿乐得向上爬。
小雨点，沙沙沙，
落到伞儿上，
娃娃乐得笑开花。

多媒体资源库

专用资源

1. 动画：快乐的小雨点

2. 图片：雨中

2. 我的漂亮头发（拓印画）

目标

1. 观察不同发型，发现发丝的不同与变化。

2. 大胆使用工具，选择适当材料创作和表现发型。

准备

1. 经验准备：

教师请幼儿留意生活中人们各式各样的发型，发现其区别与特点。

2. 物质准备：

长发、短发、卷发等不同发型图片；各种印制材料，如小棍、毛线、玩具、瓶盖、吸管、可转动的车轮、水彩颜料等；画纸，幼儿每人 1 张；水彩笔，若干；擦手布，幼儿每组 2 块。

过程

1. 教师与幼儿谈谈他们喜欢的发型，引发幼儿对活动的兴趣。

教师引导幼儿讨论：

我是长发，你是什么发？(短头发)

你喜欢什么样的头发？

你还见过什么样的头发？

2. 根据幼儿的表述，教师出示有代表性的发型图片，请幼儿观察不同发型和发丝线形的不同。

教师提问：

这些都是不同的发型，它们有什么不同？(长短不同、曲直不同)

仔细看一看，同样是弯曲的卷发，发丝又有什么不同？(有的是曲线；有的是螺旋线；有的是三角形，像锯齿形；有的弯曲特别小，像麦穗形；有的卷小，有的卷大)

再仔细看一看，直发的发丝都是一样的吗？有什么不同？

3. 教师引导幼儿想出印头发的方法。

教师引导幼儿讨论：

如果我们用印的方法表现人的头发，可以用什么材料呢？长发用什么？短发用什么？

有一些材料可以印出有趣的短发，可是要想用它印长发，怎么印？(连着印，就能印出长发)

4. 幼儿创作，教师给予指导和鼓励。

教师提示：

请小朋友在纸的中间先画上自己好看的脸，再选择合适的材料蘸上水彩颜料，给脸印出好看的头发。

在选材料时，要先想好发型，根据发型选择材料。如果不清楚什么材料合适，可以先选择感兴趣的材料印一印，看看它能印出什么线，最后选择你要用的材料来创作。看看谁能印出既新奇又巧妙的发型！

5. 集体展示分享作品。

创作完成后，教师组织幼儿将作品集体展示，然后说一说各自喜欢的发型，这个发型印得有什么特别巧妙的地方，是用什么材料印出来的。

提示

1. 本活动的重点是让幼儿用不同的材料印头发，而不在于设计新的发型。

2. 如果幼儿创作所达到的效果与水平显示他们摸索到了一些印材与所印线条之间的关系，那么在活动结束前，教师可以引导幼儿总结哪些材料可以印出长长的直线，哪些材料可以印出弯弯的曲线，哪些材料可以表现卷卷的头发，用短小的材料怎么印出长长的头发。帮助幼儿归纳印制经验。

资料夹

参考图

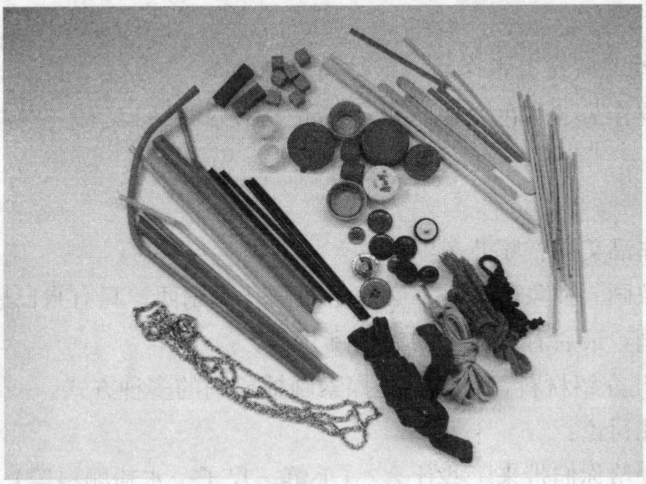

拓印材料示意图

多媒体资源库

专用资源

图片：发型图

3. 好看的颜色（抽象画）

目标

1. 尝试运用绳子、叉子、牙刷、珠子、毛笔、梳子等多种物品玩色、绘画。

2. 大胆运用色彩进行表达、表现，感受多种颜色、纹理交织在一起的美。

准备

1. 经验准备：

（1）在美术活动中，请幼儿欣赏大师的抽象画，丰富幼儿此方面的感性经验，提高幼儿的欣赏能力。

（2）在日常生活中，让幼儿多观察各种事物的色彩，丰富他们对色彩的认知和理解。

（3）在美工区提供各种材料，让幼儿进行绘画和创作。

2. 物质准备：

（1）米罗的作品《蓝色之金》《红蛋太阳》。

（2）彩色画纸，幼儿每人 1 张；绳子、叉子、牙刷、珠子盛入小筐，幼儿每组 1 份；各色水粉颜料调好，放入小盘中，幼儿每组 1 份；毛笔，幼儿每人 1 支。

过程

1. 教师引导幼儿欣赏美术作品，感受抽象画的美。

教师出示米罗作品《蓝色之金》和《红蛋太阳》：小朋友看一看，你觉得这幅作品画的是什么？

教师提问：

你觉得这幅作品美吗？哪儿美？

这是一张抽象画。抽象画就是不必一定要画什么东西，只有自己感觉美就可以。我们也可以随意地画，最后看看自己的作品哪儿美。

2. 教师向幼儿介绍材料，引导幼儿探索画抽象画的多种方式。

教师引导幼儿讨论：

看看今天老师给你们带来了些什么？（毛笔、尺子、水粉颜料等）

今天我们使用这些材料来画一张抽象画，你觉得这些工具都可以怎样用？

教师边出示工具，边请幼儿说一说；也可请幼儿边说边演示。（如：滚珠画、用牙刷蘸水粉刷画、点画等）

3. 幼儿操作，教师指导。

(1) 教师请幼儿自己选择不同颜色的画纸。

教师：小朋友们，你喜欢什么颜色，就选择这种颜色的画纸，把它作为画的背景色。

(2) 教师指导幼儿选择绘画工具，并尝试多种使用形式。

教师：小朋友们自己选择工具，试一试怎样用它们画画，如可以用牙刷蘸上颜料后直接刷画或者用蘸有颜料的牙刷刷梳子的边缘，使颜料弹在纸上等。

(3) 教师鼓励幼儿大胆搭配色彩：小朋友们，尝试一下搭配色彩，可以冷暖色搭配，也可以近似色搭配。

4. 分享活动成果，欣赏和评价作品。

教师引导幼儿分享：

讲一讲，你在创作时有什么想法？给你的画起个名字。

说一说，自己用了那些工具，如何使用这些工具绘画？

说一说，你最喜欢哪张作品？为什么？

提示

本活动的重点是引导幼儿运用多种工具尝试画抽象画，感受抽象画的美，体验多种美术形式的乐趣。

延伸

活动后，教师将工具材料转移到美术活动区，以便幼儿继续探索运用多种工具绘画。

多媒体资源库

专用资源

图片：抽象画

4. 勤劳的小蚂蚁（拓印画）

目标

1. 尝试用纸板拓印的方法表现蚂蚁的形象。

2. 愿意尝试新的拓印活动，在创作中大胆尝试与表现。

准备

1. 经验准备：

(1) 户外活动时间，教师组织幼儿观察蚂蚁，了解蚂蚁的外形特征和生活习性。

(2) 在音乐活动中，教师带领幼儿进行歌表演《蚂蚁搬豆》。

2. 物质准备：

(1) 蚂蚁的视频和歌曲《蚂蚁搬豆》。

(2) 纸板、A4 彩色与白色复印纸、滚筒、胶水、水彩笔，幼儿每人 1 份；将油墨挤入托盘中，幼儿每组 1 份。

过程

1. 教师带领幼儿唱歌曲《蚂蚁搬豆》，引出活动内容。

教师播放歌曲《蚂蚁搬豆》，并引导活动：听一听，这是什么歌？让我们一起来唱一唱、跳一跳吧！

2. 教师播放小蚂蚁视频，启发幼儿回忆对蚂蚁的经验。

教师引导幼儿讨论：

看看这是谁？（蚂蚁）

小蚂蚁长什么样子？（有头、胸、腹和 6 条腿）

你喜欢小蚂蚁吗？为什么？（爱劳动、团结、互相帮助）

3. 教师介绍新的工具材料和使用方法。

教师：很多小朋友都很喜欢小蚂蚁的样子，我们今天要尝试一种新的创作方式。（纸板拓印，表现小蚂蚁可爱的样子）

教师出示新的工具材料：看看今天老师给你们准备了什么材料？（纸板、油墨、滚筒、白纸）

教师边演示边说：先用纸板剪出蚂蚁的身体，拼贴在白纸上，用滚筒在上面滚油墨；再将一张彩色纸平放在上面，用手均匀按压彩色纸，然后将彩色纸轻轻揭开。看！彩色纸上出现了什么？

教师：一只小蚂蚁太孤单了，小朋友可以多剪几只，这样它们在一起可以做很多事情。剪好后，再印出来。

4. 幼儿尝试印制，教师指导。

在幼儿印制过程中，教师要注意鼓励幼儿大胆尝试表现小蚂蚁的动态和相互关系，对幼儿遇到的困难给予帮助。

5. 集体展示分享作品。

创作完成后，在歌曲《蚂蚁搬豆》的音乐伴随下，幼儿集体展示作品，共同欣赏。

提示

1. 在进行活动前，教师要带领幼儿到户外去观察蚂蚁，与他们一起说说蚂蚁的外貌特征和生活习性，获取有关蚂蚁的知识经验。此内容可以和班中的主题活动结合或利用散步和户外活动进行。

2. 如果幼儿对蚂蚁的外形把握不好，可以让他们们剪出三个圆，用这三个圆拼出蚂蚁的形象。如果幼儿对有较多蚂蚁形象的印制模具使用有困难，可以在模具上只做一两只蚂蚁，然后反复印，印出许多小蚂蚁。

3. 制作模具的纸板既不能太薄也不能太厚，太薄不利于印出清楚的形象，太厚幼儿剪起来吃力。可以选择薄厚适中的卡纸或用来包装衬衫、高筒丝袜的纸板。

多媒体资源库

专用资源

动画：蚂蚁搬豆

5. 小花匠种花（彩笔画）

目标

1. 观察各种花朵的形态，大胆想象，画出美丽的花朵。
2. 尝试用不同的线和形装饰花朵，体验线描画的美感。

准备

1. 经验准备：

教师组织幼儿到花卉市场或公园赏花。

2. 物质准备：

（1）花卉图卡。

（2）彩色画纸、水彩笔、彩色签字笔，幼儿每人 1 份。

过程

1. 教师组织幼儿欣赏花卉，分享交流感想。

教师带领幼儿欣赏美丽的鲜花（若没有条件可观察花卉的图片或照片）：春天里许多漂亮的花都开了，小朋友来说一说，这些花叫什么名字？

教师：你喜欢哪种花？为什么喜欢？

2. 教师向幼儿介绍花的名称、颜色、花瓣、花蕊、花托等知识，丰富有关花卉的常识。

3. 教师引导幼儿仔细观察不同的花，了解花的外形特征。

教师提问：

这些花的颜色都一样吗？

仔细看一看，这些花的花瓣、花蕊的形状有什么不同？花托都是一样的吗？幼儿观察花朵，说出它们的不同，教师加以归纳。

你喜欢那朵花？它是什么样子的？有什么特别的地方？像什么？

原来每朵花都有它不一样的地方，许多花在一起更漂亮。

4. 教师创设情景，调动幼儿绘画的兴趣，并提出绘画要求。

教师提示：

幼儿园的小花园光秃秃的，我们来当小花匠，在花园里种满美丽的花朵，好不好？

看哪位小花匠种的花种类多，能开出不同的花朵。

小花匠可以画见过的花；也可以画自己想象的花。

5. 幼儿表现创造，教师指导。

教师提示：

小朋友要大胆想象，创造出与众不同的花朵。

画好花朵轮廓的小朋友，可以用你喜欢的线条、图形装饰花朵，让它更美丽。

6. 集体欣赏。

教师：小花匠的花都种好了，请给自己的花起个好听的名字。

幼儿将作品贴在墙上，组成一幅美丽的大花园，集体欣赏。

提示

此活动最好在春天开展，放在有关“春天”的主题活动中进行。

延伸

1. 此活动可延伸至“建造大花园”；也可将绘画作品投放到表演区，作为幼儿表演的背景图。

2. 教师可以在区域活动中引导幼儿尝试运用其他方法表现花朵，如水粉画或撕纸粘贴。

多媒体资源库

专用资源

图片：名画中的花

6. 蝴蝶飞飞（拓印画）

目标

1. 初步掌握蝴蝶的外形特征，表现蝴蝶飞舞的情景。

2. 学习黏泥印制，掌握简单的方法和步骤，并体会其中的乐趣与独特的效果。

准备

1. 经验准备：

（1）教师建议家长在花草茂盛的季节带幼儿到郊外或公园游览，留意蝴蝶等昆虫的形体和动态特征。

（2）教师在自然角或美术活动区投放蝴蝶标本与图片、画册，并鼓励幼儿阅览。

2. 物质准备：

（1）图片《蝴蝶》，动画《蝴蝶飞舞》。

（2）黄泥或纸黏土，幼儿每人 1 块；小棍，幼儿每人 1 根；A4 黑纸或白纸，幼儿每人 2 张；油墨或水粉若干。

过程

1. 教师请幼儿猜谜语，引出活动内容。

教师说谜语幼儿猜：两根触角细又长，身穿一件花衣裳，百花丛中采花忙，好似漂亮小姑娘。（蝴蝶）

（1）教师引导幼儿观察蝴蝶的外貌特征。

教师播放《蝴蝶》的 PPT 课件：在美丽的花丛中，在绿色的草地上，有许多可爱的蝴蝶，它们快乐地飞舞，瞧，它们飞到我们班里来做客来了。

（2）教师引导幼儿讨论蝴蝶的外形特征。

教师引导幼儿讨论：

蝴蝶长什么样子？（有一对美丽的翅膀，有头、胸、腹，有 6 条腿，头上还有对一对触角）

它的翅膀上有什么？（颜色和斑纹）

蝴蝶两边翅膀的形状、颜色、花纹是怎样的？（对称）

2. 教师介绍活动材料。

教师边演示边说：我们用一种新的材料来表现美丽的花蝴蝶。我们先把黄泥压平，压成一个方形。我们用小棍在黄泥上刻画出蝴蝶在花丛中、草地上飞舞的情景。然后，在黄泥上用滚筒刷满油墨或水粉颜料，再在上面盖一张纸，用手抚平。最后揭开，我们的画就制作好了。你还可以在黄泥上重新刷油墨，再次印。

3. 幼儿开始制作，教师指导。

教师提示：

要想让你的画印得清楚，在用小棍刻画时，你的就手要用力一些，把线条画清楚。

蝴蝶的翅膀上都有什么漂亮的图案？你的蝴蝶在哪里飞舞呢？它遇到了谁？它们一起做了什么？

4. 集体分享欣赏作品。

幼儿相互欣赏作品，把自己的作品编成一个小故事，讲给其他小朋友听。

提示

1. 教师应注意不要刻意要求幼儿表现蝴蝶翅膀花纹的对称性，而要将重点放在个人对蝴蝶美的感受上。

2. 在黄泥上画图时，如果没有专用工具，可以用计算教学用的小棍、牙签、棉签棍等材料代替。

多媒体资源库

专用资源

图片：蝴蝶

动画：蝴蝶飞舞

7. 我的七色花（水粉画）

目标

1. 尝试用毛笔画花朵，寻找简便的绘画方法。

2. 大胆想象，画出自己喜欢的七色花。

准备

1. 经验准备：

教师在美术活动区为幼儿提供水粉颜料和毛笔，供幼儿尝试绘画，丰富工具使用经验。

2. 物质准备：

(1) 绘本《七色花》。

(2) 画纸，幼儿每人1张；各色水粉颜料，每种颜料配放毛笔1支，抹布2块，幼儿每组 1 份。

过程

1. 教师讲述绘本故事《七色花》，激发幼儿参与活动的兴趣。

教师讲故事并引导幼儿讨论：

故事中的七色花有什么颜色？（黄、红、蓝、绿、橙、紫、青）

七色花的花心、花瓣是什么样的？

咱们也来画一朵漂亮的七色花吧。

2. 教师演示用水粉颜料画花的方法。

教师：小朋友，请你说一说怎样用水粉颜料和毛笔画花。幼儿谈自己的想法，教师请想法清楚的幼儿为大家演示。

教师做总结性演示：先把毛笔上蘸一点红色颜料，在盒子边抹一抹；然后把毛笔横过来，在草地（画纸）上按一下。看，草地上就有了一个花心。把红色的毛笔送回红颜料家里。再选一个好看的颜色，把毛笔在颜料中蘸一蘸，再在盒子边抹一抹，把多余的颜料抹掉；把毛笔横过来，在花心周围一个花瓣一个花瓣地按上去。看，一朵花就画好了！

3. 幼儿绘画，教师鼓励并指导。

教师：小朋友，请你试一试，画出美丽的花。

教师提出绘画要求：颜料盒里有很多好看的颜色，每种颜色里有一支毛笔。先选一种颜色，把毛笔上蘸一点颜料。颜料多的时候要在盒子边上抹一抹。每种颜色的笔用过后要放回正确的位置，不要把颜色弄混。

4. 教师引导幼儿分享成果。

教师：画好的小朋友把画放到前面，和好朋友说一说，你画了什么颜色的花，比一比谁的花最漂亮，说一说要用七色花完成什么愿望。

提示

绘画过程中，教师应鼓励幼儿选用自认为能表达愿望的颜色绘画，不需局限于童话中的七种颜色。

多媒体资源库

专用资源

1. 动画：我的七色花

2. 拼板：七色花

8. 手拉手是好朋友（彩笔画）

目标

1. 用绘画的方式表现手拉手的正面人。

2. 在绘画活动中感受与同伴交往的快乐。

准备

1. 经验准备：

在户外游戏时，教师与幼儿一起玩手拉手的游戏。

2. 物质准备：

（1）录制幼儿日常手拉手的录像，音乐《好朋友》，布置题为“我的好朋友”展示墙1面。

（2）画纸、画笔（水彩笔、油画棒、黑色记号笔），幼儿每人1份。

过程

1. 教师带领幼儿同唱歌曲《好朋友》，导入活动。

教师引导幼儿讨论：

歌曲中都唱了什么？（你来帮我梳梳头，我来帮你扣纽扣……）

他们为什么是好朋友？（因为他们团结友爱互相帮助）

2. 教师组织幼儿观看日常手拉手的录像，引发对已有经验的回忆。

教师提问：

现在看一看，我们小朋友是怎么做朋友的。教师播放录像。

从录像中，你们都看到了什么？（手拉手、互相帮助穿衣服和脱衣服、相互抛球玩游戏等）

两个小朋友在一起是怎么走的？（手拉手）

手拉手的动作是什么样子？教师请两个小朋友上来做手拉手的动作。

你的好朋友是谁？请你们手拉手站在一起，我们一起来玩“找朋友”的游戏。

你和好朋友玩过什么手拉手的游戏？把你和你的好朋友手拉手玩游戏的样子画下来，让别人猜猜你们玩的是什么游戏。

3. 幼儿绘画，教师指导。

幼儿绘画，教师播放歌曲《好朋友》，使幼儿在温馨、热情、友好的气氛中创作。教师重点指导幼儿用绘画的方式表现正面手拉手的人，注意人与人之间手部的连接。

4. 教师将幼儿的作品粘贴在展示墙上，集体共同欣赏。

教师：我们来看看，谁和谁是好朋友？他们手拉手在做什么游戏？

提示

幼儿刚升入中班时，可配合主题活动《好朋友》做此绘画。

延伸

在美术活动区中，剪手拉手人物。

资料夹

参考图

手拉手人物图示

多媒体资源库

专用资源

添画纸：找朋友（1～3）

9. 小魔女的头发（印画）

目标

1. 尝试用瓦楞纸制作印版，并在操作过程中发现印的方法。

2. 喜欢参与印制活动，感受印制创造的乐趣。

准备

1. 经验准备：

教师在美术活动区为幼儿提供水粉颜料和印制材料，引导幼儿操作这些工具材料，获得初步的印制经验。

2. 物质准备：

长短、宽窄、薄厚不同的瓦楞纸片，若干；没有头发的小魔女的填画纸，幼儿每人

1份；各色颜料水粉调好放入小盘中，每个颜料盘中放一只毛笔，幼儿每组1份。

过程

1. 教师出示瓦楞纸，引发幼儿对新材料的探究兴趣。

教师：小朋友，我们以前都用过什么纸画画？

教师出示新材料瓦楞纸：请小朋友猜一猜，用瓦楞纸可以怎样画画？

2. 教师介绍新的绘画方法——拓印。

教师出示一张小魔女填图纸：你们看小魔女少了些什么？那怎么办呢？

教师演示用瓦楞纸印小魔女的头发。（用毛笔蘸上颜料在瓦楞纸上刷色；然后盖印在画有小魔女的填图上）

3. 幼儿尝试用瓦楞纸进行印制创作。

教师：请小朋友选择自己喜欢的颜色和瓦楞纸拓印小魔女的头发。

教师提示幼儿拓印时要保持画面清晰、整洁：在瓦楞纸上涂颜色时不要涂得太多，这样小魔女的头发才能够看得清楚。

教师对印出独特头发造型的幼儿及时进行鼓励，并请其向大家展示与分享。

教师：小魔女的头发可以是短短的，直直的；也可以是长长的，卷卷的。（将瓦楞纸横向卷成筒状，滚印，可以印出长长的直发；将瓦楞纸条卷成螺旋纸卷，可以印出长长的卷发）

教师：小魔女喜欢卷头发，想一想，试一试，还可以怎样印出卷发。（立着用瓦楞纸，即用瓦楞纸的侧面印）

4. 集体欣赏、交流、讨论拓印经验。

教师引导幼儿讨论：

你是怎样印小魔女的头发？瓦楞纸可以怎么用？（竖着用、卷着用、横着用）

你用这些方法，印出了什么样的头发？

为什么有的小朋友印得成功，纹理清晰；有的却效果不太好呢？（在瓦楞纸上刷颜料时要都涂满、涂匀，又不宜太多；用瓦楞纸盖住后，用手掌用力按，不能让瓦楞纸移位置）

提示

1. 本活动的重点是引导幼儿学习、掌握印画的基本方法：先在瓦楞纸上刷色，然后将刷色的面印在相应的白纸上，双手用力按压。

2. 本活动的难点是引导幼儿探究瓦楞纸的特征，发现用不同的面和印法可以印出不同效果的发型。

延伸

活动后，教师可引发幼儿继续思考、探索，如：瓦楞纸除了可以印小魔女的头发，还可以印什么？当幼儿有新的想法时，教师及时鼓励他们大胆尝试，做做看。

资料夹

参考图

瓦楞纸印制发型图示

多媒体资源库

专用资源

添画纸：小魔女（1～2）

10. 小螃蟹爬爬爬（手印画）

目标

1. 在方便有趣的操作活动中增强绘画表达的兴趣、体验成功的快乐。
2. 尝试用小手拓印的方法表现螃蟹。

准备

1. 经验准备：

在活动区，投放拓印材料，让幼儿运用这些材料尝试手掌拓印游戏。

2. 物质准备：

（1）动画《小螃蟹》、螃蟹图片、螃蟹谜语。

（2）绘画纸、水粉颜料、毛笔或笔刷，幼儿每人1份。

过程

1. 教师通过猜谜语激发幼儿对螃蟹的兴趣，观察螃蟹的外形特征。

教师说谜语，幼儿猜一猜：八只小脚抬大轿，两只大脚像剪刀，横行霸道不让人，嘴里吐着白泡泡。（螃蟹）

教师引导幼儿回忆澄清关于螃蟹外形的印象：小朋友回答对了！你们见过螃蟹吗？螃蟹什么样子呢？螃蟹有几条腿呀？除了腿以外，螃蟹还有什么呢？（螃蟹有一个圆圆的大壳子，有八条腿、还有两个大钳子）

教师：我们来看看螃蟹是不是有一个大壳子、八条腿、还有两个大钳子？教师请幼儿观看螃蟹图片，验证幼儿的猜想。

教师帮助幼儿了解螃蟹的动态和生活环境：螃蟹是怎样走路的？你们猜一猜大螃蟹生活在哪呀？它在水里玩时都会看到什么？教师播放动画《螃蟹》。

2. 教师演示手掌拓印螃蟹的方法。

教师分步骤演示并讲解印制方法：

刚才小朋友看了画上的螃蟹，现在老师用手变一只螃蟹，小朋友想不想看看？教师用双手做螃蟹爬行的样子。

原来小手能变出螃蟹来。大拇指是螃蟹的什么？（钳子）

四个手指头又是螃蟹的什么？（腿和爪）

手掌部分是螃蟹的什么？（蟹壳）

小朋友也来试一试。快看，我这只螃蟹爬到了纸上，咱们看看它要做什么！

教师从画纸上拿开双手，把画笔蘸上颜料，从手心开始涂色，然后涂手指，边涂边说：拿起小画笔，画笔爬高山，一座，两座……五座高高的山。请你换只手，再来爬高山，一座，两座……五座。爬完高山变螃蟹。

教师将涂满颜色的双手并排在一起，五指张开，平按在画纸上；按压一会儿后，拿开双手。画纸上出现类似螃蟹的手印。

3. 幼儿绘画，教师鼓励并指导。

教师提醒幼儿印画时要注意五指张开，保持桌面和画面的清洁。

教师提示幼儿添加螃蟹的生活环境：小螃蟹在水里做什么呢？水里还有什么？

4. 教师引导幼儿分享活动成果。

当幼儿印得尽兴后，教师组织幼儿展示作品，大家一起欣赏。教师：找一找自己喜欢的螃蟹，说一说，这只螃蟹在做什么，为什么喜欢它。

资料夹

参考图

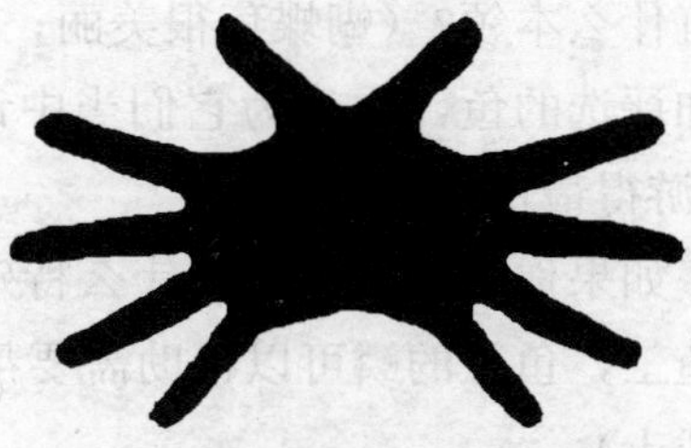

手印螃蟹画图示

多媒体资源库

专用资源

1. 动画：小螃蟹

2. 图片：螃蟹

11. 谁是鱼王（彩笔画）

目标

1. 鼓励幼儿大胆想象，表现出鱼王独特的特征。

2. 引导幼儿根据所画内容，添画相应的背景丰富画面。

准备

1. 经验准备：

教师在活动区，为幼儿提供大量的鱼类图片及相关知识，供幼儿了解不同鱼的特点。

2. 物质准备：

（1）具有不同特点的鱼类图片若干。

（2）彩笔、绘画纸，幼儿每人一份。

过程

1. 教师请幼儿观看鱼类的图片，调动已有经验，激发参加美术活动的兴趣。

教师引导幼儿讨论：

在色彩斑斓的大海里生活着各式各样的鱼。今天，来到海底世界的这些鱼都是参加今年的鱼王评选的。小朋友想去参加热闹的鱼王评选吗？

热闹的鱼王评选活动都来了哪些鱼，我们一起来看看。教师引导幼儿细致观察图片上的不同鱼类。

你们认识哪些鱼？它们有什么本领？（蝴蝶鱼很美丽；尖嘴剑鱼，它游得飞快）

我们看到了这么多来参加评选的鱼，你认为它们当中谁能当选鱼王呢？说说理由。（剑鱼当鱼王，遇到危险时它游得最快）

听说鱼王的本领可大了，如果你是鱼王你会有什么特殊的本领？（我是鱼王，我的眼睛特有神，很厉害；我是鱼王，鱼王的鳞可以帮助需要帮助的人；我是鱼王，我的尾巴可以变形，可以变成鱼王战士）

2. 幼儿进行绘画，教师鼓励并指导。

在幼儿绘画的过程中，教师应提醒幼儿注意鱼王的本领与其身体部位的相关性，画面形象、情节的丰富与关联，以及环境背景的布局。

教师启发幼儿：

你的鱼王有什么特殊的本领？这种本领表现在身上，还是在其他的地方？一定要让大家看出来。

鱼王的海底宫殿是什么样子的？今年来参加评选的鱼将军们在哪？他们的样子和本领一样吗？

3. 教师引导幼儿分享成果。

幼儿自愿向大家展示作品。教师：请你和大家说一说，你的鱼王有什么特殊的本领？海底宫殿是什么样子的？

多媒体资源库

动画：小鱼游啊游

12. 天冷我不怕（油画棒画）

目标

1. 运用冷、暖色调，画出自己在冬天里不怕冷的好办法。
2. 增强勇敢、不怕冷（困难）的意志品质。

准备

1. 经验准备：

在日常生活中，教师注意提示幼儿感受环境中色彩的冷与暖。

2. 物质准备：

(1) 冷色、暖色图卡，凡高的《向日葵》、雷诺阿的《春》，运动音乐磁带，录音机。

（2）背景为冷色调的画纸，幼儿每人1张；油画棒，幼儿每人1盒。

过程

1. 教师引导幼儿欣赏冷、暖色调变化图，感受冷暖色调。

教师出示冷暖色图卡：你知道什么是暖色，什么是冷色吗？（暖色：红色、橘色等；冷色：绿色、蓝色等）

教师展示雷诺阿的《春》：这幅画画了什么？用了哪些颜色？冷色多还是暖色多？你看到这些颜色有什么感觉？会想到什么？还有什么让你感觉冷冷的？（这幅画冷色多，会想到冬天，冷的感觉）教师：像这样冷颜色比较多的画，通常人们会说这是一幅冷色调的画作。

教师展示凡高的《向日葵》：这幅画和刚才的画一样吗？哪儿不一样了？用了些什么颜色？你看到这些颜色有什么感觉？会想到什么？什么会让你感觉暖暖的？像这样暖颜色比较多的画，我们又叫它什么呢？（暖色调的画作）

2. 教师引导幼儿畅想让身体变暖的方法，丰富运动让人由冷变得暖的感受。

教师引导幼儿讨论：

今天，我们知道了颜色会让我们产生暖和冷的感觉，画面有暖色调和冷色调。现在，让我们想象一下我们身体暖和冷的颜色感觉。

冬天，我们坐在教室里和站在院子里相比你的身体有什么感觉？是冷还是暖？（坐在教室里是暖和的，站在院子里感觉是冷冷的）

冬天，我们站在院子里的时候身体有什么感觉？如果用颜色表示，你会用什么颜色表示这种感觉？（很冷的感觉，是蓝色、绿色……）

你有什么好办法，让我们在寒冷的冬天，即使在外面院子里，身体也能感觉暖暖的？

幼儿自由表达，并做一做相对应事物的动作。

教师播放运动音乐，幼儿与教师一同随音乐做各种运动的动作。（拍皮球、跳绳、跑步、打羽毛球、单脚跳等）

教师继续引导讨论：

有了这些好方法，我们还怕冷吗？

做完这些运动后，你的身体有什么感觉？如果用颜色表示这些让我们变暖和的事情，你会用什么颜色？（暖暖的，可以用红色、橘色、黄色……）

3. 教师启发幼儿构思绘画内容，幼儿创作。

教师出示背景为冷色调的画纸：

这张纸的颜色是冷色还是暖色？你看了有什么感觉？（冷色，冷的感觉）

如果把能让你感到暖和的好方法画在这样的纸上，会让大家有什么样的不同感觉呢？我们试试看。希望小朋友在这样的纸上表现出你独特的不怕冷的好方法。

幼儿创作，教师鼓励并对有需要的幼儿进行指导。

4. 教师组织幼儿将作品贴在大黑板上共同欣赏。

教师引导幼儿欣赏：

看一看，小朋友们都想了哪些好办法让自己暖和起来？

他们都用了哪些让我们感到暖和的颜色？

现在我们就到院子里去做做这些运动吧！

提示

活动应在冬季进行。活动前，教师带幼儿在院子里和教室里体验温度的不同。

多媒体资源库

专用资源

图片：色彩原理图

13. 我设计的车（拼贴添画）

目标

1. 在观察的基础上，了解车的基本构造。
2. 根据自己的想象，大胆设计出造型独特的车。

准备

1. 经验准备：

此活动应放在与车有关的主题活动之中，教师引导幼儿充分了解车，并对车产生一定的兴趣。

2. 物质准备：

（1）各种玩具车及车的图卡布置在活动室内，分类展示；音乐《我是汽车小司机》。

（2）彩纸、剪刀、胶棒、记号笔、水彩笔或油画棒，幼儿每人1份。

过程

1. 教师创设情景，引发幼儿参与活动的兴趣。

教师播放欢快的音乐《我是汽车小司机》，师幼共同做开车动作进入活动室。

教师：滴滴，小朋友们刚才咱们是开着什么车进来的啊？你们都坐过什么汽车？今天我们一起去车城游览一下，小朋友们可以边看边交流。

2. 教师引导幼儿观察图卡，了解汽车的外形特征。

（1）教师带领幼儿参观汽车展区。

教师引导幼儿讨论：

快看看，你看到了什么汽车？（小汽车、出租车、公共汽车……）

你都认识什么标志的汽车？（奔驰、奥迪、大众……）

汽车除了标志外还哪些部分？（车轮、车身、车灯、车窗……）

汽车有什么用？（它们的本领很大，能给人们带来很多的方便。我们搬家的时候要拿很多东西，汽车可以帮助我们很快地把东西运到新家去。汽车还可把我们送到公园去玩……）

（2）教师带领幼儿认识特殊车辆。

教师提问：

你认识这些车吗？（吊车、搅拌车、洒水车、迫击炮车……）

它们都有什么特殊的本领？（能吊起重重的物品；能盖房子；能保持空气干净，减少尘土；能发炮，打击敌人……）

3. 教师引导幼儿想象新颖的车型。

教师用各种几何图形组合变成各类造型奇特的车。教师：小朋友，请你观察这些车，说说它们与平时看到的车有什么不同，可以添画些什么，让它有具有新的、特殊的功能。

4. 幼儿创作与表现。

教师：请小朋友选择几何图形，拼贴出车的主体，再画出新型车的车灯、车窗、标志，或具有新功能的部位，让它有特殊的本领。

教师观察幼儿的创作，随时启发引导，及时发现有个性的作品，并加以鼓励。

5. 教师引导幼儿互评与交流。

教师提问：

小朋友们都设计出了漂亮的汽车，谁来介绍一下自己设计的车？

这么多漂亮的车，你最喜欢哪辆呢？为什么？大胆说给大家听听。

提示

1. 教师对本活动的指导重点是激发幼儿大胆想象，将想到的奇妙的车再现出来。

2. 幼儿设计好的车可以布置在班级展板上展示。

延伸

1. 幼儿可以在区域活动时继续完成车的创作。

2. 幼儿用剪贴或撕贴等方式设计自己的车。

资料夹

1. 小知识

汽车是谁发明

德国人卡尔·本茨（Karl Benz），在1885年研制出世界上第一辆马车式三轮汽车，并于1886年1月29日获得世界第一项汽车发明专利。这一天被大多数人称为现代汽车诞生日。本茨就是“奔驰”的祖宗，被后人誉为“汽车之父”。1887年，卡尔·本茨成立了世界上第一家汽车制造公司——奔驰汽车公司。

几乎与此同时，1886年，德国人哥特利普·戴姆勒（Gottlieb Daimler）在一辆四轮马车上安装了自己研制的汽车发动机，以每小时18千米“令人窒息”的速度行驶，人类历史上第一辆四轮汽车诞生了。1890年戴姆勒成立公司。

2. 故事

世界上第一辆汽车的诞生

一百年前的德国，在曼海姆市，有个叫贝尔塔的人，她的丈夫就是卡尔·本茨。当时，卡尔·本茨对自己发明的车如何付诸实践，最为头疼，他担心汽车随时会抛锚，他害怕在大庭广众中出丑，他不愿在公开场合驾驶它上街。如果永远不能抛头露面，发明的汽车就会永远搁浅在试验室里。贝尔塔对两个孩子说：“如果你们的爸爸没有勇气把汽车开上街，那么我就来开。”

这天清晨，丈夫还在梦乡中，贝尔塔便唤醒了两个孩子，把汽车推出试验室，然后发动马达。她要把它从曼海姆城开到一百多公里之外她的娘家普福尔茨海姆。汽车离开曼海姆城不久，东方就渐渐亮了，马路两旁早起的人们一听到机器的响声都从窗口伸出头看热闹，有些人还走近正在慢慢行驶的汽车，但是一闻到汽油那刺鼻的气味就又纷纷散去。贝尔塔开着它走了好久才走了十几公里。忽然，汽车停住了，贝尔塔忙叫大儿子检查，发现油箱里没有燃料了，母子三人几乎是一筹莫展，只好推着汽车走了一段路。那时路边没有加油站，也没有大桶的汽油卖，只有药房一小瓶一小瓶的汽油零售。她们费了很大的力气才把汽车推到一条街上，买了几十瓶汽油，倒满油箱。大儿子使出浑身的力气才把车子发动起来。

可是刚走了一会儿，刹车不灵了。原来是皮革做的制动器磨损了。贝尔塔不得不再次停下来，到处找皮匠。临近中午才在公路附近的一个小村子里找到，把制动器修好。

一路上，贝尔塔带着两个孩子驾驶着世界上第一辆汽车走走停停，终于把汽车开到了目的地。这时已经是傍晚时分，她的娘家人以及家乡的人们对贝尔塔的勇敢行动惊叹不已！兴奋的贝尔塔立即给丈夫拍了一封电报：“汽车经受了考验。请速申请参加慕尼黑博览会。”丈夫接到电报时两手发抖，几乎不敢相信这是真的。从此，世界上第一辆汽车终于被世人认可。

3. 参考图

图样–汽车模板

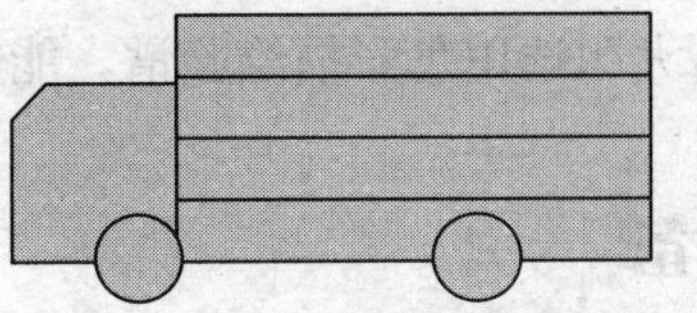
汽车拼摆参考样本1–货运卡车

汽车拼摆参考样本2–小汽车与吉普车

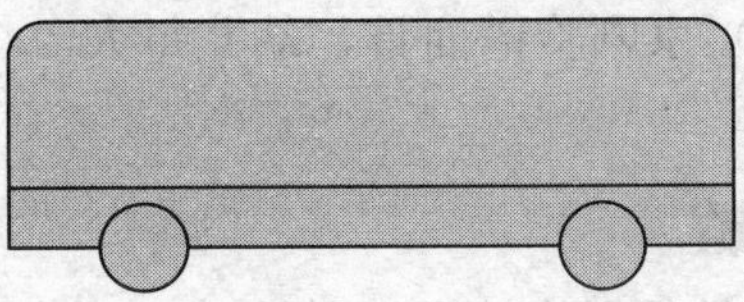
汽车拼摆参考样本3–公交大巴车

汽车拼摆参考样本4–混凝土运输车

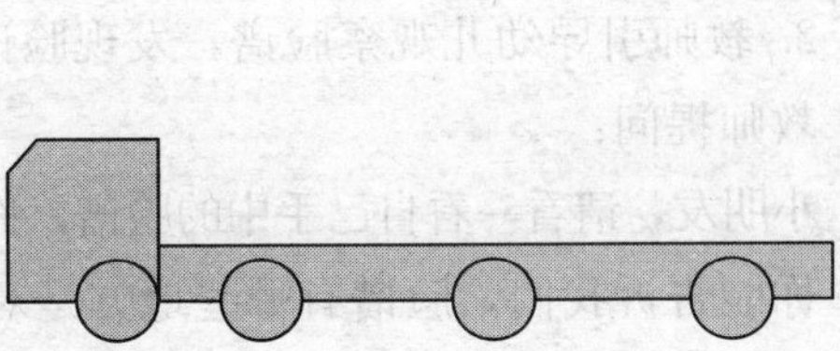
汽车拼摆参考样本5–货运大卡车

汽车拼板图示

多媒体资源库

专用资源

1. 图样：汽车拼摆参考样本（1～5）

2. 图样：汽车构件

14. 对称的脸谱（油画棒涂色）

目标

1. 发现事物的对称性，尝试设计左右对称的京剧脸谱图案。

2. 大胆选用色彩描绘脸谱，能够均匀涂色。

准备

1. 经验准备：

在活动中，教师引导幼儿发现对称的事物，如人和动物的躯体、五官，植物互生的枝叶，等等。

2. 物质准备：

（1）歌曲《说唱脸谱》录音。

（2）京剧脸谱面具，幼儿每人1个；油画棒、脸谱形的纸，幼儿每人1份。

过程

1. 教师以表演游戏的形式，引发幼儿对活动的兴趣。

教师将各种脸谱面具展示在黑板上：小朋友们，你们谁知道这是什么？（脸谱）

教师请幼儿自选一个脸谱：你们想不想戴一戴脸谱面具呀？看看你喜欢哪个，选一个自己戴上吧！

教师播放歌曲《说唱脸谱》，幼儿模仿京剧表演。

2. 教师引导幼儿观察脸谱，发现脸谱左右对称的特点。

教师提问：

小朋友，请看一看自己手中的脸谱，你有没有发现脸谱有一个重要的特点？（左右对称）

你能告诉我们，脸谱有哪些地方是对称的？为什么说它是对称的？（它左右两边的图形、大小、颜色、位置都一样，只是方向相反，所以说是对称的）

3. 幼儿绘制脸谱，教师提示绘制要领。

教师：我们小朋友都很喜欢脸谱，你想不想也拥有一个脸谱面具？

教师出示脸谱形的纸：每个小朋友的纸上都有一个空白脸型，请你给它设计出对称的花纹，然后涂上颜色，做一个漂亮的脸谱！

教师：涂色要均匀，不出边、不留白。

4. 幼儿分享创作成果，体验成功的乐趣。

幼儿将涂好色的脸谱粘上纸条，做成面具，戴在头上。

教师播放歌曲《说唱脸谱》，请幼儿戴着脸谱模仿动作及唱腔。

提示

1. 提供给幼儿涂色的脸谱要和幼儿的脸大小相当。

2. 有条件的园所可以买立体的雕塑面具供幼儿涂色，这样戴起来更有趣，还可以放在表演区供表演用。

延伸

教师可将画了一半的脸谱投放在美术活动区，请幼儿根据给出的一侧画出对称的另一侧。

资料夹

小知识

京剧脸谱的颜色象征什么

京剧脸谱色彩十分讲究，看起来五颜六色的脸谱品起来却巨细有因，绝非仅仅为了好看。不同含义的色彩绘制在不同图案轮廓里，人物就被性格化了。

脸谱的通用色彩含义为：

红色——代表忠贞英勇的人物性格，如关羽。

蓝色——代表刚强、骁勇、有心计的人物性格，如窦尔敦。

黑色——代表正直、无私、刚直不阿的人物形象，如包公。

白色——代表阴险、疑诈、飞扬、肃煞的人物形象，如曹操。

绿色——代表顽强、暴躁的人物形象，如武天虬。

黄色——代表凶猛的人物，如宇文成都。

紫色——代表刚正、稳练、沉着的人物，如荆柯。

金色、银色——表现各种神怪形象。

多媒体资源库

专用资源

1. 图片：脸谱

2. 添画纸：脸谱（1～2）

15. 我最爱的人（水彩笔、油画棒画）

目标

1. 大胆表现自己最爱的人，感受他人对自己的爱，懂得关爱他人。
2. 能够利用水彩笔和油画棒大胆绘画，线条流畅。

准备

1. 经验准备：

教师请幼儿回家观察家人都做什么事情，帮助家人做事情，感知家人做事的辛苦。

2. 物质准备：

画纸，幼儿每人 1 张；油画棒、水彩笔，幼儿每人自选 1 套。

过程

1. 教师引发幼儿的活动兴趣。

教师引导幼儿讨论：

小朋友们，你最爱什么？为什么？（玩具，因为可以玩；小动物，因为很可爱等）

你有最爱的人吗？你最爱的人是谁？他最喜欢做什么事情？你为什么最爱他？（最爱妈妈，因为……；最爱爸爸，因为……）

教师启发幼儿感知他人对自己的爱，懂得关爱他人。教师：你最爱的人是怎么爱你的？（我生病的时候照顾我……）

他那么爱你，你有什么感觉？（感觉很幸福，很温暖，很快乐）

他那么爱你，你应该怎么做来表达你对他的爱？（帮妈妈/爸爸倒杯水……）

2. 教师向幼儿介绍材料，启发幼儿想象绘画内容。

教师提示：

今天请小朋友自己选择水彩笔或者油画棒，为你最爱的人画一张画像，告诉他你很感谢他，也很爱他。

想一想他长什么样子？他最爱做什么事情？把你最爱他的地方画下来。

3. 幼儿绘画，教师指导。

教师鼓励幼儿大胆表现自己最爱的人的样子和特点。鼓励幼儿想好了就画，这样就会画出线条流畅的作品。

4. 大家一起分享活动成果。

教师引导幼儿欣赏：

小朋友，请说一说，你画的最爱的人是谁？他长什么样子？他在做什么？

请你说一说，自己想为最爱的人做些什么事情。

提示

本活动的重点是引导幼儿能够用绘画大胆表现自己最爱的人，懂得他人对自己的爱，以及懂得关爱他人。

延伸

此活动后，教师可引导幼儿画自己想为最爱的人做的事情。

资料夹

小知识

米勒与《喂食》

米勒（1814—1875 年），法国著名画家，农村现实主义画家中的杰出代表人物。他出生于诺曼底附近的一个农家，从小就跟随父亲下地干活，对土地产生了亲切的不可分割的感情。这段生活为他日后成为农村生活题材的现实主义画家打下了坚实的基础。

米勒画了不少描写农村家庭日常生活的作品，《喂食》就是其中的一幅。《喂食》画的是极其平常的农村生活场景，画面上一座农村土石墙的门口，三个穿着相同颜色衣服的小孩子，并排坐在门槛上，专注而急切地接受着母亲的喂食。从每个人物的衣着和他们自身的环境来看，这是一个并不太富裕的农家。三个小孩中最小的一个是男孩，正伸手去接妈妈伸过来的汤匙，右边的女孩关心地望着小弟弟，非常羡慕的样子，左边年纪稍大一点的小姐姐怀中抱着一个小洋娃娃，眼睛注视着母亲喂给弟弟的汤匙。夕阳的余晖映照着这四个充满爱怜和温情的母子。一只母鸡正慢慢地朝着他们走来，更点缀了浓郁的农村生活气息。这简直就是一首劳动者纯朴真挚母爱的赞美诗，充满了崇高而又抒情的诗意，表达了画家深厚温淳的感情。这幅《喂食》所刻画的极为感人的母爱，寄托了作者对母亲的深情和对自己儿时生活的回忆，也传达了他终身不离开农村大地的朴素感情。

密莱与《盲女》

约翰·埃弗雷特·密莱（1829—1896 年），生于英国南安普敦。父亲为当地有名望的人物，酷爱绘画。密莱8岁时全家迁居伦敦。9岁被送入萨斯主持的绘画学校。密莱是“拉斐尔前派协会”的奠基人之一。密莱交友广泛，善于人际关系。他1885年获得男爵称号。晚年又被皇家美术学院推选为院长。1896年因患喉疾在伦敦去世，享年67岁。

在作品《盲女》中，密莱运用古典画法，一丝不苟地刻画出一对相依为命的流浪儿在雨过天晴时的情景。美丽的乡村，雨后彩虹高挂，天地如洗，阳光明媚，盲女聆听着小伙伴对周围景色的描述，用心领受着大自然之美。作品传达出两个孩子之间、孩子与自然之间息息相通的心声。

作品现藏于英国伯明翰市博物馆与美术陈列馆。

多媒体资源库

专用资源

图片：最爱的人

16. 秋天的树林（拓印添画）

目标

1. 通过观察，感受秋季，用美术的方式再现秋天的特征。

2. 用菜叶拓印的方法表现秋天的树林和色彩，享受印制添画的乐趣。

准备

1. 经验准备：

（1）户外散步时，教师引导幼儿观察秋季的特征，欣赏秋天的植物。

（2）在区角活动中，教师引导幼儿参与印制和玩色游戏。

2. 物质准备：

（1）树林图片。

（2）水粉颜料，幼儿每组1份；湿毛巾、毛笔、毛刷、画纸、小白菜、油菜等菜叶，幼儿每人1份。

过程

1. 教师请幼儿欣赏图片，导入活动。

教师：和刚刚过去的夏天相比，秋天有些什么变化？（树叶变黄、变红，有的树木开始落叶……）

教师出示图片，引导幼儿欣赏，加强幼儿关于秋天树木的印象。教师：看看秋天的树木有哪些漂亮的颜色？树上有什么？（树干、树枝、树叶，有些树还有果实）

2. 教师引导幼儿观察与讨论，发现菜叶印章与印出的形象之间的关系和操作方法。

教师出示菜叶：请小朋友看一看，这是什么？（菜叶）

教师边演示边说：

请小朋友仔细地看老师怎样用菜叶变出小树。（将菜叶刷上颜料拓印出来）

请小朋友看一看，画纸上出现了什么？它的样子像什么？（菜叶的印痕，它的样子像小树）

拓印之后，叶子变成了什么？（树冠）

菜柄变成了什么？（树干）

叶脉变成了树的什么？（树枝）

树上还缺什么呢？（果子）

怎样变出树上的果子呢？（添画上）

3. 幼儿进行创作，教师指导。

在幼儿印画过程中，教师提醒幼儿注意：

用毛刷蘸颜料时先在颜料盒边上抹一抹，再刷在菜叶上，以免颜料滴落，弄脏画纸和桌面。

观察、对照秋天树林的图片，选择大小不一的菜叶印，表现出树木参差错落的样子。

在拓印好的树上用毛笔蘸颜料添画各种颜色的果实，让秋天的树林更美丽。

4. 集体分享与展示作品。

教师与幼儿将作品粘贴在展示墙上，创设《美丽的秋天》背景墙，展示每一位幼儿的作品。

资料夹

散文

秋天的树林

秋天的阳光格外明媚，秋天的天空格外蓝，秋天的风格外清爽，秋天的树林更是有一种特别的美。

秋天的树林里，五彩缤纷，色彩斑斓。松树和冬青树，叶子还是那么绿，他们是不怕秋天的，昂着头，挺着胸，像正在站岗的士兵。枫叶与众不同，叶子全都红了，像一个个红红的小巴掌，在树上摇晃着，好像在说："我不要离开大树妈妈，我要和大树妈妈在一起！"大多数的树叶都黄了，但是黄的色彩又各不相同，有的深黄，有的浅黄，有的鹅黄……一阵风吹过，红的、黄的叶子飘落下来，纷纷扬扬，美丽极了。像有成千上万只蝴蝶飞落下来，给大地穿上了一层柔软的外衣。而飘落在地上的叶子似乎能感觉到冷一样，都卷在了一起，上面细小的径脉，也显得更加深了。

再向远处看去，红的、黄的，满山遍野，连成一片，像一块大大的花地毯，红红火火，是在庆祝松树先生和冬青树小姐的婚礼呢！每颗树都送出最美丽的礼物：一片片色彩斑斓的叶子，这不仅仅是一片片小小的叶子，他们都有着特殊的含义，包含着每颗树的心意啊！

秋天的阳光格外明媚，秋天的天空格外蓝，秋天的风格外清爽，但最美丽的还是秋天的树林，里面有好多好听的故事呢！

（作者：张予泽）

多媒体资源库

专用资源

1. 图片：四季的树

2. 图片：秋天的树

17. 今天我值日（彩笔画）

目标

1. 了解值日生要做的事情，尝试画出值日生做事的样子。

2. 大胆运用绘画的形式表现为他人服务的快乐。

准备

1. 经验准备：

教师引导幼儿讨论值日生的职责是什么，应该怎样做值日生。

2. 物质准备：

画纸，幼儿每人 1 张；36 色水彩笔，幼儿每人 1 盒。

过程

1. 教师以谈话引出主题，激发幼儿绘画的兴趣。

教师：你们喜欢做值日吗？说一说，值日要做哪些事情？（为小朋友挽袖子、擦桌子、发碗、发勺、发筷子、摆椅子等）

2. 教师引导幼儿模仿、观察值日生的动作，进行物象分析以加深印象。

教师组织幼儿分成两两一组，互相模仿和观察。

教师：两位小朋友一组。一位小朋友做出你最喜欢的值日生的动作，另一位小朋友仔细看，猜一猜，他在做值日生的什么事情。然后两人互换。

3. 教师和幼儿共同总结值日生的工作。

教师引导幼儿讨论：

每天有几个人做值日生？值日生先做什么事情，后做什么事情？怎么做？

做值日生时，你是什么心情？（劳动的快乐，为他人服务的快乐等）

为了让大家都知道应该怎样做值日生，我们把值日生要做的事情的画出来，贴在墙饰上，提醒小朋友以后这样做。

4. 幼儿绘画，教师巡回指导。

教师提示：

小朋友绘画时想想先画什么，后画什么，画出自己做值日生时的一件事情。

小朋友，你可以用你做值日的动作来表现这件事，也可以在人物的旁边画上他使用的东西来表现这件事。

请尽量画大些，让小朋友看清楚。

5. 幼儿展示作品。

幼儿将绘制的作品贴在班级值日生的墙饰栏里，提醒大家按画面内容做值日。

提示

1. 重点在于引导幼儿观察、体会值日生的各种动作，大胆表现人物的不同姿态。

2. 值日生工作的具体内容可根据本班的实际情况而定。

3. 在将作品粘贴到墙饰中时，可按值日的早、中、晚时段排列画面。若将幼儿的画面形象剪下来，贴在彩色卡纸上，再张贴出来会比较美观。

资料夹

歌曲

值日生歌

1=C $\frac{3}{4}$　　林　玲　改词/作曲

中速

5 - 3 | 5 - 6 | 5 3 2 | 1 - - | 6 - 6 | 1̇ - 6 | 5. 6 5 | 3 - - |

1. 太　阳　出　来　眯　眯　笑，　值　日　生　呀　来　得　早。

2. 校　园　里　面　来　拔　草，　再　给　花　儿　把　水　浇。

1 - 3 | 5 - 6 | 5 3 5 | 6 - - | 1̇ 6 5 | 3. 5 3 | 2. 3 2 | 1 - - ‖

先 把 桌 子 擦 干 净， 再 把 椅 子 来 放 好。

小 朋 友 们 哈 哈 笑， 今天的 值 日生 真 正 好。

18. 仙人掌（拓印画）

目标

1. 观察仙人掌的形态特征，了解有关仙人掌的粗浅知识。

2. 用团纸印画的方法再现仙人掌。

准备

1. 经验准备：

（1）教师引导幼儿进行印制添画游戏。

（2）在科学活动中，教师引导幼儿观察、了解仙人掌的形态特征。

2. 物质准备：

（1）仙人掌图片，若干；仙人掌团纸印画范例，若干。

（2）各色水粉颜料，幼儿各组 1 份；废报纸，若干张；宣纸、毛笔、毛刷、湿毛巾，幼儿每人 1 份。

过程

1. 教师和幼儿一起观察仙人掌，了解仙人掌的外形特征。

教师：仙人掌长什么样子呢？（一块块绿色的茎，很肥厚，在一块上又生出另一块）

2. 教师出示图片，向幼儿介绍仙人掌：看看仙人掌的茎有哪些形状？有哪些颜色？（形状是圆形、椭圆形、长条形、三菱状等；颜色有绿、红、黄等）

教师：仙人掌的茎上长着什么？什么颜色？（长着刺，刺是黄、白、棕等颜色）

3. 教师出示仙人掌印画范例，引发幼儿的创作兴趣。

教师：这幅表现仙人掌的作品是用水粉颜料印出来的，猜猜这些形状的茎是用什么方法做成的？（团纸印）

教师边演示边说：取废报纸团成你想要表现的仙人掌茎的形状，选纸团的一个面刷上水粉颜料，根据仙人掌的样子一块接一块地印，印出仙人掌的样子。最后再用毛笔蘸颜料或用水彩笔添画仙人掌的刺。小朋友你也来用这个方法，画出漂亮的仙人掌吧！

4. 幼儿进行创作，教师指导。

幼儿进行创作，教师提示幼儿注意操作要领，印相互连接的茎时可参照图片，大胆用色，小心画刺，最后可用漂亮的颜色添画仙人掌的花。

5. 集体分享和展示作品。

在活动室开辟花卉作品展，展示每一位小朋友的作品。

资料夹

1. 谜语

一根刺，两根刺，
全身长满尖尖刺。
尖尖刺，像钢针，
钢针不能缝衣服。
（谜底：仙人掌）

2. 小知识

仙人掌的叶子

亲爱的小朋友们，你们知道仙人掌的老家在哪儿吗？它的老家在沙漠里面。仙人掌宽宽的、扁扁的。掌不是它的叶子，那是仙人掌的茎。这种肉质的茎藏着大量的水宝宝，可以帮助仙人掌在干旱的沙漠里生活。

仙人掌的叶子是是尖尖的针或刺。它们的刺有很多种，有的刺变成了白色的小茸毛，长满了仙人掌的全身。太阳照在仙人掌身上时，白色的小茸毛可以让仙人掌的身体降低温度，保存水分。

多媒体资源库

专用资源

图片：奇异的仙人掌

19. 我和泡泡做游戏（水粉画）

目标

1. 尝试根据主题绘画，感受集体作画的乐趣。

2. 发现并表现游戏人物的愉快情绪和不同动作。

准备

1. 经验准备：

教师与幼儿一起玩有关泡泡的游戏，如“吹泡泡”等。

2. 物质准备：

(1) 录制本班幼儿“和泡泡做游戏”的活动情景。

(2) 在活动室墙上贴好绘画纸，做成绘画墙 2 面；各色水粉颜料：幼儿每组 1 套，油画笔、毛笔、布，每个幼儿 1 份。

过程

1. 教师组织幼儿观看本班“和泡泡做游戏”的活动录像，回忆游戏时的情景。

教师引导幼儿讨论：

你们喜欢泡泡吗？喜欢它什么？（重点引导幼儿讨论泡泡的颜色）

小朋友都和泡泡做了什么游戏？（吹泡泡、追泡泡、打泡泡、拍泡泡……）

泡泡飞高的时候我们可以和它怎么玩？泡泡飞低的时候呢？泡泡飞远的时候呢？如果我们想让泡泡飞得高可以有什么方法？幼儿描述，并做出所描述的动作。教师重点引导幼儿观察人物的动作。

和泡泡做游戏时你是什么样的心情？（开心、高兴……）

2. 教师提出绘画要求，幼儿尝试绘画。

幼儿在绘画墙上大胆绘画，教师提示如下：

我们小朋友一起画一幅大画儿，把你和泡泡做游戏的情景画下来，注意要先画你，再画泡泡。

泡泡都飞到了哪里？你和泡泡做了什么游戏？做游戏时你的动作是怎么样的？

3. 集体分享作品。

教师请幼儿集中在绘画墙前欣赏作品：看一看我们的画，小朋友都和泡泡做了什么游戏？你觉得谁在和泡泡做游戏时最开心？

提示

活动前，幼儿应充分游戏，感受和泡泡做游戏时的动作，体验玩泡泡的心情。活动中，教师可以请孩子们模仿游戏中的动作，帮助他们提炼这些动作。

资料夹

儿歌

吹　泡　泡

小娃娃，吹泡泡。

泡泡映着脸儿笑。

大泡泡，小泡泡，

大大小小满天飘。
红泡泡，绿泡泡，
五彩泡泡快快跑。
去找白云握握手，
去让蓝天抱一抱。

20. 树叶宝宝旅行记（棉签画）

目标

1. 大胆设想和表现树叶飘落的地方。

2. 尝试用实物粘贴与绘画相结合的方式构成画面。

准备

1. 经验准备：

（1）在户外活动时，教师引导幼儿观察树叶，做与树叶有关的游戏并拾落叶。

（2）在音乐活动中，教师带领幼儿学习歌曲《小树叶》。

2. 物质准备：

（1）树叶图片，音乐《小树叶》。

（2）落叶若干，幼儿每组 1 份；各色水粉、颜料盘，幼儿每组 1 套；画纸，幼儿每人 1 张；棉签，幼儿每人 1 支；胶水，幼儿每组 1 份。

过程

1. 教师带领幼儿复习歌曲《小树叶》，激发幼儿对树叶的兴趣。

教师播放或弹奏歌曲《小树叶》，并引导幼儿：听一听，这首歌叫什么名字？我们一起唱唱吧！

2. 教师请幼儿观看不同景物的图片，引发幼儿的想象。

教师引导幼儿观察并讨论：

树叶宝宝飘到了远方，你猜一猜叶子宝宝到哪儿去旅行了？教师逐一出示天空、水里、陆地的图片。

树叶宝宝旅行时都看到了什么？（看到了小鸟、太阳、云彩、小鱼、水草、螃蟹、蚂蚁、滑梯……）

你想带小树叶去哪里去旅行？

3. 教师介绍绘画材料和方法。

教师出示树叶：看，这是小朋友们拾回来的落叶，我们今天请它们也旅行好吗？

教师边说边演示：请你先选一片自己喜欢的树叶，把它粘到纸上；然后想象着小树叶去哪儿旅行，就用棉签蘸上颜料，把小树叶要去的地方画在纸上。

4. 幼儿绘画，教师鼓励与指导。

教师提示：

你的小树叶飘落到了哪儿？它们见到了什么？

小朋友使用胶水时要注意，少用一些，能粘住就可以了，不要让胶水弄脏了你的画。

用棉签蘸上颜料后，在颜料盘边上刮一刮，不要让颜料流眼泪。

5. 幼儿分享与欣赏作品。

教师：让我们来看看小叶子到都哪儿去旅行了，它看到了什么？

幼儿自愿介绍自己的作品。

提示

根据本班幼儿的绘画水平，教师可以提供绘有不同景物的背景图，在激发兴趣的同时还能让幼儿产生更丰富的联想。

资料夹

参考图

树叶画图示

多媒体资源库

专用资源

动画：小树叶旅行记

21. 心情花（彩笔画）

目标

1. 了解各种花的颜色和形状。
2. 体会自己的心情，选择能表达自己心情的颜色给花涂色。

准备

1. 关于花朵的视频或图片，轻松的音乐。
2. 纸、水彩笔、油画棒，幼儿每人1份。

过程

1. 教师引导幼儿欣赏花朵视频，观察花的特征。

教师播放视频或出示图片，并提出问题引导幼儿观察：

你们都看到了什么？（花）

这些花都有什么颜色？（红、黄、粉……）

看一看，每朵花都有什么？（花蕊、花瓣）

花瓣是什么形状？（圆形、椭圆形、心形……）

教师再次播放视频或出示图片。

2. 教师启发幼儿体会花朵与心情的关系。

教师提问：

看到花朵你是什么心情？不同的花朵带给你的心情一样吗？

今天你的心情怎样？哪一朵颜色的花和你的心情是一样的？

3. 幼儿绘画，教师引导幼儿用花来表达自己的心情。

教师提示：

你的心情像哪一朵花？把它画下来。

把代表你心情的颜色涂在花的轮廓里。

4. 教师引导幼儿分享作品。

教师：请你说一说，自己画的花表达的是什么心情。

提示

本次活动，重点在于让幼儿尝试用花朵及花朵的颜色来表达自己的心情。

多媒体资源库

多用资源

图片：花朵

22. 太阳美发师（水彩笔、油画棒画）

目标

1. 大胆运用各种不同的线条和图形，组合设计出太阳的光芒。

2. 激发线描创作的兴趣。

准备

1. 经验准备：

活动之前，教师引导幼儿欣赏图画故事书《太阳十兄弟》。

2. 物质准备：

（1）活动前，教师与幼儿一起收集有关发型设计的图片或书籍。

（2）画纸、水彩笔、油画棒，幼儿每人 1 份。

过程

1. 教师创设情景，引发幼儿参与活动的兴趣。

教师：太阳要参加舞会，你想不想做美发师，为太阳设计一款满意的发型呢？

2. 教师通过图片，引导幼儿为太阳设计与众不同的发型。

教师出示各种发型的图片：你去过美发厅吗？在那里都见到过什么样的发型？（弯弯的、卷卷的、直直的）

教师引导幼儿回忆故事《太阳十兄弟》中的人物：《太阳十兄弟》故事中的那些太阳都梳着什么样的发型？有什么样的花纹和图案？像什么？（有的发型像闪电，有的发型像冰激凌，有的发型像海浪）

教师用以下问题引导幼儿设计发型：

你做美发师，能不能把各种不同的线条和图形组合在一起，变成奇特的发型呢？幼儿畅谈线与线组合，线与形组合，形与形组合的设想。

太阳头上除了漂亮的发型，还可以有什么？（装饰物，如发卡、头花、卡子等。）

这些东西可以怎样画？（画出各种发卡、头花、卡子轮廓，再装饰上花纹）

3. 幼儿设计发型，教师指导。

教师：小朋友，你可以把各种不同的线条和图形组合起来，设计出美丽的图案。设计的时候要注意色彩的搭配。

4. 集体欣赏作品。

教师引导幼儿欣赏：

小朋友找一找，大家共为太阳设计了几种发型？

请你给自己设计的发型起个有趣的名字。

提示

本次活动的重点在于运用各种线条和图形进行组合设计。

延伸

教师指导幼儿在美术活动区为美发厅设计不同款式发型的招贴画，贴在角色游戏区的展示板上。

资料夹

1. 小知识

太阳光是什么颜色的

我们在画画的时候，都喜欢用红色来画太阳，那太阳到底是什么颜色的？你知道吗？

每天太阳升起，或者太阳落山的时候，我们可以看见太阳是红颜色的，这是为什么呀？那是因为太阳升起或落下的时候，太阳光要经过地面很厚的一层空气，太阳光被空气吸收了许多，看起来就成了红颜色。其实太阳光是由红、橙、黄、绿、蓝、靛、紫七种颜色合在一起才成了白色。当太阳照射到半空的雨点的时候，就会出现七彩的彩虹。如果你不信七种颜色合在一起是白颜色的，那么你可以做一个陀螺，在陀螺上面均匀地涂上七种颜色，当陀螺快速转起来的时候就会变成了白颜色，动手试试吧！

2. 参考图

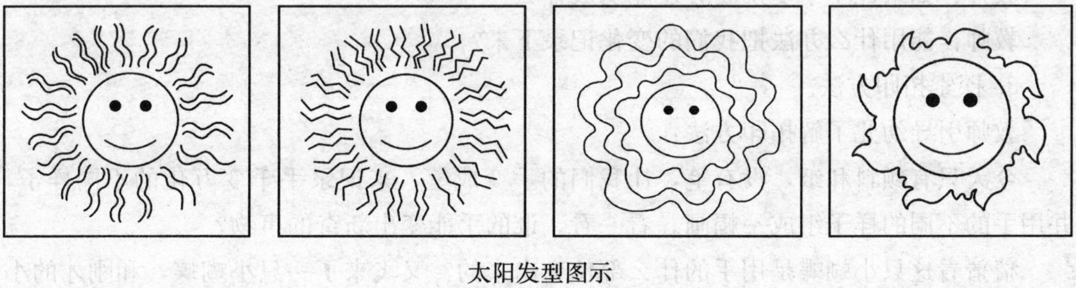

太阳发型图示

多媒体资源库

专用资源

1. 动画：太阳的光芒

2. 添画纸：太阳（1～4）

23. 会变的手（水粉拓印）

目标

1. 尝试用手的不同部位拓印，创造图像，体会千变万化的快乐。

2. 按情景线索大胆想象添画，丰富画面的内容。

准备

1. 经验准备：

利用活动间歇，教师带领幼儿玩手指游戏。

2. 物质准备：

（1）配有《手指变变变》儿歌的《手影表演》视频，教师自制手印作品 1～2 幅。

（2）各色水粉颜料、湿毛巾、图画纸，幼儿每人 1 份。

过程

1. 观赏配有《手指变变变》歌曲的视频《手影表演》。

教师引导幼儿欣赏并提问：

在表演中你看到了一双手都变成了什么？你能试试也变出来吗？

一双小手变呀变，可以变出许多的东西，真是千变万化呀！

2. 手指游戏：手指变变变。

教师：我们的手指都变成了什么？教师启发幼儿按诗歌顺序说一说，然后按幼儿的叙述演示。

教师：如果让小手变换姿势还能变成什么？

教师：能用什么办法把我们的变化记录下来？

3. 探索拓印方法。

教师引导幼儿了解拓印方法：

今天只有颜料和纸，没有笔，让我们的手变成笔，来记录手千变万化的不同样子，并用手的不同的样子组成一幅画。看一看，谁的手能变出新奇的事物？

猜猜看这只小蝴蝶是用手的什么部位变出来的？又飞来了一只小蝴蝶，和刚才的小蝴蝶不一样，它是用手的什么部位变出来的？小花真多呀！这又是手的什么部位变出来的呢？

你的小手是不是也想试试了？请小朋友先想一想，自己的小手要变化出哪些造型呢？

4. 教师提出手部拓印画的注意事项。

教师：请小朋友用手的任一部位蘸上颜色，摆出造型拓印在纸上，然后逐步添加，构成自己的图画。

教师：需要换颜色时候，用湿布将手上的颜色擦干净，再变化颜色。

5. 作品欣赏。

教师提出以下问题引导幼儿欣赏：

猜一猜，这幅画上画的是什么？是怎样用手画出来的？

你能学做一下这个姿势吗？

请小作者讲一讲自己画的是什么？是怎样用手画出来的？

提示

选一个大盘子，盘子上放吸水的海绵。水粉颜料调得不要太稠，调好的颜料放在海绵上，便于幼儿用手指蘸颜料。

资料夹

儿歌

小手变变变

食指拇指碰碰，做只小鸡叫叫，叽叽叽，
食指中指并拢，做把剪刀剪剪，嚓嚓嚓。
五个手指握紧，做把锤子敲敲，咚咚咚，
两个拇指勾勾，变只蝴蝶飞飞，飞飞飞。
手指手指变变，变出花样多多，我真棒！

多媒体资源库

专用资源

图片：巧印、手影

24. 小鲨鱼的故事（水彩笔画）

目标

1. 观察并用语言描述、绘画表现鲨鱼的主要特征。

2. 绘画中将主要内容画得大一些，并添画上自己想象的内容。

准备

1. 经验准备：

在活动前，教师将《小鲨鱼的故事》讲给幼儿听。

2. 物质准备：

水彩笔、绘画纸、鲨鱼图片，幼儿每人 1 份。

过程

1. 教师引导幼儿回忆故事，通过图片观察鲨鱼的特征。

教师引导幼儿观察并讨论：

你还记得小鲨鱼故事里的那只小鲨鱼吗？你喜欢它吗？为什么？

小鲨鱼也很喜欢小朋友，它在水下拍了许多张照片，我们一起看看它在做什么？

教师出示鲨鱼的图片，引导幼儿观察鲨鱼特征：小鲨鱼这是在做什么？你从哪里看出来的？它的身体是什么样子的？尾巴呢？它的嘴巴在哪里？眼睛在看什么？……

2. 教师引导幼儿构思故事情节。

教师提问：

小鲨鱼长大后会变成什么样子？会是一条什么样的大鲨鱼？它的身体会变得怎么样？它会变成鲨鱼大王吗？

小鲨鱼还会发生什么故事呢？

请你把小鲨鱼的故事画下来好吗？

3. 教师引导幼儿构思绘画内容。

教师提示：

请小朋友用手在纸上比一比你要画一条多大的鲨鱼，看看谁画的最像鲨鱼大王。

你的故事里还有谁？你要把它画在哪里？用什么颜色？

大海里还有些什么？你还可以画些什么？

4. 幼儿绘画，教师提示指导。

教师提示：

大鲨鱼是鲨鱼大王，所以要把它画大一些，画在画纸的中间。

别忘了还有它的好朋友也要画上去哦！

5. 集体分享欣赏作品。

教师引导幼儿欣赏：

请小朋友把你的小鲨鱼故事讲给大家听一听。

看一看，谁的小鲨鱼本领最大？谁的小鲨鱼最漂亮？谁的小鲨鱼朋友最多？

提示

1. 在欣赏鲨鱼图片时，教师要注意引导幼儿观察鲨鱼的主要特征，同时引导幼儿感受鲨鱼大王在画面中的主要位置。

2. 为了增加幼儿的感受，鲨鱼要画得大一些。教师可以让幼儿双手张开按在画纸上，感受其占满画面的效果。

多媒体资源库

专用资源

图片：鲸鱼与鲨鱼

25. 我的机器人（彩笔画）

目标

1. 体会机器人由于有很多本领而感到自豪、高兴的情感。

2. 观察机器人的各个部分，并愿意用绘画的形式大胆表现。

准备

1. 经验准备：

（1）教师告诉幼儿机器人有很多的本领，建议他们从图画书和电视节目中看或听一些有关机器人的故事和报道。

（2）在科学活动区或相关活动中了解机器人，观看关于机器人的视频。

2. 物质准备：

（1）机器人图片。

（2）画纸，幼儿每人1张，写上姓名；水彩笔，幼儿每人1套。

过程

1. 幼儿寻找写有自己名字的图画纸。

教师：小朋友认识自己的名字吗？看看谁的本领大，能找到写有自己名字的画纸，把它摆自己的面前。

2. 教师与幼儿欣赏谈论机器人。

教师用问题引导幼儿欣赏机器人：

这是谁？它和我们平时见到的人哪里不一样？（机器人）

它的头上都有些什么？什么形状的？这根天线是做什么用的？（天线可以接收信号，让机器人知道要做什么事情）

它的身体上有些什么？你知道按钮是做什么用的？（按钮是机器人的开关、五官等，可以帮助机器人更好地做事）

它的四肢有什么不同，它在做什么事情？它有什么特殊的功能吗？（它的手指、胳膊比我们多；它的动作和我们不一样，我们人类不这样做动作）

3. 教师与幼儿畅想有本领的机器人。

教师引导幼儿谈论自己的想法：

如果你设计一个机器人，你想做一个有什么本领的机器人？（会盖楼房、会做饭、会跳舞……）

怎样画出有本领的机器人？需要画些什么？（画楼房、画做饭用的食物和餐具，画舞台……）

你的机器人的头、身体、四肢会有什么与众不同的地方？（会盖楼房的机器人手特别的多，可以同时盖好几层楼房）

教师对幼儿的想法加以归纳，强调其合理、有创意的想法。

4. 幼儿尝试表现自己心目中的机器人。

教师：请小朋友把你的机器人画在画纸上，要画大一些。

教师：要把机器人使用的按钮、天线、工具画清楚，看看谁的机器人本领多。

5. 集体欣赏交流。

教师：谁来讲讲你的机器人都有哪些本领？机器人身体上的按钮、天线、工具都是做什么用的？

教师：请小朋友边听音乐边学着你的机器人做一做动作。

提示

1. 将机器人的绘画作品做成拼图，开展“你拼我拼机器人”游戏。

2. 引导幼儿大胆想象，绘画与别人不一样的机器人；让幼儿敢于超越现实大胆创作，画出奇异造型的机器人。

资料夹

儿歌

小小机器人

小小机器人，
功能非常多。
能帮爷爷拿报纸，
能帮奶奶拿眼镜，
能帮妈妈做匹萨，
能帮爸爸擦皮鞋，
还会跟我玩游戏。

多媒体资源库

专用资源

拼板：机器人

26. 种树（彩笔画）

目标

1. 描绘人物的特征和简单动态。
2. 用绘画的形式表现种树生活经验。

准备

1. 经验准备：

春天教师组织幼儿一起植树，了解植树时需要做些什么。

2. 物质准备：

（1）植树活动的照片。

（2）绘画纸、水彩笔，幼儿每人1份。

过程

1. 教师带领幼儿观看植树活动的照片，回忆植树时的工作情景。

教师引导幼儿讨论：

看一看，小朋友们在做什么？（植树）

想一想，你们在植树的时候，都做了什么事情？请小朋友们分组说一说。

幼儿分组讨论，教师倾听幼儿的讨论。

2. 教师引导幼儿再现植树的动作，构思关于植树的画面。

教师引导幼儿构思：

谁来说一说在植树活动时，都做了什么？（挖土、种树苗、埋土、浇水等）

小朋友，请你说一说，你在植树时是怎样做的，模仿一下植树时的动作，说一说四肢有什么变化。（大臂和小臂、大腿和小腿是在不断变化的）

咱们种的树多不多？把它种在哪里了？那里漂亮不漂亮？

把我们植树时快乐的劳动情景画下来，让更多的人也愿意参加植树好吗？

3. 幼儿绘画，教师指导。

教师：我们以前画的小朋友胳膊和腿都是直直的，可是我们今天要让小朋友来植树，怎样让小朋友的胳膊和腿都动起来呢？（想一想刚刚小朋友上来做的动作，小胳膊是怎样弯的？腿是怎样放的？我们可以找到胳膊和腿的关节，让我们的小胳膊小腿都动起来）

教师：在画画的时候，请你将自己的小树种在漂亮的地方，不要让小树自己呆着，多给它画些好朋友。

4. 教师引导幼儿分享创作成果。

教师：小朋友画出了自己植树的情景，种上了自己心爱的小树。你希望自己种的小树长成什么样子？

教师：希望我们的小朋友都能像你们种的小树一样快快地长大，让我们小朋友和小树比一比，看看谁长得快。

提示

1. 教师在活动中，不要刻意要求幼儿画出人物四肢的变化，只提示幼儿人的哪些肢体部位会动，幼儿体验到这一点后，可自己创造方法加以再现。

2. 活动最好在春天组织幼儿植树后进行。

资料夹

1. 儿歌

种　树

花儿笑，鸟儿叫，
我们去种小树了。
你挖坑，我栽苗，

一棵两棵排得巧。
提着水来浇一浇，
小树美美喝个饱。
太阳出来晒一晒，
棵棵树苗挺直腰。
小树小树快长大，
遮荫环保立功劳！

2. 参考图

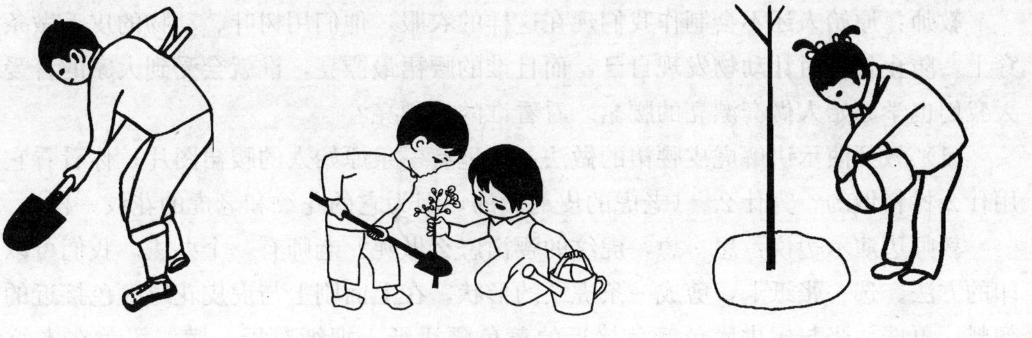

植树图示

27. 原始人腰裙（印画）

目标

1. 了解原始人类的生活及其乐趣。
2. 尝试印制原始人的腰裙，体验其独特的美。

准备

1. 经验准备：
教师向幼儿介绍原始人的生活，以及一些动物皮毛的颜色特点。
2. 物质准备：
（1）原始人服饰的图片，教师装扮原始人的材料，如腰裙、长棍等。
（2）制作腰裙的彩色画纸、剪刀，绳子或布条，幼儿每人1份；树叶、纽扣、纸板以及其他自然材料，若干；水粉颜料，每种颜色配备1把小号排刷，糨糊，幼儿每组1套。

过程

1. 教师装扮成原始人，激发幼儿对原始人的兴趣。

教师穿上一件自制的腰裙出现在幼儿面前，手拿一支长棍或石头，化装成原始人的样子，向幼儿提问：

你们猜猜我是谁？为什么？（古代人、原始人，因为穿的衣服不一样）

谁能告诉大家原始人和我们现在的人有什么不一样的地方吗？（穿的衣服不一样、住的地方不一样……）

你们想把自己打扮成原始人吗？

2. 教师介绍腰裙的制作方法，帮助幼儿构思腰裙花纹图案。

教师：原始人还不会制作我们现在这样的衣服，他们用树叶、动物的皮毛做条腰裙穿上，防止打猎时让动物发现自己，而且谁的腰裙最漂亮，谁就会受到大家的喜爱。今天我们也学原始人做套漂亮的腰裙。看看谁的最漂亮？

（1）教师演示讲解虎皮腰裙的做法：这里有一条原始人的腰裙图片，你看看它是使用什么材料做的？为什么？（老虎的皮毛做的，因为它的花纹和老虎的花纹一样）

教师边演示边说：想一想，虎纹的腰裙怎么做呢？老师有一个办法。我们可以用拓印的方法。选一张纸卡，剪成一条虎纹的形状，在上面刷上与虎皮花纹颜色接近的黑色颜料；再选一张与虎皮底色颜色接近的黄色腰裙纸，把纸对折，横着覆盖在虎纹纸卡上，轻轻按压；然后，将纸揭开，一条虎皮纹就印在纸上了。

教师：印好一条虎纹后，可以换个地方再印。一面纸印好后，稍加晾干，按刚才老师做的方法，把纸的另一面也印好。

（2）教师启发幼儿迁移印虎皮腰裙的经验：原始人还会制作什么样的腰裙呢？（黑白花纹的斑马皮毛腰裙、绿色的树叶腰裙……）

教师：你想做一条什么样的腰裙呢？用什么方法？什么颜色？

教师：除了用卡纸剪出花纹来印，还可以用什么材料、什么方法印出腰裙的花纹？想一想，找一找。（用树叶蘸绿色颜料印树叶腰裙，用纽扣蘸黑色颜料印金钱豹皮腰裙……）

3. 幼儿按自己的设计方案制作腰裙。

（1）幼儿制作。在制作的过程中，教师应提醒幼儿注意选取颜色合适的纸，印制时注意花纹相对于纸的方向。

（2）如果有的幼儿缺乏印制经验，技能不够熟练，可以提示他们选择印制方向性不强的花纹，如豹纹等。

（3）教师帮助幼儿将印好的纸粘贴上绳子或布条。

4. 集体展示分享制作成果。

（1）制作完成后，幼儿将腰裙穿在自己的身上，展示自己的作品。

（2）教师带领幼儿在院子里玩游戏“学做原始人”，通过游戏了解原始人的生活，体验做原始人的乐趣。

教师：我们今天来玩个原始人的游戏，原始人生活在茂密的大森林里，他们手拿石块靠捕猎生活，同时还要防止自己被其他动物攻击。

教师：我们每个人手拿一个布包做石块，要想办法击中别人，又不能让别人击中。

游戏进行两三次。

延伸

以版画的方式制作腰裙的方法：先要找张大纸板当古代的大石头，在上面摆上些小石片、树叶、果壳等；按照腰裙的设计图案，将这些物品粘在大纸板上，刷上一层漂亮的颜色；将制作腰裙的纸按在上面，再揭开，图案就会印在腰裙纸上。注意要轻轻地按，轻轻地揭开。

此方法需要对印制版面做适当的设计安排，适合有一定印制经验和技能的幼儿。

资料夹

参考图

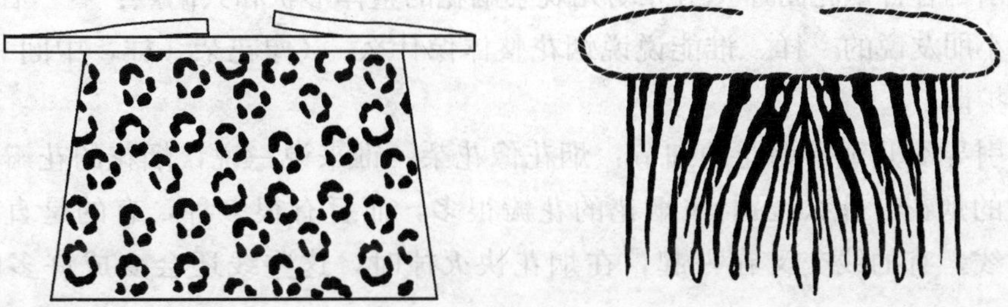

腰围图示

多媒体资源库

专用资源

1. 图样：原始人的服饰
2. 图片：虎纹、豹纹

28. 放烟花（油水分离画）

目标

1. 学习用各种点、线组合画出烟花燃放的情景。
2. 运用油水分离的绘画技法，表现黑夜里的烟花，体验其独特的效果。

准备

1. 经验准备：

（1）在重大节日期间，请家长带领孩子观看烟花燃放，丰富幼儿的经验。教师寻找相关视频资料，请幼儿欣赏。

（2）教师在美工区准备毛笔，供幼儿操作，使其获得相关的使用经验。

2. 物质准备：

（1）各种烟花图片。

（2）油画棒、绘画纸，幼儿每人1份；毛笔、调好的深色颜料放入小盘中，幼儿每组1份。

过程

1. 教师引导幼儿回忆节日里的烟花，引发参与活动的兴趣。

教师：你们看过节日里的烟花吗？说一说，自己见到的烟花是什么样子的？（有的像菊花；有的像火蛇；有的像闪电；很亮，很漂亮；有很多颜色……）

2. 教师引导幼儿观看烟花图片，把握烟花散开的特点。

教师出示各种烟花图片，引导幼儿观察烟花的整体形状和共同点：看一看这些烟花是不是像小朋友说的一样。谁能说说烟花整体像什么。（像花朵一样，中间一个中心，向四周围扩散）

教师引导幼儿观察烟花的细节：烟花像花朵，谁来说一说，烟花的花瓣是什么样的？不同的烟花有什么区别？（烟花的花瓣很多，而且有很多种，有的是直线，有的是弯曲的线，有的线交叉在一起，在烟花快灭掉时，这些线还会变成许多闪烁的亮点）

3. 幼儿尝试画烟花，教师指导。

在幼儿画的过程中，教师应留意幼儿的进展情况，适时加以提示。

（1）鼓励幼儿大胆想象，用不同颜色的油画棒画出各式各样的烟花。

（2）提示幼儿使用油画棒时用力适中，以防油画棒折断。

（3）提示幼儿注意好布局，如有的烟花可以只露一部分，有大的有小的。

4. 教师请幼儿给画面涂底色，进行油水分离的尝试。

（1）待幼儿的画面较丰富时，教师组织幼儿再次讨论：

烟花都在什么时候燃放？（晚上）

你觉得画面还需要添加什么？（星星、月亮、楼房、树……）

请小朋友想一想，用什么办法让自己的画看起来像是晚上，闪亮的烟花绽放在黑黑的夜空中？（在油画棒画出的烟花、星星、月亮上涂满深色水粉颜料）

小朋友可以试一试刚才说的办法，看看会不会出现我们想要的效果。

（2）幼儿给烟花涂底色，尝试用油水分离的方法画出夜晚燃放烟花的情景。

5. 集体欣赏交流。

教师把幼儿的作品连接在一起，展示在班中请幼儿欣赏。教师：看看我们班的烟花漂亮吗？你最喜欢哪朵烟花？为什么？

提示

1. 本活动可以在中班第二学期开学初期进行，因为幼儿刚刚过完年，有燃放烟花的经验，对其感受也较深。

2. 如果孩子们的能力可及，可将画纸改为长幅。幼儿在长画纸上集体创作，会更有气氛。

资料夹

小知识

什么是“油水分离画法”

“油水分离画法”简称“油水分离”，是幼儿常用绘画技法之一。即先在画纸上用油画棒画好所需形象，然后在画纸上平涂水粉颜料。油画棒为油性材料，水粉颜料为水性材料，由于油和水不相溶，油画棒的画痕会从涂抹在画纸上的水粉颜料中显露出来，呈现于水粉色的背景之上。在创作某些题材的作品时，使用这种技法便于产生鲜明、真实的效果。如，烟花绽放在夜空，即是其中之一。

多媒体资源库

专用资源

1. 动画：烟花

2. 图片：烟花

29. 小鸟的新家（拓描画）

目标

1. 尝试用拓描手臂的方法表现大树。

2. 大胆表现和创造，感受创意的乐趣。

准备

1. 经验准备：

（1）教师向幼儿介绍砍伐树木给人类和动物带来的危害。

（2）在活动区或美术活动中，教师组织幼儿进行拓描游戏。

2. 物质准备：

（1）“纷飞的小鸟没有家”情境背景图一张。

（2）画笔、画有小鸟的画纸，幼儿每人一份。

过程

1. 教师创设情境，引发幼儿参与活动的兴趣。

教师出示背景图：大树让一些人砍伐掉了，小鸟没有家了，谁来帮帮它们？它们需要什么？

教师：我们小朋友举起手臂，变成一棵棵小树，给小鸟们安个家，好不好？教师与几位小朋友举起手臂，好像一棵棵的小树出现在画前。

2. 教师提出问题，引发幼儿讨论，寻找解决问题的办法。

教师：小朋友的手臂累了，当手臂移开的时候，画中的小鸟们就又没家了。我们怎样才能让手臂小树留在画面中永远给小鸟安家呢？

教师暗示幼儿依样拓描的方法：想一想我们曾经用过什么画画方法，可以帮助我们解决这个难题？

教师提示拓描要领：五指分开，把小臂和手轻轻地放在画纸上，用铅笔将轮廓拓描在画纸上，再用水彩笔勾画出清晰的树的轮廓，最后用小手在画纸上印树叶，这样小鸟们就能放心地筑巢安家了。

3. 幼儿创作，教师指导。

在幼儿拓描过程中，教师应提示幼儿：

将手臂的轮廓高矮不一地拓描在画纸上，这样画出的小树才自然。

在树干上添画花纹或图形，让大树穿上漂亮的花衣裳。

4. 教师引导幼儿分享与展示作品。

教师：小朋友，请你数一数，你今天给小鸟种了几棵小树？小树上都画了些什么样的花纹或图案？

教师带领幼儿布置“秋天的树林”背景墙，将幼儿的作品展示在上面，让更多的幼儿欣赏新的创意。

提示

有条件的幼儿园，可将背景图投影在墙壁或幕布上，当幼儿举起手臂作小树时，会在背景图上投射出影子，产生接近最终画面的效果图。这样，幼儿易于理解、接受拓描的方法，对绘画效果有较明确的预期。

资料夹

小知识

大树几岁了

小朋友你今年几岁了？你知道怎么看一棵大树几岁了吗？告诉你一个好办法，要想知道一棵树有几岁了，去数一数树的年轮。什么是树的年轮呢？

大树被锯倒之后，在树干的横断面上，有一圈一圈的圆环。大树每生长一年，就会形成一个圆环，这些圆环，就叫树木的年轮。小朋友数数大树有多少圈圆环，就知道它有几岁了。不过，不是所有的树木都有年轮。有些树就不能用这个方法数它的岁数。

多媒体资源库

专用资源

1. 图片：小鸟的家

2. 背景图：纷飞的小鸟没有家

30. 爸爸妈妈和我（彩笔画）

目标

1. 大胆表现人物，画出人物的主要特征。

2. 表达对爸爸妈妈的热爱之情。

准备

1. 经验准备：

在音乐活动中，教师安排幼儿学唱歌曲《我有一个幸福的家》。

2. 物质准备：

（1）展示墙布置成小区规划简图，活动之前用纸或布遮盖；《我有一个幸福的家》歌曲视频及磁带 1 份。

（2）彩色房子图样，幼儿每人 1 张；水彩笔、胶棒，幼儿每人 1 份。

过程

1. 教师请幼儿观看《我有一个幸福的家》歌曲视频，激发幼儿喜爱爸爸妈妈的情感。

教师结合歌曲提问：

歌里唱的是谁？他们高兴吗？

你看见爸爸妈妈在干什么？孩子在干什么？

你的爸爸妈妈爱你吗？

他们做的什么事情，让你感觉他们很爱你？

你爱爸爸妈妈吗？你会做什么事情让爸爸妈妈高兴？

幼儿互相捶捶背、捏捏腿、亲一亲、抱一抱。

你想不想让爸爸妈妈天天和你在一起，陪在你身边伴你长大？

2. 教师提出创作主题，引导幼儿构思。

教师：老师在我们班的展示墙规划了一个新小区，要建许多漂亮的小房子。教师揭开展示墙的遮蔽物，并出示小房子纸形。

教师：请你把爸爸妈妈和你画在自己喜欢的房子里，画好后把新家安在我们班的新小区里，这样爸爸妈妈就可以随时看到你，天天陪着你啦。

3. 教师指导幼儿丰富画面内容。

教师提示：

爸爸妈妈有什么不同？可以怎样画？

爸爸妈妈的发型是一样的吗？他们是大眼睛还是小眼睛？嘴巴画在哪里？不要忘记画出鼻子和耳朵。

小朋友，请选择一个自己喜欢的房子纸形，把爸爸、妈妈和你画在上面。

4. 在歌曲的伴奏下，幼儿绘画，教师随机指导。

教师提示：

小朋友一定要注意握笔的方法：大拇哥、二拇弟用力握住笔，再请来中指三弟弟，帮忙顶住笔。

把人画大一些，画清楚，这样爸爸妈妈就能更清楚地看到我们了。

5. 教师引导幼儿分享活动成果。

（1）教师依次用以下话语引导幼儿分享活动成果：

亲一亲画里的爸爸妈妈，和他们说一句话。小朋友要大胆表达哦。

小朋友互相说说，跟老师说说，你和爸爸妈妈在家里做了什么事情？你高兴吗？

你想把新家安在什么地方？

（2）幼儿在“小区规划图”上选择想贴画的地方。

提示

1. 本活动的重点是引导幼儿用自己的方式表现爸爸妈妈和自己，把爱爸爸妈妈的心情抒发出来。

2. 幼儿的绘画能力个体差异很大，教师应对幼儿密切观察，对幼儿的个别需要进行具体指导，并记录幼儿的表现。

3. 对描绘人物有困难的幼儿，教师可以提供圆形、五官纸形，让幼儿粘贴。

资料夹

参考图

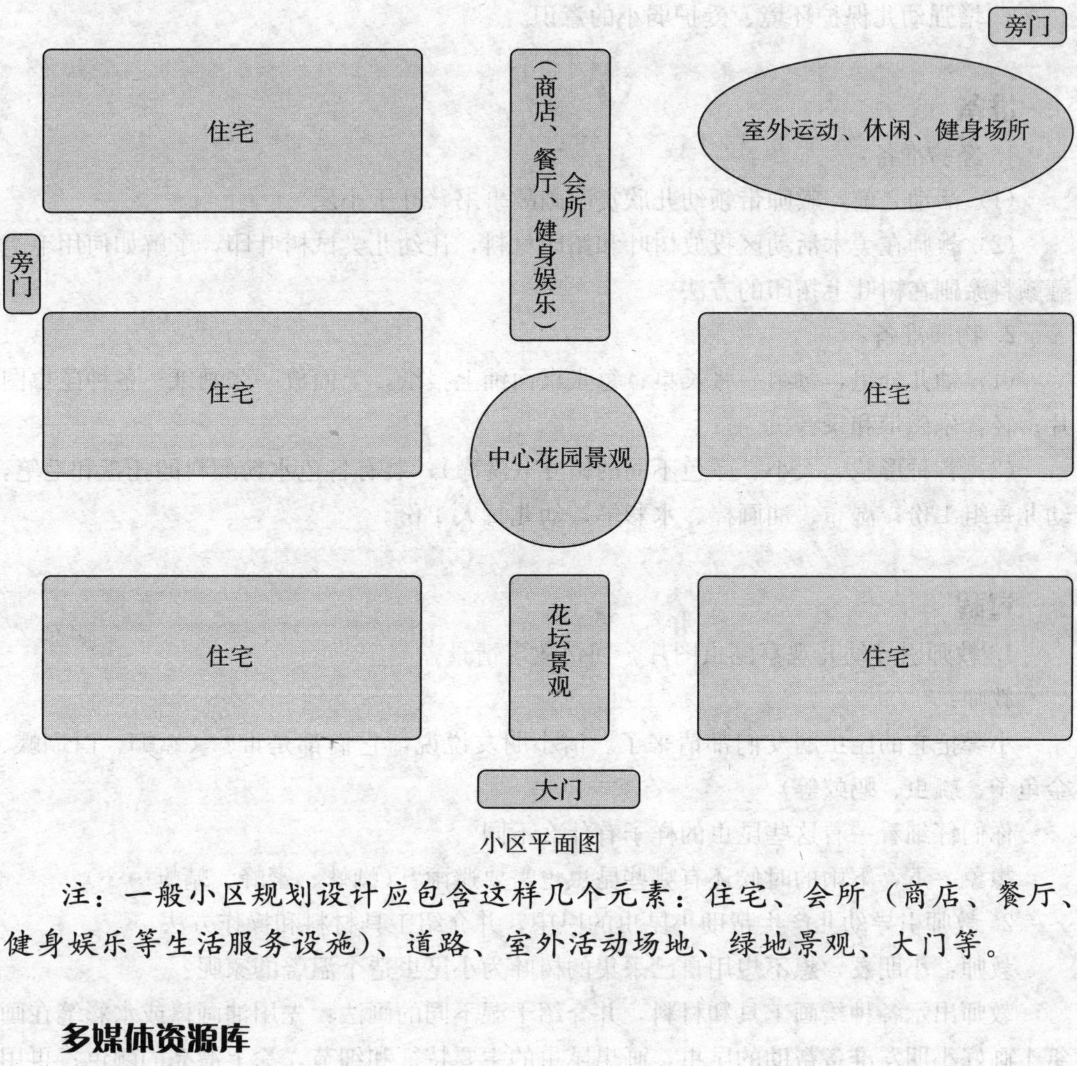

小区平面图

注：一般小区规划设计应包含这样几个元素：住宅、会所（商店、餐厅、健身娱乐等生活服务设施）、道路、室外活动场地、绿地景观、大门等。

多媒体资源库

专用资源

1. 教学用图：小区规划图

2. 图样：小房子（1～3）、面孔和五官（1～2）

31. 虫虫家（拓印画）

目标

1. 通过观察把握不同昆虫的特征，尝试用油画棒、水彩笔与水粉印相结合的方法造型。

2. 增强幼儿保护环境、爱护弱小的意识。

准备

1. 经验准备：

（1）活动之前，教师带领幼儿欣赏图画故事书《叶子小屋》。

（2）教师在美术活动区投放树叶和拓印材料，让幼儿尝试树叶印，了解如何用毛笔蘸颜料涂刷在树叶上拓印的方法。

2. 物质准备：

（1）幼儿分组，每组一张长桌；每张桌面铺上报纸，上面放一张画纸；各种昆虫图片；轻音乐磁带和录音机。

（2）各种形状、大小、颜色不同的树叶（洗净）；装有各色水粉颜料的托盘和毛笔，幼儿每组1份；湿布、油画棒、水彩笔，幼儿每人1份。

过程

1. 教师引导幼儿观察昆虫图片，回忆故事情景。

教师：

小馨把它的昆虫朋友们都请来了。请小朋友说说，它们都是谁？（螳螂、白蝴蝶、金龟子、瓢虫、蚂蚁等）

你们仔细看一看这些昆虫的样子有什么不同？

想象一下，下雨的时候还有哪些昆虫也需要避雨？（蜘蛛、蜜蜂、蜻蜓……）

2. 教师引导幼儿产生帮助小昆虫的愿望，并介绍工具材料和操作方法。

教师：小朋友，想不想用自己采集的树叶为小昆虫造个温馨的家呢？

教师出示各种绘画工具和材料，并介绍干湿不同的画法：先用油画棒或水彩笔在画纸上画好小朋友准备帮助的昆虫，画出昆虫的主要特征和细节，涂上漂亮的颜色；再用树叶为小昆虫印一个树叶家园。

3. 幼儿操作，教师指导。

（1）幼儿分组绘画和拓印，每组幼儿合作完成一幅作品，先画昆虫，后印树叶家园。

(2) 在幼儿操作过程中，教师提示幼儿选择树叶拓印的颜色和位置。

(3) 教师鼓励幼儿想一想，怎样把虫虫家建得更温馨和美丽。

4. 集体欣赏作品。

幼儿展示作品，教师引导欣赏：找一找，哪些昆虫有美丽的家了？

教师带领幼儿将大家的作品组合成一幅完整的画面，进行展示。

提示

1. 本次活动的重点在于用油画棒绘画与水粉拓印相结合的方法构成有层次的画面，提高幼儿的审美情趣。

2. 为避免幼儿弄脏衣服，教师可给幼儿围上小围裙或用大塑料袋做的围裙。

3. 此活动最好在秋天开展的相关主题活动中进行。

延伸

1. 将完成的作品投放到自然角或表演区，作为观察对象和供幼儿表演时的背景图。

2. 教师引导幼儿将活动延伸：哪些昆虫还需要你的帮助，也为它们建造一个美丽家园吧。幼儿用上述画印结合的方法，创作新作品。

资料夹

小知识

昆虫特征简述

(1) 螳螂身披绿色外衣，三角形脑袋上凸起的复眼大又亮，长长的身体肚子圆，六条腿来两把刀，专把害虫来剪掉。

(2) 蝴蝶身披色彩斑斓的外衣，翅膀外形对称，两根触角头上翘，色彩分布均匀，体态优美轻盈。

(3) 金龟子身披黑色或棕色外衣，闪着金属的光泽，上面还点缀着一些白色斑点，显得既朴素又高雅，两根短短的触角末端还长有流苏。

(4) 瓢虫身披橘色或红色外衣，圆圆的身体上面有黑色的斑点，有些瓢虫有两个斑点，有些有 7 个，有些有 9 个，有些有 12 个，有些则一个也没有。

(5) 蚂蚁通常为黑色、红色或黄色；分头、胸、腹三部分。头上有两只触角。腹比胸大是椭圆形的，下面长有六条腿。前腿大，是用来搬运食物和其他东西的。它们常成群活动。

多媒体资源库

专用资源

1. 动画：威武的甲壳虫

2. 图样：昆虫

3. 教学用图：树叶小屋

32. 我想和你一起游戏（彩笔画）

目标

1. 体验、表现和好朋友在一起的快乐，激发想和新朋友在一起快乐游戏的愿望。

2. 能描绘多个形象，并合理安排画面。

准备

1. 经验准备：

此活动前，教师组织幼儿开展《我的好朋友》的绘画活动。

2. 物质准备：

(1)《找朋友》的音乐磁带；将幼儿一起游戏的情景拍照下来，制成课件。

(2) 画纸，幼儿每人1张；24色水彩笔，幼儿每人1盒。

过程

1. 教师以游戏“找朋友”导入，激发幼儿与好朋友一起游戏的愉快体验。

教师播放音乐，组织幼儿玩“找朋友”的游戏。

教师：刚才小朋友玩游戏时，脸上都笑眯眯的，这是为什么？（因为我和好朋友一起游戏心里很高兴，很愉快……）

2. 教师引导幼儿回忆和讲述好朋友在一起游戏的情景。

教师播放幼儿游戏课件：小朋友平常和好朋友在一起做过许多高兴的事。现在，我们一起来看几张过去游戏的照片。说一说，照片上都有谁？他们在一起做了什么？他们脸上的表情是什么样的？

幼儿观看后，教师提问：你的好朋友是谁？你们在一起游戏时，有过哪些高兴的事（我的好朋友是×××，我们一起拍球很高兴。我的好朋友是×××，我们比赛扔包很高兴……）

3. 教师提问，激发幼儿新的游戏想法。

教师：以后你还想和谁一起游戏，做什么事情？玩什么游戏？

幼儿讲述自己的想法。

4. 幼儿进行绘画，教师提出绘画建议和要求，巡回指导。

教师：请你把自己的心愿画下来，告诉大家听好吗？

教师：画面上要有自己和新朋友，还要画出你们想在什么地方，做什么高兴的事。

5. 展示分享作品。

作品完成后，教师组织幼儿将作品张贴在《我想和你一起游戏》的专栏里。

教师：请小朋友找到新朋友，给他讲一讲自己的画，把自己的愿望告诉他。

提示

1. 本活动的重点在于激发幼儿结交新朋友的愿望，表现自己对与新朋友在一起愉快游戏的向往。

2. 幼儿的画可布置在专栏里，也可制成画册，投放在图书区，供幼儿随时观看和讲述。

多媒体资源库

专用资源

图片：婴戏图

33. 理发（彩笔画）

目标

1. 回忆、表现自己理发的情景，合理安排画面，突出主题。

2. 分享理发的乐趣，知道要做一名勇敢、讲卫生的好孩子。

准备

1. 经验准备：

活动前，教师请家长带幼儿去理发店理发，获得有关理发的经验。

2. 物质准备：

（1）理发用的剪刀、电推刀、梳子、吹风机、烫发卷、染发膏等实物或玩具；彩灯、理发椅子、镜子、水池、小孩剪发大哭的图片。

（2）水彩笔，幼儿每人1套、画纸，幼儿每人1张。

过程

1. 教师引导幼儿回顾理发经验，激发参与活动的兴趣。

教师引导幼儿讨论：

小朋友们，你们去过理发店理发吗？（去过）

你见过的理发师有些什么本领？（理发师给客人洗头发、剪头发、染头发、烫头发）

理发师真了不起，他们为我们理发，把我们的头发变得很漂亮。

2. 教师引导幼儿说一说在理发店见到过的理发情景，帮助幼儿丰富绘画内容。

教师引导幼儿观察并讨论：

理发师给客人理发要用哪些工具呢？（剪刀、电推刀、梳子、吹风机、烫发卷、染发膏……）教师按照幼儿的答案出示相应理发用品玩具。

看一看，这些工具有什么用处？（剪刀剪头发、梳子梳头发、吹风机吹干头发、烫发卷把头发卷起来……）

你在理发店里还见到过什么？（彩灯、理发椅子、镜子、水池等……）教师根据幼儿回答出示图片。

看一看，在理发店里这些东西是做什么用的？（水池和长椅子是洗头发用的、彩灯是理发店的标志、镜子照照好看不好看……）

3. 教师引导幼儿抒发理发中的愉悦情绪，舒缓害怕理发的恐惧心理。

教师出示一个小朋友在剪头发时大哭的图片，并提问：

看！谁哭了？

他为什么哭？（害怕剪头发）

他为什么害怕剪头发？（怕疼、怕头发剪了就没有了……）

你剪头发会害怕吗？为什么？（不会害怕，因为不疼）

对，其实剪头发一点也不疼。头发剪了还会长出来。剪了新发型，还洗了头发，你会变得又干净又漂亮。

4. 教师鼓励幼儿大胆绘画，并提出绘画的要求。

教师提示：

你喜欢去理发店理发吗？在理发店还有哪些有趣的事情呢？我们今天把它画下来，讲给爱哭的小弟弟听，让他以后不要再害怕理发了！

画之前，小朋友先想一想，你要画些什么？画些什么有趣的事？

要把主要的人和物品画大一些。不要忘记画上理发店特有的东西，要让别人一看就知道你画的是理发店里的故事。

5. 作品展示与交流。

教师：小朋友，请讲一讲，你在理发店经历了哪些有意思的事情？

提示

对幼儿来说，理发店的一些物件很新奇。有些幼儿会急于画出那些东西，而忽略对画面的整体布局，因此教师要提醒幼儿先画主要形象，然后在画面空白处添画相关物品。

延伸

活动结束后，教师引导幼儿开展角色游戏，请小朋友学做理发师。

资料夹

儿歌

理　发

理发店里真奇怪，
来了一个“小刺猬”。
“小刺猬”，要理发，
就听剪刀咔嚓嚓。
理完头发看看他，
原来是个胖娃娃！

多媒体资源库

专用资源

贴画：理发工具（1～14）

34. 神奇的眼睛（彩笔画）

目标

1. 观察、欣赏各种动物眼睛的外形与奇妙之处。
2. 尝试用各种线或形表现不同的眼睛，并用色彩装饰。

准备

1. 经验准备：

（1）教师与幼儿一起收集各种眼睛的图片，举办“神奇的眼睛”展览，使幼儿了解、认知各种各样的眼睛。

（2）在前期在美术活动中，绘制装饰画，认识各种线条，并尝试用这些线条进行装饰。

2. 物质准备：

（1）眼睛的各种图片。

（2）水彩笔、油画棒、画纸，幼儿每人1份。

过程

1. 教师引导幼儿谈话，引发对眼睛的兴趣。

教师引导幼儿讨论：

小朋友，你仔细看过动物的眼睛吗？

谁的眼睛大？谁的眼睛最多？谁的眼睛周围有漂亮的花纹？

教师边听幼儿说，边从图片中找出相应的眼睛图片，配合幼儿的讲述展示给大家看。

2. 教师引导幼儿梳理对眼睛的认知经验。

教师提问：

我们小朋友知道那么多的眼睛，那眼睛都有什么形状的？（圆形、枣核形……）

眼睛上有什么？（有眼皮、眼球、瞳孔、睫毛……）

你觉得怎样的睫毛才漂亮？（长长的、黑黑的、卷卷的……）

3. 教师启发幼儿思考如何装饰眼睛，并提出绘画要求。

教师提示：

我们可用什么线或花纹来装饰眼睛？（曲线、螺旋线、放射线……）

小朋友画眼睛的时候，要先画出眼睛的形状并涂上颜色，再用喜欢的线或花纹装饰眼睛的睫毛，最后别忘记用对比色的线条把眼睛装饰得更漂亮。

4. 展示并欣赏作品。

教师组织幼儿将作品展示在班内“神奇的眼睛”展示区，大家共同欣赏。

教师：小朋友们都画了什么形状的眼睛？小朋友们画的眼睛神奇吗？快把你的感受说出来！

多媒体资源库

专用资源

图片：动物的眼睛

35. 我的爸爸（彩笔画）

目标

1. 了解爸爸的兴趣爱好，画出其外形特征。

2. 表达出对爸爸的感受和爱意。

准备

1. 经验准备：

在活动前，教师请幼儿了解自己的爸爸有什么爱好、特长，观察爸爸的相貌特征和习惯。

2. 物质准备：

（1）故事《我爸爸》及与故事相配的课件。

（2）水彩笔及画纸，幼儿每人 1 份。

过程

1. 教师通过故事引发幼儿对活动的兴趣。

教师：有一个叫安东尼的英国人，非常喜欢画故事中的人。他的爸爸在他十七岁那年因病突然去世，他特别怀念自己高大威武、穿着黄褐色格子睡袍的爸爸，于是就创作了一个故事《我爸爸》，你们想听听这个故事吗？

教师配合故事课件为幼儿讲故事《我爸爸》。

2. 教师引导幼儿讨论故事内容。

教师提问：

你觉得安东尼的爸爸棒不棒？

安东尼的爸爸真的能从月亮上头跳过去吗？为什么安东尼在故事里要这样写？（安东尼太爱自己的爸爸了）

3. 教师与幼儿谈论自己的爸爸，帮助幼儿梳理对爸爸的认知经验。

教师用以下问题引导幼儿讨论：

你爱自己的爸爸吗？

说一说，你的爸爸哪里最棒？他是力气大还是学问多？

爸爸戴没戴眼镜？长没长胡子？

你和爸爸之间发生过什么好玩的事情吗？他用胡子扎过你吗？

4. 幼儿绘画，教师指导。

教师提示：

把你爸爸的样子画到纸上，把爸爸的故事讲给大家听好吗？

你觉得自己画出爸爸最棒的地方了吗？

你和爸爸在一起有些很有趣的事吧？把它画出来，告诉大家。

5. 展示和分享作品

教师组织幼儿将作品展示在班内《我的爸爸》展示墙上，幼儿之间相互讲述有关自己爸爸的故事。

资料夹

小知识

《我爸爸》绘本故事介绍

安东尼·布朗 1946 年出生于英国，他是一个非常会画故事的人。在他画的故事中，有一个关于爸爸的故事。这是因为安东尼的爸爸在他十七岁那年因病突然去世，他特别怀念自己高大威武、穿着黄褐色格子睡袍的爸爸，于是就创作了《我爸爸》的图画故事。在故事里他这样形容爸爸：

就这是我爸爸，他真的很棒！
我爸爸什么都不怕，
连坏蛋大野狼都不怕。
他可以从月亮上头跳过去，
还会走高空绳索（不会掉下去）。
他敢跟大力士比赛摔跤，
在运动会的比赛中，他轻轻松松就跑了第一名。
我爸爸真的很棒！

多媒体资源库

专用资源

图片：我的爸爸

36. 我高兴（水粉画）

目标

1. 用绘画表现人们高兴时的表情。
2. 感受自己和别人的喜悦，获得愉快的体验。

准备

1. 经验准备：
(1) 在音乐活动中，教师组织幼儿学唱《幸福拍手歌》。
(2) 做游戏时，教师引导幼儿相互观察小伙伴的笑脸。

2. 物质准备：

（1）歌曲《幸福拍手歌》，幼儿高兴的照片。

（2）各色水粉颜料，每种颜料配2～3支毛笔，幼儿每组1份；绘画墙2面。

过程

1. 教师与幼儿愉快地随着《幸福拍手歌》的音乐跳舞。

教师：孩子们听听这是什么音乐，我们一起来跳跳舞吧！

2. 教师与幼儿围绕“我高兴”的话题交谈，幼儿讲述自己高兴的事及高兴时的样子。

教师：小朋友，刚才跳舞时你们高兴吗？

教师：跳舞可以让我们很高兴，那还有什么事情、什么时候会让你很高兴？（我和好朋友一起游戏时很高兴；我和爸爸妈妈去旅行时很高兴；我吃好吃的时候很高兴；买新玩具的时候高兴；过生日的时候更高兴……）

3. 教师通过图片引导幼儿发现高兴时脸上的五官变化。

教师出示孩子们高兴时的照片：

看一看，这些是我们班的哪个小朋友？他们高兴吗？

高兴的笑脸是什么样子的？（有的眼睛像月牙，有的眼睛眯成一条缝；嘴巴有的是弯弯的，有的是张得大大的；脸蛋有的是鼓鼓的，有的是红红的……）

高兴的时候你会想到什么颜色？（红色、粉色……）

4. 教师提出绘画要求，幼儿绘画。

教师：今天我们来画自己高兴的样子吧！请用毛笔蘸上让你感到高兴的颜色，画出你的笑脸。

幼儿在绘画墙上绘画。教师提示幼儿：毛笔蘸上颜料后，要在调色盘中把笔抹一抹，以免颜料流淌下来，弄脏画面。

5. 绘画结束后，幼儿一起欣赏集体创作的壁画。

教师：看看小朋友们高兴吗？说一说，什么事情让你这样高兴？

提示

本活动重点是引导幼儿表现自己高兴的快乐情绪，因此在活动前教师要让幼儿充分体验这一情绪。

多媒体资源库

专用资源

拼板：五官和面孔（1～2）

37. 小熊请客（彩笔画）

目标

1. 在认识图形的基础上，根据动物的不同特征进行添画。

2. 用绘画的形式表现故事情景，体验小朋友在一起的快乐。

准备

1. 经验准备：

活动之前，教师组织幼儿表演童话剧《小熊请客》，使幼儿了解、熟悉小熊请客的故事内容。

2. 物质准备：

(1) 小熊围裙道具1个，小熊、小花猫、小兔、小鸡头饰图板各1个，《小熊请客》的音乐。

(2) 水彩笔若干；绘画纸，幼儿每组一张

过程

1. 教师设置情境，激发幼儿参加美术活动的兴趣。

教师A扮作小熊，说：小熊我今天要请客。请的朋友都像我，圆圆的脑袋，笑眯眯。请你猜一猜我请了谁？

2. 教师用猜谜语的形式，引导幼儿了解与发现小动物的不同特征。

教师B扮作小花猫，在门外说谜语：“圆圆的脸蛋，三角耳，大大的眼睛，长胡须，抓起老鼠我最棒”。

教师A：小朋友，请你通过谜语中的描述，猜一猜，来的客人的是谁？教师B用声音回应幼儿的猜测。

教师B继续扮演“小兔子”“小鸡”两位客人。（小鸡：圆圆的身体，小尖嘴。小兔：长长的耳朵，三瓣嘴）

幼儿根据谜语猜测来的客人是谁。

教师A：我还想请更多的好朋友来我家做客，哪位小朋友能扮演自己想请的新的客人？请你说说这位好朋友的样子。

扮演者描述自己扮演的小动物的样子，其他幼儿猜测。

3. 教师指导幼儿画出请来的客人。

教师A：每位小朋友都有想请的客人，请把这些客人画出来，我们请它来做客。

幼儿绘画，教师重点提示幼儿将动物的明显特征画出来，如圆圆的脸，长长的胡

须，三角耳等。

4. 教师组织幼儿以游戏的方式展示和分享作品。

教师 A：请你带领自己请的客人进入我们的大厅，向来宾们介绍自己的客人。幼儿逐一展示作品，并向大家介绍自己画的动物客人。

教师 A：今天，请来了这么多的好朋友，我真高兴，我想请大家一起来跳一个快乐的舞，让我们跳起来吧。

提示

1. 活动前，教师可组织幼儿表演童话剧《小熊请客》，以充实幼儿关于故事人物的印象。

2. 活动中，教师可自编谜语，概括小动物的特点，以帮助幼儿抓住其特征加以表现。

资料夹

1. 谜语

猜 一 猜

圆圆的脸蛋，三角耳，
大大的眼睛，长胡须，
抓起老鼠我最棒。
（谜底：小花猫）
圆圆的脸蛋，小尖嘴，
圆圆的身体，两条腿，
最爱吃小虫和小米。
（谜底：小鸡）

2. 参考图

动物图示

多媒体资源库

专用资源

1. 图样：小动物（1～4）

2. 贴画：小动物

38. 蜘蛛小姐的新家（拓印画）

目标

1. 学习滚印，感受滚印版画的乐趣。

2. 利用线绳缠绕的棍棒，蘸不同颜色的颜料，随机印成有趣的画面。

准备

1. 经验准备：

教师在活动区中引导幼儿将塑料管缠绕上麻绳，并尝试滚印。

2. 物质准备：

(1) 道具箱 4 个，大型蜘蛛网的图 1 张。

(2) 画纸，幼儿每人 1 份；各色水粉颜料，调好放入小盘中，幼儿每组 1 份；塑料长管缠绕上麻绳，幼儿每人 1 份。

过程

1. 教师引导幼儿的活动兴趣。

教师将蜘蛛网的大图张贴于活动室一角。

教师：今天蜘蛛小姐请我们帮忙她捉害虫！你们愿意吗？这里有一张蜘蛛网，我们和蜘蛛小姐一起来捉害虫吧。

2. 教师引导幼儿观察蜘蛛网，发现蜘蛛网的特征。

教师：看一看，我们能捉住害虫吗？为什么？

幼儿讨论后教师小结：为什么抓不到害虫呢？原来是因为蜘蛛小姐的网空隙太大，线与线交叉的不密集，有的害虫从蜘蛛小姐的网里逃走了。

教师：什么样的网才能使害虫逃不掉呢？

教师帮助幼儿总结经验：做成很多线密密地交织在一起的蜘蛛网，害虫就不能逃走了。

3. 教师演示折叠滚印。

教师把绕好麻绳的塑料管蘸上颜料，在画纸上重叠滚印，幼儿观看。

教师请几名幼儿尝试滚印，提示其他幼儿注意观察他们如何操作。

4. 幼儿印画，教师鼓励并协助。

教师：蜘蛛小姐想要一个又漂亮，又密实，能捉住害虫的网。我们一起来帮助她吧。

教师：小朋友，你可以换不同的颜色，为蜘蛛小姐织印出一张漂亮的网。幼儿尝试颜色滚印，感受线痕色彩交融的美。

教师：小朋友，如果你在画纸上多印几遍，就能印出更细密的网，这样害虫就不会漏网了。

教师：印好网的小朋友可以在网上添画蜘蛛。看一看，蜘蛛小姐是不是喜欢你给她织的这张新网？

5. 教师引导幼儿展示与分享作品。

教师：小朋友，我们一起来看一看，谁的蜘蛛网最结实？颜色搭配最美丽？

提示

教师需要准备一些固定麻绳用的胶带，便于幼儿将麻绳与塑料长管固定。

多媒体资源库

专用资源

贴画：蜘蛛

39. 可爱的小动物（指偶画）

目标

1. 大胆想象，并说出自己喜欢的形象。

2. 发现并表现角色形象的主要特征。

3. 感受手工制作和表演带来的乐趣。

准备

1. 经验准备：

教师组织幼儿观看动画、实物、照片、故事书等，讨论其中自己喜欢的小动物，并说说它们各自的典型特征。

2. 物质准备：

各色手工纸，若干；彩笔、剪刀、胶棒，幼儿每人1份。

过程

1. 教师组织幼儿进行故事表演，激发活动兴趣，引导幼儿创作。

教师请出五位小朋友分别扮演大拇指、食指、中指、无名指和小拇指。

教师引导幼儿讨论：

一天，五个手指在一起谈论自己喜欢什么小动物，大拇指说我喜欢小鸡，食指说我喜欢……

小朋友，仔细听一听自己的五个手指想当什么小动物，和身边的小朋友说一说。

我们一起帮助手指实现它们的愿望好不好？

2. 教师演示、讲解创作方法。

教师边演示边说：小朋友可以先把左手五指张开，放在彩纸上不动，右手拿笔描画出左手的外轮廓，然后再帮助五个手指画出他们喜欢的小动物。教师也可引导幼儿自己讨论具体实施方法。

3. 幼儿作画，教师指导。

（1）教师组织幼儿任选绘画或粘贴的方法，在画出的手轮廓上创作。

（2）在创作过程中，教师帮助有困难的幼儿分析不同形象的主要特征，必要时可作画法的个别演示。

（3）教师请小朋友想一想，如何能让这些可爱的小动物动起来。（将画好的手轮廓剪下来，粘在自己的手上）

4. 教师组织幼儿分享展示作品。

幼儿一对一或分组表演“我可爱的小动物”。

提示

1. 本活动重点在于鼓励幼儿大胆想象；难点在于引导幼儿通过观察，发现不同角色的主要特征。

2. 可利用制作出的手指形象进行角色表演，作为活动延伸。

多媒体资源库

专用资源

贴画：指偶角色

40. 我们的汽车收集册（拼贴画）

目标

1. 学习收集、整理自己喜欢的图片。

2. 制作、装饰自己的个性化图片册。

准备

1. 经验准备：

（1）教师在日常活动中引导幼儿注意观察和收集好看的图片。

（2）在活动前，教师指导幼儿学习使用剪刀，练习直线剪和弧线剪。

2. 物质准备：

（1）投影仪 1 台。

（2）彩纸汽车添画纸，幼儿每人 1 份；每个幼儿的大头贴照片 1 张；幼儿自己收集的各种商品图标、画报图片等，若干；剪刀、胶棒，幼儿每人 1 份。

过程

1. 教师请幼儿相互欣赏收集的图片。

教师用投影仪展示幼儿收集的图片，如：蛋糕图片、米老鼠图片、圣诞铃铛图片等。

教师提问：请小朋友说一说，喜欢哪些图片，说说喜欢的理由。

幼儿议论。

2. 幼儿讨论图片的用途。

教师：大家收集的图片很漂亮，想一想这些图片还有其他用途吗？

幼儿谈想法，如装饰图画，画画时作为参考，在游戏时做招贴广告或标志，装饰活动区等。

教师总结：原来收集图片不仅为我们带来了美和快乐的感受，而且还有这么多用处。我们怎样收藏这些零散的图片呢？

幼儿讨论。

3. 教师引导幼儿把收集的图片以有趣的形式粘贴成册。

教师出示彩纸汽车添画纸，并把自己的照片贴在驾驶窗内。

教师：看看，老师把自己的照片贴在集图卡上了。老师也为每一位小朋友准备了汽车造型的集图卡。请小朋友把照片贴在驾驶窗内，并把自己收集的图片粘贴在车身上。

4. 小朋友粘贴图片，教师指导。

幼儿每人一张集图卡，开始粘贴图片。

教师：粘贴之前，可以用剪刀对图片进行修剪，然后再按照自己的想法进行组合粘贴。例如：米老鼠手捧大蛋糕；花朵里粘贴一只小猫……看看谁的想法最有创意。

5. 教师向幼儿介绍集图册的作用。

教师把幼儿粘贴完毕的集图卡集中，装订成册，作为小朋友的欣赏图集和供绘画参考的共享资源。

教师：我们的“汽车集图册”不仅收集了各种图片，还收集了许多有趣的创意，今后小朋友还可以参考图片进行绘画创作。

延伸

1. 本活动结束后，教师以新的主题引导幼儿构思、制作集图册。
2. 在新的创作活动中，教师提示幼儿可以欣赏和参考集图册中的图片。
3. 教师在本活动后，引导幼儿欣赏创意招贴作品。

资料夹

参考图

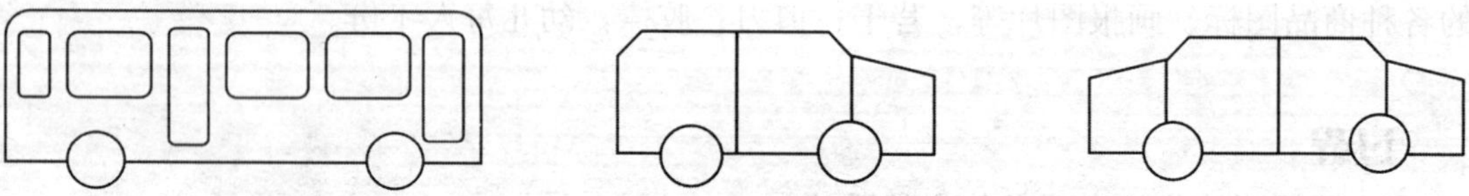

汽车拼板图示

多媒体资源库

专用资源

添画纸：汽车（1～2）

41. 美丽的康乃馨（拼贴画）

目标

1. 欣赏康乃馨花，观察其外形特征。
2. 用彩色纸拼贴康乃馨。

准备

1. 经验准备：

在活动区，教师引导幼儿学习使用剪刀剪直线和弧线。

2. 物质准备：

（1）歌曲《我们的祖国像花园》；康乃馨图像；电脑、投影仪各1台。

（2）各色彩纸，若干；水彩笔，幼儿每人1套；剪刀，幼儿每人1把；胶棒，幼儿每人1支，画纸，幼儿每人1张。

过程

1. 教师和幼儿一起布置展示墙，装饰环境。

教师用彩色纸在展示墙上粘贴栅栏。

教师：为了庆祝节日，我们一起来制作康乃馨，动手布置一个大花园好吗？

2. 教师引导幼儿欣赏康乃馨图像。

（1）教师展示康乃馨的照片或视频，请幼儿欣赏。

（2）教师展示康乃馨特写照片或视频引导幼儿观察。

教师提出以下问题：

让我们仔细看一看，康乃馨长什么样？

康乃馨的花蕊是什么形状的？长在哪里？（花蕊是圆形的，长在花的中间）

它的花瓣是什么形状的？长在花蕊的什么位置？（花瓣是半圆形的，围绕在花蕊的周围）

它的花茎又是什么样的？长在哪里？（花茎是长条形的，长在花朵的下面）

（3）教师出示不同颜色的康乃馨照片或播放视频：康乃馨的花朵有各种颜色，小朋友好好看一下，康乃馨有哪些颜色。（红色、玫瑰色、粉色、黄色、白色）

3. 教师启发幼儿用彩色纸制作康乃馨。

教师：我们知道了康乃馨的花蕊、花瓣、花茎的样子，还知道了康乃馨的颜色，可以用彩色纸来制作康乃馨了。请小朋友说一说怎样做呢？

幼儿讨论制作方法——在彩色纸上画出花蕊、花瓣、花茎，把它们用剪刀分别剪下来，再用胶棒把剪出的花蕊、花瓣、花茎粘在画纸上，组成一朵康乃馨。

4. 教师和幼儿共同展示和分享制作成果。

教师和幼儿一起把制作好的康乃馨粘贴在展示栏，组成康乃馨花园。

教师播放歌曲《我们的祖国像花园》，幼儿随节奏拍手跟唱。

提示

此活动适于在节日前进行。

多媒体资源库

专用资源

图片：康乃馨

42. 好朋友的脸（拼贴画）

目标

1. 观察人物脸部的基本特征。

2. 尝试用彩色纸剪贴出好朋友的脸。

准备

1. 经验准备：

（1）幼儿会用剪刀剪直线、弧线、圆。

（2）教师带领幼儿观察人脸的基本特征——头部及五官各部位的基本形状。

2. 材料准备：

彩色手工纸，幼儿每人1张，颜色自选；各种彩色纸的边角料，幼儿每四人1盒；彩色铅笔，幼儿两人1盒；剪刀，幼儿每人1把；胶棒，幼儿每人1支。

过程

1. 教师引导幼儿观察人物的脸部特征。

教师：请小朋友说说在幼儿园里最喜欢和谁玩？你仔细看过他（她）的脸是什么样的吗？

教师请1名小朋友为模特，引导幼儿观察他的脸与五官的特征：

看一看，这位小朋友的脸是什么形状的？（圆圆的或椭圆的，有尖下巴的）

眼睛是什么形状？（像一条小鱼或像一片小叶子，中间有个圆圆的眼球）

眉毛是怎样的？（由一根一根的短线组成的一个长条）

头发是怎样的？（长长的或短短的，扎成辫子的，一根一根的细线）

仔细看一看，好朋友的眼球里有什么？（有对面的人）

我们的鼻子像一道山脉，山脚下有两个圆圆的山洞。我们的嘴巴，有上嘴唇和下嘴唇，它们是什么样子的？（上嘴唇的形状像两座小山，下嘴唇像半个月亮）

耳朵是什么样子？（耳朵像个半圆形，里面有弯曲的沟）

2. 教师演示，用彩纸剪贴人脸。

教师先用手工纸剪出完整的人脸图形，再选彩色纸的边角料剪出人的五官和头发等粘贴在人脸上。告诉幼儿，也可以用铅笔在彩纸的边角料上一个一个地画出人的五官，然后一一剪下来贴在刚刚剪好的脸型上。

3. 幼儿剪贴，教师提示指导。

（1）教师组织幼儿与自己的好朋友相对而坐，提示他们一边观察朋友的脸一边进行创作。

（2）教师根据幼儿的不同水平进行指导。对于观察仔细，动手能力强的幼儿，教师可以鼓励他们继续剪贴出人的身体部分；对于动手能力弱的幼儿，教师可以建议他们观察五官的形状，画一画人物的五官，然后再剪贴。

4. 欣赏和展示作品。

（1）幼儿分别把自己的作品贴在展示板上，教师请大家猜猜作品中的人是谁。

（2）教师逐一请幼儿介绍作品。

提示

1. 教师在引导幼儿观察人脸时，要从上至下、从整体到细节。

2. 教师要提示幼儿把作品画大，这样才好粘贴上细节。

3. 教师应鼓励和肯定幼儿以独特的形式表现五官，不要仅以“像不像”为评价标准，而要看是否表现出对象的特点。

资料夹

儿歌

手 拉 手

手拉手，手拉手，
我们都是好朋友。
一起唱歌，一起跳舞，
一起画画，一起游戏。
大家都是好朋友！

多媒体资源库

专用资源

贴画：五官

43. 水果篮（剪贴画）

目标

1. 感受齐白石水墨画的简洁美。

2. 用剪纸拼贴的方法再造这幅水墨画，感受集体创作的快乐。

准备

1. 经验准备

幼儿在美术活动区学用剪刀剪弧线和直线。

2. 物质准备

（1）图片：齐白石的水墨画《慎生補草虫》。

（2）白色大图画纸1张；各色手工纸或彩色纸的边角料10～20张；剪刀，幼儿每人1把；胶棒4～5支；铅笔，幼儿每人1支。

过程

1. 教师和幼儿一起欣赏齐白石荔枝图中的《慎生補草虫》。

教师引导幼儿欣赏并讨论：

请小朋友看一看，说一说，画中都有什么？（荔枝、荔枝叶子、草虫和篮子）

看过这幅画有什么感觉？（简单、好看）

画中什么颜色多？什么颜色少？（红色多；黑色少）

画中什么形状多？什么形状少？（圆形多；线条少）

画中主要有水果和篮子两种物品，但是看起来却很好看，这是什么原因呢？（红色与黑色，点和线，新鲜水灵的荔枝和干硬的篮子藤条，看着清楚又顺眼，既对比分明，又统一协调）

2. 教师启发幼儿用剪贴的方法再造这幅画。

教师把画和同比例的图画纸并列贴在墙壁上。教师：如果我们利用彩色纸再造这幅画，可以怎样做？

教师分步骤进行提示：

在彩纸上把圆形的荔枝、荔枝叶子、水果篮上的藤条分别画出来，然后剪下来。

把画好的水果、叶子……剪下来。

把剪下来的物品拼贴在图画纸上。

3. 教师启发幼儿选择自己想要承担的部分。

教师：谁做水果篮的藤条？谁做画中的水果？谁做叶子？谁来组合画面？

4. 教师指导幼儿一边观察原画一边创作。

教师：水果和果柄分别是什么颜色？怎样用彩色纸来制作水果和果柄？（用两种颜色分别剪出水果和果柄，再粘贴在一起）

5. 教师指导幼儿进行组合粘贴。

教师提示：

请拼贴篮子的小朋友注意观察篮子在画面中的位置、大小和倾斜方向。

请拼贴水果的小朋友注意观察水果的位置。

6. 集体展示和分享创作成果。

教师指导幼儿分享：

小朋友的作品真漂亮！请小朋友说一说，自己承担了画中的哪些部分？

我们再造的画和齐白石爷爷的画哪些部分相同，哪些部分不同？还可以用什么方法来再造这幅画？

延伸

教师可以选择其他的经典、优秀作品，引导幼儿用不同于原作品的媒材加以仿制和再造，让幼儿更深地体会原作，区别媒介特质，迁移所获得的经验。

资料夹

小知识

齐白石简介

齐白石1864年1月1日出生于湖南湘潭县白石铺杏子坞，1957年9月16日病逝于北京，终年93岁。别号白石山人。

齐白石出身贫寒，做过农活，曾居住于湖南省涟源市杨市镇。1877年，跟随叔祖父学木匠，次年改学雕花木工，从民间画工入手，曾习古人真迹，摹《芥子园画传》并以此作雕花新样。他学诗文书法，游山川名胜，作幕僚寓客，终于成了诗、书、印、画集一身的艺术大家。

齐白石的作品刚柔兼济，工书俱佳。他笔下的花鸟虫鱼、山水、人物天真有趣，简约大方，雄健浑厚，为现代中国绘画史创造了质朴清新的艺术风格。

多媒体资源库

专用资源

图片：齐白石的荔枝图

44. 漂亮的大楼（拼贴画）

目标

1. 观察欣赏各种楼房，了解其外形特征。

2. 用彩色手工纸拼贴出自己想象的楼房，体验集体创作的快乐。

准备

1. 经验准备：

在活动区，教师引导幼儿练习画各种线条——横线、竖线、波浪线、折线、锯齿线等。

2. 物质准备：

各种楼房的图片，若干；彩色纸，每人1～2张；各色彩色铅笔、彩色签字笔若干。

过程

1. 教师引导幼儿欣赏、观察图片或视频，并说出自己的想法。

教师引导幼儿欣赏并讨论：

小朋友，你看到的这些楼房有什么特点？（高高的、一层一层的）

楼房的最上面是什么？是什么样子的？（楼顶，尖的、斜坡、高高低低的）

楼房的最底层有什么？（大门、台阶）

每一层楼房上面有什么？（窗子、排列整齐的墙砖）

图片中楼房的窗子是什么形状的？你还有哪些好想法？

图片中楼房墙面的砖是怎样排列的，出现了怎样的线条？你还有哪些好的排列方法？

图片中楼顶的瓦是怎样排列的，出现了怎样的线条？你还有哪些好的排列方法？（长直线、波浪线、斜线、花边纹）

2. 教师引导幼儿描绘自己理想中的楼房外观。

教师：每一座楼房都是建筑工人一砖一瓦，一层一层搭建起来的，我们也学建筑工人的样子用彩色纸拼贴楼房，好吗？

教师介绍绘画材料：小朋友每人选择一张手工纸当作一层楼房，画出楼底、楼顶、墙面、窗子，用你喜欢的图形、线条表现好看的墙砖。

3. 教师指导幼儿把画好的楼层拼贴在展示墙上

教师与各小组讨论楼房的层数和样式。教师：请小朋友分别说一说房顶、墙壁、窗户的样式。

教师组织幼儿分小组拼贴楼房。教师：请小朋友把你们画好的楼层从低到高、从底到顶一层一层地粘贴成高高的楼房。每一层楼的颜色可以有变化，最后再用色彩纸给每一层楼粘贴上窗户。

4. 教师引导幼儿欣赏作品。

（1）每组幼儿展示作品，介绍自己的装饰方法。

（2）幼儿将作品装饰在建筑区角的墙饰墙上。

提示

1. 一栋楼房有数层，而楼顶和底层只各有一个，因此教师要安排好画底层、楼顶和楼层幼儿的人数。可在画前组织幼儿分组，每组确定画楼顶和底层的幼儿各一名，其他幼儿画其他楼层。

2. 幼儿各小组的楼房可以组合成一个建筑小区，在组合时教师提示幼儿考虑楼房、道路、绿化、停车场的位置。

资料夹

参考图

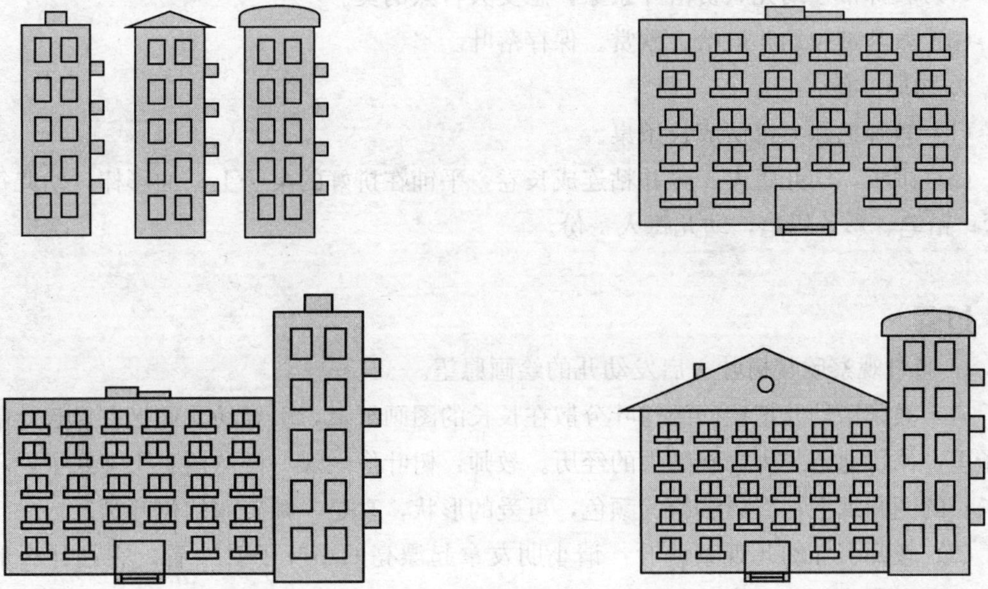

简笔楼房图示

说明：一般民居楼房包含有这样几个元素：楼体、楼顶、门窗、阳台等。在绘画时，将这些元素变形，再加以组合便可以构成多种多样楼房。

多媒体资源库

专用资源

教学用图：楼房（1～4）

多用资源

图片：民宅

45. 秋叶（彩笔画）

目标

1. 感受秋季落叶的美，有描绘秋叶的愿望。
2. 观察并表现所描绘的叶子的主要特征。

准备

1. 经验准备：

（1）教师带领幼儿欣赏落叶景象，感受大自然的美。

（2）教师带领幼儿捡拾、欣赏、保存落叶。

2. 物质准备：

（1）教师把课桌拼摆成长条桌。

（2）画纸，幼儿每人1张并粘连成长卷，平铺在拼好的桌子上；油彩棒，幼儿每人1盒；铅笔、彩色铅笔，幼儿每人一份。

过程

1. 通过观察欣赏树叶，启发幼儿的绘画愿望。

（1）教师请幼儿把捡回的树叶分散在长长的图画纸上，引导幼儿回忆在风起叶落的日子里，愉快地感受大自然魅力的经历。教师：树叶像蝴蝶一样从树上飞下来了，飞到了长长的图画纸上，五彩缤纷的颜色，可爱的形状，真是一幅美丽的树叶画。

（2）教师引导幼儿观察落叶：请小朋友拿起漂亮的小叶子看一看，它是什么形状的？上面有哪些颜色和线条？（有不同的颜色，有叶脉、叶柄，有的叶子边缘有齿轮）

2. 教师启发幼儿思考画叶子的方法。

教师：小朋友想一想，用什么方法可以画叶子（描画、拓画、写生）

教师演示不同的绘画方法：

（1）拓印画。教师：把叶子放在画纸的下面（叶脉凸起的一面朝上），用油彩棒在覆盖叶子的画纸上按照下面叶子的痕迹任意涂色。

（2）描画。教师：左手按住叶子在纸上，右手握笔描画出叶子的边缘；拿开叶子后，再涂色、画叶脉等细节。

（3）写生。教师：把叶子放在一边，边观察边画。先画出叶子的形状，再画出色彩和叶脉。

3. 教师引导幼儿展览并欣赏长卷《秋叶图》。

幼儿创作完毕，教师将幼儿创作的长卷《秋叶图》铺开，引导幼儿欣赏。

教师：小朋友，请你说一说，你最喜欢哪片叶子？为什么喜欢它？你使用了怎样的绘画方法？

提示

教师要注意创设美好的视觉环境，调动幼儿绘画的热情，引导幼儿仔细观察，大胆用色。在幼儿创作的过程中，教师营造轻松的绘画氛围，鼓励和肯定幼儿的奇思妙想。

资料夹

小知识

叶　　脉

植物的叶子上有各种形状的纹络，摸上去是凸出来的，这些纹络就叫叶脉。

叶脉究竟有什么用处呢？可不要小瞧叶脉，它的用处可大啦！它是水分和养料的运输通道，养料从根部先到达茎，再通过叶柄，到达叶脉。同时，在阳光的帮助下，叶子也在制造养料。这些养料就由叶脉传到叶柄，再到茎，被输送到植物的各部分去。叶脉像我们浑身布满的血管那样重要。

叶脉还是叶子的骨骼，支撑着叶子，要不叶子就会显得无精打采了。

多媒体资源库

多用资源

图片：叶子

46. 水果盘（剪贴画）

目标

1. 观察常见水果，认识其形状和主要外形特征。
2. 剪出简单纸样，以拼贴方式表现水果。

准备

1. 经验准备：

教师引导幼儿认识基本的几何形状，练习用剪刀剪直线和圆弧线。

2. 物质准备：

（1）常见的水果或图片：苹果、梨、山楂、香蕉、橘子、葡萄、桃子、西瓜、荔枝、草莓、菠萝、红毛丹、樱桃、猕猴桃、山竹等，课桌布置成餐桌的样子。

（2）彩色手工纸若干，盘子纸样、剪刀、胶棒、铅笔，幼儿每人1份。

过程

1. 教师引导幼儿观察水果的外形特征。

幼儿选择自己喜欢的水果或水果图片，边看边说说它们的形状和颜色。

教师：请小朋友从上至下仔细观察水果的外形，并向大家介绍一下。

幼儿逐一介绍

2. 教师演示讲解剪贴水果的方法。

教师选取彩色纸，边做边提示：

请小朋友先观察要剪的水果的柄、叶子、果实的颜色，然后选出需要的彩色纸。

选一张与要剪的水果颜色相近的彩色纸，先用铅笔在纸上画出水果的形状，再用剪刀剪下来。剪好后放在一边

看一看，还需要剪些什么。按照我们刚才的方法，一样一样地剪出来。剪好的纸样在一旁一块块地放好。

需要的纸样都剪好以后，把它们放到盘子纸形上拼摆；摆好后，用胶棒把它们一一粘在盘子纸样上。一盘水果就拼贴好了。

3. 幼儿剪贴水果，教师个别指导。

教师提示幼儿：

水果要尽量画得大一些，这样便于细节的表现。

水果过细的部分可以用画笔来表现。

先剪水果的主要部分，也就是我们平常食用的部分，再剪叶子、毛刺、果柄等其余部分。

4. 幼儿把剪贴好的水果摆在餐桌上面展示。

完成水果拼贴的幼儿逐个将作品放到餐桌上。

教师鼓励幼儿介绍自己的作品：餐桌上的水果真丰盛啊！现在请小朋友介绍自己的劳动成果。幼儿自愿向大家介绍自己粘贴的水果。

提示

教师应注意鼓励和肯定幼儿原创的水果形象，不必苛求幼儿所剪水果一定要在大小比例、颜色和细节等方面与实物相符。

资料夹

1. 谜语

身穿黄衣裳，
身体细又长，
好像弯月亮，
吃着甜又香。
——香蕉

2. 小知识

有些苹果为什么一边绿一边红呢？

在这种苹果里有一种物质叫花青素，苹果向着太阳的那一面，花青素就会慢慢增多，苹果就会变成漂亮的红色，而晒不到太阳的那一面就还是绿色。不过，不是所有的苹果熟了，都是一边绿一边红，有些苹果，像黄香蕉苹果，它们的颜色就是黄的，再晒也不会变红。

多媒体资源库

专用资源
图样：盘子
多用资源
图片：水果

47. 美丽的花纹（装饰纹样）

目标

1. 欣赏、观察动物、植物外表的花纹，发现它们的美丽之处。
2. 练习用动物、植物花纹装饰日常生活用品，学习美化环境。

准备

1. 经验准备：

教师在活动区提供各种斑纹和纹络明显的动植物图片，引导幼儿欣赏。

2. 物质准备：

（1）多种斑纹和纹络明显的动植物图片。

（2）图画纸，幼儿每人 1～2 张；12 色水彩笔，幼儿每人 1 套；彩色铅笔，幼儿 2～3 人一套。

过程

1. 教师引导幼儿欣赏图片。

教师出示或播放动物图片：小朋友，请你看一看，这些是什么动物？它们身上的花纹有什么不同？这些花纹分别是什么样子的？（金钱豹是斑点纹、斑马是条形纹、长颈鹿是斑块纹）

教师出示或播放植物图片：小朋友，请你再看一看，这些是什么植物？它们哪些地方长着花纹？这些花纹分别是什么样子的？（树皮上的短线条；树叶上的叶脉）

教师：小朋友说一说，你最喜欢哪种花纹，为什么？

2. 教师启发幼儿设想把动物、植物身上的花纹运用到生活中。

教师：大自然中的植物和动物身上藏着许许多多美丽的花纹，我们可以利用这些花纹来美化我们的环境。请小朋友说一说，你希望用哪种花纹装饰哪些东西？（纸盘、纸杯、鞋子、手套、桌椅）

3. 幼儿创作，教师指导。

（1）教师把动物、植物的图片粘贴在展示墙上，供幼儿绘画时观察和参考。

（2）教师根据幼儿的能力进行个别指导，对造型有困难的幼儿，引导他们观察、描述、手指空书花纹的样子。

4. 教师引导幼儿展示、欣赏作品。

教师：小朋友用动物和植物花纹装饰的物品真漂亮。请小朋友介绍一下自己在装饰作品时参考了谁的花纹？说一说你还喜欢哪件作品，为什么喜欢？

提示

1. 在此活动中，幼儿可以只采用动植物花纹的形状，不采用原物的色彩，色彩方面幼儿可按照自己的喜好配置。

2. 教师应注意提示幼儿被装饰物要稍大些，这样才能有足够的装饰空间。

3. 装饰物可以是实物也可以是平面纸质品。

资料夹

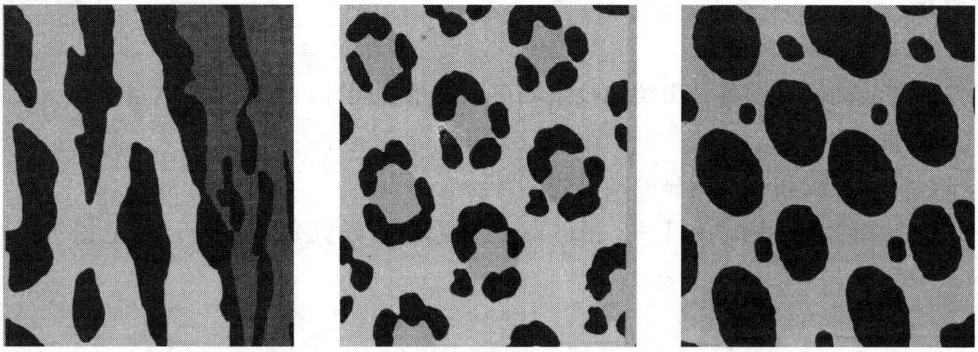

纹样图示

多媒体资源库

专用资源

图片：美丽的花纹

多用资源

野生动物

48. 苹果肚里是我家（故事画）

目标

1. 观察室内用品，了解日常生活的必需物品，增进生活情趣。

2. 对绘画感兴趣，能用简单的线条描绘日常生活用品。

准备

1. 经验准备：

(1) 教师提示幼儿注意观察室内的陈设和物品。

(2) 在活动区，教师引导幼儿练习用剪刀进行直线和弧线剪。

2. 物质准备：

彩色手工纸、胶棒、细彩色水笔、剪刀，幼儿每人1份。

过程

1. 教师启发幼儿想象室内物品，进行创作。

教师引导：小虫子发现了一个大苹果，它很高兴，它决定把家搬到苹果肚里去。于是，它在苹果上咬了一个小洞，一点一点地钻了进去。它在苹果肚里安上了吊灯，又做了小床、桌子、椅子。小朋友你觉得它还需要有什么呢？（书、画笔、棉花糖、小碗、梯子）

教师：小朋友，请你选择一张彩色纸，在上面画一个大大的苹果，然后，画上小虫子需要的东西，给小虫子安个家。

2. 幼儿画自己的想象，教师根据幼儿的能力进行指导。

(1) 苹果作为容纳各种形象的背景，需要画得足够大。教师：小朋友，要画一个最大的苹果，好让小虫子住进去

(2) 当幼儿头脑中的形象储备不足时，教师应引导他们发掘新的形象。教师：小朋友可以参照我们身边的物品为小虫布置家。

(3) 当幼儿头脑中的形象不够清晰时，教师应指导他们观察所要描绘的物品。教师：床和桌子、椅子都是四条腿，吊灯可以是球形的。

3. 教师组织幼儿展示欣赏作品。

教师在展示板上画一桌子，然后提示：小朋友把画好的苹果样的小虫的家剪下来，贴到桌子上来吧。

幼儿依次粘贴自己的作品，相互欣赏。

延伸

1. 本活动可以与“布置娃娃家”相配合进行。

2. 教师与幼儿一起搜集一些生活用品的广告放在活动区，平时幼儿可用其练习剪纸，将上面的小图像剪下来，分类保存好。遇到类似上述主题的美术活动，幼儿可按自己的意愿选择图像粘贴的方式进行创作。

资料夹

儿歌

小虫子搬新家

枣子家——太小了
橘子家——太酸了
香蕉家——太窄了
苹果家——太好了
搬床来，搬桌椅
安盏灯，装电梯
甜甜蜜蜜住进去

多媒体资源库

专用资源

图样：苹果

49. 猜猜它是谁（写生画）

目标

1. 观察和描绘动物身体的局部，抓住每种动物的重要特征。

2. 尝试分解重组动物形象，增强形象想象力。

准备

1. 经验准备：

教师引导幼儿在角区活动中使用签字笔画画。

2. 物质准备：

（1）各种动物的清晰图片，如：昆虫、鸟类、鱼类、哺乳类动物若干；教师把其中一种动物图片十字剪切为四小张，把裁剪好的 4 份图片打散后再任意组合在一起。

（2）画纸，幼儿每人 1～2 张；黑色签字，幼儿笔每人 1 支。

过程

1. 教师引导幼儿仔细观察动物。

教师先请幼儿看各种动物图片，说出动物的名字。

教师手拿分解后的图片提问：

请小朋友猜一猜它是谁？幼儿猜测，例如：虎。

你是怎样发现它就是虎的？幼儿说出虎的局部特征：斑纹、大而且很像猫的脚、眼睛、鼻子等。

原来我们通过观察动物身体的局部也能知道它是谁，我们分别画出动物身体的不同部位，再任意组合在一起，请大家猜一猜它是谁好不好？

2. 教师指导幼儿做分解后再组合的绘画游戏。

（1）教师带领幼儿把手工纸十字对折，然后打开展平。

教师手拿有折痕的手工纸：请小朋友分别观察动物身体的 4 个部位，例如眼睛、尾巴、耳朵、脚，然后把这 4 个部位分别画在手工纸的四个格里，画好后请大家猜一猜它是谁。

（2）幼儿选择自己喜欢的动物图片 1～2 张，边观察图片中的动物边画画，教师指导。

（3）在幼儿绘画过程中，教师应鼓励幼儿观察并画出细节：请画出动物身上的毛或斑点，这样才能表现出动物的特点，同时画面会更精彩。

3. 教师引导幼儿展示和欣赏作品。

教师指导幼儿把作品贴在展示墙上并提问，引导幼儿欣赏：

请小朋友猜一猜，画中的动物都是谁？你是怎么看出来的？画中分别画出了动物的哪些部位？

提示

教师提供的图片要尽量清晰，以便于幼儿仔细观察和描绘动物身体各部位的细节。

延伸

教师请班上四分之一的幼儿先入活动区，每人画一种动物非常独特的部位。集体活动时，这些幼儿展示他们的作品，其他幼儿讨论，每种动物还缺什么部位没有画出；然后各幼儿择一部位给予描绘。画好后，将所画图像剪下，粘贴在头饰条上，开始游戏。

教师提前请原来四分之一先画好的幼儿分散于活动室站好，然后请完成头饰的幼儿寻找自己所归属的那种动物。哪一组先完成动物形象再组，即获胜。形象再组不全或出现多余重复的各组幼儿回到桌前，协商调整自己的创作；通过补画或改画，使本组动物形象完整。

本游戏可进行多次，每次教师需变更先站出的幼儿，此时教师要注意，要选择佩戴分属不同动物头饰的幼儿，而不要选头饰为同一种动物的幼儿。

资料夹

谜语

你猜它是谁

长耳朵，短尾巴，它是谁？——兔子
穿斑点，跑如飞，它是谁？——豹子、梅花鹿
条纹衣，林中王，它是谁？——老虎
折扇尾巴，花羽毛，它是谁？——孔雀

多媒体资源库

多用资源

图片：野生动物、可爱的小动物

50. 我的新故事（拼贴画）

目标

1. 用自己的照片与图画书中的插图组合，拼贴出有自己的新画面。
2. 融入图画书的故事情节中进行想象，改编故事。

准备

1. 经验准备：

教师在活动区投放幼儿喜欢的图画书。

2. 物质准备：

阅读过的图画书或旧书、画报等，幼儿每人 1 本；大头贴照片，幼儿每人 1 张；人物拼板，幼儿每人 1 幅；剪刀、胶棒，幼儿每人 1 份；彩色纸若干。

过程

1. 教师引导幼儿想象自己与图画书的新故事。

(1) 教师打开一本幼儿熟悉的图画书，将一张幼儿的照片贴在某一页。教师：今天，×××（照片上的幼儿的名字）来到了图画书中……

教师开始讲述“我的新故事”。如：“×××（照片上的幼儿的名字）遇到了小熊维尼，他们手拉手找到了许多许多蜂蜜……

(2) 教师请幼儿打开自己选择的故事书，想象一下有自己参与的新故事一定很有趣。

教师请一两名幼儿讲述自己的新故事。

2. 教师引导幼儿把自己的形象带入图画书，组合成新的故事画面。

教师：有自己的新故事真有趣。现在我们利用拼贴的办法，把自己的画像融入到书中的插图里，这样你的新故事就完整了。

教师边演示边说：将照片上的人像沿轮廓剪下，粘贴在人物拼板的合适位置上。再根据故事情节的需要，画出或用彩色纸剪出衣服的零件，粘贴在拼板的适当位置上，这样就给人物穿上衣服了。

教师：现在，我们让这个新的角色走进图画书。教师将做好的人物拼板依次放到图画书的各页，摆成故事情节需要的各种姿势。教师边操作边讲述新的故事。

教师：也许，你在新故事中是一个巨人，也许你在新故事中是一个小不点儿……小朋友可以自由地夸张和想象。

3. 幼儿创作，教师观察指导。

教师：当你希望自己成为一个巨人时，可以把身体画得大大的；当你希望自己成为一个小不点儿时，可以把身体画得比头还小。

4. 幼儿展示作品，并讲述“我的新故事”。

教师：请小朋友讲一讲你在新的故事里变成了什么样子？和谁一起玩？故事里发生了哪些有趣的事情？

提示

1. 剪贴衣服时注意，关节部位的纸块要剪开，不要粘住，以免影响活动，不能摆出各种动作。

2. 为了鼓励幼儿的创作，教师可以将讲述新故事的过程拍摄下来，回放给幼儿看。

延伸

教师用投影仪投放图画书画页，幼儿用自制的人物拼板在投影前表演，讲述自己的新故事。

多媒体资源库

多用资源

图片：人物

51. 我们去旅行（剪贴画）

目标

1. 观察人物身体的基本结构。

2. 利用彩色纸拼贴出完整的人像，感受制作拼贴画的快乐。

准备

1. 经验准备：

教师引导幼儿在日常生活中认识几何形体，学习使用剪刀。

2. 物质准备：

（1）彩色纸剪出的山和树林，每个幼儿 1 张头像照片，用教师本人的头像照片与彩色纸拼贴成的人像图板。

（2）各色手工纸，若干；剪刀、胶棒，幼儿每人 1 份。

过程

1. 教师布置背景墙，激发幼儿的创作愿望。

教师在展示墙上粘贴山和树林纸形（长度 1～2 米）。教师：画中的景色真美丽，让我们走到画中去旅行。我们怎样走进画中呢？

教师把自己的人像图板举到背景墙前：用我的头像照片和彩色纸拼贴出人像图板，放到风景画里，我好像走进画中了。

2. 教师引导幼儿观察人体的基本结构。

教师引导幼儿观察并提问：

请小朋友仔细看一看，人的身体是由那几部分组成的？（头、躯干、两只胳膊、两条腿和两只手、两只脚）

请小朋友看一看，说一说，这些部位是什么形状的？（头部是圆形的，躯干是方形的，胳膊和腿都是长方形的）

原来，我们用圆形、方形、长方形就能组合出人的身体，那么就让我们用彩色纸剪出这些形状，把我们的照片补充完整吧。

3. 幼儿用彩色纸拼贴人物身体的各部位，教师指导。

教师提示：

请小朋友看一看，胳膊与身体的连接位置是在哪里？（躯干靠上部分两侧的肩膀）

腿与身体的连接位置在哪里？（在躯干下面的胯部）

怎样使胳膊和腿看起来像是在做动作？（胳膊和腿可以选择向上、向下、向左、向右粘贴）

4. 教师和幼儿一起展示和欣赏作品。

教师把自己拼贴的人像图板粘贴进背景画中，并说：老师已经在画里等候小朋友了，快来这里集合吧！

幼儿依次把自己的形象图板粘贴在背景墙上。

教师和小朋友一起欣赏作品，并引导：画中的景色真美丽，我们一起去旅行！

提示

1. 教师在制作风景背景墙和制作人像图形版时，要注意两者的大小比例适宜。

2. 教师可鼓励幼儿完成自己的图板后，为风景背景墙补充制作一些细节，如亭子、小桥、小草、花朵、蝴蝶、蜜蜂、蜻蜓、蚂蚁等。

资料夹

参考图

风景画背景墙图示

多媒体资源库

专用资源

教学用图：风景（1～4）

52. 奇异的朋友（线条画）

目标

1. 利用几何图形进行人物造型，从中感受创作的快乐。

2. 敢于想象，有自己独特的表现方法。

准备

1. 经验准备：

教师引导幼儿在活动区中认识几何图形。

2. 物质准备：

白色整开图画纸1张；彩色手工纸剪成正方形、长方形、圆形、三角形，数量为幼儿人数的3～5倍，分别放入贴有正方形、长方形、圆形、三角形标志的材料筐中；胶棒，幼儿每人1支；水彩笔，幼儿每人1盒。

过程

1. 教师启发幼儿利用几何图形进行美术创作。

教师：圆形、三角形、正方形、长方形看到小朋友能拿东西能走路，非常羡慕。它们也想长出胳膊和腿来。请小朋友说一说，你想为这些几何图形做些什么？（画五官、胳膊、腿，画衣服、帽子、头发）

2. 教师演示粘贴添画的方法，引起幼儿创作的兴趣。

教师请一两名幼儿先把自己喜欢的几何图形粘贴在图画纸上，按照教师的启发进行演示。

教师：长方形伸了个懒腰，露出了长长的胳膊、长长的腿。

幼儿在长方形的两侧画长线当作胳膊和腿。

教师：它的眼睛还没有睁开，眯成了一条缝儿；它的头发弯弯曲曲、乱蓬蓬的。

幼儿画弯曲的线条作为眼睛和头发。

教师：请小朋友一边说出几何图形的动作，一边进行创作。

3. 幼儿根据自己的意愿创作，教师视情况指导。

幼儿把选择的几何图形粘贴在白色图画纸上，以几何图形为头部或身体任意添画。

4. 幼儿展示作品，并欣赏几何图形的艺术作品。

（1）教师请小朋友介绍一下自己为几何图形画了什么，这样使它看起来更像什么。

（2）教师请幼儿观看多媒体资源《奇异的朋友》。

（3）教师请幼儿说一说，欣赏过作品和动画后，自己又有了哪些新想法。

活动结束后，教师将工具材料转移到活动区，以便幼儿继续完成新的创作想法。

多媒体资源库

专用资源

图片：奇异的朋友

53. 彩笔舞会（水彩笔画）

目标

1. 观察水彩笔的外形，对水彩笔进行拟人化想象。

2. 通过对水彩笔的拟人绘画，感受绘画的乐趣。

准备

1. 经验准备：

教师在活动区提供各种样式的水彩笔，引导幼儿观察和使用。

2. 物质准备：

(1) 舞曲音乐，《水彩笔舞会》动画视频。

(2) 水彩笔，幼儿每人 1 套；图画纸，幼儿每人 1 张，事先粘连成长卷。

过程

1. 教师启发幼儿想象。

教师手拿水彩笔画出一个儿童快乐舞蹈的画面，并说：红色的、蓝色的、绿色的、紫色的……水彩笔帮助我们画出了许多好看的画，它们很快乐，很想学小朋友的样子跳跳舞。

幼儿议论，奇怪！水彩笔怎么跳舞？

教师：小朋友在跳舞的时候身体会有哪些动作？胳膊和腿会有哪些动作？（跳舞时身体倾斜；胳臂和腿上、下、左、右摆动或者做弯曲的动作；有时还会几个人手拉着手，围成一个圈）

2. 教师引导幼儿观察水彩笔。

教师引导幼儿观察并提问：

请你仔细看一看自己的水彩笔，它是什么样子的？水彩笔由哪儿部分组成？

再看一看，你有哪些颜色的水彩笔？

教师手拿红色水彩笔说：红色水彩笔请大家戴好自己的帽子，舞会开始啦！大家欢快地跳舞，可是，跳着跳着，橙色水彩笔、黑色水彩笔就热的摘下了帽子，露出了它们小小的笔头儿。请小朋友说说水彩笔的笔头儿和帽子是什么样子的？（水彩笔的笔头有点尖；笔帽是一头大、一头小的桶状）

你还见过什么样的水彩笔，请你讲给小朋友们听一听。（很粗的水彩笔、两头都有笔头的水彩笔，有动物造型装饰的水彩笔）

3. 教师引导幼儿想象水彩笔跳舞的样子。

教师：小朋友，请你闭上眼睛，想象自己就是水彩笔，在一个很大、很光滑的地面上自由自在地跳舞。教师播放舞曲音乐，幼儿边听，边想象。

教师：小朋友，请你扮演水彩笔，把你想象的水彩笔跳舞的样子表演给大家看一看。

幼儿逐一加入表演，教师鼓励幼儿做出各种舞蹈动作。

4. 教师播放《水彩笔舞会》动画，幼儿观看后动手画画。

教师引导幼儿：

水彩笔学会了小朋友的跳舞动作，请小朋友来为它们漂亮的舞会来画像吧！

小朋友可别忘了给水彩笔画上眼睛，水彩笔的胳膊和腿都很纤细，可以用线条来添画。

5. 展示长卷《水彩笔的舞会》。

作品完成后，教师协助幼儿展示作品。教师鼓励和称赞幼儿的创作：小朋友的画真有趣！《水彩笔的舞会》真好看！快乐的水彩笔一定会帮助小朋友画出更多好看的画来！

教师播放舞曲音乐，幼儿在作品前再次起舞。

提示

教师应鼓励幼儿画出各种颜色在跳舞的水彩笔。

资料夹

参考图

跳舞人图示

多媒体资源库

专用资源

动画：水彩笔舞蹈

54. 变汽车（彩笔画）

目标

1. 在绘画中把日常物品变化为汽车的模样。

2. 在绘画中感受想象力带来的快乐。

准备

1. 经验准备：

在日常生活中，教师引导幼儿认识汽车，说出汽车外观的基本特征。

2. 物质准备：

(1) 造型各异的汽车图片，各种蔬菜、水果、动物、昆虫的图片，活动室内的日常用品，投影仪。

(2) 图画纸，幼儿每人1～2张；油彩棒或水彩笔，幼儿每人一盒；橡皮泥、彩色纸，若干。

过程

1. 教师引导幼儿欣赏奇异的汽车图片。

教师播放造型各异的汽车投影，并启发说：这些汽车的造型各不相同，它们看起来有些像什么？（像甲壳虫，像面包，像飞机）

教师：谁还见过更新奇的汽车，可以向大家介绍一下。

教师总结：汽车设计师很有想象力，他们把自然界中动物或食物的形象和汽车结合起来了，所以路上的汽车变得越来越多，越来越漂亮了。

2. 教师引导幼儿想象、构思奇异的汽车。

教师提示：

小朋友的想象力更是神奇，一定还有许多许多办法，把许多许多东西变成汽车，谁来说一说自己的想法？（水彩笔变汽车，在笔杆上安装车轮；水果变汽车，在水果下面安装车轮。可以画车轮，用橡皮泥捏车轮，用彩纸粘车轮）

小朋友，你们想过没有，我们设想的各种各样的汽车，有哪些部分是由别的东西变化而来的，哪些部分是我们按照它们本来的样子画或制作出来的？（车身是由各种各样东西变化出来的，轮子是按照车本来的样子画或制作出来的）

这就是说，我们可以参照其他的东西，设计出各种造型的车身。但是，汽车要能行驶得好，车轮还是要画或做成轮子本身的样子。

教师鼓励幼儿大胆想象，创作出多种不同的汽车形象。教师：小朋友的这些想法都可以画出来或者用橡皮泥、彩纸和实物组合制作出来，看看我们能创造出多少新颖又奇异的汽车。

3. 幼儿动手绘画或者制作，教师根据幼儿的需求进行指导和帮助。

教师为幼儿提供所需图片和所需物品的支持，教师一边把各种图片贴在墙壁上一边说：小朋友可以参照各种图片进行想象，帮助自己创作。

教师提示幼儿创作的顺序：小朋友要注意先想好、画好、做好车身，然后添加车轮和其他东西，这样做起来才不混乱。

4. 幼儿展示并介绍作品。

幼儿把作品贴在展示墙上，并向大家介绍。

教师和幼儿一起欣赏并为新型汽车命名。教师：请小朋友说一说，你把什么变成了汽车？它是什么车？

延伸

幼儿可以在活动区尝试用各种不同的材料设计、制作汽车。如：剪纸拼贴、实物与半成品车轮组合、实物图片与彩色纸组合拼贴等。

多媒体资源库

专用资源

1. 动画：汽车

2. 图样：汽车拼摆参考样本（1～5）、汽车构件

55. 小老鼠的饼干屋（拼贴画）

目标

1. 练习使用剪刀剪直线和弧线。

2. 用彩色纸剪出造型简单的饼干（圆形、方形、三角形等），并添画点、线，进行简单的装饰。

准备

1. 经验准备：

教师在自由活动时间指导幼儿使用剪刀。

2. 物质准备：

（1）各种造型的饼干分别装在盘子中，彩色纸拼贴出的小老鼠和小屋。

（2）细水彩笔，幼儿每人1套；手工纸，幼儿每人1～2张。

过程

1. 教师出示彩纸拼贴的《小老鼠和小屋》，调动幼儿的创作愿望。

教师一边在展示板上粘贴小屋和小老鼠，一边说：小老鼠非常喜欢囤积食物，这只小老鼠因为最喜欢吃饼干，所以它梦想着自己拥有满屋子的饼干。这个愿望能实现吗？小朋友能不能帮帮它？

2. 教师引导幼儿用彩色纸制作饼干。

教师拿出彩色纸并提问：

我们可以用彩色纸为小老鼠做饼干吗？

在彩色纸上画出饼干，再剪下来可以吗？你想画什么形状的饼干？（有的饼干上有巧克力豆，有的有网格，还有的饼干上有笑脸）

小朋友用什么好办法，制作出各式各样的饼干来呢？（画圆点，画各种线条，用彩色纸粘贴彩色的点和线条）

3. 幼儿制作彩纸饼干，教师指导。

教师把实物饼干放在盘中说：小朋友可以参照真实的饼干来做，也可以按照自己的想法制作出新造型的饼干。

4. 幼儿集中展示创作成果。

教师：小朋友制作的饼干太棒了！请把你制作的饼干送到小老鼠的房子中，小老鼠看到了一定很高兴。教师组织幼儿把彩纸饼干粘贴在小屋里。

教师鼓励幼儿：小老鼠真高兴，它说：我的梦想实现了！饼干装了满满一屋子！谢谢巧手的小朋友！

幼儿边欣赏自己的劳动成果，边品尝实物饼干。

提示

创设有趣的展示环境能提高幼儿的创作兴趣，还能为幼儿的作品增添美感。

资料夹

1. 儿歌

小老鼠

耳朵圆圆，眼睛圆圆
嘴巴尖尖，胡子尖尖
小手小脚，爱吃饼干

2. 参考图

老鼠和饼干屋图示

多媒体资源库

专用资源

1. 动画：小老鼠的饼干屋

2. 添画纸：小老鼠（1～2）

56. 小白兔种萝卜（拼贴画）

目标

1. 观察萝卜，掌握其外形特征，了解萝卜的生长环境。

2. 尝试用彩色纸拼贴萝卜，体验集体创造的乐趣。

准备

1. 经验准备：

教师在活动区指导幼儿使用剪刀，剪直线和圆。

2. 物质准备：

（1）萝卜地教学图，1 份；全开棕色纸 1～2 张，在上面剪出数条波浪线的开口当作菜畦。

（2）萝卜图片，幼儿每组 1 份；实物萝卜，幼儿每组 1 个；红色、绿色，幼儿手工纸，幼儿每人各 1 张；剪刀、胶棒，幼儿每人 1 份。

过程

1. 教师引导幼儿观看萝卜，了解萝卜的生长环境。

教师和幼儿一起说儿歌：

小白兔白又白，两只耳朵竖起来。

爱吃萝卜爱吃菜，蹦蹦跳跳真可爱。

教师出示萝卜地教学图提问：小朋友，你们知道儿歌里面的萝卜生长在哪里吗？（萝卜生长在地里）

教师：小朋友仔细看，从地面上能看到萝卜的哪个部分？（地面上有部分萝卜和完整的叶子）

2. 教师引导幼儿观察实物萝卜。

（1）幼儿以组为单位观察和触摸萝卜，教师引导：

请小朋友观察萝卜的形状和颜色。

请小朋友讲一讲，你看到的萝卜是什么样子的？什么颜色？（萝卜一头圆，一头尖；圆头大，尖头细长；细长的一头还带须，是萝卜的尾巴；萝卜的颜色是暗红的）

（2）幼儿以组为单位观察萝卜图片。

小朋友，萝卜的叶子长在哪里？你看到的萝卜的叶子是什么样子？什么颜色？（萝卜叶子长在萝卜又大又圆的头上；萝卜的叶子是长长的、宽宽的，边缘像花边一样弯弯曲曲；萝卜的叶子是绿色的；萝卜的叶子上有深深的叶脉）

3. 教师引导幼儿用彩色纸制作萝卜。

教师边把棕色纸贴在展示墙上边说：

这里有一块小兔子的萝卜地，我们来帮助小兔子种上萝卜好吗？

怎样制作萝卜呢？（用红色纸剪出萝卜的形状）

怎样制作萝卜的叶子呢？（用绿色纸剪出叶子的形状）

4. 幼儿制作，教师适时指导。

在幼儿制作时，教师应提醒幼儿注意观察叶子生长的位置和叶子的形状。

5. 教师和幼儿一起展示作品。

（1）教师和幼儿一起把萝卜粘贴在菜畦里，注意把萝卜的一半贴在棕色纸下面，有叶子的一半露在外面。

（2）教师带领幼儿一起说儿歌：

小白兔白又白，两只耳朵竖起来。

爱吃萝卜爱吃菜，蹦蹦跳跳真可爱。

资料夹

参考图

萝卜地图示

多媒体资源库

专用资源

教学用图：萝卜地

57. T恤衫（拼贴、绘画）

目标

1. 观察T恤衫的形状特征。

2. 用彩色纸拼贴T恤衫并加以装饰。

准备

1. 经验准备：

教师在活动区或认知活动中引导幼儿认识几何图形。

2. 物质准备：

（1）好看的T恤衫2～3件，T恤衫的图片。

（2）彩色手工纸，若干；胶棒、剪刀、细水彩笔，幼儿每人1套。

过程

1. 教师激发幼儿的创作愿望。

教师出示 T 恤衫请幼儿欣赏。

2. 教师引导幼儿观察 T 恤衫的结构。

教师展示 T 恤衫，并提问：

请小朋友说一说，T 恤衫由哪些部分组成？都是什么形状？（T 恤衫由衣身、袖子和领子等组成，袖子和衣身都是方形的，领口是半圆形或是三角形的）

袖子在衣服的哪个部位？（在衣服上端的两侧）

T 恤衫的领口在哪里？（在衣服最上端的正中间）

3. 教师引导幼儿用手工纸制作 T 恤衫。

教师引导幼儿讨论：

今天我们用彩色纸来制作 T 恤衫好吗？

这张手工纸像 T 恤衫的哪个部分？（T 恤衫的衣身部分）

怎样做袖子？（用两个小的方形纸做袖子，粘贴在手工纸上端的两侧）

怎样制作领子？（可以画出来或剪贴出来）

幼儿制作，教师观察指导。

4. 教师指导幼儿装饰 T 恤衫。

教师向幼儿介绍 T 恤衫上丰富多彩的装饰——人物、动物、植物、食物、生活用品、文字、数字、线条、色块等。

5. 展示、欣赏作品。

教师和幼儿一起把作品整齐地排列在展示板上，幼儿欣赏作品。

教师：请小朋友介绍自己在 T 恤衫上装饰了什么图案，这件 T 恤可以送给谁？

提示

活动后，教师可以引导小朋友在真正的 T 恤上进行装饰。

延伸

此活动可以与折叠衣服、裤子结合起来进行。

资料夹

参考图

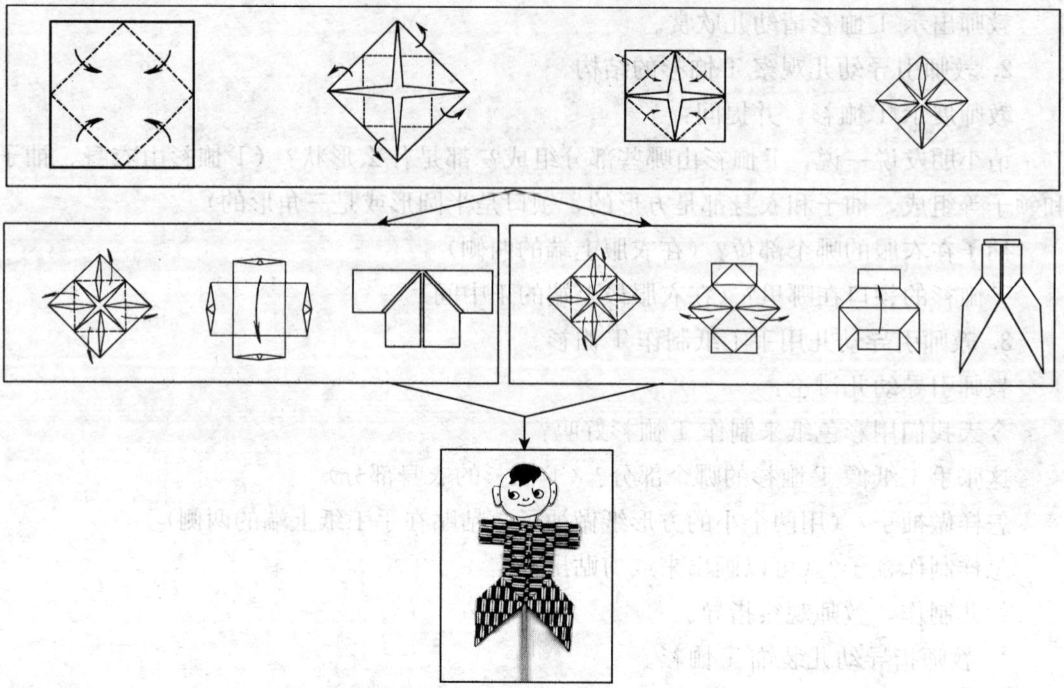

折纸图示　衣服和裤子

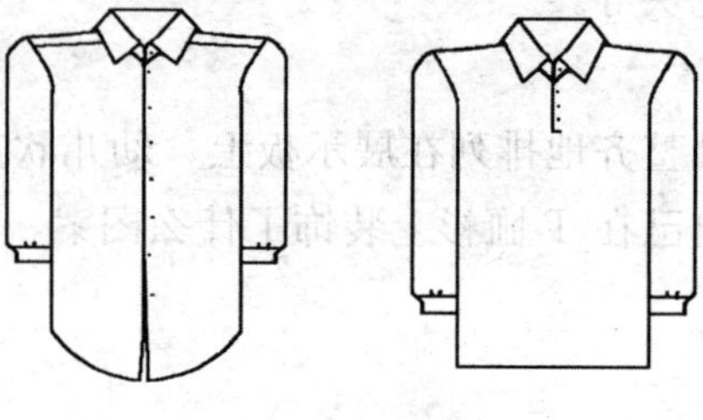

T恤衫简图

多媒体资源库

专用资源

图片：服装

58. 有趣的影子（彩笔画）

目标

1. 观察物品的影子，联想有关形象。

2. 通过对物品影子的拟人描绘，感受绘画的快乐。

准备

1. 经验准备：

教师在幼儿户外活动时，引导其留意、观察各种物体的影子。

2. 物质准备：

日常学习、生活用品若干；细水彩笔，幼儿每人1套；彩色铅笔，幼儿4～6人1套；图画纸，幼儿每人1张。

过程

1. 教师引导幼儿回忆之前观察影子的情境。

教师提问：

请小朋友想一想，在阳光下，每个人的身边都会出现什么？（影子）

其实，所有的物体在阳光下都会有影子。小朋友可以挑选一样玩具或用品，放在有阳光的地方进行观察。

幼儿挑选玩具或其他物品，到室外或室内的阳光下观察。

教师：请小朋友说一说，物体的影子和物体有什么不同？（影子是平面的）

2. 教师做简单的手影，请幼儿自由想象。

教师：有的影子使我们联想到其他物品。让我们尝试想象一下，如果影子长上眼睛、鼻子、嘴会怎样？

3. 教师引导幼儿描画影子，并添画五官。

教师指导幼儿把玩具或其他物品放在阳光和图画纸之间，用画笔描出影子的轮廓，再根据影子的特征加以想象，添画出眼睛、鼻子、嘴、头发、胳膊、腿……

4. 教师引导幼儿为新创作出的形象添加色彩。

教师：小朋友可以用彩色铅笔为新形象添加色彩，这样不仅画面漂亮，还可以使所画物体更加生动形象。

幼儿尽情创作。

5. 分享创作成果。

幼儿介绍自己的作品，并请大家猜猜画面中隐藏着什么物品的影子。

提示

1. 教师应鼓励幼儿大胆想象，除了为影子添画五官，还可以按照自己的联想为影子添画其他细节，创作出新颖、独特的形象。

2. 教师应指导幼儿围绕“影子形象”添画相关事物，丰富画面。

资料夹

谜语：

此物特别怪，
和你不分开。
你走它也走，
你停它也停。
有时比你高，
有时比你矮。
你穿多好看，
他都没色彩。
——影子

多媒体资源库

专用资源

图片：手影

59. 不同的花纹（装饰画）

目标

1. 观察并记录环境和物件中的花纹。

2. 练习用发现的花纹装饰斑马图像。

准备

1. 经验准备：

教师引导幼儿欣赏花朵、动物等纹样的图案装饰画。

2. 物质准备：

(1) 外表有花纹的动植物精美图片，投影仪。

(2) 印有斑马轮廓的画纸、白画纸，幼儿每人各1张，水彩笔，幼儿每人1盒；剪刀，幼儿每人1把。

过程

1. 教师引导幼儿发现并观察环境物中的花纹。

教师：请小朋友看一看，我们的服装、用具、环境中有哪些花纹？

2. 教师引导幼儿观察图片中动植物的花纹。

（1）教师展示有花纹的动物、植物图片。

教师：小朋友从图片中又发现了哪些花纹？幼儿描述自己所发现并感兴趣的动植物花纹。

（2）教师把图片粘贴在展示板上，供幼儿观察、记录。

教师：请小朋友记录新发现的花纹。

幼儿边观察边用水彩笔画出观察到的各种花纹。

3. 教师引导幼儿用记录的花纹为斑马换新衣。

教师展示斑马图片并引导：小朋友发现的花纹真漂亮，身穿黑条纹衣服的斑马喜欢上了这些漂亮的花纹，请小朋友为斑马换件新衣服好吗？

幼儿在印有斑马轮廓的画纸上进行装饰，教师提示：小朋友在为斑马换新衣时，每人选择 1～2 种花纹进行装饰，这样的效果会有协调统一的美感。

4. 幼儿展示、欣赏作品。

幼儿展示作品，介绍自己为斑马画上的新花纹。

教师：小朋友，你觉得哪张作品上斑马的花纹最奇特？为什么？你最喜欢的作品是哪张？你喜欢它的原因是什么？

提示

1. 幼儿可以把记录花纹的画纸修剪成各种形状，如圆形、花形等，收藏在班级图案册中。

2. 活动前，教师可以组织幼儿对装饰纹样进行赏析，感知装饰花纹的协调与统一的美感。

延伸

活动后，教师请幼儿思考还可以对哪些物体做装饰，由此生成新的活动。

资料夹

参考图

常见花纹图示

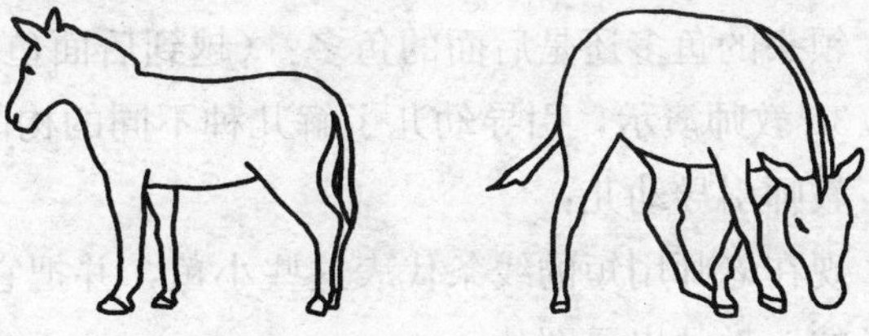

斑马轮廓图

多媒体资源库

1. 图片：常见装饰花纹
2. 添画纸：斑马轮廓图（1～2）

60. 鱼群游啊游（彩笔画）

目标

1. 在了解鱼群活动规律的基础上，表现运动中的鱼群。
2. 按照不同的排列规律安排画面形象，初步了解多种构图方式。
3. 感受大自然中生命的美。

准备

1. 经验准备：

幼儿园或家长带领幼儿参观海底世界。

2. 物质准备：

(1) 海底鱼群游动的视频，不同运动方向的鱼群图片。

(2) 水彩笔、图画纸，幼儿每人1套。

过程

1. 教师带领幼儿欣赏鱼群视频，感受鱼群的壮观。

2. 教师引导幼儿分析鱼群的活动规律。

教师问题：

这些鱼长得一样吗？它们都是什么样子的？(都是同一种鱼)

这些鱼是怎么在水里活动的？(一个挨着一个在一起活动)

它们是朝一个方向游动，还是各游各的？(都是一个方向)

它们总朝一个方向还是经常变换方向？是快速地变还是慢慢地变？(经常变换，快速变换方向)

领头的鱼多还是后面的鱼多？(越到后面鱼越多)

3. 教师演示，引导幼儿了解几种不同的构图方式。

教师引导幼儿：

现在老师用短的线条代表这些小鱼，并把它们的运动规律画出来，大家看看是什么样子的。教师出示图片。

每一张画上的鱼群都是以什么路线运动的？(有的是圆形的，有的是斜线的，有的

是螺旋线的，有的是弧形的，有的是波浪形的）

其实每一种运动方向就是一种构图的方式，我们可以把想要画的主体按照不同的排列方式放在画面中，形成不同的画面效果。

4. 幼儿绘画，教师指导。

教师提示：

今天我们就来画一幅表现海底鱼群的画。你可以选择自己想要的运动规律或排列方式来表现鱼群。

最后可以给小鱼涂上漂亮的颜色，你可以有规律地进行涂色。如：每排不同色、隔排同色、隔鱼同色等不同的排列方式。

5. 教师引导幼儿欣赏评价作品。

教师引导幼儿讨论：

谁的鱼群最壮观？

谁的鱼群活动最灵活？

谁的鱼群色彩最漂亮？

提示

1. 这个活动也可以用压花机压出小鱼，幼儿进行有规律粘贴。

2. 本活动建议在中班末期进行。

资料夹

小知识

为什么小鱼成群结队游

大海里有好多好多的鱼，有些鱼长得特别特别的小，遇到大鱼攻击的时候，它们没有武器保护自己，怎么办呢？它们只能快快逃跑。如果它们单独行动，随时都有可能会被吃掉，于是，它们就喜欢成群结队地游在一起，就算是遇上敌人的袭击，其中一部分小鱼仍然可以逃脱。所以，小鱼总是成群地游在一起。

多媒体资源库

专用资源

贴图：小鱼

多用资源

图片：美丽的鱼

61. 手指娃娃（线条画）

目标

1. 在手指上进行创作，感受绘画的乐趣。
2. 尝试画出不同性别和样子的手指娃娃。

准备

1. 经验准备：

教师在自由活动时间带领幼儿玩手指游戏。

2. 物质准备：

水彩笔、图画纸，幼儿每人 1 套；擦手布，幼儿每组 2 块。

过程

1. 教师带领幼儿一起玩几个手指游戏，引发幼儿对活动的兴趣。

2. 教师通过神秘的讲述，激发幼儿的好奇心。

教师：昨天老师做了一个梦，梦见我的十个手指都变成了手指娃娃，它们有的变成了男孩，有的变成了女孩；有的穿着漂亮的花裙子，有的带着可爱的小帽子，又唱又跳可高兴了。可是当我醒来的时候，发现是个梦，忽然觉得好遗憾。你们能不能和老师一起留住这些手指娃娃呢？

教师：现在我们一起拿水彩笔，把我们的手指都变成手指娃娃吧！

幼儿跟随教师在五个手指上画娃娃。

教师：举起你们的小手，看看谁的手指娃娃最可爱？

3. 教师引导幼儿创作，突出与众不同的娃娃造型。

教师引导幼儿：

这么可爱的手指娃娃，我们洗手的时候就会把它们给洗没了，这可怎么办啊？（在纸上画手指娃娃）

要想画它们，是不是先要画出我们的小手啊？教师演示画双手的轮廓：将一只手平放在画纸上，另一只手执笔，沿画纸上那只手的外沿移动，勾画其轮廓。

哦，刚才我听见有几个手指在争论："我可不要和别人的发型一样；我想穿最漂亮的衣服；我想长出小胳膊能和你们拉起手做游戏……"它们有这么多的愿望，你们能帮他们实现吗？

4. 幼儿创作，教师鼓励和提示。

在幼儿创作过程中，教师应鼓励他们把每个手指娃娃画得各不相同、独具特色。

5．教师引导幼儿分享讲述自己的作品。

教师提问：

谁来说说你是怎么样画自己的手指娃娃，它们有哪些与众不同的地方？

谁的手指娃娃本事最大？

谁的手指娃娃最可爱？

提示

1．平时，教师很少让幼儿在手上画东西，怕弄脏他们的手，其实，这样做扼杀了幼儿的好奇心和游戏的天分。这个活动则充分满足他们这方面的需求，所以课堂气氛会很活跃。但是，在满足幼儿的同时，教师也应给予正确的引导，告诉幼儿随便在手上涂画的危害，使幼儿能以正确的方法用绘画工具和材料表达自己的想法。另外，活动结束后让幼儿尽快把手擦洗干净。

2．幼儿描左手外轮廓时会比较简单，但用左手描右手会比较费力，这时教师可以提醒幼儿找同桌或好朋友来帮忙，这样还能培养幼儿互相帮助的意识。

资料夹

游戏

手指游戏及图示①

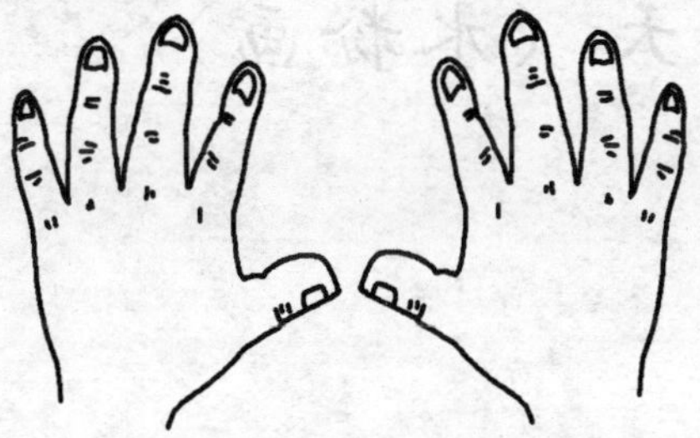

兄弟十个分两组，（十指伸展手心向外）图 1。

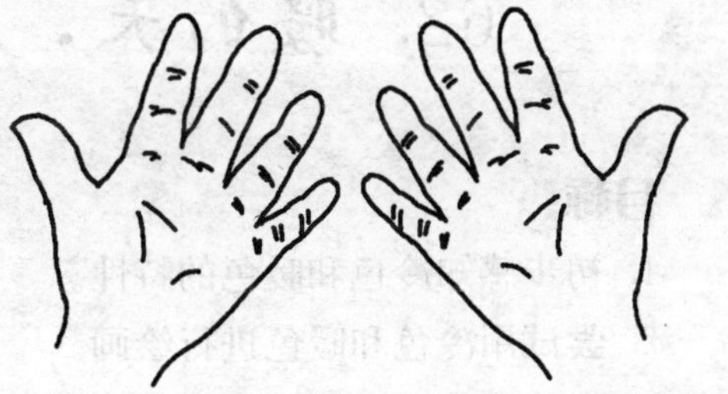

生来个子有高低，（翻动两手手心向内）图 2。

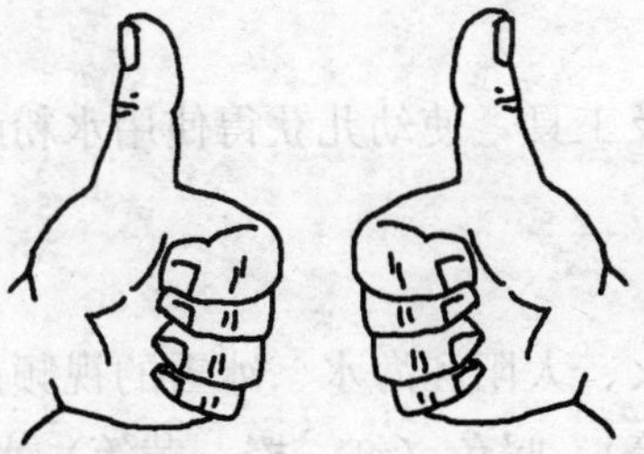

老大长得最粗壮，（两手伸拇指）图 3。

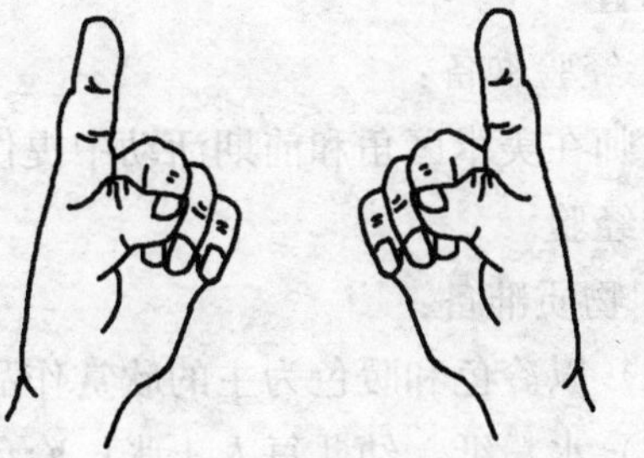

老二生来有主意，（两手伸食指）图 4。

① 摘自《手指运动》，罗群、张俊娥编，人民体育出版社 1995 年 10 月版，第 4～5 页。

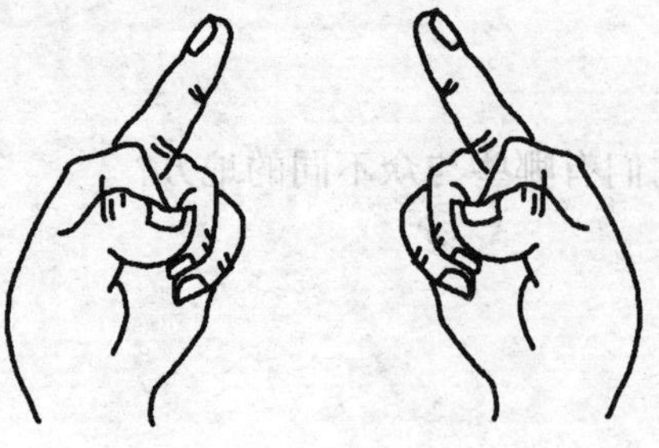

老三长得个子大，（两手伸中指）图5。

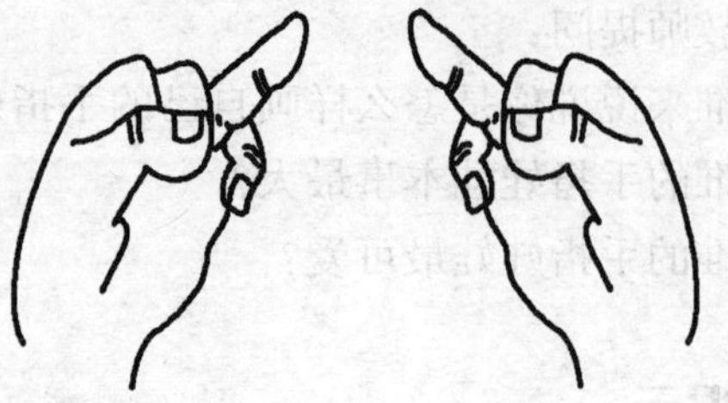

老四生来没出息，（两手伸无名指）图6。

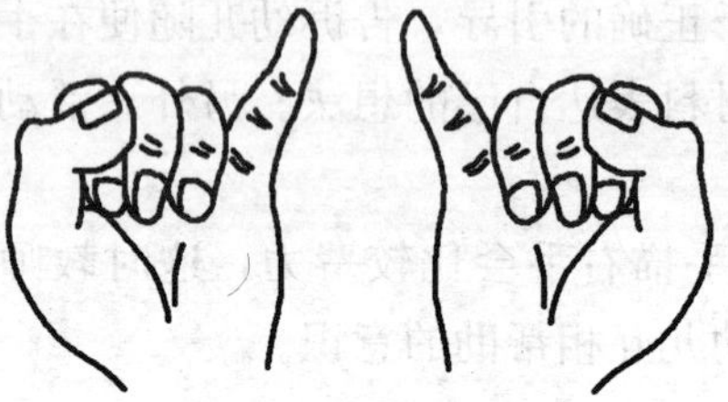

老五别看个子小，（两手伸小拇指）图7。

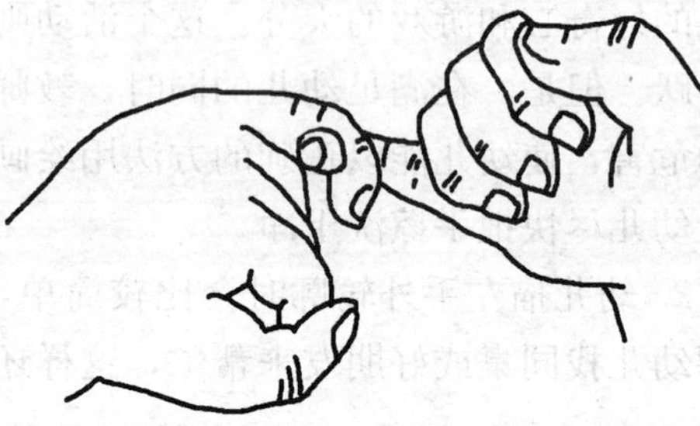

拉起勾来有本事，（两手小指互勾）图8。

手指游戏图示

62. 暖的天，冷的天（水粉画）

目标

1. 初步感知冷色和暖色的特性。

2. 尝试用冷色和暖色进行绘画。

准备

1. 经验准备：

教师在美术区角和前期活动中提供水粉颜料及工具，使幼儿获得使用水粉颜料及水粉笔的经验。

2. 物质准备：

（1）以冷色和暖色为主的欣赏作品各2幅，火、太阳和海水、冰雪的视频。

（2）水粉纸，幼儿每人1张；冷色（蓝、紫等）、暖色（红、橙、黄等）水粉颜料、水粉笔、涮笔桶若干。

过程

1. 教师引导幼儿观看视频，直观感受色彩的冷暖关系。

教师引导幼儿：

看到熊熊燃烧的火和中午的太阳你有什么感觉？（很热、暖暖的……）

在这两个视频中你看到最多的颜色是什么？（引导幼儿发现火和太阳不光是由红色组成的，还有橙色、黄色等颜色，它们都会带来炎热、温暖的感觉）

我们再看看大海，和刚才看到的画面有什么不同的感受？（很冷、凉凉的……）

在这个画面里你们看到了哪些颜色？（引导幼儿观察深浅不同的蓝色会给人带来寒冷、凉爽的感觉）

2. 教师引导幼儿欣赏作品，感受冷色和暖色在作品中的运用。

教师同时出示冷、暖色调的作品并提问：

作品中分别用冷色和暖色表现了什么内容？

画家在选择颜色的时候和心情有没有关系？

暖色表现了画家的什么心情，冷色又表现了画家什么心情？幼儿根据作品回答，教师适当提示相应词汇。

3. 幼儿绘画，教师指导。

教师依次用以下话语引导幼儿：

今天我们就用冷色或暖色画一幅画，名字叫做《冷的天，暖的天》。

小朋友可以大胆选择你认为是暖的或者冷的颜色进行绘画。

如果你想尝试把冷色和暖色同时使用，就要注意两种颜色的笔要分开使用，并且要涮干净，保证画面的效果。

4. 教师带领幼儿欣赏和互评作品。

教师引导幼儿欣赏：

看一看，谁的画面色彩最丰富？

说一说，你选择了哪些颜色表现冷的天和暖的天？

谁的画面与众不同？请说一说自己的想法。

提示

1. 这项创作以天空为主题，幼儿自己选择色调进行绘画。画面中突出天空的色彩，其他内容可以根据自己选择的色调画。比如：选择画暖的天，主要描绘天空，天空下面可以画沙滩、海水。

2. 感受色彩的性质对于幼儿来讲有一定的难度，教师可以先引导幼儿围绕几种常用的颜色进行命题创作，再在绘画过程中通过调整颜色比例的多少、深浅来使画面色彩更加丰富。

3. 幼儿在进行色彩练习时，不一定非要选择具体的内容进行绘画，教师可引导幼儿只用色彩表现自己的感受，可能会让幼儿更能大胆放松地去发挥。或者还可以用色彩练习“画味道”“画感觉”“画心情”等活动。

4. 经过一段时间练习后，教师可以引导幼儿发现颜色里带有蓝色的多数都偏冷，而颜色里带有黄色的多数都偏暖。这样能扩大、梳理幼儿对冷色和暖色的认识和理解。

资料夹

小知识

色彩的属性

不论任何色彩，皆具备三个基本的重要性质：色相，明度，彩度，一般称为色彩三要素或色彩三属性。

色相是色彩之间相互区别的外在特征，借助名称，如红、黄、绿、蓝等来表达。色相差别由光波的长短形成。

色彩的明暗强度即明度。明度高，色彩较明亮；明度低，色彩较灰暗。物体的明度差异来自于物体表面反射光量的不同。同一色相和不同色相都可存在明度差别。

彩度也称为饱和度或色品。彩度常用高低来指述，彩度越高，色越纯，越艳；彩度越低，色越涩，越浊。纯色是彩度最高的一级。黑、白、灰三色无彩度，只有明度。

多媒体资源库

多用资源

图片：风景

63. 下雨了（线条画）

目标

1. 尝试画人物命题画。

2. 大胆用线条表现伞和伞下的人。

准备

1. 经验准备：

(1) 在活动前下雨的日子，教师提示幼儿留意和观察雨水降落，人们打伞的情景。

（2）教师在美术活动区配备刮画纸与笔，并指导幼儿尝试运用这些材料工具，使其掌握、了解使用的方法和效果。

2. 物质准备：

（1）各种花伞若干。

（2）刮画纸、刮画笔，幼儿每人1套。

过程

1. 教师展示小花伞，引导幼儿观察伞和人物的关系。

教师引导幼儿观察并讨论：

前几天下雨了，很多小朋友都是打着小花伞来的。现在让我们请几位小朋友来秀一秀自己的小花伞吧！

看看谁的小花伞色彩最鲜艳，都有哪些漂亮的颜色？

谁的伞花纹最漂亮？用了哪些线条来装饰？

小花伞是由哪儿部分组成的？伞柄像什么？（伞面、伞架和伞柄，伞柄像拐棍）

伞从侧面看像什么形状？伞的边缘像什么？（侧面看像半圆形，边缘像波浪线）

我们在打伞的时候，人在伞的什么位置？（中间靠边一点）

举着伞的胳膊是什么样子的？（弯过来，横在胸前）

2. 教师引导幼儿构思画面，合理布局。

教师提问：

今天我们作品的题目是《下雨了》，你想在画面中画些什么呢？

你想画很多个打伞的人，还是想画一把大大的伞，下面站了很多人躲雨呢？

如果想画很多打伞的人，他们都一样大，还是有大有小？为什么会有大有小？大一些的打伞的人画在前面还是后面？（如果画面中有许多打伞人，打伞的人会有大有小，因为他们有前有后，前面的打伞人要画得大一些……）

如果画一把大大的伞，这个伞在画面的什么位置？谁来撑这把伞？其他人都是怎么站在下面的？他们都在做什么？（大伞画在接近画面中央的位置……）

其他的景物我们可以画在画面的什么位置？（画面周边的位置……）

3. 幼儿绘画，教师指导。

教师提示：

看看我们谁能把大伞装饰得很漂亮。

我们可以给人物的衣服也装饰上好看的花纹。

今天我们用的是刮画纸，小朋友不仅可以刮出细的线，还可以试着刮出粗一些的线，这样会使我们的画面看起来更丰富一些。

4. 教师引导幼儿欣赏评价作品。

教师引导幼儿讨论：

谁的画面最丰富有趣？你为什么这样说？

谁的画面线条最漂亮？你从哪里看出来的？

谁的画面人物最生动？你从哪里看出来的？

提示

1. 这个活动可以在下雨天进行，使幼儿的感受更直观。

2. 活动之前，教师可以让幼儿把家里颜色最鲜艳、有漂亮花纹的伞拿到幼儿园。

资料夹

小知识

什么是构图

艺术家从表现作品的主题思想和达到特定的美感效果出发，以某种方式将画面中的形象组织起来的创作步骤和画面效果，称为构图。

幼儿的绘画创作中也存在着构图。一幅幼儿作品中，往往不止一两个形象，有时有三四个甚至更多的形象，以何种方式将这些形象组织起来，与幼儿的能力发展水平有关。在这方面，幼儿有一个由低到高的发展过程。

多媒体资源库

专用资源

1. 动画：彩虹伞

2. 图片：小花伞，小雨、大雨

64. 蜗牛一家去旅行（水彩画）

目标

1. 运用突出主体的构图方法绘画。

2. 尝试在画面中添加相关物体，组成一定的情节。

准备

1. 经验准备：

活动之前，教师请家长带领幼儿外出游玩，以获得有关的经验；观看有关蜗牛的视频。

2. 物质准备：

(1) 将幼儿和家人外出游玩的照片布置于展示墙上。

(2) 4 开图画纸、水彩笔，幼儿每人 1 套；蜗牛图卡，幼儿每组 1 套，

过程

1. 教师引导幼儿分享游玩的经历，回忆游玩的过程。

以组为单位，请幼儿之间互相分享和家人外出游玩的经历。

教师：我们外出的时候都要准备什么东西啊？

教师：如果我们要去更远的地方还需要带一些什么东西呢？

2. 教师引导幼儿掌握突出主体的绘画方法，教师和幼儿一起边说边画。

教师引导幼儿：

今天我们的蜗牛妈妈要带它的宝宝们去旅行，它会带几个宝宝一起出游呢？

这么多的小蜗牛一起出来，我们怎么知道哪一个是妈妈呢？（引导幼儿说出妈妈要比宝宝大很多）

我们要是把它们画出来的话，妈妈应该在画面的什么位置呢？”（主要的位置）

宝宝们比妈妈要小很多，把它们画在画面的什么位置呢？（妈妈的周围）

3. 教师通过提问引导，帮助幼儿丰富画面的情节。

这些蜗牛宝宝是很听话地跟在妈妈的身后，还是淘气的地处乱跑呢？它们的性格一样吗？（有的懒懒的不想自己走，趴在妈妈的背上；有的很磨蹭，总是走在最后；有的很淘气，总是跑在前面；有的喜欢东看看西看看，总被路边的新鲜事物吸引）

你想让蜗牛妈妈带着宝宝们去哪里玩呢？

它们都需要带些什么东西呢？放在哪里呢？（可以放在妈妈的房子里）

它们需要乘坐交通工具吗？

怎么能看出它们到了哪里呢？（添画相适应的背景，如森林、草地、花园、海边等）

最后，别忘了给小蜗牛们都穿上漂亮的衣服！

4. 幼儿作画，教师鼓励、提示。

教师引导幼儿：

你的蜗牛妈妈都准备了什么？

它带了几个宝宝，它们都是谁？

它们去了哪里去旅游？

路上有没有发生什么有趣的事情？

5. 教师引导幼儿欣赏、讲述作品。

教师：每个小朋友的画面都不一样，谁来给我们讲一讲自己的画？

幼儿自愿介绍自己的作品，教师以重复、概括、扩展幼儿话语的方法，突出此次创作的目的。

提示

1. 将蜗牛的动态图卡粘贴在美术区，供幼儿欣赏。

2. 设计一系列活动，帮助幼儿把握突出主体的绘画方法，如：好大一棵树、我是鱼王、大大和小小等。

资料夹

小知识

蜗牛的习性

小蜗牛一孵出，就会爬动和取食，不要母亲照顾。当受到敌害侵扰时，它的头和足便缩回壳内，并分泌出黏液将壳口封住；当外壳损害致残时，它能分泌出某些物质修复肉体和外壳。蜗牛具有很强的忍耐性和惊人的生存能力，对冷、热、饥饿、干旱的忍受力很强。

但是蜗牛只有在自己最适宜的环境下才生长、发育得好。蜗牛喜欢在阴暗潮湿、疏松多腐殖质的环境中生活，昼伏夜出，最怕阳光直射。蜗牛喜恒温，如果温度恒定在 25 ℃～28 ℃之间，蜗牛的繁殖和生长发育会很旺盛。当温度低于 15 ℃，高于 33 ℃时蜗牛会休眠，低于 5 ℃或高于 40 ℃，蜗牛则可能被冻死或热死。蜗牛虽喜潮湿，但怕水淹，水淹可使蜗牛窒息。

蜗牛靠嘴来摄食，属于杂食和偏食并存的动物，它觅食范围非常广泛，主食各种蔬菜、杂草和瓜果皮；农作物的叶、茎、芽、花、多汁的果实；各种青草、多汁饲料、糠皮类饲料均食。

蜗牛在爬行时，会在地上留下一行黏液，这是它体内分泌出的一种液体。

多媒体资源库

专用资源

图片：小蜗牛

65. 美丽的纹饰（线条画）

目标

1. 将各种线条进行不同形式的组合，变化成丰富的花纹。

2. 在各种形状的纸上设计相适应的花纹。

准备

1. 经验准备：

教师在美术区角投放各种花纹图片与画册。

2. 物质准备：

长方形、正方形、圆形纸若干；练习纸若干；黑色水彩笔，幼儿每人1支。

过程

1. 教师激励幼儿画出各种变化的线条，在变化中感受组合的乐趣，同时归纳组合的规律。

教师提示：

现在请小朋友把自己会画的线条画在练习纸上，看看谁画的线条种类最多。

一根线条是线条，两根线条放在一起就是花纹了。现在我们来做个小游戏，请小朋友用直线和波浪线两种线条变出花纹。大家动动脑筋，看看能变出多少种不同的花纹。

教师边说边演示，如直线在下波浪线在上，或者两条直线加一条波浪线等。

幼儿探索两种线条可能的变化方式，教师鼓励幼儿大胆尝试。

教师提示：

现在大家把自己变的花纹都放在了一起，我们来数数一共有多少种吧。

谁来说说为什么用两种线条能变化出这么多的花纹呢？教师引导幼儿总结线条的位置变化、数量变化、距离变化，都会使花纹产生变化。

2. 幼儿尝试用更多种线条进行变化组合。

教师：这回我们选择用两种以上的线条进行花纹的组合，看看你又能变出多少种花纹。

幼儿探索新的画法。

教师集中幼儿的作品：大家的作品都在这里了，请你们说一说，谁设计的花纹最有创意，最漂亮？教师带领幼儿分析好的作品的设计方法和规律。

3. 幼儿选择不同造型的纸张装饰花纹。

教师提示：

老师这里有三种不同形状的纸样，小朋友可以选择自己喜欢的造型，在上面装饰出漂亮的花纹。

花纹除了可以在纸上横着画，还可以怎么画？（在纸上竖着画，或者从纸的一角开始画，圆形的纸还可以围着纸的边缘向中间画等）

4. 教师引导幼儿分享与评价作品。

教师引导幼儿讨论：

你最喜欢哪个作品？为什么？

谁设计的花纹最丰富？他都用了哪些线条？是怎么组合成不同花纹的？

提示

1. 可以设计系列的活动帮助幼儿练习画花纹，如好看的花边、花盘子等。
2. 引导幼儿多关注身边的事物，在各种物体中发现不同的花纹。

多媒体资源库

专用资源

1. 图片：带花纹的陶器和瓷器
2. 动画：美丽的花纹组合
3. 纸形：陶瓷器皿（1～8）

66. 圆柱和方柱（黑白画）

目标

1. 在线条画的基础上，尝试在图形空白处做黑白两色装饰。
2. 感受简单颜色的美感。

准备

1. 经验准备：

在前期活动中，幼儿获得丰富的线条装饰画经验。

2. 物质准备：

（1）黑白画作品图片。

（2）黑色水彩笔或黑色油性笔、8开图画纸，幼儿每人1套。

过程

1. 教师用神秘的语气引发幼儿的好奇心。

教师引导幼儿讨论：

今天我们不用彩色笔，不用颜料，但是一样能画出漂亮的作品，猜猜我们用什么来作画？

看老师只有一支黑色的水彩笔，但是我一样能用它变出一幅美丽的画。下面我们就来看看只用一支黑笔画的画吧！

2. 教师引导幼儿观察黑白画的表现方法。

教师提示：

这些黑白画有什么特点？（画面只有黑和白两种颜色，有线有面，临近的两个空间不能都是黑色的）

黑白画和我们画过的线描画有什么不同？（线描画只是用线条进行装饰，线条可以有粗细的变化。但是黑白画会将两条线之间涂上黑色，形成一个大的或小的面。在间隔的空白处或适当的空白处图涂上黑色，可以形成有一定规律的图案）

黑色一般都会涂在什么地方？是每个空白处都图上黑色吗？（不是每个空白处都涂黑色，而是相隔或部分空白处涂上黑色，可以是有规律的，也可以根据所画主体的特点在适宜的位置涂上黑色）

3. 幼儿绘画，教师指导。

教师提示：

小朋友可以画一些自己熟悉并喜欢的事物，先用线条装饰，再选择合适的空白处进行涂色。

涂色时一定要看好，挨着的两块空白不可以都涂上颜色的。

4. 教师引导幼儿欣赏评价作品。

教师引导幼儿讨论：

哪个作品画面效果最和谐？

哪个作品黑白搭配最舒服？

黑色太多或太少会让作品看起来有怎么样感觉？怎么调整更合适？

提示

1. 如果中班幼儿基础不够，可以在大班进行此活动。

2. 幼儿初接触黑白画，可以选择较小的纸张进行简单的线条装饰并上色，这样幼儿很快能看到黑白画的效果，同时能获得初步的成就感。

3. 幼儿的作品可能出现黑色过多或过少的情况，这时教师可以引导幼儿分析画面黑色太多和太少有什么感觉，如果让画面看起来更协调舒服应该怎么调整。

延伸

因为黑白画比较难画，教师可以先降低绘画的难度，待幼儿掌握了黑白画的装饰规律后，再按上述方式作画。以下为降低难度的几种方式：

1. 如果幼儿有写生的基础，也可以选择线条比较丰富的物体和有花纹的桌布组合在一起，供幼儿写生。这样，省去装饰线条与花纹的设计创作，幼儿可以采用这些物品本身的线条和花纹，直接进行黑白变化装饰。

2. 先给幼儿提供半成品，这样易于幼儿掌握和完成。在画的过程中幼儿会摸索出黑白画的装饰规律，觉得有挑战性并且更有兴趣。

3. 直接用黑白刮画纸做黑白装饰，也是降低难度的方法之一。

资料夹

小知识

什么是黑白画

黑白画有狭义和广义之分。狭义指由黑白两色组成的画，比如黑白装饰画，或是黑白版画等。广义指单一颜色和空白组成的画面，像中国传统的剪纸。黑白画在画种上涵盖很广，它涉及黑白两色绘制的任何绘画作品。包括黑白版画、黑白插图、素描、国画的白描与水墨以及黑白图案和黑白装饰画等。

黑白画以黑、白对比为造型手段，画面主体以黑、白形体的巧妙组合构成，具有高度概括的艺术特色。在中国人心中，黑是实，白是虚，黑是一切，白则是空灵。黑与白如同有与无，相互浸润渗化，从而造就一个实中有虚、虚中有实、有无相生的大千世界。

艺术家创作黑白画时，需巧妙处理黑与白的关系，把千变万化的形与色浓缩在黑、白两色的巧妙构成之中。因此，创作中既要善于抓住形象的主要特征，删繁就简，以极其简练笔墨构成形象，获得黑白对比强烈明快的艺术效果；又需灵活运用点、线、面，以多种表现方式，力求画面黑、白变化丰富有序，虚实疏密错落有致；使画面具备简练概括，灵活丰富的装饰美。

多媒体资源库

专用资源

图片：黑白画

67. 好朋友（线条画）

目标

1. 学习在长条形纸上绘画构图的方法。
2. 画出简单的人物，并对人物进行简单的装饰。

准备

1. 经验准备：

教师在自由活动时间，指导幼儿学画简单的人物画。

2. 物质准备：

长条形的图画纸，幼儿每两人 1 张；彩色水笔，幼儿每人 1 份。

过程

1. 教师以轻松谈话引入活动的主题。

教师：我们每个人都会有自己的好朋友，那你们的好朋友都是谁呢？请你说说自己的好朋友。

2. 教师引导幼儿观察人物简单的特征。

教师：你的好朋友都是谁？他们长什么样子？比如高矮、胖瘦、发型、眼睛、脸型是怎样的？幼儿自愿发言。

教师选几名幼儿站到大家面前，请大家看看这几个小朋友有什么不一样，引导幼儿初步观察男孩和女孩的不同，如服装、头发等最基本的外貌特征：

3. 教师简单演示，帮助幼儿掌握人物的简单画法。

教师：因为我们的好朋友很多，所以今天我们要用一张很长的纸来把他们都画进去。

教师简单介绍长条形画纸的用法：这张纸我们要横着用，把你自己画在最前面，后面就都是你的好朋友了。

教师：请小朋友们把自己的好朋友都画出来，我们看看谁的好朋友最多，看看谁和好朋友在一起的时候最开心。

教师：别忘了给你和好朋友都画上漂亮的衣服，可以用简单的线条装饰服装。

4. 教师请幼儿简单介绍自己的作品，帮助幼儿建立信心。

教师引导幼儿欣赏：

你画的好朋友都是谁啊？

你是怎么把他变漂亮的？

提示

1. 活动前教师和幼儿一起玩音乐游戏“找朋友”。

2. 画好的作品，可用相框加以装饰，然后布置在活动室的主题墙上。

延伸

教师可以通过调整活动重点，将此活动衍生为几种不同的活动，并制定相应的活动名称。如“我们一起来照相”，是以装饰作为活动重点；“我们真高兴”，是以幼儿的情绪作为活动重点；“我们来跳舞”，是以人物的简单动态作为活动重点；等等。通过不同的题目让幼儿有主题地进行表现和表达。

68. 月亮城堡（油水分离画）

目标

1. 尝试油水分离画法。

2. 通过油水分离绘画形式提高绘画的兴趣。

准备

1. 经验准备：

教师在美术区角和前期活动中提供水粉颜料及工具，使幼儿获得使用水粉颜料及水粉笔的经验。

2. 物质准备：

（1）四开“月亮城堡”添图纸1张，水粉笔1支，深蓝色水粉颜料加少许水调匀。

（2）城堡图卡、12色油画棒，幼儿每人1套；调好的深蓝色水粉颜料，幼儿每组1瓶；水粉笔，幼儿每组2支；水粉纸，幼儿每人1张。

过程

1. 教师用变魔术的方式开始活动，激发幼儿的好奇心。

教师出示只看得到黄色月亮的图画纸，请幼儿看看画面上有什么。接着教师装作很神秘的样子说：现在老师要给小朋友变个魔术，请你们睁大眼睛仔细看。

教师用蓝色水粉颜料涂满整张纸，白色的城堡的线条就清晰地显现出来。教师在幼儿惊讶之余告诉幼儿这种画法叫做“油水分离”。

2. 教师介绍油水分离作画的方法。

教师讲解作画方法：

你们想不想用这种方法变出一幅画啊？

今天我们就用这种方法变出一个月亮上的城堡吧！（教师拿出城堡的图片分发给各组幼儿）

请小朋友观察一下这几个城堡，它们和我们平时画的房子有什么不一样？（教师引导幼儿观察城堡的顶部变化、每间房屋的形状的变化、门窗的变化、花纹的变化、高矮的变化）

我们先用浅颜色的油画棒画出月亮城堡的外形，然后再用深色的水粉颜料均匀地涂满整张纸，一幅漂亮的油水分离画就画好了，小朋友快来试一试吧！

3. 幼儿绘画，教师指导。

幼儿在画的过程中，教师要引导幼儿尽量把线条画得丰富一些，这样最后出来的效果才会更好。

4. 幼儿分享创作成果。

教师协助画好的幼儿在画稿上涂蓝色水粉颜料，大家共享神秘的月亮城堡一一揭秘的快乐时光。

提示

1. 幼儿可以用这种方法尝试画很多种内容的画，但以线条装饰画效果最好。

2. 涂水粉色的时候教师要提醒幼儿不要一次蘸太多颜料，要涂抹均匀。教师也可以给幼儿提供海绵棒，让幼儿蘸上颜色在背景上点印，这样会出现另外一种特殊的效果。

资料夹

参考图

月亮城堡图示

说明：在画纸下半部分画一个长长的月牙，用油画棒涂上黄颜色；用白色油画棒画出城堡。

多媒体资源库

专用资源

1. 图片：城堡

2. 教学用图：月亮城堡

69. 红配绿真美丽（色彩画）

目标

1. 大胆尝试用红色和绿色作为主色调进行绘画。

2. 初步了解不同比例的色彩搭配出的不同效果。

准备

1. 经验准备：

教师在美术区角提供水粉颜料及工具，使幼儿获得画水粉画的经验。

2. 物质准备：

（1）以红、绿为主色调的绘画作品若干张。

（2）红和绿水粉颜料、粗细不同的水粉笔若干；水粉纸，幼儿每人1张。

过程

1. 教师引导幼儿欣赏作品，感受作品的美。

教师引导幼儿：

小朋友，看看老师这里的画都是用什么颜色画的？（红、绿……）

都是用红色和绿色画的，可是它们都一样吗？有什么不一样？

红色多一点、绿色少一点的作品给你什么感觉？（很热烈、很火热、很高兴、很喜庆……）

绿色多一点、红色少一点的作品给你什么感觉？（没那么热了，像草地和森林，会有比较凉快的感觉……）

两种颜色一样多是什么感觉？和其他两幅作品的感觉有什么不同？（每种感觉都会有，不像前面感觉那么强烈）

2. 教师引导幼儿尝试用两种颜色进行创作。

教师讲解作画方法：

今天我们就用红色和绿色来画一幅画。

画的内容可以自己选择，如果为了突出色彩，内容可以简单一些；如果为了突出画面的整体效果，可以不表现细节的东西。

教师通过与幼儿对话，帮助其找到画面效果与色彩搭配的联系：小朋友可以先想想自己想要什么感觉的画面效果，选择用哪种颜色更多一些。

如果你觉得只用这两种颜色太单调，可以用一些其他的颜色作为点缀。

3. 欣赏和评价作品。

教师：哪些画红色多一些，哪些画红色少一些？我们试着把这些作品分一下类，再看看同类作品的不同之处。

提示

1. 为了减少内容对画面效果的影响，让色彩搭配的作用更明显，可以让幼儿都画同一个内容，但是色彩的比例可以自己随意把握，这样更利于看出不同比例色彩搭配出的不同效果。

2. 可以在红色和绿色搭配的基础上，进一步尝试进行黄紫、蓝橙的对比色练习。

多媒体资源库

专用资源

图片：红绿调

70. 线之舞（线条画）

目标

1. 欣赏音乐并画线，表达自己的感受。

2. 选择自己喜欢的工具进行大胆绘画。

准备

1. 经验准备：

(1) 教师引导幼儿欣赏不同情感氛围的音乐，如欢快的、优美的、悲伤的、劲爆的等。

(2) 幼儿尝试使用几种不同的画笔，掌握各种线条的画法。

2. 物质准备：

(1) 全开的图画纸若干张，张贴在展示墙或展示板上；表达不同情绪、情感的音乐。

(2) 排笔（可以根据自己的需要掰开用）、各种水笔、毛笔、水粉笔等若干；水粉颜料、涮笔桶若干。

过程

1. 教师引导幼儿欣赏不同的音乐，建立音乐和线条之间的联系。

教师：听了这些不同的音乐，你们都有什么样感觉？教师引导幼儿尽量用丰富的语言表达自己的感受。

教师：如果请你用线条来表现这些音乐，你会选择什么线条？为什么？

2. 教师引导幼儿想象不同的画笔与音乐之间的关系。

教师讲解作画方法：

今天我们就尝试着把这些好听的音乐变成线条画在纸上。

老师这里有很多种笔，你觉得哪种笔可以表现什么样的音乐？

教师用不同的笔画线，并引导幼儿把笔的特点与音乐的性质结合起来。（软的笔可以表现流畅的、舒缓的音乐；粗的笔可以表现奔放的、大气的音乐；硬的笔可以表现快节奏的、短促的音乐。

3. 教师创设宽松的创作环境，激励幼儿大胆表现。

教师提示：

今天我们不在桌子上用小纸画画了，老师把画纸都贴到了绘画墙上，小朋友可以站着画，这样我们的胳膊会更自由。

请大家跟着你所听到的音乐，选择合适的笔和颜色，画出会跳舞的线。

画的过程中要看好自己的笔和颜色，它们只喜欢在纸上跳舞，可不喜欢跑到小朋友的衣服上去哦！

4. 幼儿听着音乐欣赏自己的作品。

教师：快来一起欣赏我们自己的作品吧！看看哪个线条最优美？猜猜每个线条都表现了什么音乐？

提示

1. 几种不同类型的音乐要分别赏析。
2. 如果幼儿没有合作绘画的经验，可以按照平常的方式独自绘画。

多媒体资源库

专用资源

图片：抽象画

“昆虫世界”系列美术活动

1. 贪吃的毛毛虫（添画游戏）

目标

1. 有目的地为毛毛虫选择不同食物，并用绘画的方式表达。
2. 尝试用简单的线条和图形表现事物的基本特征，体验创意绘画活动的乐趣。

准备

1. 经验准备：

（1）在活动前期的用餐过程中，教师告诉幼儿常见的食物名称。

（2）在美术活动区，教师引导幼儿将自己喜欢的食物画下来。

2. 物质准备：

（1）绘本《好饿好饿的毛毛虫》，苹果、蛋糕、奶酪等图片。

（2）画有毛毛虫轮廓的画纸、水彩笔或油画棒，幼儿每人1份。

过程

1. 欣赏绘本《好饿好饿的毛毛虫》，引入创作情境。

教师和幼儿边看边讲绘本《好饿好饿的毛毛虫》：星期天早上，暖和的太阳升起来了。“啵”一声，一条又小又饿的毛毛虫，从蛋里爬了出来。星期一它吃了一个苹果，可是肚子还是好饿。星期二它吃了二个梨，可是肚子还是好饿。星期三它吃了三个李子，可是肚子还是好饿。星期四它吃了四个草莓，可是肚子还是好饿。星期五它吃了五个橘子，可是肚子还是好饿。星期六它吃了一块巧克力蛋糕、一个冰激淋甜筒、一条腌黄瓜、一块奶酪、一截火腿、一根棒棒糖、一块樱桃派、一条香肠、一块纸杯蛋糕和一片西瓜，可是肚子还是好饿。

2. 教师介绍绘画材料及步骤。

教师：小朋友，我这里也有一只贪吃的毛毛虫。它呀，又饿了，特别想吃东西，它吃了一个苹果。

教师用水彩笔在毛毛虫身体的第一节里画上它吃的东西并涂上颜色。

教师：这只贪吃的毛毛虫还会吃什么？（梨、橘子、蛋糕、西瓜……）

3. 幼儿创作，教师鼓励并指导

教师：小朋友，请你想一想，贪吃的毛毛虫还会吃什么？请你把这些好吃的都画在它的肚子里，并涂上颜色。

在绘画的过程中，教师如果发现有的幼儿还想给毛毛虫吃更多的东西，可以提示他把毛毛虫的身体加长。

4. 教师和幼儿一起分享创作成果。

教师组织幼儿分享作品，先请幼儿和同伴交流自己的作品。然后选出自己感兴趣的同伴作品，向作者请教看不懂的地方。

提示

1. 创作活动中，教师应该给幼儿更多的表现空间，观察幼儿表现毛毛虫吃的食物时所用的不同符号，鼓励幼儿大胆表现。

2. 教师应根据幼儿的能力水平补充一些食物图片，支持幼儿创作，这样即可以丰富幼儿的表达，又降低了难度，使幼儿更自信地参与美术活动。

延伸

活动后，幼儿共同创作一只贪吃的毛毛虫布置在美工区，将全班幼儿画的毛毛虫吃的东西汇总。如果谁又找到不同的食物，可以随时添画或粘贴到毛毛虫的身体里。

资料夹

小知识

《好饿好饿的毛毛虫》简介

《好饿好饿的毛毛虫》是美国童书作家艾瑞·卡尔的作品，三十多年来，这部书从美国传向全世界多个国家，成为经久流传的经典。

书中描绘了一只小毛毛虫从卵中孵出来了，它肚子好饿，到处找东西吃，结果身体越变越大……最后，小毛毛虫变成一只茧，蜕变成美丽的蝴蝶。

阅读此绘本可使幼儿认识毛毛虫蜕变的过程，享受阅读的乐趣，同时学习“星期”“数量”“排序”等概念。

多媒体资源库

专用资源

添画纸：毛毛虫

多用资源

图片：美味小吃

2. 蝴蝶飞舞（装饰画）

目标

1. 发现蝴蝶翅膀形状、花纹的对称，欣赏图案的对称美。
2. 尝试用对折剪的方法剪蝴蝶，并用对称的方法进行装饰。

准备

1. 经验准备：

（1）教师在活动区提供蝴蝶标本及图片，以丰富幼儿的感知经验，使其知道不同种类的蝴蝶翅膀的形状及图案是不同的，发现蝴蝶翅膀的形状、花纹都对称。

（2）教师在美工区提供多种对折剪的模板，鼓励幼儿练习对折剪，能熟练使用剪刀。

（3）教师在自由活动或活动间歇播放音乐《化蝶》，使幼儿感受优美抒情的旋律，体验蝴蝶轻盈飞舞的情境。

2. 物质准备：

（1）蝴蝶视频或照片、音乐《化蝶》、蝴蝶图卡。

（2）剪刀、白色图画纸、16 开彩色卡纸，小花、心形、小树等形状的彩色纸形，画有一侧蝴蝶的模板，水彩笔、固体胶棒，幼儿每人 1 份。

过程

1. 教师同幼儿一起欣赏音乐《化蝶》，引入创作情境。

（1）教师和幼儿一起欣赏《化蝶》，模仿蝴蝶轻盈飞舞的动作，感受音乐旋律的优美。

教师：小朋友，刚才我们一起欣赏了《化蝶》，你们感受到音乐里面翩翩起舞的蝴蝶了吗？蝴蝶都是什么样的？（有一对漂亮的翅膀、飞起来一扇一扇的……）

（2）教师出示蝴蝶图卡，引导幼儿欣赏蝴蝶翅膀上花纹：老师这里也有许多蝴蝶的图片，请大家看一看它的翅膀和花纹有什么特点。（两边翅膀长的一样、两边翅膀的花纹都一样）

教师：这就是对称。

2. 教师介绍绘画材料及步骤。

（1）教师出示蝴蝶纸形请幼儿欣赏：小朋友，我这里还有几只剪好的漂亮蝴蝶，你们看看它们的翅膀和花纹是不是对称的？你们想不想试一试也剪一只漂亮的蝴蝶？谁能告诉我用什么方法剪，才能让两边的翅膀都对称？（对折剪的方法）

（2）教师出示一侧蝴蝶模板，边演示边介绍制作步骤：将彩色卡纸对边折，从对折线起，用蝴蝶模板画出一侧蝴蝶的轮廓；用剪刀沿画好的轮廓线仔细地剪下蝴蝶图形；将剪好的纸打开，出现左右对称的完整蝴蝶。

在巩固剪的方法时，教师可以边演示边说儿歌："蝴蝶蝴蝶真美丽，彩纸对折画轮廓，剪刀咔嚓剪一剪，变成蝴蝶展翅飞。"

教师提出问题：谁能让蝴蝶变得更漂亮？然后出示小花等彩色纸形，请幼儿在剪好的蝴蝶纸形上粘贴上对称的花纹。

3. 幼儿创作蝴蝶，教师鼓励并指导。

教师：小朋友，请你先选一张自己喜欢的彩色卡纸，画蝴蝶的轮廓时要注意蝴蝶翅膀的尖部在对折纸开口的一侧。尽量把蝴蝶画大，充满整个纸。如果你想用别的方法装饰蝴蝶，注意蝴蝶左右翅膀的花纹要对称。

对能力弱的幼儿，教师可以降低要求，提供画好蝴蝶轮廓的画纸，也可以提供剪好的半成品纸形。对能力强的幼儿，教师应鼓励其自己设计蝴蝶轮廓和翅膀上的花纹。

4. 教师和幼儿一起分享创作成果。

（1）教师组织幼儿相互欣赏作品，鼓励幼儿给同伴讲述自己剪纸、装饰的方法。

（2）教师在美工区和幼儿一起设计“蝴蝶乐园”，幼儿将自己的作品一一展示在这里，并可随时补充创作，提高幼儿的参与意识和创作能力。

提示

1. 在这个活动中，教师要注意培养幼儿良好的操作常规，如：提醒幼儿在剪纸的过程中注意安全，剪刀尖不要对着自己和同伴，用完的剪刀要合口放在桌上。提醒幼儿将剪下的碎纸放入桌上的盘子内。

2. 教师应重点指导幼儿运用对称的方法进行装饰。

资料夹

1. 参考图

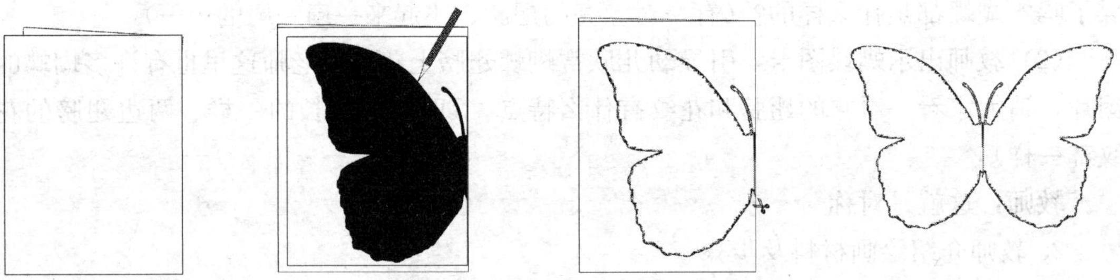

对折剪蝴蝶图示

2. 小知识

蝴　　蝶

蝴蝶是昆虫的一种。蝴蝶的一生要经过卵、幼虫、蛹、成虫四种不同形态。蝴蝶的幼虫阶段，是我们经常看到的蠕动爬行的毛毛虫。毛毛虫蜕化成蛹，然后羽化成会飞的蝴蝶。蝴蝶的翅膀有着美丽的花纹和漂亮的颜色。

多媒体资源库

专用资源

1. 图片：蝴蝶

2. 动画：蝴蝶飞舞

3. 贴画：小花纹

3. 蚂蚁搬家（油画棒画）

目标

1. 观察蚂蚁的外形特征及动态，尝试用绘画的方式表现蚂蚁搬家的情景。

2. 萌发团结合作的精神和关爱小动物的情感。

准备

1. 经验准备：

（1）活动前，教师同幼儿一起饲养蚂蚁，观察了解蚂蚁的身体结构、外形特征和蚂蚁搬家的场景，在日常生活中丰富幼儿有关蚂蚁的知识经验。

（2）活动前，教师组织幼儿观看蚂蚁搬家的视频，欣赏歌曲《蚂蚁》。

2. 物质准备：

（1）《蚂蚁搬豆》动画或蚂蚁图卡。

（2）8 开图画纸、黑色水彩笔和油画棒，幼儿每人 1 份。

过程

1. 教师播放《蚂蚁搬豆》动画，引导幼儿欣赏。

教师引导幼儿欣赏并提问：

小朋友，刚才我们看到的是什么小动物，它们在干什么？（蚂蚁，它们在搬豆）

小朋友，想一想，蚂蚁怎样搬东西？搬的是什么？它们会合作搬东西吗？（用手举着树叶、用牙咬着……它们搬米粒、树叶、小草……几个蚂蚁一起搬东西，它们会合作、很团结……）

你们能用手或身体，模仿蚂蚁搬东西吗？哪位小朋友为我们表演一下？小朋友猜一猜他搬的是什么东西？

2. 教师出示蚂蚁图卡，演示绘画蚂蚁的方法。

（1）教师边说儿歌边示范蚂蚁的画法：蚂蚁长得真有趣，身体分为三部分。头部一对小触角，胸部长有三对足，腹部圆圆胖嘟嘟。遇到困难都不怕。齐心协力战胜它。

（2）教师不断变化方向画出蚂蚁的眼、口、触角和足，画出蚂蚁的动态。教师边画边提问：蚂蚁正在做什么？你是怎么看出来的？它是怎么搬东西的？（它在和朋友说话，它搬不动了叫朋友呢……）

3. 幼儿创作蚂蚁搬家，教师鼓励并指导。

教师：小朋友，今天小蚂蚁又要搬家了，它需要许多朋友的帮助，请你把帮它搬家的蚂蚁画出来，让大家都来看看蚂蚁搬家时热闹的场景。

幼儿可以用拟人的画法画出蚂蚁的手和足。

4. 教师和幼儿一起分享创作成果。

(1) 教师与幼儿一起将作品展示在《蚂蚁王国》创意主题墙上。

(2) 在《蚂蚁》音乐中，幼儿分组扮演小蚂蚁搬家，边做律动边欣赏同伴的作品。表现和体会团结协作力量大。

提示

1. 创作活动中，教师应注意观察幼儿如何表现蚂蚁的身体结构，提示幼儿表现出蚂蚁的主要特征。

2. 对能力强的幼儿，教师可以引导他们表现两只或三只蚂蚁搬东西的情景。

资料夹

参考图

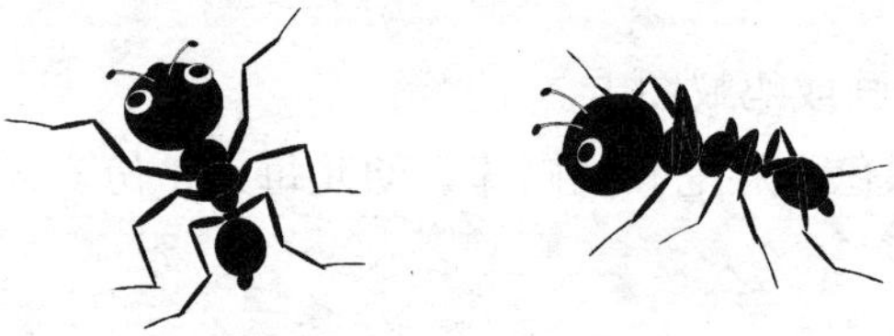

蚂蚁图示

多媒体资源库

专用资源

动画：蚂蚁搬豆

4. 威武的甲壳虫（装饰画）

目标

1. 观察甲壳虫的主要特征和局部细节，并用夸张的手法进行绘画表现。

2. 能为自己的画添画相应的背景。

准备

1. 经验准备：

(1) 教师带领幼儿搜集甲虫的图片，如：锹形甲、独角仙。

(2) 在前期美术活动中，教师安排幼儿绘画昆虫，如：蚂蚁、蝴蝶、蜜蜂等，以获得画昆虫的相关经验。

2. 物质准备：

锹形甲虫、独角仙和背景图片，画有部分甲虫身体轮廓的画纸，水彩笔或油画棒，幼儿每人 1 份。

过程

1. 教师与幼儿同看甲虫图片，引入创作情境。

教师：一天，昆虫王国来了一个威武的骑士——独角仙，它要同锹形甲虫比武，看谁的铠甲最硬。它们穿的铠甲一样吗？头部的盔甲有什么不同？（不一样，独角仙的头上有长枪，很厉害；锹形甲虫有两把大钳子，更厉害……）

教师：小朋友，我这里有一张独角仙和锹形甲虫比武的图画，可是它们把头上的角都藏起来了，也不知它们都是谁？下面就请你们和我一起把它们添画出来。

2. 幼儿创作威武的甲虫，教师鼓励并指导。

教师：小朋友，请你们来画一画威武的甲虫，画好后别忘了再画上背景，它们可能在树叶上比武，可能在草地上比武，可能在河边比武，可能在花园比武。

在绘画的过程中，教师如果发现有的幼儿还想画更多的甲虫，可以提示他在纸的空白处添画，或为其提供一张新的绘画纸。

3. 教师和幼儿一起分享创作成果。

（1）教师组织幼儿展示的作品，请幼儿谈一谈自己的创作，说一说甲虫的比武结果。

（2）活动后，教师鼓励幼儿在美工活动区继续创作，并把画出的不同甲虫及时展示给大家。

提示

创作活动中教师应注意观察幼儿，根据幼儿的能力水平可以补充一些甲虫的图片，支持幼儿的创作，这样即可以丰富幼儿的表达，又降低了难度，幼儿会更自信地参与美术活动。

资料夹

1. 小知识

甲　虫

甲虫属于昆虫的一种，其种类、数量巨大。甲虫前翅角质化，体壁坚硬，所以称为甲虫。世界已知甲虫约 33 万种，约占世界已知昆虫种类总数的1/3，中国已知甲虫约近7 000种。甲虫分布广泛，除海洋外，陆地、空中和各种水域均有分布，以陆生种类尤多。甲虫的食性很复杂，有腐食性、粪食性、尸食性、植食性、捕食性和寄生性等。植食性的甲虫中，很多是农林业的重要害虫。捕食性的甲虫中，很多对人类有益。

2. 参考图

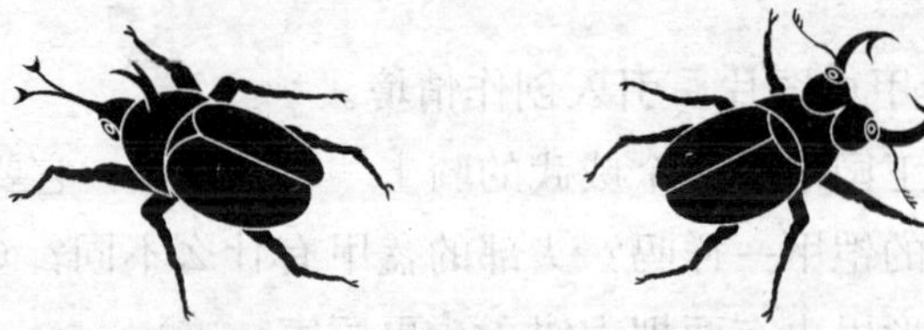

甲虫图示

多媒体资源库

专用资源

添画纸：伪装的甲虫

多用资源

图片：昆虫

5. 萤火虫的小灯笼（装饰画）

目标

1. 了解萤火虫的生活习性和外形特征，萌发关爱昆虫的情感。

2. 尝试用简单的线条和图形为萤火虫设计灯笼，体验创意绘画活动的乐趣。

准备

1. 经验准备：

（1）在前期活动中，教师向幼儿介绍有关萤火虫的生活习性及外形特征，使幼儿对萤火虫有一定了解。

（2）在美术活动区，教师引导幼儿用简单的图形进行装饰。

2. 物质准备：

（1）萤火虫视频或图卡，歌曲《萤火虫》。

（2）画有部分萤火虫身体轮廓的画纸、水彩笔或油画棒，幼儿每人1份。

过程

1. 教师与幼儿同看萤火虫图卡，引入创作情境。

教师：天黑了，森林里变得一片寂静，谁提着灯笼飞来了，为我们带路？（萤火虫）

教师播放萤火虫视频，幼儿观看萤火虫“提着灯笼飞”的情景。

2. 教师介绍绘画材料及步骤。

教师：萤火虫提灯笼，飞到西来飞到东，好像盏盏小灯笼。教师边说儿歌边画灯笼，还可以在灯笼上面添画花纹。

教师：小朋友，下面请你们和我一起给萤火虫设计小灯笼。

3. 幼儿为萤火虫设计小灯笼，教师鼓励并指导。

教师：天黑了，我们需要更多的萤火虫点亮灯笼，请你们也为萤火虫设计一个漂亮的灯笼，它一定会喜欢的。

对能力强的幼儿，教师可以启发他们设计小鱼灯笼、苹果灯笼、彩球灯笼，对能力弱的幼儿可以仅设计简单形状的灯笼。

在涂色时，教师应注意引导幼儿使用3～4种颜色涂色，鼓励幼儿进行多种创意。

4. 教师和幼儿一起分享创作成果。

教师组织幼儿展示作品，请幼儿说一说自己最喜欢哪个萤火虫灯笼，并说说为什么。让幼儿尽量表达。

提示

创作活动中，教师应注意观察幼儿，根据幼儿的能力水平可以补充一些昆虫图片，支持幼儿的创作，这样即可以丰富幼儿的表达，又降低了难度，幼儿会更有自信地参与。

资料夹

1. 参考图

萤火虫图示

2. 小知识

萤　火　虫

萤火虫为昆虫的一种。全世界约2 000种，分布于热带、亚热带和温带地区。据专家统计，现发现我国约有100余种。常见种类有：黑萤、姬红萤、窗胸萤。小至中型萤火虫，长而扁平，体壁与鞘翅柔软。前胸背板平坦，常盖住头部。头狭小。眼半圆球形，雄性的眼常大于雌性。腹部7～8节，末端下方有发光器，能发黄绿色光。萤火虫喜夜间活动，成虫的发光有相互沟通和引诱异性的作用。

多媒体资源库

专用资源

1. 动画：萤火虫
2. 图片：萤火虫
3. 添画纸：隐藏的萤火虫

多用资源

图片：昆虫

“热闹的池塘”系列美术活动

1. 青蛙跳跳（油画棒画）

目标

1. 用油画棒大胆表现青蛙跳的不同姿态。
2. 大胆想象，并尝试添画背景。

准备

1. 经验准备：

（1）前期活动中教师向幼儿介绍青蛙，使幼儿知道青蛙的生活习性及外形特征。

（2）教师在美术活动区投放关于青蛙的图片资料，引导幼儿观察青蛙的跳姿，学习画青蛙蹲着的姿势。

2. 物质准备：

（1）青蛙跳姿图片、用于做青蛙跳的地垫。

（2）8开图画纸、黑色水彩笔、油画棒，幼儿每人1份。

过程

1. 教师同幼儿玩青蛙跳荷叶游戏，引入创作情境。

教师：今天我们一起玩青蛙跳荷叶游戏，请小朋友站到地垫上，一起说儿歌“小青蛙跳荷叶，蹲在上面准备好。一二三，跳跳跳，跳到河里洗个澡”。

教师说完儿歌，示意幼儿马上跳，体验青蛙跳时四肢动作的变化。

2. 教师介绍绘画材料及步骤。

教师请幼儿观看青蛙图片：小朋友们，看一看我这里的青蛙在做什么？它们的姿势有什么不同？

教师：小青蛙肚子大，张开嘴巴就说话。伸出双手向上跳，一蹬双脚下水啦！

教师边说儿歌边画青蛙，画时注意青蛙的身体有倾斜，鼓励幼儿画出自己喜欢的青蛙。

教师：小朋友，请你说一说青蛙生活的地方，青蛙喜欢做的事情（青蛙生活在池塘里、小河沟里、稻田里。池塘里有荷叶、小鱼、小乌龟，青蛙喜欢在池塘里唱歌、捉虫……）

3. 幼儿画青蛙跳，教师鼓励并指导。

教师：小朋友，青蛙在池塘里怎样跳，都做了什么？请你画在画纸上。

对能力强的幼儿，教师可鼓励他们画出不同跳姿的青蛙并添画背景充满画面。对能力弱的幼儿，教师则鼓励他们画出青蛙并简单添画背景。

4. 教师和幼儿一起分享创作成果。

（1）教师引导幼儿之间相互欣赏作品，向同伴讲述自己绘画的故事。

（2）教师组织幼儿将作品装订成册，放到阅读区供大家欣赏。

提示

教师在活动中注意观察幼儿，支持幼儿的创作，鼓励幼儿将自己创编的故事画出来。

资料夹

参考图

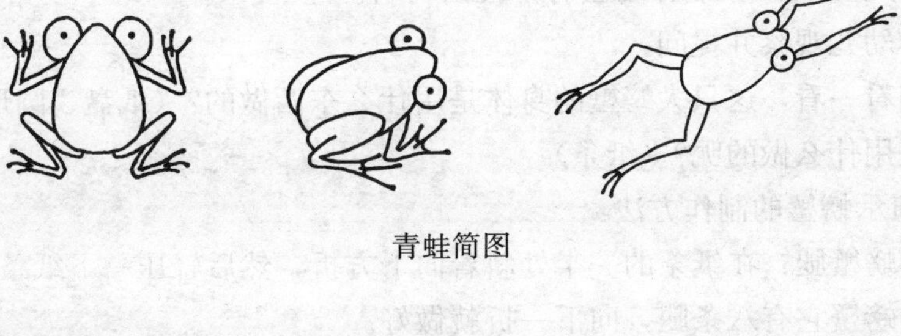

青蛙简图

多媒体资源库

专用资源

1. 动画：小青蛙，跳跳跳

2. 图片：蛙

2. 螃蟹比武（添画）

目标

1. 用纸盘或圆形纸板制作螃蟹，提高动手制作能力。

2. 激发参与制作活动的兴趣，体验成功的喜悦。

准备

1. 经验准备

(1) 教师在前期活动中使幼儿获得一定的制作经验，会使用简单的制作工具，如剪刀、双面胶、胶棒。

(2) 教师组织幼儿观看有关海洋生物的光盘或书籍，同幼儿一起欣赏螃蟹，丰富幼儿的知识经验，了解螃蟹的生活习性及外形特征。

2. 物质准备：

(1) 螃蟹范例。

(2) 一次性纸盘、圆形纸板、剪好的螃蟹大钳子及纸条、彩色水笔、剪刀、双面胶，幼儿每人1份。

过程

1. 教师同幼儿欣赏螃蟹比武的作品，激发幼儿创作的愿望。

教师引导幼儿观察范例，发现螃蟹身体结构的特点：这些螃蟹长什么样？从哪里可以看出它们很威武？（它的身体是圆形的，有一对大钳子、四对足、身上有花纹，还有一对小眼睛）

2. 教师引导幼儿观察制作螃蟹各部位的材料。

教师引导幼儿观察并提问：

小朋友们看一看，这只大螃蟹的身体是用什么东西做的？（纸盘、圆形纸）

螃蟹腿是用什么做的呢？（纸条）

3. 教师演示螃蟹的制作方法：

(1) 折叠螃蟹腿：在纸条的一半处斜着向下方折，然后轻压一下纸条，螃蟹腿就折好了。教师：螃蟹它有八条腿，向下一折就做好。

(2) 组合粘贴螃蟹：在纸盘上左右对称粘贴上螃蟹钳子和腿，抹胶时要多抹点。

(3) 添画细节和花纹，引导幼儿用彩色水笔给螃蟹添画眼睛和花纹。

4. 幼儿制作螃蟹比武。

幼儿制作螃蟹时，教师应给予他们一定的选择性。

(1) 教师鼓励幼儿自己选择材料，可以用一次性纸盘制作螃蟹身体，也可以用圆形纸板。

(2) 幼儿可以自选螃蟹的大钳子和腿的颜色，但涂色时要注意左右对称。

(3) 如果螃蟹腿的长短不合适，幼儿可以根据自己的需要裁剪修改。

对个别有困难的幼儿，教师可在他们自选材料的基础上，帮助幼儿粘贴组合，最后幼儿自己装饰螃蟹。

5. 教师和幼儿一起分享创作成果。

教师和幼儿一起创设主题墙面——热闹的沙滩，并将制作的螃蟹粘贴上去，共同欣赏。

提示

1. 制作过程中教师要提醒幼儿，工具材料用完后放回原处，养成良好的制作习惯。

2. 教师鼓励幼儿两人合作制作，互相帮助，共同完成制作。

资料夹

小知识

螃　蟹

螃蟹的身体由硬壳保护。在生物分类学上，螃蟹与虾、龙虾、寄居蟹属同类。绝大多数种类的螃蟹生活在海或靠近海的地方，也有一些螃蟹栖于淡水或陆地。螃蟹长着一对非常特殊的眼睛，名叫柄眼。柄眼的基部有活动关节，因此眼睛可以上下伸缩，伸出来时，犹如两个望哨。螃蟹最厉害的防身武器是一对大螯。在求偶季节，这对大螯也用以招引异性。螃蟹有四对肢体，就是俗称的“八条腿”。螃蟹爬行靠这八条腿，走路的模样独特而有趣，大多是横着走而不是往前直行。螃蟹靠鳃呼吸，在离开水后，它会吸进大量空气，鳃里储备的水分和空气由口边吐出，成为泡沫。螃蟹食性广泛，只要螯能够弄到的食物都可以吃。小鱼虾是它们的最爱，有些螃蟹也吃海藻。螃蟹依靠地磁场来判断方向。母螃蟹每次都会产很多的卵，数量可达数百万粒以上。

多媒体资源库

专用资源

1. 动画：小螃蟹

2. 图片：螃蟹
3. 拼板：螃蟹

3. 荷叶伞（装饰画）

目标

1. 用简单的花纹图案有规律地装饰伞面。
2. 大胆创作，设计制作自己喜欢的荷叶伞。

准备

1. 经验准备：

（1）教师在活动前使幼儿获得一定的制作经验，会使用简单的制作工具，如剪刀、双面胶、胶棒。

（2）教师在美术活动区和前期活动中安排装饰画的内容，使幼儿会用简单的图案装饰服装、帽子等物品。

（3）教师请幼儿和家长一起搜集不同图案的花伞，引导幼儿观察伞面花纹和图案，发现它们的装饰特点和规律。

2. 物质准备：

（1）不同花纹的实物伞、范例伞。

（2）画有荷叶形的画纸、黑色水笔、彩色油画棒、吸管、胶棒、剪刀，幼儿每人1份。

过程

1. 教师和幼儿一起欣赏班内的实物伞，激发幼儿创作的愿望。

教师引导幼儿观察伞面上的花纹和图案：小朋友们，咱们班上有那么多漂亮的小花伞，能找出你最喜欢的小伞吗？它是什么颜色的？上面的图案又是什么样的？

2. 教师介绍绘画材料及步骤。

教师出示范例伞，引发幼儿装饰制作荷叶伞的兴趣。

教师：刚才我们小朋友欣赏了那么多好看小伞，老师这里有几把漂亮的荷叶伞，请大家看一看我是怎么做的。

教师出示印有荷叶轮廓的画纸，演示荷叶伞的制作步骤：

在图形上做简单装饰。

将荷叶形伞面按轮廓剪下。

用剪刀在伞面上由外向内直线剪，剪到圆心处止。

在开口的一侧涂上胶，将另一侧与之重合粘牢。

在伞面中心，从下方插上吸管，漂亮的荷叶伞就做好了。

3. 幼儿制作荷叶伞。

幼儿制作过程中，教师作如下提示：

先装饰荷叶伞面，将荷叶伞面沿轮廓剪下，进行装饰。

由于画纸是圆形的，要注意边画边转纸。

根据幼儿的能力，教师可提出不同的要求：可以剪出外形轮廓有变化的伞面，在上面装饰细节变化较多的花纹；也可以剪出简单的圆形伞面，用简单色块进行装饰。

4. 教师和幼儿一起分享创作成果。

教师组织幼儿将设计制作的小花伞，在楼道或活动室展出，幼儿可以在来园或离园时向家长介绍自己的作品。

提示

1. 制作过程中，教师需提醒幼儿，工具材料用完后放回原处，养成良好的制作习惯。

2. 活动后，教师在美术区提供不同大小的圆形纸，幼儿根据需要设计制作小花伞，可以用绘画的形式，也可以用粘贴等其他方式进行装饰。

资料夹

参考图

小花伞作品

多媒体资源库

专用资源

1. 添画纸：荷叶伞

2. 动画：彩虹伞

4. 小鱼游（油画棒画）

目标

1. 观察鱼的不同形态和动态，用油画棒进行表现。

2. 学习合理安排画面。

准备

1. 经验准备：

（1）教师和幼儿一起饲养小锦鲤，重点观察它的外形特征和游动时的姿态，丰富幼儿的感知经验。

（2）教师和幼儿一起观看动画片《海底总动员》，感受不同的鱼在水里游的不同姿态。

（3）教师请幼儿收集各种鱼的图片，布置在自然角，供幼儿欣赏。

2. 物质准备：

（1）饲养着锦鲤的鱼缸，绘有鱼缸轮廓的展示墙一面。

（2）小鱼图片，幼儿每组 1 份；不同形状鱼缸纸形、彩笔、油画棒，幼儿每人 1 份。

过程

1. 教师同幼儿一起观看饲养鱼的视频，引入创作情境。

教师：小朋友，小鱼来咱们班许多天了，受到了班里小朋友的关心和照顾。它很高兴同大家做朋友，它特别想看看自己在水里游的姿态。请小朋友帮忙画下来好吗？

2. 教师介绍绘画材料及步骤。

教师请幼儿观看小鱼图片：小朋友们看一看，图片中的小鱼在做什么？它们的姿势有什么不同？（有的向上游、有的向下游、有的面对面游）

教师演示小鱼的基本画法：小鱼小鱼水中游，身体都是流线型。尾巴一摇身一弯，游来游去真快活。请说一说，小鱼游来游去在做什么？（唱歌、吐泡泡、找朋友、找吃的东西……）

3. 幼儿画小鱼游，教师鼓励并指导创作。

教师：小朋友，我这里给大家准备了不同形状的小鱼缸，请你把小鱼画在鱼缸里。注意要把小鱼游的不同姿势画下来，它们游的时候不能太挤，要不然该游不动了。

对能力强的幼儿，教师可鼓励他们画出不同姿态游的小鱼后，添画水草、石子、贝壳丰富画面。对个别能力弱的幼儿，教师引导他们观察鱼缸中小鱼的样子，鼓励他们在鱼缸的适宜位置画出小鱼就可以了。

4. 教师和幼儿一起分享创作成果。

幼儿之间相互欣赏作品，教师鼓励幼儿给同伴讲述自己画的小鱼是怎样游的，它在做什么？

教师组织幼儿将作品张贴到大的鱼缸展示墙上，供大家一起欣赏。

提示

活动中，教师要注意引导幼儿观察鱼缸里小鱼游动的姿态，重点表现鱼的动态。

资料夹

参考图

小鱼图示

多媒体资源库

专用资源

1. 添画纸：鱼缸

2. 动画：小鱼游啊游

多用资源

图片：美丽的鱼

5. 夏日海滩（综合材料制作）

目标

1. 尝试用不同的材料和作画方法表现海边人们活动的场景。

2. 共享与同伴合作创作的乐趣。

准备

1. 经验准备：

(1) 活动之前，教师请家长在假期带领幼儿一起去海边，参与海滩游戏、游泳、拾贝壳、堆沙堡等。

（2）此活动应安排在幼儿画过大量人物画，对人物动态、相互关系有一定掌握之后。

2. 物质准备：

（1）沙滩和大海背景墙，夏日海滩情景、海滩游戏照片，海浪声音乐。

（2）16 开素描纸、彩色水笔、油画棒、丙烯颜料、剪刀、白色正方形纸，幼儿每人 1 份。

过程

1. 教师播放海滩情景视频，激发幼儿创作的热情。

（1）教师播放视频。

教师：在炎热的夏日里，在浩瀚的大海边的银色沙滩上，有许多人正在享受着阵阵凉爽的海风，开心地游戏。

（2）引导幼儿回忆所见所闻。

教师：小朋友你们都见过大海吗？海里都有什么？海滩上又有什么？

幼儿讲述自己的见闻，教师鼓励幼儿大胆表达。

2. 教师向幼儿展示沙滩和大海背景墙，引导、鼓励幼儿构思与创作。

（1）教师讲解介绍沙滩和大海背景墙，引导幼儿联想回忆在海边曾经做过的游戏。

教师：小朋友，请你说一说，你在海边最爱玩的游戏吧！

幼儿讲述自己的经历，教师倾听，并协助幼儿归纳出适于呈现画面的活动情境——游泳、玩沙游戏、捉螃蟹、晒太阳、捡贝壳等。

（2）教师演播海滩游戏照片，巩固、梳理幼儿的回忆和联想。

（3）教师鼓励幼儿将自己在海滩和海边的游戏情境用美术表现方式呈现。

教师：小朋友，现在大海和沙滩上还没有小朋友在游戏，你任选桌子上的材料，可以画，可以折，可以粘贴，把你在大海和沙滩上的游戏表现出来。

3. 幼儿创作，教师指导。

（1）教师播放有海浪声做背景音乐，幼儿安静创作。

（2）教师观察和支持幼儿作画，并酌情帮助幼儿解决所遇到的困难。

4. 教师组织幼儿展示分享创作成果。

教师引导幼儿欣赏集体创作的夏日海滩，轮流讲述画中的故事。

提示

1. 教师重点营造美好的创作氛围，启发幼儿创作的愿望，并尊重他们的选择。

2. 教师在帮助幼儿解决绘画中的困难时，可以借助平时收集的图片册和制作的夏日海滩游戏图片的幻灯片。

多媒体资源库

专用资源

1. 图片：海滨

2. 贴画：海滨游戏用具（1～3）

大 班

1. 采摘乐（综合绘画）

目标

1. 尝试把自己采摘时印象最深的事情画下来。

2. 在绘画活动中再次体验采摘的乐趣。

准备

1. 经验准备：

教师在秋天组织幼儿到户外采摘，丰富感性经验。

2. 物质准备：

（1）幼儿采摘时的视频和照片。

（2）水彩笔、水粉颜料、毛笔、画纸，幼儿每人 1 份；涮笔桶，幼儿每组 1 只。

过程

1. 教师引导幼儿回忆采摘的经历。

教师提问：

前两天，我们背着书包，坐着大汽车一起去干什么去了？（采摘）

我们在那里做了些什么？（挖红薯、摘苹果、摘菜）

2. 教师播放采摘视频或照片，请幼儿观看，帮助幼儿加深采摘的印象。

教师：小朋友在做什么呢？（挖红薯、摘菜）

教师将视频定格在幼儿采摘时弯腰的动作，或出示相应的照片，引导幼儿观察动作的状态。

教师：

小朋友挖红薯时的动作是什么样子的？（弯腰）请你仔细观察他们身体的姿态，学一学弯腰的动作。

你在采摘时还有哪些动作，做出来，请小朋友互相观察。

小朋友采摘时是什么样的心情？从哪儿可以看出来？

3. 幼儿选择自己印象深刻的采摘场景进行描绘，教师巡回指导。

教师提示：

请小朋友们把采摘时的快乐情景画下来，留下美好的记忆吧！

把你在采摘时印象最深的事情画出来吧！

4. 幼儿展示分享作品。

教师：请几位小朋友根据自己的绘画内容，给大家讲一讲印象最深的采摘经历。

提示

采摘时，教师应有意识地把每个幼儿都拍摄到，并注意收集幼儿弯腰的动作。

延伸

在语言活动区，请参加过采摘的幼儿给没参加过的幼儿讲一讲采摘时的趣事。

多媒体资源库

专用资源

图片：收获、采摘乐

2. 漂亮的窗户（水彩画）

目标

1. 尝试用软质笔和水粉颜料作画。
2. 感受装饰室内环境的乐趣。

准备

1. 经验准备：

在事先的绘画活动中，教师带领幼儿画装饰画，丰富幼儿的绘画经验。

2. 物质准备：

水彩笔、水粉颜料、毛笔，幼儿每人1份；活动室三扇干净窗户。

过程

1. 教师通过谈话激发幼儿对活动的兴趣。

教师引导幼儿讨论：

再过几天就是什么节日了？（六一儿童节）

对，六一节快到了，我们班悬挂的很多装饰物让活动室变漂亮了，你们能让小窗户也变漂亮吗？（把窗户画上漂亮的画）

2. 引导幼儿讨论绘画方法。

教师提问：

我们怎么来装饰小窗户呢？（在纸上画出漂亮的图案，再贴到窗户上；用水粉直接在窗户上画）

我们可以画些什么呢？（漂亮的花、小动物的图案、我们喜欢做的事）

3. 教师组织幼儿分组，给小窗户做装饰。

（1）教师提供两种绘画方式：A组在窗户上绘画，B组在纸上绘画；幼儿自由选择。

（2）在绘画过程中教师提醒幼儿：毛笔蘸水粉颜料时，注意不要让颜料流下来，以免破坏画面。

4. 展示分享作品。

（1）B组幼儿将画好的画粘贴在窗户上。

（2）大家相互欣赏美丽的小窗户。

提示

教师要注意A组水粉颜料中的水不要过多，以免颜料过稀从玻璃上流下，造成绘画困难。

资料夹

1. 谜语

大方方，小方方，
在墙上，不是门。
没有它，闷得慌，
有了它，空气鲜。
（谜底：窗户）

2. 故事

小兔家的窗①

小兔用大萝卜盖了一间房，窗户还没有装好，它就住在里面了。冬天到了，天气真冷！大雪飘呀飘，大风吹呀吹，吹进了小兔的屋子里。小兔冷得发抖，它看看窗户说："我得找样东西来挡挡风。"它走到小河边，看到小河结冰了，就搬了一块冰，挡在窗框上。冰挡住了风雪，小兔真高兴。

春天来了，天气暖和了，小兔从外面回来，看见窗户上的冰不见了，地上有一滩水，小兔急得哭了。

小熊猫走来，指着地上的水，告诉小兔："春天，天气暖和，冰就融化成水了，你去找块玻璃装在窗框上吧！"

① 《幼儿园教材（试用本）语言（教师用书）》，人民教育出版社1984年版，第332页。

多媒体资源库

专用资源

图片：彩色玻璃窗

3. 我的新年贺卡（拓印画）

目标

1. 通过观察、比较，发现贺卡装饰的特点。

2. 学习用纸板拓印的方法制作贺卡，体验制作的快乐。

3. 通过赠送贺卡，懂得关心他人，珍惜同伴间的友情。

准备

1. 经验准备：

（1）在音乐活动中，幼儿学唱歌曲《新年好》。

（2）在年节期间，教师随情景告诉幼儿贺卡的用途及如何说祝福的话语，并请家长也注意这样做。

（3）教师在美术活动区提供纸板拓印的工具材料，并引导幼儿尝试操作这些材料，使其获得相关经验。

2. 物质准备：

（1）歌曲《新年好》音乐。

（2）教师与幼儿搜集形式新颖、构图清晰、色彩鲜艳的贺卡，布置活动室的新年墙饰，展示贺卡。

（3）白卡纸、拓印模具纸、拓印工具、各色水粉、水彩笔，幼儿每人1份；彩色花纸、剪刀、胶水，幼儿每组1份。

过程

1. 在《新年好》的歌曲中，教师引出活动内容。

教师提问：

谁知道这首歌曲的名字？

马上就要过新年了，人们都以什么方式对朋友表示慰问和祝贺呢？（打电话、发短信、送贺卡）

2. 教师引导幼儿欣赏贺卡，发现其特征。

（1）教师请幼儿挑选贺卡，要求其边观察边讲解：小朋友们收集了很多贺卡，请在其中选一张你最喜欢的，和旁边的小朋友说一说，你为什么喜欢它。

教师：谁来说说你为什么喜欢贺卡？（漂亮、有好看的图案）

（2）教师挑选装饰性较强的贺卡展示在黑板上，引导幼儿观察，分析归纳其特征。

教师提问：

老师也选了几张漂亮的贺卡，请仔细看看，你们发现这些贺卡有什么相同的地方吗？（四周有花边、中间有个洞能看见下面的图案、有写祝福语的地方）

这几张贺卡有不同的地方吗？（花边不同、中间的图案不同、有横的也有竖的）

教师再选出几张不同的贺卡请幼儿观察：这几张贺卡与刚才的贺卡有什么不同？（没有中间的洞、带音乐、立体贺卡）

教师：那它们又有什么相同的地方？（都有装饰图案）

3. 教师启发幼儿思考制作贺卡的方法。

教师提示：

今天，我们也来制作贺卡，送给你的好朋友好吗？

老师知道你们的好朋友有很多，所以你们要做很多张贺卡。你们有什么好办法，能一下子做出很多的贺卡？（用拓印的方法）

拓印是一个好办法。小朋友可拓印出主要的图案和画。

除了拓印，还有什么方法吗？

幼儿列举曾学过的绘画与制作方法。

教师：在拓印好主要图案以后，小朋友还可以再选一两种方法，比如用彩色笔在贺卡的边上画些花纹，或者用剪刀剪一些小花粘在贺卡的四角。这样可以让贺卡更漂亮。

4. 幼儿制作，教师指导。

（1）幼儿选择工具创作贺卡。教师鼓励幼儿制作出让朋友惊喜、特别喜欢的贺卡。

（2）根据幼儿的进展，教师提醒他们看一看、想一想贺卡上面还缺什么，再添加些什么会更好一些。

（3）当幼儿印好贺卡后，教师帮助幼儿填写所要说的祝福语。如果幼儿所要写的贺卡太多，教师也可事先将有关的祝福语写在大的纸张上，请幼儿临摹。

5. 集体分享创作成果。

在《新年好》的歌曲声中，幼儿将自己制作的贺卡送给好朋友，并祝好友新年快乐！

提示

1. 在进行此活动时，幼儿一定要具有纸板拓印经验。如果幼儿缺乏这方面的经验，建议将活动分成两个部分进行。前一部分，请幼儿观察贺卡的特征，了解装饰的方法。后一部分，学习用纸板拓印贺卡。

2. 幼儿自己制作纸板印章时，可以做成阳纹，如★；也可做成阴纹，如★；还可以将数个图形连接起来做成印章，如★★★★★。如果幼儿会连续剪纸，可以一次剪出有连续效果的印章。

资料夹

参考图

拓印材料图示

多媒体资源库

专用资源

动画：妙趣贺卡

4. 小蝌蚪找妈妈 1（自制连环画）

目标

1. 与同伴共同为故事《小蝌蚪找妈妈》画插图，制作连环画。

2. 学习划分故事的情节段落，合理安排画面，表现出故事的发展线索。

准备

1. 经验准备：

（1）教师事先为幼儿讲述《小蝌蚪找妈妈》的故事。

（2）教师指导幼儿练习画鸭、鱼、鹅、乌龟、青蛙等，使幼儿具有一定的造型能力。

2. 物质准备：

（1）故事《小蝌蚪找妈妈》，故事角色图片，轻音乐磁带和录音机，《小蝌蚪找妈妈》课件。

（2）4开画纸、水彩笔、油画棒、记号笔，幼儿每人1份。

过程

1. 教师播放课件，引导幼儿欣赏故事《小蝌蚪找妈妈》，分析故事主要情节。

教师：小蝌蚪刚生下来时是什么样子的？说一说怎样画小蝌蚪？（长圆形的身体，后面有一条细长的小尾巴）教师补充：小蝌蚪画起来看似简单，但要画得灵活可不容易，小蝌蚪尾巴要画成曲线不能画成直线。

教师：小蝌蚪把哪些动物当成自己的妈妈了？最后它找到自己的妈妈了吗？（小蝌蚪遇到了鸭妈妈、鱼妈妈、乌龟妈妈、鹅妈妈。最后，在大家的帮助下，终于找到了自己的青蛙妈妈）

2. 教师引导幼儿讨论怎样自制连环画。

教师：小朋友知道什么是连环画吗？（连环画就是把一张张连续的画面按次序排列起来，构成一个完整的故事。

教师：怎样做连环画呢？先做什么，后做什么？幼儿讨论，教师归纳制作连环画的步骤：

（1）画故事。每张纸画一个故事情节，有几个情节片断，就画几张纸。

（2）把画好的故事内容按照先后顺序排列并写上页码。

（3）装饰封面。把故事的名字，如《小蝌蚪找妈妈》，画在封面上，让别人一看就知道这本连环画告诉我们的是什么故事。

（4）装订成册。

教师：

《小蝌蚪找妈妈》这个故事可以分成几个情节片段呢？（6个主要情节）每个主要情节是什么？有什么角色？

第一幅，池塘里，小蝌蚪游来游去，三两成群，有聚有散。

第二幅，小蝌蚪与鸭妈妈对话的情景。

第三幅，小蝌蚪与鱼妈妈对话的情景。

第四幅，小蝌蚪与乌龟妈妈对话的情景。

第五幅，小蝌蚪与鹅妈妈对话的情景。

第六幅，小蝌蚪与青蛙妈妈对话的情景。

3. 幼儿分工创作，教师指导。

（1）教师：这么长的故事我们怎么来画呢？教师协助幼儿分组，共分6组，每组选择一个故事情节片断进行描绘。

（2）教师：每组小朋友怎么分工？每幅画面需要画哪些东西？（先确定小蝌蚪遇到的动物的位置，并注意与小蝌蚪相呼应，然后分工。如：1人用线描笔勾画小蝌蚪遇到的动物妈妈；1人勾画小蝌蚪；1人按画面需要添加水生植物；2人用水彩笔或油画棒为画好的形象涂色。

（3）幼儿分组绘画，教师巡回指导，给予及时的帮助，提示幼儿注意与同伴合作和协调。

4. 各组幼儿互相欣赏、交流。

（1）教师组织幼儿依次欣赏各组幼儿合作完成的每幅图画。

（2）教师指导各组幼儿将 6 幅作品按故事的前后次序排列好，装订成册，共同尝试用自己自制的连环画讲故事。

提示

1. 本次活动的难点是划分故事情节，教师可以出示小蝌蚪遇到的每个动物妈妈的图片，作为每个情节片段的代表，帮助幼儿确立各画面的主要形象。

2. 教师可在美术区域活动中鼓励幼儿运用不同的方法创作连环画，如水粉画、撕纸画和粘贴画等。

3. 此主题活动最好放在春天开展的相关主题活动中进行。

延伸

幼儿将完成的作品投放到阅读区，供大家阅读欣赏。

资料夹

1. 谜语

身黑脑袋大，
长长就变啦！
多了四条腿，
丢了小尾巴，
脱下黑衣袍，
换上绿裤褂。
——蝌蚪

2. 参考图

小蝌蚪找妈妈图示 1

多媒体资源库

专用资源

1. 故事背景：小蝌蚪找妈妈

2. 图片：谁是小蝌蚪的妈妈

3. 添画纸：小蝌蚪找妈妈（1～2）

5. 小蝌蚪找妈妈 2（小组合作卡纸印画）

目标

1. 倾听理解故事，尝试用模板拓印的方法表现故事情节。

2. 学会分工、合作，培养合作能力。

准备

1. 经验准备：

（1）教师为幼儿讲述故事《小蝌蚪找妈妈》，幼儿倾听与复述故事。

（2）教师合理安排美术活动，使幼儿在前期美术活动中掌握纸板拓印的方法。

（3）教师应在同期活动中渗入合作因素，引导幼儿学习共同商讨一件事情。

2. 物质准备：

（1）用卡纸印制的《小蝌蚪找妈妈》故事书封面。

（2）卡纸、彩色复印纸、滚筒、油墨（或水粉）、白色复印纸、胶水、水彩笔，幼儿每人 1 份。

过程

1. 教师出示用纸板拓印方法自制的故事书《小蝌蚪找妈妈》的封面，引起幼儿的活动兴趣。

教师提问：

小朋友，你们知道我的这幅画讲得是一个什么故事吗？（《小蝌蚪找妈妈》的故事）

我是用什么方法制作的这幅画？（纸板拓印的方法）

2. 教师向幼儿介绍活动内容，全班讨论确定故事情节。

教师：

今天，我们全班一起来用纸板拓印的方法，共同制作一本《小蝌蚪找妈妈》的故事书，好吗？

要想做一本故事书，我们就要在书中表现出故事的各种情节，谁还记得这个故事都有哪些情节呢？

教师协助幼儿归纳故事情节：小蝌蚪出生；小蝌蚪遇到鸭妈妈；小蝌蚪遇到鱼妈妈；小蝌蚪遇到乌龟妈妈；小蝌蚪遇到白鹅妈妈；小蝌蚪找到青蛙妈妈。

3. 教师组织幼儿结合成小组，商量、选取的情节。

教师：请小朋友自由结合成小组，商量一下你们组要制作哪一个情节。

教师按前后顺序，依次报出故事情节，各组幼儿“认领”。遇到重选或漏选的情节，教师协调幼儿解决。

4. 幼儿印制，教师协调、指导。

教师：请各组小朋友根据所选取的情节，商量好要制作的形象，分头剪出来，然后合并在一起，拼贴成模板，最后印出画页。

在幼儿活动过程中，教师要注意协调幼儿分工与合作。

5. 展示分享集体创作的成果。

教师组织幼儿将各组分头创作的画页汇成一本故事图画书，全班一起阅读欣赏。

提示

1. 幼儿自由结合成的小组数量往往与情节数量有出入，遇到这种情况，教师要灵活处理。如果幼儿分的组很多，可以对一些情节拆分，如果分组少，则可以合并一些情节或预留一些情节给先行完成的小组去做。

2. 此活动的重点在于创作画面情节，因此，幼儿一定要具有纸板拓印的经验、技能和合作能力才可以进行。

3. 幼儿掌握了纸板印制方法后，可以把故事中的角色形象做成独立、可拆开重组的肢体，拓印时将这些部分拼摆，每印一次拼摆出不同的动作，表现各个形象的不同动态。

延伸

幼儿将自制大书带到小班，为弟弟妹妹讲述《小蝌蚪找妈妈》的故事。

资料夹

参考图

小蝌蚪找妈妈图示 2

多媒体资源库

专用资源

拼板：小蝌蚪找妈妈（1～2）

6. 秋天的颜色（水粉画）

目标

1. 感受秋天景色的色调特点与美丽，尝试用毛笔在布上绘画。

2. 体验使用毛笔大胆用色创作的乐趣。

准备

1. 经验准备：

（1）教师带幼儿到户外感知秋天的特征和色彩。

（2）教师请家长带幼儿到户外找秋天，并拍下照片。

2. 物质准备：

（1）教师将幼儿与家长找秋天的照片和一些其他季节的照片制作成 PPT 或纸质相册。

（2）25 cm×20 cm 的白布，幼儿每人 1 块；浅黄、深黄、土黄、橘黄等颜色的水粉颜料，幼儿每组 1 套；毛笔，幼儿每组若干。

过程

1. 教师带领幼儿观看照片，激发活动兴趣。

教师播放或出示照片：小朋友，请你找一找，哪张照片是秋天的景色？当秋天景色的照片出现时，幼儿随即指出。

教师提问：

和夏天相比，秋天的景色有什么变化？

请你介绍一下，你找到的秋天是什么颜色的？

2. 教师启发幼儿表达对美丽秋天色彩的感受。

教师引导幼儿讨论：

你觉得秋天美吗？美在哪儿？为什么？（秋天到处是金色，秋天的颜色特别多，秋天的颜色暖暖的）

你觉得秋天像什么？（幼儿发表自己的观感）

秋天里你有什么感觉？心情怎么样？（幼儿表达自己的感受）

3. 幼儿绘画，教师指导。

教师提示：

今天老师为小朋友们准备了水粉颜料、毛笔和画布，我们每人画一幅《秋天的颜色》，好吗？

在开始绘画的时候，小朋友们应该先做什么？（先想好绘画的内容和颜色再开始画；先调和好颜色再画）

在你的头脑中，秋天是什么颜色的？秋天有些什么颜色？大胆地画出来。

4. 教师引导幼儿分享活动成果。

（1）教师组织幼儿展示作品，介绍自己画的秋天，说一说自己最喜欢的作品是那幅，为什么。

（2）教师带领幼儿将作品布置在展示墙上，共同分享。

提示

本活动的重点是鼓励幼儿感受秋天色彩的美，大胆用色，尝试用毛笔在布上绘画，体验新的绘画媒材的特殊效果，并获得快乐。

延伸

1. 活动结束后，教师将本活动的工具材料转移到美术活动区，以便幼儿继续尝试探索。

2. 活动内容可以由幼儿独立完成，也可由几名幼儿合作完成一幅大型作品。

多媒体资源库

专用资源

图片：四季的树

7. 古董店里瓷器多（剪纸拓印画）

目标

1. 学习用剪纸的方法制作模版，装饰瓷器。

2. 运用已有经验，尝试寻找新的制作方法。

准备

1. 经验准备：

（1）教师在活动室陈列一些瓷器，使幼儿对磁器有所了解。

（2）幼儿通过前期活动获得拓印的经验。

2. 物质准备：

（1）瓷器数件，课件《精美的古瓷器》PPT，瓷器剪纸拓印作品。

（2）白纸、水粉、油墨、剪刀、胶水、报纸、水彩笔、胶条，幼儿每人1份。

过程

1. 教师引领幼儿欣赏精美的瓷器。

（1）教师引领幼儿欣赏所陈列的瓷器。教师：古董店里的瓷器可真多，让我们来一起看看。

（2）教师播放课件，请幼儿欣赏。

2. 教师出示用剪纸拓印法制作的瓷器，引发幼儿思考制作方法。

（1）教师：你们看看我也照着古董店里的瓷器做了一个，猜一猜，这个是怎么做出来的？

幼儿讨论后，教师归纳印制方法：先用纸剪出瓷器整体的样子，如花瓶的形象，作为模版。再用剪纸的方法制作出各种作为装饰用的图案和花纹。将剪好的图案和花纹在瓷器模版上拼摆，然后用胶水固定（但要分色拓印就无需用胶水固定）。将做好的模版放在铺好的报纸上。把模板上刷色后放在另外一张报纸上。然后在上面放一张画纸，轻轻按压纸面，掀开画纸，瓷器就印出来了。

（2）教师提示装饰方法：你们会什么剪纸方法？（连续剪、对称剪、剪四角花、剪窗花）

教师：这些剪纸图案可以装饰在瓷器的什么部位？（瓶颈、瓶身）

（3）教师提出制作要求。

在拓印时，注意各个模版的位置，防止错位。

如果想尝试印出多种色彩，可以分步印，但注意拓印的纸和模版要固定好位置。

3. 幼儿进行创作，教师指导。

在幼儿制作过程中，教师应提醒幼儿注意模具制作的步骤和操作要领，特别是上油墨或颜色时注意模版平整。鼓励幼儿耐心、细致，克服困难。

4. 集体分享创作成果。

幼儿将作品展示在班内“小小古董店”中，进行欣赏。

提示

此活动的难点是综合运用剪纸技能，因此幼儿要有连续剪、对称剪、剪四角花、剪窗花等经验和技能。

多媒体资源库

专用资源

图片：带花纹的陶器

图片：精美的瓷器

8. 我的伤心事（油画棒画）

目标

1. 观察自己的情绪，以绘画的形式大胆表现出伤心的事。

2. 通过绘画宣泄不良情绪，促进心理健康。

准备

1. 经验准备：

在平日活动过渡环节中，教师给幼儿自由交流伤心事的时间和机会，让幼儿畅谈自己的心事。

2. 物质准备：

（1）图片《伤心的人》，欢快的音乐。

（2）画纸、水彩笔、油画棒，幼儿每人 1 份。

过程

1. 教师引导幼儿观看图片，观察人伤心时的表情。

教师引导幼儿观察并提问：

小朋友看一看，这张图上有什么？（小朋友在哭泣）

你能猜一猜他为什么哭吗？（摔倒了，和小朋友吵架了）

人伤心哭泣时是什么表情？（嘴往下撇，眼睛闭上，有眼泪从眼睛里流出来；有的还皱眉，眼睛也向下）

2. 教师引导幼儿谈论自己的伤心事。

教师：你有伤心的事情吗？你愿意把你的伤心事和大家讲一讲吗？幼儿自由谈自己的伤心事。

3. 教师向幼儿介绍材料，激发幼儿的绘画愿望。

教师：

当你遇到伤心的事情的时候，你的心里是什么感觉？（很难受、很想哭、喘不过气来）

遇到伤心事让你那么不舒服，那你用什么方法发泄出来，让自己舒服一些呢？（大声喊出来、大哭、绘画、告诉好朋友）

老师有一个好办法——画画。

今天老师为小朋友们准备了画纸和水彩笔、油画棒，请你把自己的伤心事画在纸上好吗？看看会不会舒服一些。

4. 幼儿操作，教师指导。

幼儿绘画时，教师请幼儿选择自己喜欢的不同颜色的画笔来绘画。

教师引导：你的伤心事是什么？你来试试这个好办法，心情一定会好很多的！

5. 教师引导幼儿分享活动成果。

教师引导幼儿讨论：

小朋友，请你讲一讲自己画中的伤心事。

请小朋友们说一说，怎么解决这些伤心事，让自己开心起来？

这些伤心事影响了我们的心情，现在我们把它画下来了，心里是不是舒服多了？我们把伤心事画出来、说出来，我们的心情就会变得快乐！

教师播放欢快的音乐，幼儿集体快乐地舞蹈。

提示

如果有些幼儿觉察到某些颜色可以传达伤心的情绪，教师应鼓励他们尝试运用颜色来表达自己的心情。

延伸

教师在美术活动区引导幼儿用绘画书写《我的心情日记》，鼓励幼儿随时将自己的心情大胆表现出来，促进心理健康发展。

多媒体资源库

专用资源

1. 图片：伤心的人
2. 图片：猜一猜，尝到了什么味道
3. 拼板：五官和面孔（1～2）

9. 自助餐（彩笔画）

目标

1. 根据自助餐的生活经验和印象，表现吃自助餐时人物的动态和细节。
2. 表现记忆中的生活事件，体验绘画过程中的快乐。

准备

1. 经验准备：

幼儿园或班级在节日期间组织幼儿开展自助餐活动。

2. 物质准备：

（1）吃自助餐的视频或照片，轻音乐磁带和录音机。

（2）8 开画纸、水彩笔、油画棒、记号笔，幼儿每人 1 份。

过程

1. 教师播放吃自助餐的视频，帮助幼儿回忆吃自助餐时的情景。

教师引导幼儿找一找熟悉的朋友，看一看吃自助餐时的情景：说一说，录像中都有谁？他们都在哪儿？做什么？

教师帮助幼儿回忆并说出喜欢的朋友和喜欢吃的食物的名称：吃自助餐时，你和谁一起吃的？吃了哪些好吃的？

教师引导幼儿说出吃自助餐时的快乐，与大家分享：你印象最深的是什么事情？你的心情怎么样？想不想把吃自助餐时最快乐、印象最深的事情画出来，记住这件事情？

2. 教师引导幼儿讨论吃自助餐时的场面，帮助幼儿构思画面内容和布局。

教师帮助幼儿回忆吃自助餐的场景：想一想，吃自助餐时，食物和饮料都放在什么地方？如何取餐？小朋友坐在哪儿用餐？

教师帮助幼儿回忆，说出喜欢吃的食物和餐具的形状、颜色以及吃自助餐时的情景：

餐桌上有哪些食物？放在什么餐具中？这些食物和餐具是什么样子，什么颜色的？

你是怎样选择食物的？用什么来盛食物？（有序排队取餐，用小盘子和小夹子取食物）

你们坐在哪里用餐？谁和你在一起？吃的时候什么样子？什么心情？（鼓着腮帮子，大吃大喝，开心的样子）幼儿模仿当时进食的样子。

想一想，你都要画哪些人和东西？表现哪些有趣的事情？幼儿述说自己的想法。

3. 幼儿绘画，教师指导。

教师提示：

这么多人，应该怎么画？先画什么？后画什么？（可以用满天星式的构图方法，把同样的人和物都画得差不多大；先画就餐的桌子，再画人物）

要画出小朋友在什么地方，做什么事情，他们的发型、服装、食物、动态、神态、表情是什么样子，这样画面才丰富生动。

4. 展示作品，分享交流。

幼儿依次展示作品。教师提示：请说一说作品中有趣的、值得难忘的故事。

提示

1. 本活动重点是鼓励幼儿把吃自助餐时的情景和一些有趣的事情画出来。

2. 活动最好结合相关主题活动进行。

延伸

在美术活动区，每个幼儿为自己的图画加上一句话或配上一个故事，然后将所有画页集合成册，投放到阅读区供大家欣赏和讲述。

多媒体资源库

专用资源

图片：美味自助餐

10. 水中倒影（水印画）

目标

1. 感知水中倒影的特点，体验其对称、奇妙、朦胧的美。

2. 想象美的景物，用倒影画的形式加以表现。

3. 培养美感和对大自然的热爱之情。

准备

1. 经验准备：

活动前，教师带领幼儿在水池边玩一玩，观察水中的倒影。

2. 物质准备：

（1）水中倒影图片若干。

（2）水彩笔、绘画纸，幼儿每人 1 份；毛笔、报纸、调色水及瓶，幼儿每组 1 份。

过程

1. 引导幼儿观察倒影，并发现其特点。

教师出示有水中倒影的图片，引导幼儿观察：

小朋友，请你讲一讲图片中有些什么景物，哪些是真实的物体，哪些不是？

图片中那些不是真实物体的东西，我们通常管它们叫什么？（倒影）

教师继续出示各种水中倒影图片，幼儿观看并议论。观看数张之后，教师再次提问：从这些图片中，你发现水中的倒影有些什么特点？你发现了什么规律？它有趣的地方在哪里？（倒影与上面的景物是对称的；上面的清楚，下面的有些模糊）

教师：你在哪里看过水中的倒影？和图片相比，它还有什么特殊的地方？（风一吹，倒影就会动，变得模糊；如果有东西掉在水里，倒影就会像被打碎一样，散掉）

2. 教师讲解水中倒影的制作步骤。

教师边演示边说：将纸对折后展开，在上半部分用水彩笔画出漂亮的画面，在纸的下半部分涂上一层水；再将纸对折，用手轻轻按压，打开。小朋友，你看到了什么？（上半部分画面印在下半部分，好似水中的倒影）

3. 教师启发幼儿构思。

教师提示：

想一想你看过的水中倒影，你觉得最好看的有哪些？

你想画什么？（树、房屋、小动物、人、花草）

4. 幼儿创作。

在幼儿创作过程中，教师重点提示：

（1）画面要鲜艳、清楚。

（2）涂水时只涂下半部分，不宜过多或过少。

（3）按压时动作要轻，不要让纸互相摩擦。

5. 分享作品。

（1）幼儿自愿展示作品并讲述自己的构思来源。教师：请说一说你画了什么？为什么想到画这些？

（2）幼儿表达自己对同伴作品的观感。教师：你喜欢谁的作品？为什么喜欢？它让你想到了什么？你觉得自己可以从这幅画中学到什么？

多媒体资源库

专用资源

图片：水中倒影

11. 美食广告（水彩笔、水粉画）

目标

1. 根据自己的美食经验及印象，设计美食广告。

2. 在了解广告的特点与作用的基础上，尝试设计出具有实际功能的广告。

准备

1. 经验准备：

（1）教师请家长带幼儿到餐厅或美食场所就餐，欣赏美食广告招贴画。

（2）教师请幼儿一起收集有关美食的书籍和杂志，投放在阅读区，供大家欣赏。

2. 物质准备：

（1）教师带领幼儿收集各种大幅美食的广告图片，张贴在活动室；收集有关美食的书籍和杂志，投放在阅读区。

（2）4 开画纸、水彩笔、水粉颜料、油画棒、记号笔、大排刷、调色盘、洗笔桶，幼儿每组 1 份。

过程

1. 教师组织幼儿谈话“我最爱吃的美食”，引出活动内容。

教师：你能说出自己最爱吃的美食有哪些吗？幼儿简单介绍自己喜爱的食品。

教师选择一种自己喜欢的美食向幼儿介绍，重点描述它的种类、外形、味道、营养价值。

2. 教师引导幼儿讨论美食广告的作用、特点及要素。

教师：

怎样让更多的人喜欢我们的美食呢？（设计美食广告，张贴在外面，这样就会吸引更多的人来关注和喜欢）

美食广告有什么作用？（主要是用来宣传某一种食品，所以在广告牌中要用大幅漂亮的画面来展示这种食品，让别人一看就喜欢）

美食广告都有什么特点？广告牌上包括哪些内容？（主要是美食图片和广告语）

美食广告中表现哪些内容最有吸引力？（色彩艳丽、让人馋得直流口水的美食图；最能展示美食优点和特色的广告词）

如果你想品尝一款美食，你想知道这款美食的哪些信息？（美食的名称、原料食材、营养价值、凉菜还是热菜、厨师推荐的理由、价钱、预订电话等）

3. 幼儿设计美食广告，教师指导。

(1) 教师组织幼儿分组。教师从先前的讨论中选择几样幼儿喜欢的食品，为每样食品征集广告设计人员，请他们一起讨论如何为这款食品设计美食广告。

(2) 教师提醒每组幼儿先为美食想出一个好听的名字和一句吸引人的广告语，然后商讨画面内容和布局。

(3) 教师让每组幼儿选择一张大纸，推举一名幼儿用粗记号笔勾画出本组的大致构思，注意将美食画得大一些，突出一些；其他幼儿随后用稍细的画笔画出所需细节。

(4) 当大部分形象与图形勾画好后，教师提示幼儿开始涂色。为了取得画面饱满的效果，广告画需要涂上背景色，这时选择油画棒＋水粉颜料的“油水分离”法是最便捷有效的。

(5) 教师帮助幼儿将想好的广告语写在画面中，幼儿再对文字做一些装饰。

4. 幼儿之间分享交流。

幼儿分组展示所设计的美食广告，用各组的广告语进行介绍。教师：说说你们是如何设计的，为什么这样设计？

幼儿进行评价。教师：你来餐厅就餐，你会喜欢哪张美食广告？

提示

本次活动中，教师要鼓励幼儿画面设计要主题明确、突出，传达关键的信息；构图集中，形象和文字适当；以图为主，图文并茂，富有情趣。

延伸

1. 活动后，教师引导幼儿把设计好的美食广告投放到美食城，供大家参观，增加幼儿的游戏兴趣和自豪感。

2. 将幼儿所设计的美食广告装订制作成册，做成菜谱，提供给活动区中的“餐厅”或“美食城”。

资料夹

小知识

什么是广告语

广告语，又称广告词，有广义和狭义之分。广义的广告语指通过各种传播媒体和招贴形式向公众介绍商品、文化、娱乐等服务内容的一种宣传用语，包括广告的标题和广告的正文两部分。狭义的广告语则单指广告的标题部分。标题是一则广告的灵魂，是吸引人的主要工具。好的广告语应做到简洁凝练、明白易懂、朗朗上口、新颖独特、富有情趣、主题突出。

多媒体资源库

多用资源

图片：美味小吃、主食

12. 男孩和女孩（写生画）

目标

1. 通过观察，把握男孩、女孩的不同形象特征，初步尝试人物写生。

2. 欣赏大师的作品，体会作品中的艺术美。

准备

1. 经验准备：

教师在之前的美术活动中组织幼儿画人物画，如：人物头部、半身肖像或主题人物画。

2. 物质准备：

(1) 名画《提喷壶的女孩》《吹短笛的男孩》。

(2) 画板、画架、签字笔，幼儿每人 1 份。

过程

1. 教师与幼儿谈论画家的画，激发创作兴趣。

教师引导幼儿观察：

在很久以前，还没有照片的时候，有的画家会把自己喜欢的小朋友画下来，送给他留作纪念。

今天老师带来两张画家画的小朋友的画像，请你们看一看。

2. 教师请幼儿欣赏《提喷壶的女孩》，了解作品内容。

教师引导幼儿欣赏：

画面上有什么？女孩在干什么？小女孩漂亮吗？你觉得她哪里漂亮？（提水壶的女孩真漂亮，她长着金色的卷发，头上带着蝴蝶结，裙子上都是花边，还有漂亮的高帮皮鞋，像个小公主）

这幅作品叫《提喷壶的女孩》，是画家雷诺阿的作品。

我们也请几位女孩做不同的姿势和表情，请其他孩子说说她们什么地方漂亮。

教师帮助幼儿总结女孩的形象特征：女孩子的头发很美丽，她们微笑的样子很可爱，站和坐的姿势也很优雅。

3. 教师请幼儿欣赏《吹短笛的男孩》，了解作品内容。

教师引导幼儿欣赏：

画面上有什么？男孩在干什么？（男孩子，在吹笛子）

这幅画叫《吹短笛的男孩》，是画家马奈的画作，作品表现的是一位吹笛子的男孩，他穿着漂亮的演出服。

教师请几位男孩做不同的姿势和表情，请其他孩子说说他们哪里很帅气。

教师帮助幼儿总结男孩形象特征：男孩子很英俊，站和坐的姿势很帅气。

4. 鼓励幼儿画出好朋友优美的姿态和表情，教师巡回指导。

教师：今天我们也尝试像画家一样，画画你的好朋友吧！请找你的好朋友，你们面对面，轮流为对方画像。

教师重点提示幼儿把握男孩、女孩不同的形象特征，鼓励幼儿画出好朋友最有特点的地方。如：头发的款式、衣服的样式、动作和表情等。

5. 展示作品，相互交流。

教师组织幼儿相互欣赏，征求对方意见，进行补充和调整，并互相签名留念。

提示

1. 本次活动重点在于通过观察，把握男孩、女孩的形象与动态的不同点，初步尝试人物写生画。

2. 幼儿为对方画像的时间不宜过长，保持在 5 分钟以内。模特要在规定的时间内保持固定的姿势不动，双方要相互协作，配合好。

延伸

1. 教师鼓励幼儿为更多的同伴、家长或老师画像。

2. 教师鼓励幼儿尝试运用其他表现方法，如水粉画，在活动区为同伴画像。

多媒体资源库

专用资源

图片：男孩子和女孩子

13. 心情冷暖色（彩笔画）

目标

1. 从物体有冷暖的体验中发现颜色有冷色和暖色，体验冷暖色带给人的不同感受。

2. 尝试并喜欢运用冷暖色表达自己的心情。

准备

1. 经验准备：

教师组织幼儿开展绘画彩色日记的活动，使幼儿获得通过绘画表达心情的经验。

2. 物质准备：

（1）冷、暖色调人物画像各一幅（凡高的《自画像》和毕加索的《梦》）；一枚刚煮熟的鸡蛋，一盒冰块，分别放在两个摸箱里；画有太阳和冰棍的教学背景图各一张。

（2）水粉颜色、水粉笔、水粉纸、砂纸、油画棒，幼儿每人 1 份。

过程

1. 教师带领幼儿尝试“勇敢者游戏”，引导幼儿感受事物的冷热。

（1）教师：今天我们来玩一个勇敢者的游戏。请小朋友边说马兰花的儿歌，边按顺序传递马兰花，当儿歌说完时，马兰花传到谁的手里谁就来做勇敢者，摸一摸摸箱里面是什么。游戏开始。

（2）游戏停止后教师提问：你摸到了什么？有什么感觉？（鸡蛋热热的、冰块凉凉的）

教师：请小朋友们都上前摸一摸这两样东西，感觉一下它们有什么不同。

2. 教师引导幼儿利用已有经验感受事物的暖色和冷色。

（1）引导幼儿进行暖色联想。

教师提问：

你刚才摸到热鸡蛋时有什么感觉？你想到什么？还有什么东西让你有这种感觉？（热热的、暖暖的，会想到太阳、热水、温泉）

这种暖和热的感觉会让你想到哪些颜色？（红色、橘色、粉色）

请你从彩色卡纸中挑出这些颜色的卡纸，贴在暖暖的太阳周围。

（2）引导幼儿进行冷色联想。

教师提问：

你刚才摸到冰块时是什么感觉？你想到什么？还有什么东西让你有这种感觉？（凉凉的、冷冷的；会想到冬天、雪人、雪糕）

这种冷冷的感觉会让你想到哪些颜色？（蓝色、绿色）

请你从彩色卡纸中挑出这些颜色的卡纸，贴在冷冷的冰棍周围。

3. 教师引导幼儿欣赏冷、暖色人物画像，讨论画中的冷色、暖色的意味。

教师：颜色不但能表达我们的感受，还能表现我们不同的心情。看看画家是怎么表现的。

教师出示两幅画引导幼儿欣赏，并提问：

这两幅画有什么不一样？哪幅是冷色的？哪幅是暖色的？画中人物的心情一样吗？我们听听画家是怎么说的。

冷色调的画是画家凡高的自画像，当时他在生病，身体很不舒服，他将自己生病时的样子画了下来。你看看他都用了什么颜色？他在自己的脸上用了什么颜色？为什么要用这个颜色？说明了什么？

暖色调的画的作者是毕加索，他画的是一个漂亮的女人。画中的女人非常高兴，好像在做着美梦。在这幅画中都运用了哪些颜色？作者为什么运用这些颜色？

4. 通过谈话，教师引发幼儿绘画自己的心情故事。

教师引导幼儿讨论：

有让你一看到就感到温暖的人吗？有让你感到温暖的事吗？如果你是画家，你会使用什么颜色？你会画些什么？

你有像凡高那样感到不舒服，或者让你觉得冷冷的事情吗？如果你是画家你会使用什么颜色？

你想把这些事情画下来和大家分享吗？画出高兴的事与大家分享会让你更高兴；不高兴的事画出来就会过去了，以后你就会高兴了。请你也像画家一样使用暖暖的颜色或者冷冷的颜色把你的心情故事画下来。先画主要的，要画得大一些，让大家看清楚，再在它的周围画陪衬的东西。

5. 教师介绍材料，幼儿进行绘画。

教师：请小朋友自己选择喜欢的油画棒或水彩笔进行创作。

6. 教师组织幼儿交流创作成果。

活动结束，教师请创作冷、暖色调作品的作者各 2～3 名讲述自己的作品。如果幼儿画的是不高兴的故事，教师可对他说：和自己的好朋友悄悄地说一说，这件不高兴的事就会过去了。

多媒体资源库

专用资源

图片：冷暖色调人物画

14. 装饰新年帽（水粉画）

目标

1. 尝试用水粉画工具材料装饰生活用品，练习使用毛笔较细致地绘画。

2. 大胆用色，感受色彩丰富之美。

3. 大胆装饰自己的新年帽，感受节日的喜悦。

准备

1. 经验准备：

此活动安排于新年之前。教师引导幼儿知道新年即将来临，感受街道的变化和新年的喜庆氛围。

2. 物质准备：

（1）装饰好的新年帽一个，歌曲《新年好》。

（2）新年帽纸形，幼儿每人1张；毛笔，幼儿每人1支；各色的水粉颜料、涮笔瓶，幼儿每组1份。

过程

1. 教师引导幼儿感知新年的喜庆氛围。

教师引导幼儿讨论：

最近大街上、幼儿园里、家里有什么变化？（变得很喜庆，街道挂上了红灯笼，树也挂上了漂亮的彩灯，家家贴春联、贴福字）

为什么会有这些变化？（新年要到了）

新年快到了，看到这些变化，你有什么感觉？

2. 教师激发幼儿装饰新年帽的兴趣。

教师戴上制作好的新年帽，引导幼儿：新年到处都装饰得那么漂亮，我们也来打扮一下自己吧。看一看，这顶新年帽好看吗？

新年帽上有什么？（有各种颜色和图案）

小朋友想不想也来制作一顶新年帽？

你想怎样装饰自己的新年帽？（利用彩色绘画装饰，画上漂亮的图案）

3. 教师引导幼儿讨论装饰新年帽的方法。

教师提问：

我们一般都在帽子的什么位置上进行装饰？（帽顶、帽檐、中间部位）

你想用哪些颜色？绘画什么花纹？（圆点、心形、螺旋线、长城线、锯齿线）

4. 教师向幼儿介绍材料。

教师提示：

今天老师为小朋友们准备了各种颜色的水粉颜料和毛笔，一会儿小朋友们想好了，就可以装饰自己漂亮的新年帽了。

小朋友们用毛笔绘画的时候，注意毛笔蘸上颜料后把笔抹一抹，不让毛笔流眼泪；需要换色时，先把毛笔在水里涮一涮，洗干净，再蘸新的颜色。

5. 幼儿操作，教师指导。

教师提示：

装饰帽子的时候，可以先用线条在帽子上画出不同形状的块块，然后在块块内画上好看的图案。教师可为不明白的幼儿略做演示。

如果你画的花纹比较多，比较细小，使用毛笔时要小心一点，慢一点，细致一点，小心不要弄脏帽子。

为了庆祝新年，我们要把帽子装饰得很热烈、喜庆，小朋友可以用各种各样的颜色在帽子上画出你喜欢的各种各样的花纹和图案）

6. 教师引导幼儿分享活动成果。

教师：请同伴之间说一说，自己都运用了哪些颜色、哪些图案装饰新年帽。

幼儿戴上新年帽，一起拍手唱《新年好》。

提示

1. 本活动的重点是鼓励幼儿大胆用色，感受色彩热烈之美以及节日的喜悦氛围。

2. 教师可以传授给幼儿一些必要的技能：如先涂画底色和较粗大的花纹，待颜色干了以后，换一种颜色再在上面画细小的花纹。

延伸

1. 在音乐活动区，教师请幼儿戴上自己装饰的新年帽，边唱歌曲《新年好》，边自由跳舞。

2. 可以由本活动延伸到装饰自己的新年服装、面具等。

资料夹

参考图

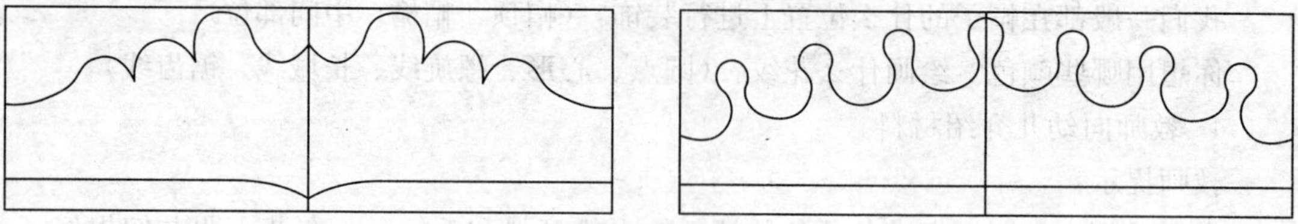

新年帽图示

说明：多媒体资源中提供的新年帽图样是完整图形的二分之一。制作之前，用A4纸将图样打印。然后，选好与图样宽度相等，长度为图样两倍的长方形纸作为制作新年帽的底纸。将底纸对折，对折后的底纸应与图样大小基本吻合。接下来，将图样覆盖在对折后的纸上，用剪刀沿图样上的线剪出新年帽纸形。

当幼儿装饰好新年帽后，教师帮助幼儿将底纸粘合成适合他们头围大小的纸圈。

多媒体资源库

专用资源

1. 图片：年画
2. 纸形：新年帽（1～3）

15. 向日葵（拓印画）

目标

1. 感受向日葵的美，尝试用印的方法表现向日葵。
2. 喜欢参加印制活动，体验印制活动的乐趣。

准备

1. 经验准备：

（1）春季，教师带领幼儿种植向日葵，此后随时观察其生长并加以养护。

（2）教师将凡高的《向日葵》张贴在活动室或走廊墙壁，供幼儿随时欣赏。

2. 物质准备：

（1）《种太阳》歌曲录音，向日葵视频或图片，由许多向日葵图像组合成的背景墙。

（2）各色硬纸板，幼儿每人 1 张；宣纸，幼儿每人 1 张；各色水粉颜料，每组 1 份。

过程

1. 教师播放歌曲《种太阳》，幼儿随音乐自然演唱、舞蹈进教室。

教师提示幼儿听歌曲，引出活动：

听，这是什么歌，让我们一起边唱边跳舞吧！

种太阳，种太阳，我们一起种了一个大大的太阳，你们知道什么花儿永远追着太阳吗？

今天老师带来许多追太阳的花儿，你们想看吗？

2. 教师引导幼儿欣赏向日葵。

（1）教师带幼儿来到事先布置好的向日葵背景墙前，引导幼儿观察欣赏向日葵的形态。

教师引导幼儿观察并提问：

你们知道这是什么花儿吗？（向日葵）

向日葵长什么样？（圆圆的花头、细细的茎、大大的叶子）

向日葵的花是什么颜色的？（深黄、浅黄）

你们觉得向日葵什么地方漂亮？（花瓣、叶子、颜色）

（2）教师带领幼儿到凡高的作品《向日葵》前，引导幼儿欣赏画家对向日葵的独特表现。

教师提问：

这是绘画大师凡高表现的向日葵，你看到这幅作品有什么感觉？

你想像画家一样也把漂亮的向日葵留下来吗？

3. 教师引导幼儿产生表现向日葵的愿望，并介绍工具材料。

教师边说边做：今天我们尝试请手指和深浅黄色颜料来帮忙，用一种奇特的方法表现向日葵。我们先用手指蘸好颜料在彩色硬卡纸上画出向日葵，再把宣纸放在上面，用辊子从上至下滚动几次；揭开宣纸，看！宣纸上有了一个漂亮的向日葵！

教师再画、印一个向日葵，边演示边提问：请小朋友说一说，拓印的两个步骤是什么？（画一画、印一印）

4. 幼儿尝试画、印向日葵，教师进行指导。

（1）幼儿操作过程中，教师重点提示幼儿画与印的步骤。

（2）幼儿手蘸颜料画好向日葵之后，教师提醒他们：将手洗净，再继续后面的操作。

5. 幼儿分享创作成果。

幼儿拓印完后，将每个作品贴在班内墙上，组成一幅大的向日葵图，集体欣赏。

提示

1. 如果条件允许，可将向日葵照片或绘画作品制作成幻灯片，投影到墙面上，这样可以形成更热烈的氛围。

2. 背景墙可采用一幅拼缀而成的向日葵大图，方法是将一幅向日葵图片分割为数幅小图，然后复印成许多黑白的向日葵局部图像，由幼儿涂上颜色。教师再把这些局部向日葵图像拼缀在展示墙上，变成一大幅向日葵图。应用此法，须注意一个技术要点：为了最后拼图时不至于混乱，教师在分割原图时，应将局部图像编号，然后按照编号复原图像。

资料夹

小知识

凡高的向日葵

凡高最有名的作品是《向日葵》。他曾多次描绘以向日葵为主题的静物，爱用向日葵来布置他在阿尔的房间。凡高认为黄色代表太阳的颜色，阳光又象征爱情，因此具有特殊意义。他以《向日葵》中的各种花姿来表达自我。对于凡高而言，向日葵这种花是表现他思想的最佳题材。人们称他为向日葵画家。

多媒体资源库

专用资源

图片：向日葵

16. 星际旅行（水彩笔、油画棒画）

目标

1. 大胆想象，对未知世界充满好奇及探究愿望。

2. 运用满天星的构图模式，取得均匀饱满的画面效果。

准备

1. 经验准备：

在活动前，教师组织幼儿参观天文馆。教师或家长在夜晚，带领幼儿瞭望天空，观察星座、星星。

2. 物质准备：

（1）创设星空世界：《小星星》音乐；将活动室窗帘拉上，关上灯，创设夜晚环境；在活动室悬挂一些大小不同的星星、星球图片。

（2）制作星星头饰：将小星星贴图取下，粘贴在头饰底条上。

（3）黑色卡纸、油画棒，幼儿人手一份。

过程

1. 教师带领幼儿进入活动室的“星空世界”，感受神奇的环境气氛，引发幼儿对星空的向往。

教师：今天老师带小朋友去一个神秘的地方做游戏。那里有点黑，可是很有意思。

教师与幼儿一同听音乐进入活动室。

教师提问：

欢迎小朋友来到星空世界，在这里你都看到什么？（星星、月亮、地球、××星球等）

你知道为什么有的星星看起来比较大，有的星星看起来比较小吗？（大的星星看起来就大，小的星星，看起来就小；离地球近的星星看起来就大、离地球远的星星看起来就小）

在夜晚的星空里你还见到过些什么星星？（北斗星、流星）

还会发生些什么奇怪的事情吗？

2. 教师组织幼儿进行“星空旅行”游戏，引发幼儿在游戏中体验星空旅行时的快乐。

（1）教师介绍游戏：我们玩一个太空旅行游戏。一半的小朋友戴上头饰，当星空中的星星，拉成一个圆圈；另一半小朋友站在圆圈外面，做好去星空旅行的准备。老师倒计时数数，喊“发射！”时，拉圆圈的小朋友，手拉手按一个方向转动；圈外的幼儿想办法从转动的圆圈缝隙中钻进钻出。

（2）教师组织幼儿游戏：小朋友们准备了吗？准备发射10、9、8……1、发射。幼儿开始游戏，教师播放音乐《小星星》。

游戏分两次完成，第二次交换角色。

3. 通过讨论，教师帮助幼儿理清思路，构思“星际旅行”的画面。

教师提示：

老师帮小朋友们准备好了黑色的纸作为星空世界，请小朋友们把自己在星空世界里旅行时看到的情景画下来。你想画些什么呢？

夜空中的星星有的大有的小、满天都是，我们在画纸上画出的这些物体也要有的大有的小，就像满天的星星一样。

4. 幼儿自由创作，教师指导。

教师鼓励幼儿大胆想象，画满画面。

5. 集体展示分享作品。

教师引导幼儿讲讲自己的星际旅行故事。

提示

1. 活动前教师可带领幼儿欣赏一些有关太空星球的图片。

2. 活动前还可以制作飞碟、飞船等玩具，进一步激发幼儿探索的愿望。

多媒体资源库

专用资源

1. 动画：小星星

2. 贴画：小星星

17. 好看的印章（泥版拓印）

目标

1. 欣赏姓名印章特有的美，学习用阴阳雕刻法制作姓名印章。

2. 喜欢泥板印制活动，体验印制活动的乐趣。

准备

1. 经验准备：

（1）教师在语言等相关活动中带领幼儿诵读《百家姓》，使幼儿对中华姓名有初步的了解。

（2）教师请幼儿收集姓名印章。幼儿会写自己的名字。

2. 物质准备：

（1）《百家姓》音频。

（2）橡皮泥、雕刻工具，幼儿每人 1 份；各色水粉颜料、笔刷，幼儿每组 1 份；宣纸每组若干张。

过程

1. 教师播放《百家姓》，幼儿随声吟诵，引出活动内容。

教师提示：

你们听，磁带里吟诵的是什么？让我们随着一起吟诵吧！

《百家姓》里都有什么姓氏？你能说一说吗？

为什么你姓这个姓？请跟小朋友讲一讲。

你们收集的印章上面都有哪些姓？

2. 教师引导幼儿欣赏印章作品，观察、感受阴、阳雕刻的艺术美。

教师引导幼儿欣赏并提问：

这些印章是怎样雕刻出来的？凸出来的花纹是用什么方法雕刻的？凹进去的花纹是用什么方法雕刻的？（凸出来的花纹用的是阳刻法，凹进去的花纹用的是阴刻法）

如果我们用泥塑做姓名印章，怎样做凸出来的花纹？（用搓细的泥条摆出字或把旁边不需要的部分挖掉）

那么，怎样做凹进去的花纹呢？（直接在泥上把文字部分挖掉）

你们觉得小朋友收集的名字印章漂亮吗？为什么漂亮？（均匀、字刻得好看）

3. 教师演示制作姓名印章，并介绍工具材料。

教师：你们想不想为自己雕刻一个名字印章？

教师边说边做：先把橡皮泥放在泥工板上按平，再请雕刻工具来帮忙。用竹刀尖的一头在泥上写出自己的名字，再用竹刀扁的一头，用阳刻法把名字笔划一定距离以外的泥去掉一层；或者用阴刻法直接在橡皮泥上把名字的笔划刻出来。

姓名印章做好了，用一张纸试一试，印出我们的名字。教师试印。

4. 幼儿雕刻印章，教师指导。

此活动中阳刻是其难点，教师应重点指导，必要时再次演示给幼儿看。

幼儿雕刻好印章后，教师提示他们用木棍将印章擀一擀。

5. 幼儿分享作品。

（1）印章雕刻好以后，教师协助幼儿在上面刷颜料，覆盖上宣纸，再揭下宣纸，完成作品。

（2）幼儿拓印完成后，将每个作品展示在展板上，集体欣赏。

提示

1. 橡皮泥可以用黏泥、面泥等代替，但用这些材料做的印章要干透后再使用。

2. 为了使印章的雕刻更具操作性，可事先在纸上写好粗线条的名字；雕刻印章时，把写好名字的纸放在泥上。

资料夹

1. 小知识

阴刻阳刻

阴刻、阳刻为篆刻术语。刻印章时，将笔画所处之材料刻除掉，形成凹陷的笔画，为阴刻；将笔画周围的材料刻除掉，形成凸起的笔画，为阳刻。

2. 参考图

印章图示

多媒体资源库

专用资源

图片：印

18. 小金鱼找朋友（水墨画）

目标

1. 观察、欣赏金鱼，了解其形体动态特征。

2. 欣赏水墨画，尝试用毛笔和水墨描绘，体验墨的浓淡运用及其艺术美。

准备

1. 经验准备：

（1）在自然角饲养小金鱼若干条。教师引导幼儿每天给小金鱼喂食，定时换水，观察小金鱼的变化。

（2）教师在美工区投放毛笔和水墨颜料，鼓励幼儿尝试使用这些工具和材料，获得中国画笔墨运用的初步经验。

2. 物质准备：

（1）名家的水墨金鱼作品。

（2）小楷毛笔、墨汁、调色盘、涮笔筒、宣纸，幼儿人手一份。

过程

1. 教师引导幼儿观察金鱼，引起幼儿关于金鱼的记忆。

教师：

今天老师为大家请来了一位生活在水里的动物朋友，它大大的眼睛、宽宽的嘴巴、尾巴好像一朵花，你们猜猜它是谁？（金鱼）教师出示水墨金鱼作品。

很早很早以前，人们就开始饲养金鱼了。金鱼非常的漂亮、可爱，所以人们一直饲养它们，观赏它们，愉悦心情。金鱼在水中游来游去的样子非常美丽，画家非常喜欢画金鱼的各种姿态，因此常有金鱼出现在他们的画中。

让我们看看，画中的金鱼在做什么？它们向哪里游？

它们长得一样吗？有什么不同？你还见过什么样的金鱼？

你觉得金鱼的什么地方、什么样子最漂亮？

2. 教师启发幼儿已有经验，讨论用毛笔绘画深浅不同墨色的方法。

教师引导幼儿讨论：

画中金鱼身上的颜色一样吗？（不一样）

今天，我们只用墨汁，能不能也画出不同的颜色呢？你有什么好办法？（可以将墨汁多加一点水或少加一点水，颜色就不一样了）

请小朋友试一试你的好方法，画出不同姿态、不同颜色的金鱼。

3. 幼儿尝试绘画，教师指导。

教师：画画前请你想一想，你的小金鱼有几个朋友，怎样安排在画面上比较好看。

4. 幼儿交流分享自己的作品。

教师引导幼儿讨论：

请小朋友说一说这幅画中有几只小金鱼，它们在做什么？

你是怎样画出墨色深浅不同的金鱼的？（墨中加水多墨色就浅；墨中加水少墨色就深；不加水的墨是黑黑的）

提示

1. 欣赏作品可以选用虚谷、凌虚和马蒂斯的金鱼作品。

2. 画纸不要过小，最好选择熟宣纸。

资料夹

小知识

什么是水墨画

水墨画为中国画的一种，指用水墨所作之画。绘画时，画家以中国画特有的材料——墨，加清水，调配出不同浓淡干湿的浓墨、淡墨、干墨、湿墨、焦墨等，在宣纸上以不同的笔法画出独特的形体结构、丰富的质地层次，构成别有韵味的“墨韵”。

多媒体资源库

专用资源

动画：三条鱼

19. 漂亮的青花瓷（水彩笔画）

目标

1. 欣赏青花瓷盘，初步了解中心图案中线与形的排列特点。

2. 大胆运用绘画的方法绘制美丽的青花瓷盘。

准备

1. 经验准备：

教师创设环境，在活动室摆放并引导幼儿欣赏青花瓷盘，注意观察、发现青花瓷上花纹的不同。

2. 物质准备：

一次性纸盘，幼儿每人1个；蓝色水彩笔，幼儿每人1支。

过程

1. 教师引导幼儿分析欣赏青花瓷盘，激发幼儿绘画的兴趣。

教师：你见过青花瓷盘吗？它有什么特点？（青花瓷是中国特有的瓷器，在白色底上有蓝色的花纹）

教师出示青花瓷盘，并提问：仔细看看青花瓷盘上有什么样的花纹？（瓷盘的中间有一个图案或一幅画，瓷盘上的花纹是一圈一圈的，都围绕中心图案。各圈的花纹都不一样，但每一圈的花纹是由一个个重复的花纹组成的）

2. 教师引导幼儿设计青花瓷盘。

教师引导幼儿讨论：

小餐厅有一些没有图案的盘子，希望小朋友给它装饰漂亮。

如果你是一名青花瓷设计师，你打算设计一个什么样子的青花瓷盘呢？它的中心图案是什么样子的呢？（有好多小花的、景色的、人物的）

怎样排列盘子上的图案呢？（先在中心画一个突出的图案，然后以这个图案为中心，发散地画出其他花纹）

教师强调：小朋友说得很对，画完主要图案后，如果你感觉盘子上比较空，还可以画一些线，添加一些花边。你知道什么样的线可以当花边吗？（波浪线、折线、交叉线）

3. 幼儿装饰纸盘，教师巡回指导。

（1）教师适时提醒幼儿想好绘画的内容，合理安排画面。

（2）在幼儿画好中心图案后，教师要鼓励他们在空白处添加线条或图形作为花边，以丰富画面。

4. 展示幼儿的作品。

幼儿将所绘制的青花瓷盘放在美术区角展示。教师引导幼儿相互欣赏，比较各自图案的特点，帮助幼儿提炼经验。

提示

本次活动的重点应放在观察、感受中心图案与周围花边的关系上。

资料夹

小知识

青　花　瓷

青花瓷，又称白地青花瓷，常简称青花，是中国瓷器的主流品种之一，属釉下彩瓷。制作青花瓷时，工匠以含氧化钴的钴矿为原料，在陶瓷坯体上描绘纹饰，再罩上一层透明釉，然后经高温还原焰一次烧成。钴料烧制后呈蓝色，具有着色力强、发色鲜艳、烧成率高、呈色稳定的特点。原始青花瓷于唐宋已见端倪，成熟的青花瓷则出现在元代景德镇的湖田窑。明代青花成为瓷器的主流。清康熙时发展到了顶峰。明清时期，还创烧了青花五彩、孔雀绿釉青花。

多媒体资源库

专用资源

图片：青花瓷盘

20. 美丽的圆桌布（装饰画）

目标

1. 欣赏衣服上的花纹，初步了解各种图案的排列规律。

2. 按照装饰规则画出美丽的图案。

准备

1. 经验准备：

教师在美术活动区引导幼儿欣赏环绕中心、圆形排列的图案，观察、发现花纹排列的规律。

2. 物质准备：

（1）有花纹图案装饰的桌布实物或照片。

（2）单色布料若干；各色的水粉颜料、水彩笔，幼儿每组 1 份。

过程

1. 教师引导幼儿欣赏各式各样图案花纹，激发幼儿参与活动的兴趣。

教师出示有花纹图案装饰的桌布实物或照片并提问：你见过这种有花纹图案装饰的桌布吗？它的图案有什么特点？（图案花纹是有规律的，从中心开始画，花纹一圈圈扩大，花纹很密）

教师：这种图案是怎样画的呢？

教师做简单演示：在桌布上找到中心点，环绕中心点向外画出一圈一圈的分割线，然后依线画出花纹。

教师：小朋友还可以把自己喜欢的小动物画在上面，按照我们前面说的方法组成图案。

教师：仔细看看这些桌布上的花纹，中间的花纹是什么样子？周围一圈圈环绕的花纹是什么样子？

2. 教师引导幼儿设计图案，制作好看的桌布。

教师提示：

小朋友选一块你喜欢的布，把它装饰成漂亮的桌布。

如果你来设计，你打算设计什么样子的中心花纹呢？（花瓣、锯齿、长城线）

这些花纹怎样组合在一起？（先在中心画一个突出的花纹，然后以这个中心为发散点，一圈圈地画出其他花纹）

3. 幼儿创作，教师巡回指导。

教师提醒幼儿先在桌布上找好要装饰的部位。

教师提醒幼儿在画好主体花纹后，可以在空白处添加线条和小花纹。

4. 展示作品。

幼儿将装饰过的桌布放在美术活动区展示，相互欣赏，相互学习。

提示

1. 本活动的重点在掌握圆形图案的排列规则，至于花纹，幼儿可以自选，不必要求内外各层花纹的对应。

2. 对画圆形图案有困难的幼儿，教师可以让他们尝试用印章印出一圈圈环绕的花纹，以此作为画圆形图案的铺垫。

资料夹

参考图

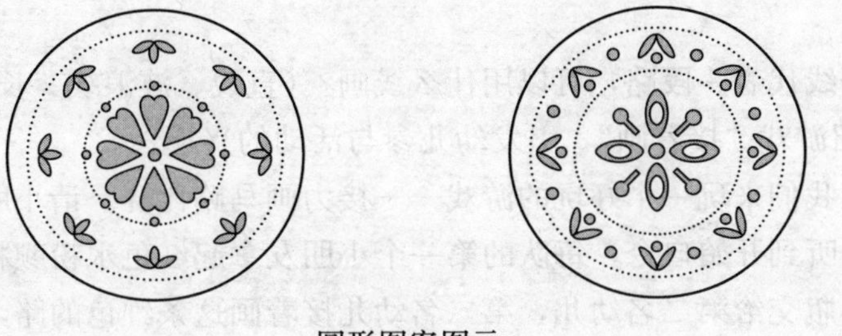

圆形图案图示

多媒体资源库

专用资源

1. 图片：美丽的圆桌布

2. 贴画：圆形小花纹

21. 热闹的街市（水粉、水彩笔画）

目标

1. 发挥记忆力、想象力，画出内容丰富有趣的人物活动与景物。

2. 体验合作绘画的乐趣，感受集体绘画作品的丰富性。

准备

1. 经验准备：

（1）将《清明上河图》复印画张贴于活动室内便于幼儿观看的位置，引起幼儿的注意和兴趣。教师可利用教育活动的间隙，与幼儿交谈他们在作品上看到的有趣情景。

（2）教师请家长在接送幼儿回家的路上，与孩子一起观察、谈论路两边的建筑和景物。

2. 物质准备：

（1）长画纸两张粘在一起，长度要够站下所有参加绘画的幼儿。

（2）红、黄、蓝色水粉颜料，幼儿每组各 1 瓶；水粉笔，幼儿每组 3 支；水彩笔、油画棒，幼儿每两人 1 套。

过程

1. 教师通过谈话引导幼儿回忆自己见到过的马路的样子，丰富绘画内容。

教师引导幼儿讨论：

小朋友，请你想一想，你都见到过什么样的路？路都是直的吗？（弯曲的、宽的、窄的、上坡的）

如果用一条线代表一段路，可以用什么线画？（直线、波浪线、长城线）

2. 教师介绍游戏“接着画”，引发幼儿参与活动的兴趣。

教师：今天我们来玩一个好玩的游戏——接力画马路比赛。请小朋友分两队分别站在画纸的一侧，听到开始口令，每队的第一个小朋友拿起红色水粉颜料瓶画一段红色的路，然后将颜料瓶交给第二名幼儿，第二名幼儿接着画这条红色的路，但可以使用不同的线条画。然后交给第三名幼儿，以此类推。哪一队的路先画完为胜。

游戏进行三次，每次画不同颜色（红、黄、蓝）的路。每次画完后，教师引导幼儿欣赏新路。

3. 教师与幼儿谈话，回忆马路上的景物，充实绘画内容。

教师提问：

你见到路的两边有什么？（路灯、楼房、树、行人）

你觉得路两边还应该有些什么？为什么？教师激发幼儿自由想象。

4. 幼儿分组添画路上的情景，体验合作绘画的乐趣。

教师提示：

看看我们刚才画的路，路两边什么也没有，多冷清呀！我们一起合作把它变成一条热闹的大路。看看哪队的路最热闹，内容最丰富。

请小朋友找空白的地方先用水彩笔画轮廓，再用油画棒涂颜色。

幼儿创作，教师择机激发幼儿丰富联想。

5. 幼儿展示介绍自己的作品，体验集体合作创作的快乐。

教师引导幼儿观察并讨论：

请每组选一个代表，讲一讲你们在路上都画了些什么？有什么最有意思的地方吗？

听了大家的介绍，小朋友觉得今天的绘画作品和平时的作品有什么不同？哪个更有意思？为什么？

提示

1. 教师可分层次引导幼儿回忆路面上的事物，并进行描绘。

2. 在班中找一个适当的地方将幼儿的作品展出。

多媒体资源库

专用资源

图片：清明上河图（局部）

22. 老爷爷和老奶奶（纸版拓印）

目标

1. 感受老人饱经沧桑之美，尝试用拓印的方法表现老年人的皱纹。

2. 喜欢参加印制活动，体验印制活动的乐趣。

准备

1. 经验准备：

(1) 教师请幼儿了解爷爷、奶奶的辛苦和对自己的爱。

(2) 教师带领幼儿学唱歌曲《给爷爷奶奶敲敲背捶捶腿》。

2. 物质准备：

(1)《给爷爷奶奶敲敲背捶捶腿》歌曲录音，油画作品《老人》。

(2) 油画棒、辊子、吹塑纸、白色的卡纸，幼儿每人1份；各色水粉颜料，幼儿每组1份；扁刷，每组若干。

过程

1. 教师播放歌曲《给爷爷奶奶敲敲背捶捶腿》，集体随音乐自然演唱，引出活动内容。

教师提示：

听，这是什么歌？让我们一起唱一唱吧！

爷爷、奶奶一天天变老，你是怎样发现的？

2. 教师出示油画作品《老人》，引导幼儿观察、感受老人饱经沧桑、满脸皱纹的面部特征。

教师提问：

今天老师带来了一幅画老爷爷的画，你们想看吗？

老爷爷的什么地方给你留下深刻印象？（皱纹）

有多少条皱纹？（许多）

你们觉得老爷爷为什么会有这么多的皱纹？（劳累、操心）

老爷爷的皱纹像什么？

3. 教师激发幼儿制作版画的愿望，并介绍工具材料。

教师：你的爷爷、奶奶是怎样爱你的？今天我们用一个新方法创作一幅有关他们的作品，他们一定会很高兴的。

教师边说边做：先用油画棒在吹塑纸上绘画长满皱纹的爷爷或奶奶；再用扁刷将水粉颜料刷在上面；最后把一张白色的卡纸放在上面，用辊子在卡纸上来回滚动几次。掀开卡纸，布满皱纹的爷爷或奶奶的脸出现了！

4. 幼儿画和印，教师指导。

(1) 幼儿操作，教师巡视，随时提示幼儿画和印的步骤。

(2) 在幼儿往刷好颜料的吹塑纸上放卡纸时，为了防止纸张移动破坏印画的效果，教师要提醒他们可先在吹塑纸上方比画一下，将卡纸与吹塑纸对齐之后，再轻轻地放下来；然后用手压住卡纸和吹塑纸，再用辊子滚压。

5. 幼儿展示分享作品。

幼儿画和印完成后，每人将作品贴在活动室外的《我爱爷爷、奶奶》的展板上，请家长和幼儿欣赏。

提示

教师请幼儿事先收集自己的爷爷奶奶或其他老年人的头像，放在班里的墙饰上欣赏。

多媒体资源库

专用资源

图片：老人

23. 我的外星朋友（水粉画）

目标

1. 尝试使用毛笔画出粗细不同的线条，感受使用毛笔画的乐趣。

2. 喜欢探究未知世界的秘密，提高想象能力和创造力。

准备

1. 经验准备：

(1) 教师组织幼儿观看电影《长江七号》。

(2) 教师在美工区投放毛笔和颜料，使幼儿获得相关的操作经验。

2. 物质准备：

(1) 外星人图片若干，“长江七号”玩具狗一只。

(2) 毛笔、宣纸，幼儿每人 1 份；水粉颜色，幼儿每组 1 套（红、粉、蓝、绿、黄、黑等）。

过程

1. 教师组织幼儿展开对外星人的谈论，激发其好奇心。

教师出示玩具狗，并向大家问好：小朋友们好，今天我们班来了一位小客人，它是我的好朋友——长江七号。你们知道它是从哪里来的吗？(外星来的)

教师介绍自己与外星朋友的故事，以及这位外星朋友的特异功能。

教师：你见过外星人吗？听说过外星人的事吗？幼儿自由述说自己的所见所闻。

2. 教师引导幼儿分享和交流自己对外星朋友的向往，激发幼儿创作愿望。

教师：你想有个外星人朋友吗？他会是什么样子的？他会做些什么事情？

幼儿根据自己的意愿畅所欲言，进行交流。

教师：我这里还有几张外星朋友的照片，请小朋友们看一看，他和我们小朋友长得有什么不一样？

幼儿感受外星人怪异的形象特点。

教师：你想把自己的外星朋友画下来让我们大家认识一下吗？

3. 师生共同探讨用毛笔画粗细线条以及涂色的方法，帮助幼儿提升经验。

教师提示：

我们要用毛笔和水粉颜色进行绘画，有几个问题我们要先讨论一下。

我们要让别人看清楚轮廓，在画轮廓线条时要注意些什么？(线条要画得粗细均匀、连贯，不能断开)

画细的线条，怎样用笔比较好？(轻轻提笔，用笔尖画)

如果画比较粗的线条，又该怎么画？(稍用力压笔画)

有的地方需要涂颜色，能像平时用油画棒涂颜色时那样来回涂吗？应该怎么涂？

教师演示，幼儿观察，并总结出涂色方法：让毛笔躺下，朝一个方向涂，不来回涂抹。

4. 幼儿创作，教师巡视指导。

(1) 在幼儿绘画的过程中，教师应鼓励他们大胆想象、尝试。教师：今天我们就给自己的外星朋友画一张画像，看看谁的外星朋友的样子最奇异，让我们看了大吃一惊。

(2) 教师关注幼儿的运笔方法，鼓励幼儿尝试用不同的线条绘画。

5. 教师引导幼儿欣赏交流作品，体验毛笔绘画的乐趣。

教师引导幼儿讨论：

先画好的小朋友可以互相欣赏作品，看看小朋友们画的外星朋友一样吗？

请小朋友讲一讲自己的外星朋友有什么特别的地方，他有什么特异的功能。

提示

在活动前，教师可引发幼儿关于外星人的讨论。

资料夹

故事

“长江七号”故事开端

小狄是一个在贵族学校念书的穷孩子。他诚实善良，却总是遭到富家孩子的欺负和嘲笑。小狄和爸爸住在一所废弃的旧房子里，爸爸每天拼命工作，就是为了让他念好书，将来出人头地。

平日，小狄总是很乖，就算体育课因为没有运动鞋而被老师罚站，他也从不埋怨爸爸。可是这一次，为了一个大家都有的玩具，小狄跟爸爸发起脾气来。爸爸买不起，就在垃圾堆里捡了一个“球”给儿子玩。谁知，这个透明的小球却变成一只活泼可爱、拥有超能力的太空狗。小狄欣喜极若狂，给他取名叫“长江七号”。小狄梦想着用七仔的超能力考100分，却没想到七仔非但没有帮到他，却让他得了个零蛋。他偷偷修改了成绩单，跟爸爸说了一次谎。爸爸大怒，小狄离家出走，赌气要凭真本事考好成绩给爸爸看。谁知，正当小狄笑着，拿着成绩单的时候，工地发生事故，爸爸从楼上摔了下来……

24. 美丽的花边（图案装饰画）

目标

1. 了解二方连续图案的作画规则。
2. 运用不同的方法，创作二方连续图案。

准备

1. 经验准备：

（1）教师带领幼儿收集、欣赏二方连续图案，观察、发现二方连续图案的特点。

（2）教师在美术活动区组织幼儿剪《好朋友，手拉手》。

2. 物质准备：

（1）二方连续装饰画。

（2）彩色纸、宣纸裁成长条，幼儿每组若干；水彩笔、油画棒、彩色铅笔、剪刀，幼儿每人1份；水粉颜料、垃圾筐，幼儿每组1份；板刷，幼儿每组若干。

过程

1. 教师引导幼儿欣赏二方连续图案，激发幼儿参与活动的兴趣。

教师引导幼儿观察并提问：

你见过二方连续图案吗？它有什么特点？（二方连续是模样一样的花纹，一个接一个排成的长队，想要多长就画多长）

仔细看看，图片上哪些是二方连续图案。

2. 教师引导幼儿设计二方连续图案。

教师：

表演区的裙子还没有花边，我们一起来设计漂亮的花边。

如果你是一名设计师，你打算设计什么样子的花边呢？（有好多小花的、交通工具的、植物的、人物的）

教师边演示边说：我们今天设计四个花纹连在一起的花边。取一张纸条，左右对折纸两次，在纸上画出漂亮的花纹；用小剪刀将折叠着的纸沿画好的线剪下来。注意左右不要完全剪断。剪好后，把纸条打开，长长的花边就出现了。把剪纸花边放在桌子上，用水彩笔上色。最后，把上好色的花边贴在白色纸上。

3. 幼儿创作，教师巡回指导。

教师提示：

可以用宣纸剪花边，用水彩笔、水粉颜料在剪好的花边上添画花纹，最后把花边粘在白色纸上。也可以选彩色纸剪花边，用水彩笔、油画棒、彩色铅笔添画花纹，最后把花边粘贴在宣纸上。

如果你感觉花边比较空，可以用一些线添加些花纹，你知道什么样的线可以当花纹？（波浪线、折线、交叉线、半圆线）

4. 展示作品。

幼儿将制作的二方连续作品放在美术活动区展示，相互欣赏，交流经验。

提示

本次活动的重点是使幼儿体会二方连续图案的花纹重复、连续不断的特点。

资料夹

小知识

什么是二方连续

二方连续是由一个单独纹样，向上下或左右两个方向反复连续形成的纹样。二方连续的方法有：垂直式、散点式、波纹式。

多媒体资源库

专用资源

1. 动画：美丽的花纹组合

2. 贴画：花纹

25. 拾麦穗（彩笔画）

目标

1. 能理解诗歌的含义，并能根据诗歌的意思进行联想和绘画创作。

2. 知道要爱惜粮食，养成不浪费的良好饮食习惯。

3. 尝试画人弯腰的姿势。

准备

1. 经验准备：

学习、背诵古诗《悯农》，了解农民的辛苦。

2. 物质准备：

（1）作品《拾穗者》。

（2）水彩笔或油画棒，幼儿每人1套，长方形画纸，幼儿每人1张。

过程

1. 教师引导幼儿欣赏绘画作品《拾穗者》，观察弯腰人的画法，感受弯腰与直立的不同姿态。

教师引导幼儿欣赏并提问：

画面上的人在什么地方？他们在做什么？（在田地里劳动、拾麦穗）

这幅画的名称就叫作《拾穗者》，也就是“拾麦穗的人”；这些拾穗者是些什么人？他们拾麦穗时的姿势是什么样的？（是农民；弯着腰在劳动）

我们学一学弯腰的姿势，看看和站立时哪里不一样。教师引导幼儿重点观察头、身体位置，四肢的变化。

总是弯着腰你有什么感觉？画中的农民辛苦吗？为什么？（很累；农民总是弯着腰做事很辛苦）

2. 教师引导幼儿朗诵古诗，让幼儿知道农民的辛苦。

看完了画，小朋友还记得我们学过一首要爱惜粮食的古诗吗？它叫什么名字？（《悯农》）

我们一起朗诵这首古诗。

师生共同朗诵古诗。

教师：这首古诗表达的是什么意思？告诉我们什么道理？（要爱惜粮食）

3. 教师引导幼儿根据诗句进行画面联想。

教师：今天我们根据《悯农》这首古诗的内容画一幅画。教师根据诗歌顺序，启发幼儿思考根据诗歌的内容可以画些什么。

教师：你想画些什么？太阳在哪里？是什么样的？农民在哪里？在做什么？是什么姿势的？为什么？

第一句——农民伯伯弯着腰在劳动，太阳在农民伯伯的头顶。

第二句——农民伯伯的汗都流了下来，滴在了土地上。

第三句——画一碗饭或画小朋友在吃饭。

第四句——画许多粮食，旁边画一个流汗的农民伯伯在笑。

4. 幼儿绘画，教师指导。

幼儿进行绘画，教师帮助有困难的幼儿，引导他们再次观察弯腰人的姿势。

5. 集体欣赏作品，并朗诵古诗。

幼儿将作品摆放在桌子上，随意走动地相互欣赏。

教师提出问题：

你觉得哪幅作品最能表现《悯农》这首古诗？为什么？

你觉得哪幅作品里的农民最辛苦？为什么？

我们一起看着自己的作品，朗诵古诗《悯农》。

提示

1. 本活动的重点是对古诗句的理解，根据诗中的含义进行绘画创作。

2. 本活动的难点是掌握画弯腰的人的动作特点。

延伸

1. 绘画活动结束后，可以开展“拾麦穗”比赛等游戏活动，巩固幼儿的经验。

2. 开展多项为诗歌配画面的活动，或请幼儿自选一首自己比较熟悉的诗歌进行绘画，将幼儿绘画的作品订集成册。

资料夹

1. 古诗

悯　农

锄禾日当午，汗滴禾下土；
谁知盘中餐，粒粒皆辛苦。

（作者：李绅）

2. 小知识

米勒及其作品

让·弗朗索瓦·米勒（Jean-Francois Millet，1814—1875 年）是 19 世纪法国最杰出的以表现农民题材而著称的现实主义画家。他创作的作品以描绘农民的劳动和生活为主，具有浓郁的农村生活气息。他用新鲜的眼光去观察自然，反对当时学院派一些人认为高贵的绘画必须表现高贵人物的错误观念。

米勒将风景画的新突破带入人物画里，致力于观察田野、大地，以及辛勤劳作、繁衍生息的人，尽量捕捉在乡间的所见所闻。哪怕是在别人眼中极其微小琐碎的事物，米勒也铭记在心并富于感情地把它表现出来。据说站在米勒的作品面前，会闻到野草和土地的气息，夹杂着牛粪的味道，会对着画面上一个土疙瘩掉眼泪，勾起对乡村生活无限美好的畅想。

《拾穗者》是最能够代表米勒风格的一件作品，在这幅画中，米勒采用横向构图描绘了三个正在弯着腰，低着头，在收割过的麦田里拾剩落的麦穗的妇女，在她们身后是忙碌的人群和高高堆起的麦垛，以及一望无际的麦田、天空。米勒没有正面描绘她们的面部，也没有作丝毫的美化，她们穿着粗布衣衫和笨重的木鞋，体态健硕，谈不上美丽，更说不上优雅，只是躬下身子，在大地里寻找零散、剩余的粮食。或许长时间的弯腰劳作已经使她们感到很累了，可她们仍在坚持，如现实中的农民那样默默地劳动着。在造型上，米勒用较明显的轮廓使形象坚实有力，很好地表现了农民特有的气质。色彩沉着，加之丰富细腻的暖调子，使作品在纯朴浑厚中，具有撼人的力量。

多媒体资源库

专用资源

1. 图片：播种与收获

2. 图片：儿童线描写生画

26. 美丽的象形字（拓印画）

目标

1. 认识象形文字，欣赏其古拙之美，尝试创造象形字。

2. 制作象形字印章。

准备

1. 经验准备：

教师在相关活动中向幼儿介绍象形文字，使其初步了解象形文字及其的来源。

2. 物质准备：

（1）象形文字图片、书籍，网络资料，黑板。

（2）土豆、胡萝卜、白萝卜等块状蔬菜若干，切分好放入盘中，幼儿每组 1 份；宣纸、纸巾若干；各色水粉颜料及其与颜料种类同数的印台，幼儿每组 1 份；竹刀，幼儿每人 1 把；小纸片，幼儿每人 2～3 张；水彩笔，幼儿每人 1 支。

过程

1. 教师组织幼儿玩“猜一猜”游戏，引出活动内容。

教师逐一出示象形文字卡片并提出要求：请小朋友猜一猜，这些象形文字是什么字？教师将幼儿猜出的象形文字分类贴在黑板上。

2. 教师引导幼儿创作象形字。

教师提问：

谁能看出黑板上象形文字的规律？（金属类大多有一个金字旁，食品类大多有一个食字旁；另一边有一个很像那样东西的图形）

你能试着创造出金属类、食品类等的象形文字吗？

试着设计一个象形文字，说说为什么这样设计这个字？

幼儿尝试创作象形字，并用水彩笔描画在小纸片上。

3. 教师将幼儿创造的象形字贴在黑板上，引导其观察、感受自造象形字的特点。

教师提问：

你设计的象形文字为什么一下子就能让人认出来？（外形很像）

象形文字和平时的画有什么不同？（造型简洁）

4. 教师指导幼儿制作象形字印章，并介绍工具材料。

教师：小朋友设计的象形文字真有趣，我们用一个好办法把这些字留下来吧。

教师边说边做：可以用平时我们吃的蔬菜来帮忙，先把土豆、萝卜切一半；再把我们刚才创造的象形字写在小纸片上，然后把有字的一面贴在蔬菜的切面上，用手按一按，把纸片揭下来。象形字就印在了蔬菜的切面上。看一看，是正的还是反的呢？好，现在用竹刀在切面上用力刻出你设计的象形字。刻好后，把印章在印台上蘸你喜欢的颜料，盖在宣纸上，按一按。拿起印章，神奇的象形字出现了！它又变成了正的。

5. 幼儿进行刻制和拓印，教师指导。

（1）幼儿操作，教师巡视，随时提示幼儿刻和印的步骤和要领。

（2）当幼儿刻好印章准备印的时候，教师提醒他们把印章刻好字的一面，在纸巾上按一按，让纸巾吸取印章上的多余水分和碎屑，然后再蘸颜料在纸上盖印。

6. 分享作品。

教师组织幼儿将所印的象形字分类粘贴在展示板上，引导幼儿欣赏。

提示

1. 活动结束后，教师把工具材料转移到美术活动区，以便幼儿继续制作更多的象形字印章。

2. 将制作好的蔬菜印章放在保鲜袋里，存入冰箱保存。

3. 竹刀可用粗一些的牙签代替，能很好地将文字的脉络刻清晰。为了使用安全，可将牙签的另一头用棉花系好。

资料夹

1. 小知识

什么是象形文字

象形文字，是华夏民族智慧的结晶，由我们祖先原始的描摹事物的记录方式演化而来，是世界上最早的文字，也是最形象、演变至今保存最完好的一种汉字字体。象形文字以图形作文字，这些文字与所代表的东西，在形状上很相似。象形文字把要表达事物的外形特征、线条或笔画简要地勾画出来。例如“月”字像一弯月亮的形状，“马”字就是一匹有马鬣、有四腿的马，“鱼”是一尾有鱼头、鱼身、鱼尾的游鱼，“日”字就像一个圆形，中间有一点，很像人们在直视太阳时所看到的形态。

2. 参考图

象形文字及演变图示

多媒体资源库

专用资源

1. 图片：象形文字

2. 贴画：象形文字（1～2）

27. 哈哈笑的人（彩笔画）

目标

1. 通过观察，发现人在大笑时五官变化的特点。

2. 尝试用夸张的方法表现大笑的人脸，体验创作过程带来的乐趣。

准备

1. 经验准备：

教师在活动区中，为幼儿提供小镜子及人物图画书，让幼儿观察自己及他人的五官特点。

2. 物质准备：

（1）表现人物哈哈大笑的漫画图片若干。

（2）水彩笔、绘画纸，幼儿每人 1 份。

过程

1. 请幼儿观察同伴大笑时的表情变化，调动已有经验，激发幼儿参加美术活动的兴趣。

教师：哈哈大笑的时候，我们的脸上会发生哪些变化？哪儿变化最大？教师引导幼儿重点观察嘴巴和眼睛的变化。（眼睛眯起来了，牙齿露出来了）

教师小结：大笑的时候嘴会张得很大，露出牙齿，眼睛会变得很小。

2. 教师出示漫画，请幼儿细致观察与讨论图片中大笑的人的脸部特点。

教师引导幼儿观察并提问：

老师带来了一些漫画，看看漫画上的人大笑时候是什么样的？（大笑时表情很夸张）

仔细看看这些大笑的人，眼睛发生了哪些变化？画家是怎么表现的？（大笑时人的眼睛眯起来了，眼睛很小。画家把大笑时人的眼睛画得弯弯地眯着）

大笑的时候人的嘴发生了哪些变化？露出了什么样的牙齿？（大笑的时候嘴巴张得很大，露出了牙齿。画家把牙齿画得很大，一眼就能看到大大的牙齿）

小朋友发现漫画上的人嘴巴笑歪了，歪成什么样子了？请你学一学。

幼儿模仿漫画中人物大笑的样子，再现其夸张的样子。

3. 幼儿创作，教师鼓励并指导。

教师：今天我们也来画一个大笑的人，你想画谁？幼儿自由讨论，可以选择自己的伙伴当绘画模特。

教师指导幼儿绘画：想一想怎么画？先画什么？然后画什么？

4. 教师引导幼儿分享活动成果。

教师引导幼儿欣赏：

你画的是谁？他为什么会这么笑？（我的好朋友，他下棋赢了我，他很高兴）

我们大家一起来学一学这些开心的笑脸。

提示

教师应鼓励幼儿大胆绘画，让形象充满纸张，这样画面会具有人大笑时的那种膨胀感。

资料夹

小知识

笑　　脸

一个圆圈，两个点，再加上一条弧线，就是我们所熟悉的笑脸形象。

这个图案的历史可以追溯到20世纪60年代，由美国马萨诸塞州伍斯特市的自由职业设计师哈维·鲍尔（Harvey Ball）设计。马萨诸塞州共同人寿保险公司的推广负责人乔·杨对这个图案进行了一些修整，并要求哈维·鲍尔将

该图案设计成可以佩戴的圆形徽章，希望能激励公司的员工士气。鲍尔最开始画的只是一个微笑的嘴，但他担心那些有怨气的员工可能会故意将这个徽章倒转过来佩戴，所以他又加了两个眼睛来区分徽章的方向，最后再加上金灿灿的黄色作为背景。快乐面孔从此就诞生了。

在艺术领域里，几乎没有一个图案能够像这个笑脸图案一样，仅用如此简单的表现方式就能赢得人们如此广泛的喜爱。

多媒体资源库

专用资源

图片：笑脸

28. 漂亮的舞会服装（装饰画）

目标

1. 引导幼儿用夸张或变形的线条、形状进行组合，表现舞会美丽的服装。

2. 运用线描的方法构成画面，体会线条疏密对比的美感。

准备

1. 经验准备：

教师在活动区中，为幼儿提供线条装饰图片及绘画材料，供幼儿创作线条装饰画。

2. 物质准备：

(1)《星空舞会》课件。

(2) 黑色水彩笔、绘画纸，幼儿每人1份。

过程

1. 教师提出绘画内容，激发幼儿参加美术活动的兴趣。

教师提示：

月亮要参加星空舞会，它想请小朋友帮助设计舞会服装。

小朋友想给月亮设计什么样的舞会服装？（有漂亮图案、漂亮花纹的服装）

2. 幼儿观看《星空舞会》课件，教师引导幼儿观察图片上的线条装饰。

教师提问：

月亮喜欢什么样子的舞会服装，我们一起来看看。

仔细看看这些漂亮的衣服，它们是用哪些线条组成的？是怎么表现的？（曲线、直

线、折线等排列在一起）

想一想，我们还可以用什么线条让月亮的衣服更漂亮？（蜗牛线、长城线、波折线，直线，曲线组合在一起）

看一看，图片中线条的疏密有什么不同？这样搭配好看吗？（线条疏密不同的排列有不一样的美感）

今天，我们就来为月亮设计漂亮的舞会服装吧。

3. 幼儿进行绘画，教师鼓励并指导。

在幼儿作画过程中，教师鼓励幼儿大胆使用线条进行装饰。

教师：我们可以多画一些漂亮的线条，把它有疏有密地组合在一起，让服装看起来更漂亮。

4. 教师引导幼儿分享创作成果。

作品完成后，教师请幼儿介绍自己的作品。教师：小朋友，请你和好朋友说一说，你给月亮设计的衣服用了哪些线条和图案。

提示

线描装饰画活动中，教师要注意引导幼儿发现不同的花纹组合，并鼓励幼儿大胆表现。

资料夹

参考图

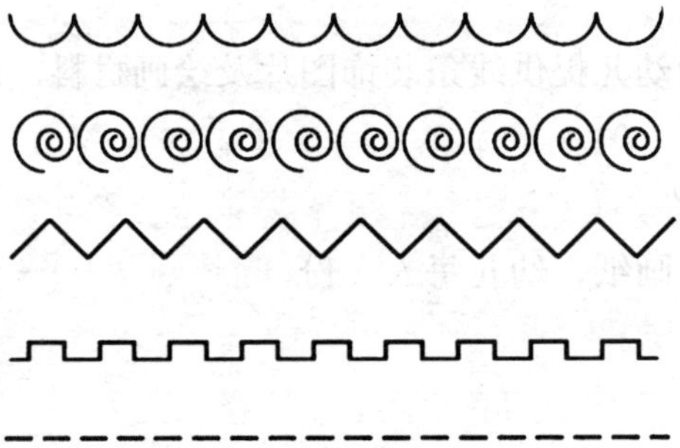

花纹图示

29. 菜叶上的小青虫（拓印添画）

目标

1. 观察、发现大自然中的有趣事物，大胆表现小青虫和菜叶的样子。

2. 用印制添画的方法表现有趣的事情，体验用自然材料创造的乐趣。

准备

1. 经验准备：

（1）教师引导幼儿观察、欣赏秋天动植物的变化。

（2）教师利用活动过渡环节请幼儿观察小青虫的图片，了解小青虫和菜叶的关系。

（3）教师在美工区，投放印制材料，让幼儿操作，获得印制经验。

2. 物质准备：

（1）菜叶和小青虫图片，《菜叶与小青虫》印画范例。

（2）水粉颜料、湿毛巾，幼儿每组1份；毛笔或毛刷、画纸、菜叶、树叶等，幼儿每人1份。

过程

1. 教师引导幼儿观看动画《小青虫》，导入主题。

教师提问：

看看动画中有什么？

小青虫喜欢吃什么？（菜叶）

2. 教师出示图片，引导幼儿观察小青虫在菜叶上爬的样子。

教师：小青虫把这片菜叶当成了绿地毯，它在菜叶上怎样爬呢？（一节一节、一拱一拱地爬）幼儿用手或身体模仿小青虫爬时的样子。

3. 教师出示《菜叶与小青虫》印画范例，引导幼儿观察并分析创作方法。

教师：小朋友猜一猜，说一说，画中的菜叶是用什么方法画成的？

教师边演示边说：用笔刷蘸上颜料，在颜料盒边上舔一舔，把菜叶叶脉突出的一面刷上颜料；然后把画纸覆盖在菜叶刷好颜料的一面上，用手轻轻按压画纸。揭开画纸，画纸上出现菜叶的印痕。这就是小青虫的地毯了。

教师再次提问：

小青虫的身体是什么样子的？用什么方法画小青虫呢？

教师边演示边说：用毛笔点出一个个相连的圆点，就可以画出小青虫爬动的身体。如果再给小青虫画出腿和头上的触角，就更像真的小青虫了。

4. 幼儿进行创作，教师指导。

在幼儿印和画的过程中，教师应提醒他们注意：

观察菜叶的叶脉在哪一面，可以用手摸一摸。颜色应刷在叶脉突出的一面，这样叶脉的痕迹才能清楚地印出来。

5. 集体分享与展示

幼儿将作品展示在《美丽的秋天》背景墙中，大家一起观赏。

延伸

教师鼓励幼儿在活动区用上述的方法表现“树叶上的蚕宝宝”，使幼儿继续体验印制添画的创作过程和其中的乐趣。

多媒体资源库

专用资源

1. 动画：小青虫

2. 图片：小青虫

30. 滑滑梯（彩笔画）

目标

1. 细致观察生活，回忆滑滑梯的游戏场面。

2. 学习画人物的动态表现，能比较完整地组合画面。

准备

1. 经验准备：

户外活动时，教师组织幼儿玩滑梯，感受滑滑梯的乐趣。

2. 物质准备：

积木、木棍，幼儿每组若干；画纸、水彩笔，幼儿每人 1 份。

过程

1. 教师引导幼儿回忆，说一说滑滑梯的经验，帮助幼儿掌握滑梯的外形特征。

教师引导幼儿回忆：

小朋友，你们都玩过滑梯吗？从什么地方爬到滑梯上？从什么地方滑下来？

谁来说一说滑梯的正面是什么样子？侧面是什么样子？能用积木或小棍摆出一个滑梯吗？

2. 教师引导幼儿回忆滑滑梯时的感受，帮助幼儿感受滑滑梯时人物的主要动态。

教师引导幼儿回忆：

你是不是也像身边的小朋友一样喜欢玩滑梯？你和小朋友玩滑梯往下滑时是什么样的姿势？回忆一下你在玩滑梯时有什么感觉？（很开心，有时高兴得会大声叫，感觉头发都飘起来了）

滑滑梯时我们的两只手放在什么地方？（扶着滑梯两边或高高举起双手）

和你一起玩滑梯的小朋友多吗？你们是一起滑下去还是排队滑？（排队滑）

3. 幼儿绘画，教师注意针对画面形象布局进行指导。

教师提示：

画小朋友滑滑梯，可以先画滑梯，放在画面的中间位置；然后考虑一下玩滑梯的小朋友是从什么地方爬上去的，又是怎么滑下来的。

玩滑梯的小朋友，上去和下来的姿势一样吗？有正面的也有侧面的，对不对？再想想在画面空白的地方添些什么，画面就更丰富了。

4. 活动结束，教师进行点评。

教师：请讲讲你的画，说说你滑滑梯的感受，你的好朋友是谁？跟他们一起滑滑梯有哪些有趣的故事。

提示

1. 本活动的重点是画出滑梯和人物的不同姿态，教师应启发幼儿回忆、讲述自己滑滑梯时的情景，同时伴以动作。

2. 本活动的难点是如何安排画面，教师可在展示板的中央画上滑梯，启发幼儿以滑梯为参照物安排其他形象。

资料夹

参考图

滑滑梯图示

多媒体资源库

专用资源

1. 图片：滑滑梯

2. 拼图构件：滑梯

31. 美丽的床单（拓印画）

目标

1. 观察、发现格子图案的花纹、色彩的装饰特点。

2. 用印制添画的方法绘制和装饰生活物品，体验创造的乐趣。

准备

1. 经验准备：

（1）教师引导幼儿观察、欣赏漂亮的床单，发现有一种带格子的床单。

（2）教师在美工区投放印制材料，引导幼儿操作，获得印制经验。

2. 物质准备：

（1）床单图案；儿童床单印画、实物床单各1份。

（2）水粉颜料、湿毛巾，幼儿每组1份；各种水果包装网、夹子、毛笔、笔刷、水彩笔、画纸等，幼儿每人1份。

过程

1. 教师引导幼儿欣赏格子床单的图案，发现其特点。

教师引导幼儿观察：

说一说，这些漂亮的床单有什么共同的特点？（都有格子）

格子床单上的漂亮花纹在哪儿？（在格子上、格子里）

什么样的颜色搭配在一起让你感到很漂亮？

幼儿各抒己见。

2. 教师介绍印制材料和方法，激发幼儿创作兴趣。

（1）教师出示儿童床单印画。

教师引导幼儿思考：

小朋友，你能看出这幅画上的东西是什么吗？它是怎么做出来的呢？（床单，印出来的）

你是怎么看出这幅画是印出来的呢？这是用什么东西印的呢？（画上色块边缘的颜料较厚，向外凸起，像印痕；用网状的东西印出来的）

教师出示水果网：是这个东西吗？你在什么地方看到过这种网？（在一些水果上）

教师：让我们试一试，这些水果包装网能不能印出漂亮的格子图案。

（2）教师演示水果包装网印制的方法：取两张画纸，将水果网剪开铺平在一张画纸上，用夹子固定其边角；取笔刷，蘸上颜料由左到右，在包装网上一笔挨一笔地刷颜料。画纸上刷满颜料后，取下夹子，将包装网拿起；把刷过颜色的一面朝向另一张纸，平铺在上面；取废报纸覆盖在上面，轻轻按压，然后揭去报纸；得到两张格子印画。

教师将两张印画展示给幼儿观看：小朋友，你能看出这两张印画有什么不同吗？（第一张印画的网纹部分是空白的画纸，网纹的间隙部分是涂刷的颜料；第二张印画正好相反，网纹部分是颜料印痕，网纹的间隙部分是空白的画纸）

3. 幼儿进行创作，教师指导。

在幼儿印制期间，教师提示：

印之前，要想一想，印一块什么样的、什么颜色的床单。

印好格子床单后，可以在格子中或格子上用毛笔或水彩笔添画花纹，比如糖果、花草什么的，让床单更漂亮。

4. 集体分享与展示。

将作品布置在展示墙上，可选少量作品作为“娃娃家”的床单。

提示

水果网需要大一些的，比如包装哈密瓜的。

资料夹

参考图

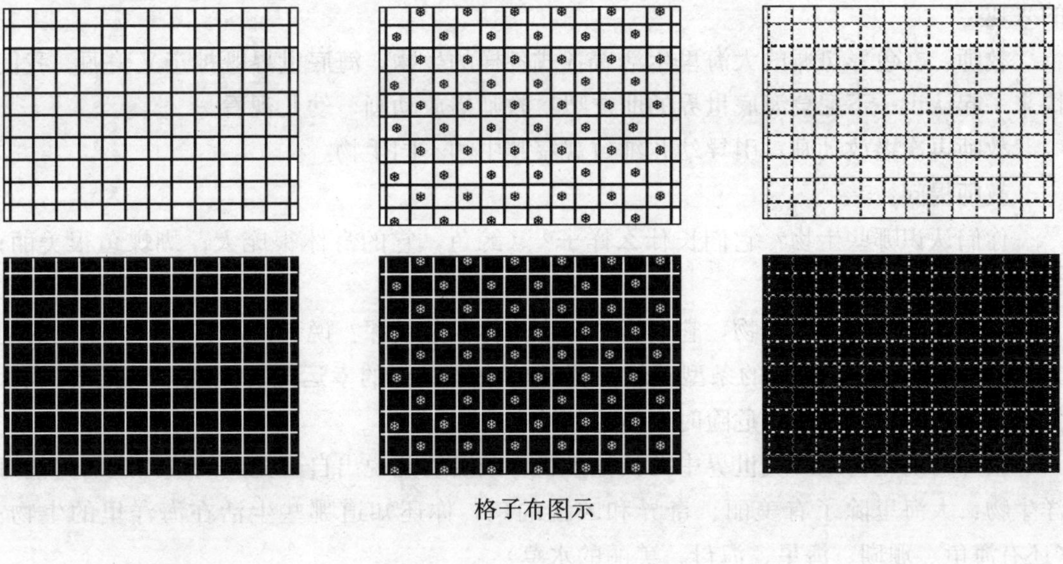

格子布图示

多媒体资源库

专用资源

图片：格子床单示意图

32. 神秘的海底世界（彩笔画）

目标

1. 用绘画表现海底生物的形态和简单动作。

2. 学会合理布局画面，能突出主要物体。

准备

1. 经验准备：

在科学活动中，教师与幼儿一起认识海豚、蓝鲸、海蟹、龙虾、海豹，了解它们的生活习性。

2. 物质准备：

（1）表现海底世界的动画片《海底总动员》。

（2）彩笔、绘画纸，幼儿每人1份。

过程

1. 教师请幼儿观看动画片《海底总动员》，调动已有经验，激发幼儿参加美术活动的兴趣。

教师：在色彩斑斓的大海里生活着各式各样的生物，海底世界既神奇又美丽。我们快来一起认识一下尼莫海底世界的朋友吧！教师播放动画，幼儿观看。

教师再次播放动画，引导幼儿细致观察其中的不同生物。

教师提问：

你们认识哪些生物？它们长什么样子？（鲸鱼，它的身体很庞大；蝴蝶鱼很美丽；尖嘴剑鱼，嘴巴尖尖的）

我们看到了这么多生物，它们当中哪个让你印象最深？说一说，它有什么不同的地方？（小丑鱼，长着白色的条型花纹，还长着一大一小的幸运鳍；剑鱼，嘴巴很尖利，像一把宝剑；章鱼，遇到危险时会喷毒雾）

教师与幼儿讨论海底世界中的其他生物，鼓励幼儿说出自己见到的或知道的其他海洋生物：大海里除了有美丽、奇异和凶猛的鱼，你还知道哪些生活在海洋里的生物？（还有海龟、珊瑚、海星、海母、美丽的水草）

2. 幼儿绘画，教师鼓励并指导。

在幼儿绘画的过程中，教师应激励他们大胆想象，丰富画面内容。

教师提示：

海底世界有这么多神奇的生物，你想象的海底世界是什么样子，快把它画下来，让我们看看吧！

再让我们看一看，海底世界还有什么？美人鱼公主来了吗？尼莫和它的朋友一起来了吗？

3. 教师引导幼儿分享成果。

幼儿展示并讲解自己的作品。教师：请你和大家说一说你的海底世界里都有什么？海底宫殿是什么样子的。

多媒体资源库

专用资源

图样：海滨

33. 全家福（彩笔画）

目标

1. 抓住家庭成员的主要特征，画出人物正面的形象。
2. 运用遮挡关系构图。
3. 体会、表达对家人的爱。

准备

1. 经验准备：

（1）教师请幼儿在家中注意观察家庭成员的主要特征，如脸型、五官、发型。

（2）教师引导幼儿欣赏各种全家福的照片，以全家福为题布置展览角。

2. 物质准备：

（1）每个幼儿的全家福照片。

（2）画纸，幼儿每人 1 张；水彩笔，幼儿每人 1 份。

过程

1. 教师引导幼儿回忆，说说自己的家人，帮助幼儿掌握家庭成员主要外貌特征。

教师引导幼儿回忆：

小朋友们你们的家里有几口人呀？他们都是谁？

谁来说一说，你的家人长什么样子，最有特点的地方是哪里？

2. 教师引导幼儿欣赏全家福照片，发现全家福的特点。

教师引导幼儿观察：

看一看，每张全家福照片有什么相同的地方？有什么不同的地方？（全家在一起的照片；有的是3个人，爸爸妈妈和我；有的是5个人的，爸爸、妈妈、爷爷、奶奶和我；人数不一样，每个人长得不一样；有的是坐着照的，有的是站着照的）

3. 教师引导幼儿了解画全家福画面的布局要点。

教师提问：

你们看看这张全家福，上面有几个人呢？他们站的位置是怎样的？谁在前面？谁在后面？

后面的人有哪些地方你看不见，为什么？（胳膊和身体的一部分看不见，因为被前面的人挡住了）

前面的人会遮拦后面的人，你在画全家福的时候，也会有人站在前面，有人站在后面。请你想一想先画谁会更好画呢？（先画前面的人）

4. 幼儿绘画全家福，教师指导。

教师提出绘画要求：今天我们来尝试一下用画笔画出全家福，体会一下和拍照片有什么不同。画全家福时，可以画出家庭成员的主要特征，也可以夸张地表现出他们的主要特征，可以是半身，也可以是全身的人物形象。

5. 活动结束，集体进行展评。

幼儿将自己的画放在全家福的展览角。

教师：小朋友，请你们看一看，说一说，小朋友画的全家福和看照片上的全家福有什么不一样。

提示

本活动的重点是画出家庭成员的不同特征，难点是如何排列人物，处理遮挡关系，安排绘画顺序。

延伸

可用本作品组织其他活动，如做镜框，玩“照相游戏”等。

多媒体资源库

专用资源

图片：我的一家

34. 飞船飞上天（剪贴拓画）

目标

1. 观察并掌握火箭的外形特征和基本结构，培养对科技发展、空间探索的好奇与热忱。

2. 学习用硬纸板、席子、树叶等材料剪贴、印制版画。

准备

1. 经验准备：

(1) 教师与幼儿谈论我国近期发射的航天器，引导幼儿收集相关图片资料，了解各种航天器的外形及主要组成部分。

(2) 在活动区，教师提供材料，鼓励幼儿用卡纸剪出各种纸形，拼摆自己感兴趣的航天器。

2. 物质准备：

(1) 教师与幼儿一同收集旧席子、硬纸板、树叶，以及飞船拓版与拓画。

(2) 卡纸、底板、剪刀、夹子、油画棒、胶棒等，幼儿每人1份。

过程

1. 教师组织幼儿认识、欣赏拓画作品。

教师出示飞船拓画，并提问：小朋友，看看这些画儿与我们常见的绘画作品有什么不同？（不是用笔画出来的，好像是印出来的）

教师为幼儿介绍作品的名称及制作形式。

2. 教师讲解、演示拓画的方法，幼儿尝试操作。

教师：拓画先要制作拓版。教师出示拓版，让幼儿触摸，感受版面上的凹凸。

教师边演示边说：制作拓版的方法和做拼贴画的方法差不多，先用硬纸板剪出需要的纸形，再把纸形拼贴到做底纸用的画纸上，这样，就制成了拓版。拓版制好后，把拓画用的画纸覆盖在上面，用笔在画纸上面拓摹。这样做出来的画叫做拓画。

教师请幼儿用准备好的拓版尝试拓画。

3. 教师引导幼儿构思飞船形象，理清拓画步骤。

(1) 教师引导幼儿回忆、澄清关于飞船的印象。教师：小朋友，还记得我们讲过的飞船的样子吗？它由哪些部分组成？每个部分是什么样子的？（飞船有轨道舱、推进舱、返回舱）

(2) 教师引导幼儿用席子、硬纸、树叶等材料制作飞船拓版。教师：“小朋友，桌上放着老师为你们准备的材料，这些材料与以前你们用过的拼贴材料不太一样。请你看一看，摸一摸，想一想，选出你准备制作飞船拓版的材料。

教师：材料选好后，怎样制作拓版呢？幼儿简单复述制作拓版的要领。

教师：拓版做好后，怎样制作拓画呢？幼儿简单复述拓画的要领。

4. 幼儿拓画，教师巡视指导。

幼儿操作，教师视情况提示：

可将旧席子、树叶等材料剪裁成需要的形状，调整或补充底版画面，让飞船起飞的画面更丰富、壮观。

拓画时，将画纸附在底版上面用夹子夹牢，然后用深色油画棒在画纸上均匀涂色。遇到拓版图形边缘时稍用力，这样拓出的形象会比较清晰。

5. 幼儿分享与展示作品。

(1) 创作完成后，幼儿相互欣赏、交流作品。

(2) 教师引导幼儿寻找制版、拓印成功或失败的原因，以便进一步改进。

(3) 创设“送给祖国妈妈的礼物”互动墙，展示飞船的拓画作品。

提示

教师在活动区提供材料，鼓励幼儿参与剪贴拓画的活动。

资料夹

参考图

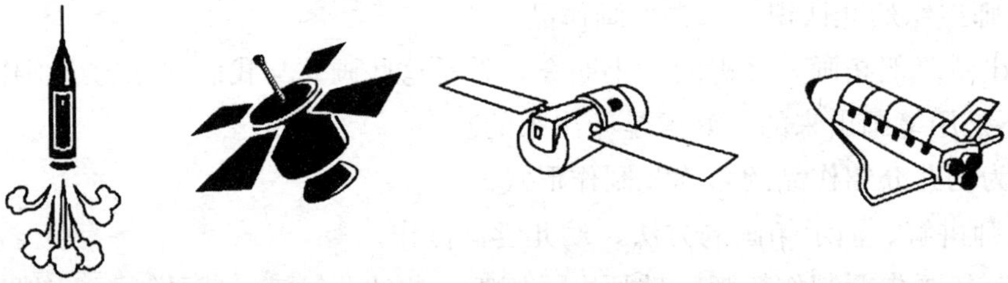

航天器及运载火箭图示

多媒体资源库

专用资源

拼板：飞船

35. 小种子去旅行（水彩笔、油画棒画）

目标

1. 尝试借形、借色、借事进行联想和想象，并用绘画的形式表现。

2. 合理地设计画面，丰富内容，突出主题。

准备

1. 经验准备：

（1）在植物角放置水培种子。在种子发芽和生长初期，教师请幼儿留意种子的变化，使幼儿关心种子的生命历程。

（2）教师与幼儿一起收集各种景色的图片粘贴在班内，让幼儿欣赏。

2. 物质准备：

（1）《小种子去旅行》动画。

（2）彩虹纸若干；水彩笔、油画棒，幼儿每人1份。

过程

1. 教师播放动画，激发幼儿的联想与想象。

（1）教师跟随动画中出现的内容提问：这是什么？（种子）

播放停止，教师：你知道哪些种子？（黄豆的种子、蚕豆的种子、蒲公英的种子）

教师提问：小种子要去旅行，它可以怎么去呢？（借助风的力量、水的力量、动物的力量、人的力量）

（2）教师继续播放动画，引发幼儿用色彩进行联想与想象。

种子出现在蓝颜色的背景前，教师：你认为小种子到了哪里？它碰见了谁？发生了什么事？教师鼓励幼儿发散想象。按以上方法，教师逐一播放种子出现在绿、黄等背景前。

（3）教师出示棕、黄、红、紫、橘、粉等色画纸，引发幼儿由色彩展开联想。

教师：这里都有什么颜色？有这些颜色的地方，小种子都想去。你们猜猜它们都想去哪里？

在这些地方又发生了什么事？请和你旁边的小朋友说一说。

2. 幼儿自选不同颜色的纸张，绘画《小种子去旅行》的故事，教师巡视指导。

教师引导幼儿：

如果你是一粒小种子，你想去哪儿旅行？会遇到谁？可能会发生什么事情？

请你选一张彩色纸，它是小种子要去旅行的那个地方，把小种子旅行的故事画下来。

教师鼓励幼儿大胆绘画：把你想到的都画出来吧。

3. 集体展示、分享创作成果。

幼儿逐一展示作品，并讲述自己作品中的故事。

提示

1. 这是一个借色想象的活动，活动的重点在于引发幼儿大胆利用色彩进行想象。

2. 此活动最好在秋天进行。

多媒体资源库

专用资源

动画：种子去旅行

36. 画音乐（水彩笔、油画棒画）

目标

1. 能根据音乐中的旋律进行想象，并绘画出想象的画面。

2. 用形态和色彩表现不同风格的音乐，表达自己的感情。

准备

1. 经验准备：

教师组织幼儿欣赏音乐，重点引导幼儿畅谈听到音乐后的感受。

2. 物质准备：

(1)《欢迎进行曲》《摇篮曲》。

(2) 画纸、水彩笔、油画棒幼儿每人 1 份。

过程

1. 教师播放音乐《欢迎进行曲》《摇篮曲》，启发幼儿谈自己对音乐的感受。

教师播放《欢迎进行曲》后提问：

听到这首乐曲你的感受是什么？你好像看到了什么？你还能想到什么？（有人在外面游戏，有很多人在一起高兴地跳舞）

教师播放《摇篮曲》后提问：再听一听，这首乐曲让你的感受还和刚才的一样吗？你好像看到了什么？你还能想到什么？（晚上在外面看星星，有人在草坪上慢慢地吃饭）

教师告诉幼儿音乐的名字。教师：刚才那两首音乐的名字分别是《欢迎进行曲》《摇篮曲》。这两首乐曲有什么不同？用哪些词能表达出两首乐曲的不同？（《欢迎进行曲》热烈、欢快、愉悦、节奏明显、有力；《摇篮曲》安静、舒缓、柔美）

2. 教师引导幼儿选择适宜表现音乐的颜色。

教师：除了用语言描述自己对音乐的感受，我们能不能选用一些颜色表现这段音乐？你想选哪些颜色？怎样表现？教师鼓励幼儿大胆想象、畅谈自己的想法。

3. 教师循环播放音乐，幼儿倾听并绘画。

教师：用你觉得最适合这段音乐的颜色画出你听到音乐后的感受和想法吧。

4. 幼儿相互欣赏绘画作品。

教师：小朋友，请你和好朋友说一说自己画的是什么，为什么要这样画。

提示

1. 本活动的重点是用色彩、线条和图形表现两种不同的音乐。

2. 根据本班幼儿的经验与能力水平，活动可分为两次进行，第一次听音乐绘画《欢迎进行曲》，第二次听音乐绘画《摇篮曲》。

延伸

在经过音乐绘画，感受欢快激昂、舒缓安静的旋律与色调之后，教师可以启发幼儿迁移经验，尝试在生活中运用，给健身区、图书区的墙面、地面进行颜色相适宜的装饰。

资料夹

作品介绍

《欢迎进行曲》

《欢迎进行曲》由魏群执笔，中国人民解放军军乐团集体创作。它是一首热烈而庄重的迎宾礼仪乐曲，曲子欢快愉悦，充分表达了对宾客的热情欢迎和深切友好的情感，是我国欢迎宾客时经常演奏的乐曲，也是中国人民解放军欢迎外宾及举办重大庆祝活动时的专用乐曲。《欢迎进行曲》是一支铜管乐合奏曲，演奏乐器有长笛、单簧管、萨克斯、小号、圆号、中低音号、上低音号、大号、长号、小军鼓、大军鼓、镲等。

勃拉姆斯的《摇篮曲》

《摇篮曲》常用于小提琴独奏，原是一首通俗歌曲，作于1868年。相传为勃拉姆斯祝贺法柏夫人次子的出生而作。法柏夫人是维也纳著名的歌唱家。1859年勃拉姆斯在汉堡时，曾听过她演唱的一首圆舞曲，当时被她优美的歌声所感动，后来就利用那首圆舞曲的曲调，加以切分音的变化，作为这首《摇篮曲》的伴奏，仿佛是母亲在轻拍着宝宝入睡。

歌曲恬静、优美的旋律犹如一首抒情诗。后人曾将这首歌曲改编为轻音乐，在世界上广为流传，就像一首民谣那样深入人心。

37. 大人国和小人国（彩笔画）

目标

1. 大胆想象，画出富有情趣的故事画面。

2. 培养包容与合作精神，增进幽默感和生活情趣。

准备

1. 经验准备：

教师引导幼儿进行具有发散思维的创作活动。

2. 物质准备：

（1）童话故事《大人国小人国》，可制成幻灯片；轻柔的背景音乐。

（2）画纸、水彩笔、油画棒，幼儿每人 1 份。

过程

1. 教师边播放幻灯片边用夸张的语气讲故事，引起幼儿兴趣。

教师：我们听过一个有很意思的故事叫《大人国小人国》。

2. 教师引导幼儿讨论，构思绘画内容。

教师：小朋友，想一想如果大人和小人在一起，会发生什么事呢？

幼儿畅想、议论，发表并表演自己的想象。

教师继续追问：

如果他们遇到了困难，他们会怎样互相帮助？（如果没有桥而小人又需要过河，大人就会用手托着小人送他过河；如果大人的小件物品掉进了缝隙里，自己的大手伸不进去，小人就会帮忙取出来）

如果他们在一起游戏，他们会怎样玩？（大人把自己的木盆放在水里，小人们坐在里面，大人轻轻一推，木盆就成了游船；大人不开心了，小人们就在大人的手掌上跳舞哄大人高兴）

如果他们一起参加运动会，会怎样？（长跑比赛，小人需要使劲地跑半天才和大人跑一步的距离一样远；前、后滚翻比赛，小人身体特别灵活赢了大人）

你猜想他们还会在一起做什么事情？会发生什么情况？

3. 教师鼓励幼儿把自己想到的画下来。

教师：小朋友都有好多有趣的想法，把自己的想法画下来吧，让大家都知道大人和小人在一起发生的各种事情。

教师播放轻柔的背景音乐，幼儿在轻松的环境下绘画。

4. 教师引导幼儿相互欣赏绘画作品。

教师：大人和小人发生了这么多有趣的事情，看一看、讲一讲你们编的故事吧！

幼儿讲述自己的作品。

提示

本活动的要点在于使幼儿理解大人和小人各有优势，他们的长处可以互补。友好相处，互助合作，大家就会过上幸福的生活。

延伸

教师用文字记录下幼儿的画面情节，组织他们将各自编的故事集合在一起，加上封面和封底，编成一本童话手绘书。

资料夹

童话故事

大人国小人国

在很远很远的地方。

有一个美丽的大城堡，这座城堡里住的都是又高又大的人，于是人们都管这座城堡叫“大人国”。

距“大人国”不远的地方，还有一个城堡，这座城堡很小很小，里面住的人又矮又小，于是人们就管它叫“小人国”。

“大人国”的人又高又大，“小人国”的人又矮又小。

“大人国”的婴儿都比“小人国”的大人大好多好多。

他们两国的人们都特别友好，经常在一起玩。“大人国”的人手里滴进一滴水就可以让“小人国”里的好多人来游泳。“小人国”的大马路，大人一步就能迈过去。

一次，他们举行了一场运动会，比赛了很多项目。篮球比赛，“小人国”输了，“大人国”赢了。大人举手欢呼，小人跳起来向他们祝贺。体操比赛，小人赢了，大人输了。小人双脚跳跃，大人弯腰向他们祝贺。大人国和小人国还混合编队比赛排球。对方打过来的球高，大人脚都不用动，一伸手就把球扣过去。对方打过来的球低，小人就地一滚，把球铲过去了。比赛十分精彩，观众掌声不断。比赛结束，大家都说这是他们看过的最过瘾的比赛。

平时，大人和小人互相帮助。大人个子太高了，自己弯不了腰，没办法擦皮鞋，小人们就来帮助他们擦皮鞋。小人个子矮，够不到树上的果子，大人就摘下来给他们。

遇到紧急情况，大人和小人更是鼎力相助。有一次，“小人国”楼房的电梯坏了。大人知道了，就用手把小人们托起，送他们回到房间。还有一次，大人汽车底盘上的一个零件坏了，停在了路边，小人看见了，就钻到车底下，帮助大人换上了新的零件。车子修好了，大人把小人放到车上，开车带他们在大人国好好地兜了一圈。

大人的个子又高又大，小人的个子又矮又小，但他们是很好的朋友，常常一起玩，遇到困难也常常互相帮助。

38. 美味的月饼（彩笔画）

目标

1. 初步知道什么是广告画，学习安排广告画的内容。

2. 尝试与同伴合作设计一幅广告画，体验合作绘画的乐趣。

准备

1. 经验准备：

（1）本活动属于中秋主题活动之一，教师在节日之前组织幼儿开展月饼超市区域活动。

（2）配合中秋节，教师组织幼儿开月饼品尝会，感受节日的喜悦。

2. 物质准备：

（1）各种月饼盒、幼儿月饼品尝会的照片、月饼超市照片陈列于活动室。

（2）全开画纸、油画棒、水彩笔，幼儿每组 1 份。

过程

1. 教师引导幼儿欣赏照片，激发幼儿活动兴趣。

教师出示照片并提问：

小朋友们在做什么？（开月饼品尝会）

你喜欢吃月饼吗？为什么？（喜欢，因为月饼有很多口味）

我们班的月饼超市要开张了，为了让大家来光顾超市，我们应该怎么宣传？（发广告、做宣传画）

好的，今天我们小朋友分组为月饼超市制作广告宣传画好吗？

2. 教师启发幼儿设计新颖的广告。

教师提问引导幼儿思考：

你看到过广告宣传画吗？

月饼的广告宣传画上要画什么？（月饼、月饼盒、漂亮的装饰）

制作广告宣传画需要什么材料？（纸、水彩笔、油画棒）

小朋友，请你们自愿结合成小组，每组小朋友一起来设计你们的月饼广告宣传画。

广告新颖，才会吸引顾客去买。请每组小朋友一起讨论一下，你们的月饼有什么优点和特色，怎么设计才能表现出你们组月饼的优点和特色，宣传后才能吸引更多的客人？怎样装饰你们的广告？

3. 幼儿操作，教师指导。

（1）教师指导每组幼儿分工合作：各组小朋友商量好自己的设计，然后每个人承担一样任务，就开始画你们的月饼宣传画。

（2）教师指导幼儿设计新颖的广告内容：怎么设计才能表现出月饼的优点？背景怎么装饰才能和别人的不一样、有特色、吸引人？

（3）教师提示组内幼儿相互配合：每个小组的小朋友，你们每个人做的工作合起来要能够完成这幅广告画的设计。看一看，想一想，你还需要做些什么，才能让你们的广告更完美。

4. 分享活动成果。

教师引导幼儿分享：

请每组小朋友讲一讲，自己组月饼的优点和特色，自己设计的月饼广告最新颖的地方。

请各组小朋友说一说，自己的小组是怎么分工合作的，谁承担了什么任务。

请小朋友说一说，你最喜欢的月饼广告是哪一幅？为什么？

提示

本活动的重点是引导幼儿有目的地合作设计新颖的广告内容及背景，引导幼儿懂得合作的重要性，体验与同伴合作的乐趣。

延伸

1. 本活动可以延伸出新的活动：幼儿分别设计月饼、月饼盒、广告背景，然后将设计好的月饼和月饼盒粘贴在广告背景上。

2. 幼儿在美术活动区用黏泥制作各色月饼。

资料夹

小知识

中　秋

每年农历八月十五日，是传统的中秋佳节。在中国的农历里，一年分为四季，每季又分为孟、仲、季三个部分，因而中秋也称仲秋。八月十五的月亮比其他几个月的满月更圆，更明亮，所以又叫做“月夕”、“八月节”。此夜，人们仰望天空如玉如盘的朗朗明月，自然会期盼家人团聚。远在他乡的游子，也借此寄托自己对故乡和亲人的思念之情。所以，中秋又称“团圆节”。在中秋节这天，全家人要坐在一起吃月饼，以示团圆。

多媒体资源库

专用资源

图片：月夜

多用资源

图片：美味小吃

39. 未来的汽车（水彩画）

目标

1. 根据自己的生活经验，总结出汽车的特征。
2. 能用绘画的方式进行想象，设计出新颖的汽车。

准备

1. 经验准备：

教师与幼儿一起谈论各种汽车，收集汽车的图片和书籍，丰富关于汽车的知识。

2. 物质准备：

（1）图片：堵车，河流。

（2）汽车头饰，幼儿每人1个；水彩笔、画纸，幼儿每人1份。

过程

1. 教师带领幼儿玩“开着汽车去旅行”游戏，鼓励幼儿大胆想象汽车的功能。

教师：孩子们，我们今天玩“开着汽车去旅行”的游戏，你们想去哪儿？

教师带领幼儿在教室里开车，开到堵车图片的地方时，教师提示：停，孩子们快看，出现什么问题了？（堵车）

教师引导幼儿讨论：

汽车设计师们正在研究未来的汽车，让汽车有很多新本领，如果你是一名科学家，你想让你的汽车有什么新本领来解决现在堵车的问题？（我想给汽车装上螺旋桨，让他飞过去；我想让汽车有挖地道的本领，让它从地底下跑过去；我想让汽车有变小的功能，从其他汽车缝隙间穿过去）

对，有了新本领的汽车，我们就不用担心堵车了。

教师继续带领幼儿在教室里开汽车，开到河流图片的地方时，教师提示：前面有一条河挡住了去路，你的汽车有什么新本领能过河吗？（我想让我的汽车变成船过河；我想让我的汽车有翅膀飞过河）

对，有了新本领的汽车，河就挡不住汽车的路了。

教师引导幼儿开着汽车回座位坐好。

2. 教师引导幼儿充分想象汽车的新功能，并用绘画的方式表现出来。

(1) 教师：小朋友刚才想出的新汽车帮我们解决了堵车、过河的问题，你还想让汽车有什么新本领？（我想让汽车能变成机器人帮助人类做事情；我想让汽车能自动驾驶；我想让汽车变成漂亮花朵的样子，到处散发花香）

(2) 教师出示先前搜集的儿童画的汽车作品，引导幼儿学会表达自己的想法。

教师：你发现哪幅画上的汽车有新本领？你从哪个地方发现的？

教师小结：未来的汽车和现在的汽车不一样，你要画出哪儿不一样，它的新本领是什么要让别人看到。

3. 幼儿绘画，教师指导。

教师：你的汽车有什么新本领？本领在哪儿？一定要让大家能发现它和现在汽车的不同。

4. 教师引导幼儿分享作品。

幼儿逐一展示作品。教师：请小朋友说说，你从他的画上发现汽车有什么新本领？

教师：请小作者向我们介绍一下他的作品吧。

提示

本活动主要针对行车中可能遇到的困难，设计出具有新功能的汽车，因此，教师不必拘泥于上述活动设计，可以根据现实中的问题提出行车难题，向幼儿发出挑战，激发他们的想象，画出新型的汽车。

延伸

教师在美术活动区域，投放一些废旧材料供幼儿制作未来的汽车。

多媒体资源库

专用资源

教学用图：堵车，河边，现在的汽车

40. 老师辛苦了（彩笔画）

目标

1. 抓住人物的主要特点，使用水彩笔和油画棒大胆表现老师工作的姿态。

2. 了解老师的辛苦，懂得关爱老师。

准备

1. 经验准备：

教师组织幼儿开展“小记者”活动，请幼儿采访各个岗位的老师，了解老师的工作，感受老师的辛苦。

2. 物质准备：

（1）小记者采访过程中的照片。

（2）画纸、水彩笔、油画棒，幼儿每人1份。

过程

1. 观看照片，激发幼儿活动兴趣。

教师结合问题引导幼儿回忆之前采访的经验：

小朋友们在做什么？（当小记者，采访厨房、保健室的老师）

你采访了哪位老师？她（他）是做什么工作的？你采访时问了些什么问题？他们是怎么回答的？（我采访了厨房老师，我问他：“您一天都要做什么事情？”他回答说：“我的工作是给小朋友、老师做香喷喷的饭菜，每天要择菜、洗菜、做饭菜、刷碗”）

2. 教师引导幼儿懂得老师的辛苦，关爱老师。

教师提问：

你觉得老师们的工作辛苦吗？为什么？（辛苦，因为厨房老师要给那么多小朋友和老师做饭；老师教小朋友们学知识、照顾小朋友）

不同岗位的老师辛勤工作是为了什么？（老师是为了让小朋友们学很多知识，让小朋友懂事；厨房老师想让小朋友身体更健康）

小朋友们爱老师们吗？老师为了小朋友们辛苦工作，那你们应该怎么做？（我们要

感谢他们）

3. 教师引导幼儿学习作画方法。

教师：你最喜欢哪位老师？他是做什么工作的？怎么做？什么姿势？你能学学他工作时的样子吗？

教师：今天老师为小朋友们准备了画纸和画笔，请小朋友把你最喜欢的老师和他工作时的样子画下来，送给他们，并向他们表示感谢。

4. 幼儿绘画，教师指导幼儿抓住人物特点绘画。

教师指导幼儿选用自己喜欢的颜色大胆绘画：小朋友们选择你喜欢的颜色画老师。

教师引导幼儿体会并画出老师工作的辛苦：

想一想，老师是怎么辛苦工作的？把他们工作时的样子画出来！

你画的是哪位老师？他在做什么？他做事情时的动作是什么样的？神态是什么样的？

教师的五官有什么特点？他的发型是什么样的？穿什么样的衣服？

5. 教师引导幼儿分享活动成果。

教师：请小朋友说一说，自己画的是哪位老师？他在做什么？为什么喜欢这位老师？老师这么辛苦，自己以后要怎么爱老师？

教师请幼儿相互讲一讲自己喜爱的老师。

提示

1. 此活动的重点是通过让幼儿绘画教师工作的情景，发现人物做事时的动态，并在此基础上表达对老师辛勤付出的认可和感谢。

2. 活动后，教师可以请幼儿把作品送给自己喜欢的老师。

资料夹

儿歌

幼儿园的老师像妈妈

幼儿园里真热闹，
小朋友们来游戏。
老师对我像妈妈，
我是老师好宝宝！

41. 我最喜欢的地方（彩笔画）

目标

1. 用水彩笔和油画棒作画，描绘自己喜欢的地方，表达对美好事物的喜爱之情。

2. 学习合理安排画面，突出重点。

准备

1. 经验准备：

教师和幼儿寻找和谈论自己喜欢的地方。

2. 物质准备：

（1）幼儿自带“喜欢的地方”的照片；轻柔的音乐。

（2）水彩笔、油画棒、画纸，幼儿每人1份。

过程

1. 教师和幼儿谈论自己喜欢的地方。

教师：你最喜欢什么地方？

教师拿出自己带来的照片，边指边说：这是老师带来的照片，我给小朋友们介绍一下照片上的这个地方吧。——我最喜欢的地方是××公园，那里有很多漂亮的花朵；我最喜欢那里的一条小溪，小溪旁边还有一排排小树，坐在树下的小椅子上乘凉特别凉快。

教师：小朋友，请你也把自己最喜欢的地方的照片拿给小朋友们看，向小朋友们介绍一下你最喜欢的地方，说说那里有什么特别的景色或好玩的东西，你为什么喜欢那里。

2. 在轻柔的音乐伴随下，幼儿自由绘画。

教师提示：

小朋友都有自己最喜欢的地方，现在拿起你手中的画笔，把你最喜欢的地方画出来，让你的好朋友猜一猜那是什么地方。

画画时先画出自己喜欢的地方最明显的特点。（最明显的景物标志、喜欢的景色）

3. 幼儿相互欣赏绘画作品。

教师：小朋友们去过好多地方，每个地方都有我们最喜欢的东西，我们的生活真美好！小朋友们快去看看同伴的作品吧，告诉他你觉得他的画什么地方最有特色，猜想那个地方是什么样子的。

提示

本活动的要点在于让幼儿通过绘画表现对生活中美好事物的喜爱之情。

资料夹

儿歌

我最喜欢的地方

好多地方我去过，
要问我最喜欢哪儿。
拿起我的小画笔，
画出那儿的大标记。
赶快过来瞧一瞧，
你们就能知道了。

多媒体资源库

专用资源

图片：我最喜欢的地方

42. 班级运动会（彩笔画）

目标

1. 用水彩笔大胆表现人物的各种运动姿态，掌握画运动中人物的技能。
2. 多人在大画纸上合作作画，激发对合作绘画的兴趣。

准备

1. 经验准备：
召开班级或全园运动会，让幼儿感受运动会的热烈气氛和所带来的快乐。
2. 物质准备：
（1）幼儿在运动会上参加各种运动项目的照片。
（2）全开的运动场背景大画纸，幼儿每组 1 张；水彩笔，幼儿每人 1 份。

过程

1. 教师调动幼儿已有经验，引导幼儿说一说所知道的运动项目。

教师：我们在开运动会时，都有哪些运动项目？（跑步、连滚带爬、运西瓜、跳绳、拍皮球等）

教师引导幼儿做不同运动的动作：你参加的是哪项运动？请做给大家看一看。

2. 教师回放小朋友参加运动会时的照片或录像，幼儿观看。

教师：他们在运动场上做什么运动呢？（跑步、双脚跳、排球）

教师做出新的运动动作，请幼儿模仿：你做过这些运动吗？学老师的样子试着做一做。

3. 教师组织幼儿做“猜猜我在做什么”游戏，巩固幼儿对不同运动动作的认知。

教师提问：

你最喜欢做什么项目？请你上前来表演一下这项运动的动作。

请大家根据他做的动作，猜一猜他做的是什么运动。

请大家仔细观察做运动的小朋友的动作特点，身体的部位有什么不一样的地方？身体各部位姿势有什么特征？

4. 教师出示运动场背景的大画纸，引导幼儿构思自己想表达的内容。

教师启发并指导幼儿：

小朋友们喜欢参加运动会吗？为什么？（因为运动可以让我们的心里特别愉快，身体更健康）

每个小组来制作一张运动会宣传画，这张大画纸好比是我们的运动场，把我们在运动会上喜欢的运动都画在运动场上，让我们的运动场热闹起来、快乐起来。让更多的小朋友参加我们的运动，让大家都变得健康、快乐。

请每个小组的幼儿讨论一下，你们打算在运动场上画些什么运动项目，每个人说一说自己喜欢的运动项目，会画的运动项目，然后分工来画。

小朋友画的时候要注意，商量好每个人在哪里画，不要都挤在一起画。想一想，为什么不能把所有的运动项目都画在一起呢？（太挤了，不方便运动）

5. 幼儿分小组进行绘画，教师分别指导。

对有困难的幼儿，教师可以启发他们回忆参加运动会时的动作，身体的不同姿势，四肢不同的位置，使用的器材等内容。

教师鼓励幼儿使用丰富的颜色作画，大胆地表现不同的运动项目。

教师提醒幼儿有序地围在画纸四周绘画：我们画的是整个运动场，尽可能画满一些，但又不要挤在一起画。

6. 集体分享作品。

教师请每个小组派一名幼儿介绍本组的作品，包括运动的项目、使用的器材、运动场各个位置的安排等，其他幼儿补充。

提示

教师在户外运动会活动中有意识地引导幼儿观察不同运动的身体特点，姿势特征，使用的器材等内容。并带领幼儿体验不同运动的感受，丰富幼儿的运动经验。

资料夹

参考图

人的运动姿态图示

多媒体资源库

专用资源

1. 图片：我们爱运动
2. 添画纸：运动会场

43. 去郊游（彩笔画）

目标

1. 回忆郊游的情景，尝试用水彩笔和油画棒作画，表现郊游时的难忘经历和感受。
2. 多人合作完成一幅大画，感受集体作画的乐趣，初步学习分工布局。

准备

1. 经验准备：

（1）在春天或秋天，教师或家长带领幼儿郊游、赏花，或采摘，或参观。

（2）教师在美工区为幼儿准备大的绘画纸张或绘画墙，提供多名幼儿共同作画的机会。

2. 物质准备：

（1）前期郊游的视频、照片等。

（2）将绘画纸连接成一张长长的画纸，画纸长度视作画幼儿人数而定；水彩笔、油画棒，幼儿人手1份。

过程

1．教师组织幼儿观看郊游时的视频，引发幼儿回忆郊游时的情景。

（1）教师引导幼儿讨论：

前几天我们去哪里郊游了？

还记得我们去郊游的情景吗？

让我们一起来看看郊游的录像吧！

（2）教师播放郊游视频。

2．教师引导幼儿讨论郊游中难忘的经历，重温郊游给身心带来的快乐体验。

教师提问：

郊游中，你和谁在一起？你们看到了什么？做了什么事情？

你们都带了什么好吃的？你是和谁一起吃的？在吃的时候，有什么有趣的事情发生吗？

在郊游中，你的心情是怎样的？

你有不高兴的时候吗？后来你的心情变好了吗？怎样变好的？是谁帮助了你，让你变得高兴的？

在郊游中，你最难忘的是什么？为什么？

3．教师请幼儿将郊游时的美好经历画下来，并根据情况进行指导。

（1）教师用话语调动幼儿创作的兴趣：老师为你们准备了一张长长的画卷，请你们把郊游时的美好情景画下来，作为你和好朋友、老师之间的永久留念，让大家看到这幅画就想到这次难忘的郊游，好吗？

（2）教师向幼儿提出绘画要求：在绘画时，想好自己要画的内容，包括人物与场景。

（3）教师提示幼儿注意：因为我们是与小朋友在一张纸上共同作画，所以要注意和同伴相互谦让。先画完的小朋友看看什么地方空，可以添加上适宜的内容。

4．集体欣赏绘画作品。

教师引导幼儿讨论并欣赏：

看一看在我们的美丽画卷上，小朋友们都记录下了哪些美好的经历？

请小朋友们在画卷空白处签上自己的名字，共同记住这难忘的经历。

提示

1．此活动最好是在幼儿郊游不久后进行，他们有共同的经历和体验，可以在彼此间产生共鸣，从而产生强烈的创作激情。

2．此活动属于表现过往事件，因此，教师要注意引导幼儿通过谈话回忆曾有的经历，尽量谈得全面、具体、生动，使幼儿表象清晰、思维活跃，落笔时成竹在胸。

3．在活动中老师给幼儿提供的画纸要尽可能大，使幼儿能在长长的画卷上共同创作一幅大画，来表现他们郊游时的愉快体验和情感。

延伸

1. 此活动还可以采用泥工的形式，让幼儿用彩泥将游戏的情景捏出来，组成一幅立体的《郊游图》。

2. 在此活动后，可以请幼儿将自己的郊游经历画成连环画，制作成图书《我的郊游》在班中进行展示。

44. 我和彩虹做游戏（水粉画）

目标

1. 大胆想象与彩虹做游戏的情景，尝试用毛笔在布上绘画。

2. 大胆用色，感受色彩美。

准备

1. 经验准备：

教师在雨后引导幼儿观看彩虹。

2. 物质准备：

（1）彩虹精美照片。

（2）2 m×3 m 的白布每组 1 块；用于画彩虹的七色水粉，幼儿每组 1 套，每种颜色配毛笔 4～6 支。

过程

1. 教师引导幼儿观看图片，激发幼儿的活动兴趣。

教师：下雨后，天空中会出现什么？（彩虹）

教师出示照片：彩虹是什么样子的？什么颜色？（彩虹是一条长长的弧线，有七种颜色：红、橙、黄、绿、青、蓝、紫）

教师：你觉得彩虹美吗？为什么？

2. 教师启发幼儿想象与彩虹做游戏的情景，为绘画活动做铺垫。

教师提问：

你觉得彩虹像什么？（桥、月亮、船、香蕉）

如果彩虹是一个大玩具，你会和它做什么游戏？（把彩虹当成小船，在船上划船、钓鱼；把彩虹当成秋千，荡秋千）

3. 教师向幼儿介绍操作材料，使幼儿了解使用方法。

教师提示：

今天老师为小朋友们准备了彩虹色的水粉，请小朋友们把你想象的和彩虹一起做游戏的样子画在白色的布上。

如果只有你一个人和彩虹一起做游戏感觉怎么样?（孤单、不热闹、没意思）

我们可以分成小组，每组小朋友把你们和彩虹做游戏的样子画在一起，这样大家会玩得更开心!

幼儿在教师协调下自愿结合为4～6人一组。

4. 幼儿创作，教师指导幼儿合作大胆绘画。

在幼儿绘画过程中，教师可作如下提示：

每组幼儿创作时，可以先说说自己想画什么，然后大家一起来画。

你最想和彩虹做什么游戏，大胆地画出来。

彩虹非常美丽，它有许多颜色，请每个人大胆地使用颜色，画出美丽的彩虹。

5. 教师引导幼儿分享活动成果。

教师：小朋友，请你和同伴讲一讲自己和彩虹做游戏的情景。

教师组织幼儿展示作品，然后集体分享。教师：请大家说一说你最喜欢的作品，并猜一猜他们都和彩虹做了什么游戏。

提示

1. 本活动的目的在于鼓励幼儿大胆幻想，所以教师不要在意幼儿绘画内容的现实合理性，而是要引导他们通过拟人、夸张、变形等画出自己的心愿。

2. 本活动的另一目的是让幼儿大胆使用颜色，因此教师要允许幼儿尝试用毛笔在布上反复涂染，适当提醒幼儿换一种颜色试试，这样幼儿可感受到颜料在画布上相互渗透的微妙效果。

3. 本活动采用了几名幼儿合作完成一幅大型作品的方式，如果幼儿的经验、能力和幼儿园场地等条件不足，也可以由幼儿独自完成画幅较小的作品。

延伸

活动结束后，教师将本活动的工具材料转移到美术活动区，以便幼儿在活动区继续尝试探索。

多媒体资源库

多用资源

图片：风景

45. 我是环保小卫士（彩笔画）

目标

1. 分工合作制作环保宣传画册，体验合作作画的快乐。

2. 合理构图，表达既定含义。

准备

1. 经验准备：

教师组织幼儿在小区内开展清理垃圾的活动。

2. 物质准备：

（1）遭破坏的环境照片：扔有废弃物的草地，沾有痰迹的大树，汽车冒出的黑烟，贴满小广告的墙面，哗哗流水的水龙头，摘花的人……

（2）画纸、水彩笔，幼儿每人 1 份。

过程

1. 教师引导幼儿回忆清理小区垃圾的活动。

教师引导幼儿讨论：

前几天我们到小区的花园里做了一件非常有意义的事情，你们还记得吗？（到小区里的小花园清理垃圾）

我们刚去小花园时你看到了什么？你的心情是怎样的？（小花园里有冰棍纸、小食品的包装袋、饮料瓶、香蕉皮，我的心情很糟、很烦，不愿意到小花园玩）

我们清理完垃圾后，小花园变成了什么样？你的心情有什么变化？（清理完垃圾小花园变得干净、整齐、漂亮，我的心情很愉快、很高兴，觉得自己很棒）

2. 教师引导幼儿观看遭破坏的环境照片，引发幼儿制作环保宣传画的想法。

教师提问：

小花园的垃圾是哪里来的？（人们到小花园玩时丢下的或路过这里的人扔的）

我们平时还见过一些环境被破坏的现象，咱们一起来看看吧！教师出示环境被破坏的照片。

怎样才能让我们的环境变得每天都干净优美呢？（大家都要爱护环境，不乱扔垃圾，不随地吐痰，爱护小花小草，不在墙上乱写乱画，节约用水，出门多坐公交车）

怎样才能让更多的人都来爱护环境呢？（做环保小卫士，宣传环保知识）

弟弟妹妹不认识字怎么办？用什么方法让弟弟妹妹知道怎样保护环境？（我们可以把保护环境的好方法画下来，讲给弟弟妹妹听）

怎样才能让弟弟妹妹看懂我们的画？（画面要清晰明了，色彩要漂亮，构图要合理）

3. 幼儿绘画制作宣传画册，教师给予必要的帮助。

教师协助幼儿分小组，引导各组幼儿讨论本组保护环境的好方法，确定各组员的绘画内容。

幼儿绘画，教师巡回指导。

4. 幼儿展示、分享各自的环保宣传画。

教师倾听各组幼儿的宣传画创意，帮助写好画面宣传语。

教师帮助幼儿将小组成员的画页排序，写上页码，装订成册。

提示

1. 活动中，教师应以提问的方式引导幼儿积极思考，找出解决环保问题的方法。

2. 幼儿分组制作画册时，教师应注意引导幼儿提练简洁的环保宣传语。

延伸

各小组分别到中班、小班做小小环保宣传员。讲解自己的宣传画册，并将画册送给弟弟妹妹。做宣传活动前，教师应引导各组幼儿讨论宣传活动中的分工，使幼儿明确个人的任务，分工合作完成好宣传任务。

资料夹

1. 儿歌

我是环保宣传员

打竹板，响连天，
我是环保宣传员。
别看我们年纪小，
环保知识真不少。
水资源，在减少，
节约用水要做到。
汽车多，尾气多，
出门多坐公交车。
废弃物，分类好，
合理回收就是宝。
你我一起来努力，
我们的明天更美丽。

2. 小知识

生活垃圾的分类处理

生活垃圾一般可分为四大类：可回收垃圾、厨余垃圾、有害垃圾和其他垃圾。目前常用的垃圾处理方法主要有综合利用、卫生填埋、焚烧和堆肥。

可回收垃圾包括纸类、金属、塑料、玻璃等，通过综合处理回收利用，可以减少污染，节省资源。如每回收 1 吨废纸可造好纸 850 公斤，节省木材 300 公斤，比等量生产减少污染 74%；每回收 1 吨塑料饮料瓶可获得 0.7 吨二级原料；每回收 1 吨废钢铁可炼好钢 0.9 吨，比用矿石冶炼节约成本 47%，减少空气污染 75%，减少 97%的水污染和固体废物。

厨余垃圾包括剩菜剩饭、骨头、菜根菜叶等食品类废物，经生物技术就地处理堆肥，每吨可生产 0.3 吨有机肥料。

有害垃圾包括废电池、废日光灯管、废水银温度计、过期药品等，这些垃圾需要进行特殊的安全处理。

其他垃圾包括除上述几类垃圾之外的砖瓦陶瓷、渣土、卫生间废纸等难以回收的废弃物，采取卫生填埋可有效减少对地下水、地表水、土壤及空气的污染。

多媒体资源库

专用资源

图片：破坏环境的行为就在我们身边

46. 我爱妈妈（铅笔画）

目标

1. 运用绘画的形式表达自己对妈妈的爱。
2. 突出主要绘画内容，合理地安排画面。

准备

1. 经验准备：

教师利用活动过渡环节，与幼儿谈论妈妈的爱，加深幼儿对妈妈爱的情感。

2. 物质准备：

（1）歌曲《世上只有妈妈好》。

（2）画纸，幼儿每人 1 张；水彩笔，幼儿每人 1 盒。

过程

1. 教师以音乐《世上只有妈妈好》导入活动，引发幼儿的兴趣。

教师引导幼儿讨论：

今天先请小朋友听一首歌曲。教师播放歌曲世上只有妈妈好，幼儿倾听。

说一说，听到这首歌曲后你有什么感受？（歌曲很温和，有想哭的感觉，很想念妈妈）

2. 教师组织幼儿谈话“妈妈爱我，我爱妈妈”，加深幼儿爱妈妈的情感。

教师提问：

妈妈是怎样爱你的？（妈妈给我买新衣服，妈妈带我去吃肯德基，生病的时候妈妈陪着我）

妈妈这样爱我们，那我们怎样表达对妈妈的爱呢？（妈妈下班了，我帮妈妈拿拖鞋；我帮妈妈收拾屋子）

3. 教师提出绘画要求。

教师提示：

小朋友有很多爱妈妈的具体行为，我们画出来，然后互相交流、学习，举办一个“我爱妈妈”的画展。

在绘画时，请小朋友们想好自己绘画的内容，先画出最主要的内容，把它画大一些，然后再画背景。

4. 幼儿绘画，教师巡回指导。

教师：你爱妈妈的时候，你最想帮妈妈做些什么？

5. 集体分享作品。

教师带领幼儿一起欣赏绘画作品，并将作品布置在展板上，进行全园性展览。

提示

1. 教师应注意在活动前，一定要通过与幼儿谈话，使幼儿充分表达对妈妈的情感，并回忆出具体事件。

2. 在绘画过程中，教师要注意引导幼儿画出具体内容情节，如果幼儿受技能限制，不能在画中清晰呈现所要表达的内容，可以请他们以语言补充。

3. 教师要引导幼儿合理安排画面，突出主要人物，借助景物表现事件情节。

多媒体资源库

专用资源

图片：母女

47. 家庭运动会（签字笔画）

目标

1. 根据家庭运动会的项目，尝试画出人运动时的姿态。

2. 学习用签字笔绘画，表现运动会的快乐。

准备

1. 经验准备：

教师组织幼儿讨论家庭运动会的项目，比赛的规则。

2. 物质准备：

画纸、签字笔，幼儿每人 1 份。

过程

1. 教师以谈话引出主题，激发幼儿绘画的兴趣。

教师：“你们喜欢运动会吗？说一说家庭运动会有哪些比赛项目？（跳绳、拍球走、跳障碍、走平衡、单脚跳、投掷、往返跑）

2. 教师引导幼儿模仿运动会比赛的动作，帮助幼儿进行物象分析，加深印象。

教师：你最喜欢家庭运动会的哪项比赛？做一做这项比赛的动作，让大家猜一猜是什么项目。

幼儿分组，模仿运动会比赛项目中家庭各个成员的动作。

3. 教师和幼儿共同总结家庭运动会的项目。

教师提问：

每个比赛项目可以有几个人？大家会穿什么样的衣服参加比赛？

怎样比赛？规则是什么？

比赛时什么样的动作才能赢得比赛？需要什么材料？

比赛时你们的表情是什么样的？

开家庭运动会时，你是什么心情？

幼儿体会家庭健康运动的快乐。

4. 鼓励幼儿画出家庭运动会。

教师提示：

我们用绘画的方法设计一个家庭运动会的运动项目，也可以设计成几个家庭相互比赛。

小朋友请你画出家庭运动会时的典型动作和器材来代表比赛项目。

画的时候，想想先画什么、后画什么。请尽量画大些，让别人看清楚。

5. 幼儿绘画，教师巡回指导。

教师鼓励幼儿大胆画出关于比赛项目的设想。

6. 展示幼儿绘画的作品。

幼儿将作品贴在班中“爱运动”的墙饰上，大家共同欣赏。

提示

1. 本次活动的重点是幼儿根据已有经验想象家庭运动会比赛的各种动作，大胆表现人物运动时的不同姿态。

2. 此项活动应在幼儿园召开家庭运动会后进行。

多媒体资源库

专用资源

图片：家庭运动会

48. 爷爷奶奶的节日（彩笔画）

目标

1. 尝试用水彩笔和油画棒画出为爷爷、奶奶做的事情。

2. 了解重阳节是老人的节日，知道关心自己的爷爷、奶奶。

准备

1. 经验准备：

（1）活动前，教师请幼儿运用调查表《爷爷、奶奶喜欢的》，了解、关心爷爷奶奶。

（2）教师带领幼儿讨论如何关心爷爷、奶奶，应该为爷爷、奶奶做些什么。

2. 物质准备：

画纸、水彩笔、油画棒（24 色），幼儿每人 1 份。

过程

1. 激发幼儿绘画的兴趣。

教师与幼儿谈话：

你们知道 9 月 9 日是什么节日吗？（重阳节）

说一说，重阳节爸爸、妈妈都为爷爷、奶奶做了哪些事情？（买礼物、送衣服、送

营养品）

2. 教师组织幼儿进行“我来扮爷爷、奶奶”的游戏，帮助幼儿进行物象分析。

教师：你了解自己的爷爷、奶奶吗？他们最喜欢什么？

教师请幼儿扮成自己的爷爷、奶奶，到前面表演“最爱做的事情”“最爱说的话”“最爱做的动作”。

3. 教师引导幼儿讨论能为爷爷、奶奶做的事情。

教师提问：

说一说，爷爷、奶奶是怎样爱你的？

爷爷、奶奶年纪越来越大，许多事情都做不了了。我们小朋友越长越大，能做的事情越来越多。你最想为爷爷、奶奶做什么事情？为什么？（为爷爷、奶奶倒水，给爷爷、奶奶捶背，给爷爷、奶奶做水果沙拉，送一幅最好的作品给爷爷、奶奶）

为爷爷、奶奶做事情时，你是什么心情？

4. 教师鼓励幼儿画出为爷爷、奶奶做的事情。

教师提问并引导幼儿作画：

重阳节马上就要到了，我们制定一个“我爱爷爷、奶奶”的爱心计划，画出你最想为爷爷、奶奶做的事情。

绘画时想一想，先画什么，后画什么。

先画出主要内容，并画大一些，然后再画背景。

还要把自己的表情画出来，让别人看清楚。

5. 幼儿绘画，教师巡回指导。

教师鼓励幼儿细心画出自己想为爷爷、奶奶做的一件事情。

教师提醒幼儿把人物画大，能充分表现爱和被爱时人物的表情。

6. 展示幼儿的绘画作品。

教师组织幼儿将作品贴在班中“爱爷爷、奶奶”的墙饰中，请幼儿互相讲一讲自己的打算。

提示

1. 本次活动的重点是帮助幼儿体会和表达爱，画出人物享受爱的动作和表情。

2. 请有时间的爷爷、奶奶来参加活动，讲一讲自己与孩子之间的亲情故事。

3. 活动后，教师请幼儿将作品送给爷爷、奶奶；然后组织谈话活动“爷爷、奶奶的感动”，请幼儿谈谈爷爷、奶奶看到自己的作品后的表示，说了什么，做了什么。

资料夹

儿歌

儿　歌　一

红叶飘，黄叶飘，蓝天高高白云绕。
九月九，重阳节，我跟爷爷来登高。
我们俩，手拉手，登上山顶四下瞧。

儿　歌　二

九月里，九月九，
爬山登高饮菊酒。
戴上茱萸避邪恶，
吃了花糕多长寿。

多媒体资源库

专用资源

调查表：爷爷、奶奶喜欢的

49. 我的小秘密（彩笔画）

目标

1. 了解颜色能传达不同的心情，尝试用不同的色彩来表现自己的秘密。

2. 画出自己快乐、悲伤的心情，舒缓情绪。

准备

1. 经验准备：

教师带领幼儿创设心情墙，鼓励幼儿说出自己的心情，号召好朋友之间互相倾诉，大家都来关心心情不好的小朋友。

2. 物质准备：

有盖子的小玻璃瓶、画纸、水彩笔、油画棒（24 色），幼儿每人 1 份。

过程

1. 激发幼儿的绘画兴趣。

教师引导幼儿谈话：

你们想知道老师的秘密吗？

今天老师要给小朋友们说一说自己小时候快乐、悲伤、痛苦的小秘密。

2. 教师请幼儿说说自己的快乐小秘密，与同伴分享自己的快乐。

教师：你有什么最快乐的秘密，想和大家说一说？

幼儿两人一组，互相讲自己快乐的秘密，分享快乐心情。

教师：当你快乐时，你会想到什么颜色？

3. 教师请幼儿说说自己不快乐的小秘密。

教师引导幼儿讨论：

小朋友每天都有快乐的事情，可是也常有不快乐的事情。你能把不快乐的事情讲给大家听吗？

讲完不快乐事情，你的心情怎样？

当你有不快乐的心情时，你会想到什么颜色？

如果你有不想告诉别人的事情，就向老师眨三下眼睛，悄悄暗示给老师，老师就知道了。

当秘密不能说出来时，你是什么心情？教师以实例告诉幼儿，将秘密用某种形式传达出来后，能给自己带来安慰。

4. 教师鼓励幼儿画出自己的秘密。

教师：刚才小朋友用眼睛示意我有的秘密，不想说。我们换一种方式，把这个不想说的秘密画在纸上，然后把这幅秘密画藏在秘密瓶里。秘密就存起来了。你放下这个包袱，就会快乐起来。

教师：绘画时想想先画什么，后画什么。请尽量画大些，用适当的颜色表现你的心情。

5. 幼儿绘画，教师巡回指导。

（1）教师鼓励幼儿大胆画出自己秘密的事情。

（2）教师提醒幼儿用相应的颜色来表现画面内容。

6. 收藏幼儿的秘密故事。

教师请幼儿把作品装在玻璃瓶里，封上瓶盖，藏在秘密的地方。

提示

本次活动的重点是通过绘画活动让幼儿表达自己的情感，宣泄情绪，同时也让幼儿了解心结可用不同的方式宣泄出来，缓解自己的心情。

多媒体资源库

专用资源

1. 动画：秘密瓶

2. 图片：秘密瓶

50. 我们应该这样做（彩笔画）

目标

1. 了解提示牌的作用，尝试制作日常生活中的提示牌。

2. 运用夸张、简洁的方法绘制提示牌。

准备

1. 经验准备：

教师带领幼儿在幼儿园寻找提示牌，了解提示牌的作用，同时发现需要提示却还没有设提示牌的地方。

2. 物质准备：

（1）事先制做好用于画提示牌的板子。

（2）卡纸，幼儿每人 1 张；24 色水彩笔、油画棒，幼儿每人各 1 套。

过程

1. 激发幼儿绘画的兴趣。

教师引导幼儿谈话：

小朋友，请你说一说，提示牌是做什么用的？

说一说，你在哪儿见过提示牌？它提示大家做什么？（公园草地上禁止踩草地的提示牌，马路上禁止乱扔垃圾的提示牌等）

2. 教师提出问题，引导幼儿说一说在幼儿园中需要提示的地方。

教师：你认为幼儿园里什么地方需要提示牌？为什么？（上下楼梯、运动的安全，用水、用电、用纸的节约标志）

3. 教师帮助幼儿构思设计提示牌。

教师提问：

幼儿园的许多地方需要设立提示牌，提示大家如何去做。你想设计什么地方的提示牌？

提示牌上画些什么内容更容易让大家理解，按照提示去做？

绘制提示牌可以采用各种各样的方式，可以用故事的形式、儿歌的形式、漫画的形式，想一想，你打算用哪种方式呢？

4. 幼儿绘制提示牌，教师鼓励指导。

教师：小朋友，你的提示牌画好后，想一句简短、易懂、拟人的话，请老师帮你写上。

5. 幼儿安置提示牌。

教师组织幼儿将绘制的提示牌放在园中需要的各个地方，提醒大家按画面内容放置。

资料夹

小知识

常见提示语

- ◆ 水是生命之源，请节约每一滴水。
- ◆ 爱护脚下草，莫折枝头花。
- ◆ 人与环境手拉手，我们都是好朋友。
- ◆ 青草、翠竹，我们的朋友。
- ◆ 世界只有一个地球。
- ◆ 小草含羞笑，请您勿打扰。

多媒体资源库

专用资源

图片：提示牌

51. 葫芦娃（水墨画）

目标

1. 了解《葫芦娃》的故事情节，尝试画出葫芦娃的各种样子。
2. 大胆运用水墨画表现对葫芦娃的喜爱。

准备

1. 经验准备：

（1）教师带领幼儿观看《葫芦娃》[①] 视频或图画书，了解故事内容。

（2）幼儿已学习过水墨画的用笔、用墨方法。

2. 物质准备：

（1）《葫芦娃》动画或图画书。

① 《葫芦娃》是上海美术电影制片厂 1986 年出品的动画片。

（2）宣纸、毛笔、墨水、调色盘、毡子、洗笔水桶，幼儿每人1份。

过程

1. 激发幼儿绘画的兴趣。

教师引导幼儿谈话：

你们看过《葫芦娃》的动画片吗？

动画片里讲了什么事情？你们能讲一讲葫芦娃的故事吗？

2. 教师引导幼儿回忆故事情节，加深对葫芦娃的印象。

动画片里有几个葫芦娃？他们长什么样？穿什么衣服？

他们叫什么名字？为什么叫这个名字？有什么本领？

3. 教师和幼儿共同回忆画水墨画的基本方法。

教师引导幼儿讨论：

画水墨画先要准备什么？为什么？（在调色盘中倒入一点墨，把毛笔蘸上水，轻轻滴入墨中，用笔调拌，然后在备用纸上试画，直到墨调得浓淡合适）

小朋友画过水墨画吗？画水墨画要注意什么？（用毛笔蘸完墨，掭掭笔再画画）

画画时注意什么？如果做不到会怎样？（不碰别人，如果碰别人就会破坏别人的画面）

深浅颜色怎么画？怎样就变浅了？（深色时用浓墨，不加水；浅色墨中加水，让墨色变浅）

请大家来试一试，我说，小朋友做。幼儿随教师指令做：掭笔，画大墨块，画小墨块，变深，变浅。

4. 教师鼓励幼儿用水墨绘画葫芦娃。

教师：我们先一起做好准备工作。

幼儿在教师带领下倒墨、调墨、试墨……

教师：绘画时想想你要表现哪个葫芦娃，把主要人物安排在什么地方，这个葫芦娃在做什么事情——是在展示自己的特殊能力？是在和蛇精战斗？还是正在帮助谁？请小朋友想好再画，合理安排画面，记住画水墨画的要求。

5. 幼儿绘画，教师巡回指导。

教师鼓励幼儿大胆画出水墨画葫芦娃：想一想先画什么？再画什么？最后画什么？怎样画出深色的地方？浅色的地方怎样画？

教师提醒幼儿按照画水墨画的要求进行绘画：先将笔蘸上墨汁，在调色盘边上掭一掭不让笔尖掉眼泪，再进行绘画。想画出浅色的地方要蘸一点儿清水，再在调色盘边上掭一掭，然后绘画。

6. 展示幼儿绘画的作品。

教师组织幼儿将作品贴在展示栏中，并将自己的创意讲给大家听。

提示

教师可以鼓励幼儿画几幅形态各异的葫芦娃。

资料夹

作品介绍

《葫芦娃》 故事梗概

葫芦山里关着两个妖精，蝎子精和蛇精。一只穿山甲不小心打穿了山洞，两个妖精逃了出来，从此百姓遭难。穿山甲急忙去告诉一个老汉，种出七色葫芦，就能消灭这两个妖精。

老汉种出了红、橙、黄、绿、青、蓝、紫七个大葫芦。妖精们从如意镜中窥见老汉种出的葫芦，但她们摧毁不了这七个葫芦，就把老汉和穿山甲抓去。

七个葫芦成熟了，相继落地变成七个男孩，穿着七种颜色的服装。他们为了消灭妖精，救出老汉和穿山甲，一个接一个去与妖精搏斗。红娃是大力士，但有勇无谋，落入蜘蛛网被擒。橙娃是千里眼和顺风耳，却被妖精的六棱镜射瞎了眼睛。黄娃是硬铁头，由于寡不敌众，被妖精用磁石吸住。绿娃是火神下凡，但是喝了冰酒，自己内心被冰封住。青娃识水性，却被妖精用迷魂酒醉倒，卧倒在酒碗里。蓝娃有隐身术，偷来妖精的如意，救了五个哥哥，并且大闹妖洞。紫娃被妖精迷了心窍，出世后不认得爷爷和哥哥。他用宝葫芦把四个哥哥的心都打碎，让他们自相残杀，还把两个娃收进葫芦里去。最后，老爷爷得到彩莲的帮助，让他们联合起来，发挥各人的法术，冲出炼丹炉，终于打败妖精，把他们收进宝葫芦里。

52. 我喜欢的动画形象（彩笔画）

目标

1. 回忆动画片的情节，画出自己喜欢的动画形象。
2. 在绘画过程中重温对动画片中人物的情感。

准备

1. 经验准备：

教师与幼儿讨论自己喜欢的动画片，喜欢什么地方。

2. 物质准备：

画纸，幼儿每人 1 张；24 色水彩笔、油画棒，幼儿每人 1 份。

过程

1. 激发幼儿绘画的兴趣。

教师引导幼儿谈话：

你们喜欢什么动画片？（《葫芦娃》《黑猫警长》《西游记》《变形金刚》）

说一说，你知道动画片里的哪些形象？

2. 教师引导幼儿讨论“我喜欢的动画形象”，帮助幼儿进行形象分析，加深印象。

教师：你最喜欢动画片里的谁？学一学它的代表动作或常说的一句话。

幼儿分组比赛唱出动画片里的歌曲，边做动作边演唱。

3. 教师引导幼儿讨论绘画内容，重点突出绘画的主要情节。

教师：

请你说说自己喜欢的动画形象，为什么喜欢它？喜欢它什么？

请你说一说它让你印象最深的一件事情。

请你用好听的词形容一下它是什么样的。

如果你是它，你会做什么事情？

4. 教师鼓励幼儿绘画自己喜欢的动画形象。

教师提示：

把你喜欢的动画形象画出来，告诉别人你喜欢它的原因。

绘画时想想动画形象的样子，什么地方最突出；然后想想画一件什么事情，那当然是你印象最深的事情。画画时尽量将动画形象画大些。

5. 幼儿绘画，教师巡回指导。

教师鼓励幼儿大胆画出自己喜欢的动画片中的形象。

教师提醒幼儿把事情画清楚，让大家看明白。

6. 幼儿展示作品。

教师组织幼儿将作品合订在一起，制作成一本书《我喜欢的动画形象》。

提示

本次活动的重点是引导幼儿回忆、体会动画片中的各种故事，大胆表现动画片形象。

延伸

教师可以引导幼儿把身边的事情创编到故事中，制作《我和动画形象的故事》。

资料夹

作品介绍

白雪公主

《白雪公主》为19世纪德国著名童话集《格林童话》中的一个故事。原文讲述了一个可爱美丽的公主因为后母嫉妒其美貌而被迫逃到森林，偶遇善良的七个小矮人，最后在他们的帮助下，克服了后母的诅咒，找到真爱的王子的故事。

20世纪初迪斯尼推出改编于格林童话原著的动画长片《白雪公主》，是历史上第一个动画长片，从此，迪斯尼的“白雪公主”形象名扬全球。

机器猫

《机器猫》(Doraemon，日文名：ドラえもん）又译为《哆啦A梦》，是日本著名动漫。哆啦A梦是一只来自未来世界的猫型机器人，为故事中的主角。它用自己神奇的百宝袋和各种奇妙的道具帮助大雄解决各种困难。《机器猫》的故事将人们带进一个奇妙、充满想象力的世界。也正因此，它能作为一个常青的形象，伴随几代少年儿童的成长。

《机器猫》最初由两位漫画家藤本弘和安孙子素雄合作创作出版。他们两人从1952年开始合作，共用同一笔名：“藤子·F·不二雄”。《机器猫》另有外传、旧版、新版、剧场版等，还有一系列相关的小游戏。

天线宝宝

动画片《天线宝宝》（英文名Teletubbies）由英国广播公司（BBC）与RagDoll公司制作，发行于1997年，长达260集，每集30分钟。主要收视对象是12个月大到5岁的学龄前儿童。

《天线宝宝》有两个元素：一个是“幻想园地”，一个是“真实纪录”。《天线宝宝》的主要场景是“神奇岛”，岛上有许多幻想奇观。天线宝宝家族由四个可爱的天线宝宝和一个太阳娃娃组成，他们是科技的产物，是幻想的人物。天线宝宝生活在宝宝乐园里，彼此之间有良好的关系，没有暴力。神奇岛上每天都发生许多有趣的事。天线宝宝在神奇岛上玩乐，虽然很多事情都不懂，但是很喜欢学习。《天线宝宝》呈现孩子们在游戏中学习、发展的有趣经验，促进孩子创造力、想象力的发展。

《天线宝宝》已经在113个国家被翻译成45种语言，受到全球约十亿儿童的喜爱。

喜羊羊与灰太狼

《喜羊羊与灰太狼》为国产原创系列电视动画片，由广东原创动力文化传播有限公司出品。自2005年6月推出后，迄今播出已突破500多集，是目前中国集数最长的动画片之一。

《喜羊羊与灰太狼》以羊和狼两大族群间妙趣横生的争斗为主线，剧情轻松，风格诙谐，情节爆笑，对白幽默，还巧妙地融入社会中的新鲜名词。

羊历3513年，青青草原上，羊羊族群已经十分兴旺发达。在羊羊一族里面已经有小镇，有学校，有超市，有美容院，所有羊羊族群的羊都幸福快乐地生活。

可是，在对岸的森林里，灰太狼带着他的妻子红太狼对着一群群的肥羊咽着口水。

当灰太狼的身影出现在石桥的栏栅前时，羊羊族群的喜羊羊、美羊羊、沸羊羊和懒羊羊等一群年轻的羊羊才真正从现实当中看到书上记载的狼的样子。

当灰太狼看到守在桥上铁栅栏后面的喜羊羊时，以为只要破坏了铁栏栅，就可以把肥羊抓住，没想到铁栅栏每次都被喜羊羊暗中做了手脚，灰太狼落得个伤痕满身，灰头土脸地回家，在他心中最痛恨的就是那只专门对付他的喜羊羊，简直是一点不把狼群的威风放在眼里。从此，灰太狼下定了决心，想尽一切办法要抓喜羊羊回去先下锅，以泄他心头之恨。可是灰太狼不知道，他的对手是羊羊族群里最聪明的羊，而且在喜羊羊背后还有村长和发明家慢羊羊，大智若愚、喜欢睡觉的懒羊羊，力大如牛的沸羊羊，漂亮亲切的美羊羊和羊羊族群。灰太狼虽然阴谋诡计不断，但是最后还是自讨苦吃，落得一个失败的下场。

53. 我的飞屋历险记（彩笔画）

目标

1. 了解《飞屋历险记》的故事情节，尝试进行故事的联想与创编。
2. 画出自己创编的故事情节。

准备

1. 经验准备：

教师为幼儿播放动画片《飞屋历险记》，使其了解故事情节。

2. 物质准备：

绘画纸，幼儿每人 1 张；24 色水彩笔、油画棒，幼儿每人各 1 套。

过程

1. 激发幼儿绘画的兴趣。

教师引导幼儿谈话：

你们看过或听说过《飞屋历险记》的故事吗？

你们知道故事中小主人公和爷爷发生了什么事情吗？

2. 教师引导幼儿回忆故事情节，加深对故事的了解。

教师：你们能讲一讲飞屋历险记故事吗？主人公遇到了什么困难？他们是怎样解决的？

幼儿讲述故事，教师协助补充、提醒。

3. 教师和幼儿共同创编飞屋历险记的梦，讨论绘画内容。

(1) 教师引导幼儿酝酿构思：

如果你是飞屋的主人，你会遇到什么困难？怎样解决它？幼儿发表各自的创意。

请你给旁边的小朋友讲讲你编的飞屋历险故事。

(2) 教师引导幼儿梳理构思：

请几位小朋友给大家讲一讲自己编的故事，大家帮助你丰富故事情节。（遇到雷雨天、遇到种子宝宝、遇到走丢的大雁宝宝、遇见老鹰正在抓小白兔）

遇到雷雨天你们会怎么办？（躲在屋檐下，千万别在大树下避雨）

遇到种子宝宝你会怎么办？（帮助种子通过水、风，请动物帮忙等方法进行传播）

遇到走丢的大雁你会怎么办？（沿着飞往南方的路去寻找雁妈妈）

遇到老鹰正在捉小白兔你会怎么办？（想办法引开老鹰的注意力）

4. 教师鼓励幼儿画出飞屋历险记。

教师：我们把飞屋历险记用绘画的形式表现出来，讲给大家听。绘画时想想飞屋是什么样的，画面怎样构图，然后大胆地表现故事的情节，请尽量画清楚，让小朋友看明白。

5. 幼儿绘画，教师巡回指导。

教师：请小朋友大胆画出自己的“飞屋历险记”。

6. 展示幼儿的绘画作品。

教师带领幼儿在班中布置挂饰“小飞屋”，将幼儿的作品展出，并请小作者讲给大家听。

提示

1. 本次活动的关键点是引导幼儿扩展想象，除了故事中描写的遭遇，主人公在探险路途中还可能发生什么惊险的事情，然后创编自己的《飞屋历险记》。

2. 在这个创作中，幼儿可以根据自己的需要画单幅画集中表现关键情节；也可以画连环画表现各个历险情节，细致地描绘故事进程。

资料夹

1. 作品介绍

《飞屋历险记》 故事梗概

故事开始时，小男孩卡尔·费迪逊（Carl Fredrickson）正聚精会神地看着新闻影片，著名探险家查尔斯·蒙兹（Charles Muntz）和他的爱狗们刚刚乘坐热气球从南美探险归来。蒙兹宣布发现了新物种，但科学家们不信，称他是个骗子，蒙兹名誉扫地。不过小卡尔对蒙兹的经历深信不疑，对他的话句句在心，尤其是他那句“探险就在前方”更被小卡尔当作至理名言，他也想像蒙兹一样成为伟大的探险家。

一天，小卡尔牵着气球走在回家的路上。当他路过一个无人居住的房子前时，传来了另一个孩子的声音。这是个假小子性格的女孩，叫艾丽(Ellie)。她也同样迷恋蒙兹的探险故事，喋喋不休的艾丽拿屋顶上的风向标当操纵杆，把整个屋子当成一艘大飞船，竭力说服不知所措的卡尔加入她的计划，坐着“飞屋”冒险。当然两个孩子并没能飞起来，而是摔了下来。不过卡尔和艾丽就此结识。随后的时间，他们俩长大、结婚、在一起生活，但他们始终都疲于为生活而奔波，直到艾丽病逝，这个愿望也没能实现。

艾丽去世以后，卡尔变得孤僻起来，不愿与人接触。但更糟糕的是，他的屋子正好处在政府计划开发的地皮上，这里即将建造一幢摩天大楼。不愿搬离这里的卡尔成了一个“钉子户”，政府派人来准备将他送到养老院，不过就在那些人来之前，卡尔作出决定，带着屋子一起离开这里，前往南美，去实现妻子和他共同的梦想！

一个阳光明媚的日子，木屋的烟囱里突然飘出了成千上万个气球。五颜六色的气球，带着整栋房子飞上了天！原来，倔老头卡尔终于下定决心要离开碌碌无为的无聊社区，乘着气球飞屋，踏上异想天开的探险旅程！老卡尔没想到的是，他的邻居，8岁亚裔小男孩小罗（Russell）不知怎么竟然溜上了飞屋！这个过度乐观的小男孩喜欢快速地说个不停，他参加了野外探险者协会，为了成为高级会员，正需要集齐最后一枚徽章——帮助老人徽章。

随后，卡尔和小罗爷儿俩经历了一番曲折，来到了一片丛林。

在丛林里，卡尔和小罗遇到了新的朋友——长着长长红色的喙的一只色彩斑斓的大鸟，它就是探险家蒙兹发现的新物种。爷儿俩被带到一个飞艇里，他们发现这个飞艇的主人居然就是探险家查尔斯·蒙兹。为了证明自己的发现，蒙兹正不择手段地抓捕大鸟。得知这一切以后，爷儿俩赶紧逃跑，放大鸟回家。正当紧要关头，蒙兹赶到并带走了大鸟……随后，爷儿俩和蒙兹展开了搏斗，奋力救出大鸟。

搏斗过后，蒙兹和飞屋都坠下云层。

爷儿俩和大鸟道别后，驾驶着蒙兹的飞艇回到了城市。

小罗获得了由卡尔奖励的徽章，他们成了形影不离的好朋友，过着幸福快乐而惬意的生活。而他们的飞屋最终随气球独自飘落在“平顶山脉”的仙境瀑布边上，实现了艾丽和卡尔一生的梦想。

2. 小知识

连环画的特点与创作步骤

连环画是用多幅连续的画面来叙述故事情节，表达主题。每幅画面表现故事的一个情节片段，前后之间有内在联系。

连环画的特点是连续性，人物、场景不宜太多，主要人物的外貌特征，如脸型、发型、服饰等要分明、前后统一，背景环境同样需要前后连贯。

幼儿连环画的创作可依下列步骤进行。

1. 先选择一件自己印象深刻、易于用具体形象表达的内容。

2. 按照情节发展列出四幅画面，然后构思每一幅画的内容。此时注意四幅画内容要有连续性，情节线索要清楚。

3. 根据主要人物的特点设计脸型、发型及服饰，同时依照故事情节的环境设计好场景。

4. 按照计划，逐幅进行创作，注意各幅画面的大小要相等。

54. 睡美人的梦（彩笔画）

目标

1. 根据故事情节，进行联想和创编，体验其中的快乐。

2. 大胆运用连环画的形式画出创编的故事情节。

准备

1. 经验准备：

(1) 教师为幼儿播放《睡美人》故事，使其了解故事情节。

(2) 在前期美术和阅读活动中，教师向幼儿介绍连环画的形式和绘制步骤。

2. 物质准备：

画纸，幼儿每人1张；24色水彩笔、油画棒，幼儿每人1份。

过程

1. 教师以谈话引出主题，激发幼儿绘画的兴趣。

教师引导幼儿讨论：

你们听过《睡美人》的故事吗？

《睡美人》讲了一件什么事情？

2. 教师引导幼儿回忆故事情节，加深对故事的了解。

教师提问：

你们能讲一讲《睡美人》的故事吗？（公主出生、生日会、坏女巫的诅咒、公主长大、被纺锤刺伤、昏睡100年、王子出现、公主得救等情节）

公主、王子的衣服一定很漂亮，他们的衣服什么样？他们住的城堡又是什么样子？怎样才能知道他们就是公主和王子？

3. 教师和幼儿共同讨论、创编睡美人的梦。

教师提示：

如果你是公主或王子你想有什么样的故事情节？

把你编的故事先给旁边的小朋友讲一讲。

请大家帮助你丰富故事内容。

请你来给大家讲一讲睡美人的梦。

如果你是公主，你想做什么样的梦？你想怎样得救？

如果你是王子，你想怎样帮助公主得救？

4. 教师鼓励幼儿画出自己的睡美人的梦。

教师指导幼儿：

我们把睡美人的梦用画连环画的形式表现出来，讲给大家听。

绘画时想想先发生什么事情了，又发生什么事情了，最后是怎样解决的；然后再想想主人公的服饰是什么样的；最后用连环画的形式画出你创编的故事。请尽量画清楚，让小朋友看明白公主、王子是怎样得救的。

5. 幼儿绘画，教师巡回指导。

教师提示：

请你大胆画出你的“睡美人的梦”。

想一想我们学过的连环画的画法，先做什么，后做什么，按照故事的情节顺序来画。

6. 展示幼儿绘画的作品。

幼儿将作品展出在墙饰《小小故事廊》中，并讲给大家听。

提示

幼儿可以用签字笔来画，以便更细致地描绘故事情节。

资料夹

童话故事

睡　美　人①

从前，有一个国王，他和皇后结婚很久了，可是都没生孩子。因此，他们俩人都渴望有一个孩子。

有一天，皇后在湖边洗澡的时候，出现了一只青蛙，青蛙对皇后说：“你将会生一位公主！”不出一年，皇后果然生了一位公主。

国王非常高兴。他邀请了全国的仙女来参加庆祝宴会。但仙女一共有十三位，而仙女用的银盘却只有十二个。因此国王就没邀请那个坏心眼的仙女。

宴会当天，仙女们都打扮得十分漂亮，带着他们的祝福来参加盛宴。

当第十一位仙女献上她的祝福之后，突然间，没被邀请的坏仙女出现了，并且诅咒说：“你们都看不起我，我要报复在公主身上，当公主满十五岁时，会被纺织针扎中而死。”这时候，每个人都非常吃惊和恐惧，害怕坏仙女的恶咒会实现。

还好，第十二位仙女尚未献上她的祝福，于是她说：“大家放心，公主不会死，但要昏睡一百年。”

如此一来，大家也就放心不少；可是国王还是把全国的纺线用具，统统

① 《睡美人》出版于1697年之前，为法国作家夏尔·佩罗（Charles Perrault）所著童话故事。其后有多个改编版本。不同版本的睡美人故事，传至世界各地，成为耳熟能详、家喻户晓的童话故事之一。20世纪，迪士尼根据《睡美人》童话故事制作了第16部经典动画片，于1959年上映。

收集起来烧毁了。

日子一天天地过去，公主就好像十一位仙女所祝福的一样，长得既美丽又温柔。

大家早已忘了坏仙女的诅咒，公主已经十五岁了。

在公主十五岁生日的当天，国王和皇后刚好外出不在家。

就留下公主一个人单独在城里走来走去……

走啊！走啊！公主最后来到了城堡里的一座古塔前。公主走进了古塔里，在塔顶上有一间小房间。公主看见里面有位老婆婆，拼命地在织着线，公主没见过纺线工具，觉得很奇怪。于是，不知不觉地伸出手来，而被纺线针扎中了。

公主被纺织针扎伤了指头！

突然，公主就昏沉沉地倒在地上睡着了，十五年前坏仙女所诅的恶咒终于成为事实了。

正当公主睡着的时候，城堡里也同时发生了不可思议的事情：城堡里所有的东西都睡着了……

刚刚回到城堡中的国王和皇后，城堡中的士兵和马匹，厨师，仆人，花园里的鸟、猫，就连壁炉中的火都睡着了……

城堡的四周，慢慢地长满了荆棘，而且把城堡密密麻麻地完全包裹住了。

这件奇怪的事传到了邻近的许多国家，大家都知道，城堡中沉睡着一位公主；虽然是沉睡着，但还是相当的漂亮，所以大家都称她为“睡美人”。

有许多国家的王子，都想进入城堡中，解救沉睡的公主，但都被荆棘缠住，而无法进入。

时间过了很久，很久以后的某一天，有一位王子出现在城堡外，自言自语地说：

“荆棘有什么可怕的！我一定要进去救睡美人。”

王子不听侍从的劝阻，坚持要进入城堡，那天刚好是公主沉睡满一百年的日子。

奇妙的事发生了，包围在城堡四周的荆棘，就好像邀请王子一般，慢慢地自动张开了。

王子进入沉静的城堡后，到处寻找睡美人的踪影，最后来到了古塔，王子爬上了最顶端的房间，一打开门：“那不就是很美的睡美人吗？”王子望着沉睡中的公主，竟忍不住地亲了公主一下；就在那时候，公主竟睁开了她水汪汪的大眼睛，目不转睛地注视着王子。

“睡美人复活了！”

公主醒过来不久，国王和皇后，城堡中的其他人，也都相继醒来了。

小鸟飞回了原野，壁炉中的火也重新熊熊地燃烧起来，士兵、厨师和仆人也都醒来，开始工作了。

过了不久，睡美人就和王子结婚，而且举办了一个很盛大的结婚典礼，举国欢腾。

王子与睡美人从此过着幸福快乐的日子。

55. 我不想生气（彩笔画）

目标

1. 知道人们在日常生活中会有不良的情绪，有尝试自我调整的愿望。

2. 运用水彩笔绘画，表现自己的想法。

准备

1. 经验准备：

教师在日常活动时与幼儿一起做律动《表情游戏》。

2. 物质准备：

(1) 绘本《我不想生气》，复制做成课件；《兔子生气》的表情图片 1 张；《高兴》表情图片 7 张；照相机一台。

(2) 绘画纸、水彩笔，幼儿每人 1 份。

过程

1. 教师带领幼儿做律动《表情游戏》，体验高兴的情绪。

教师带领幼儿做律动，根据音乐、歌词做各种表情动作，激发幼儿对不同表情的感受和兴趣。

2. 教师展示课件《我不想生气》及图片，引导幼儿发现人们在不同情绪时，面部会有不同的表情。

(1) 教师出示《高兴表情》的图片，引导幼儿观察人们高兴时的面部表情：

刚刚你们高兴吗？今天，老师带来了一些高兴的表情，快来看一看！

你从什么地方看出这是一些表示高兴的表情？（人的眼睛，人的嘴巴）

（2）幼儿看《兔子生气》的图片，教师引导幼儿观察生气时的表情：

猜一猜，小兔子现在是什么表情？（生气）

遇到什么生气的事情了？（爸爸妈妈批评它了，它的玩具被别人抢走了）

原来生活中除了高兴的事情，还有许多让人不愉快不开心的事情，所以会有生气、难过等不同的表情。

这只小兔子虽然生气了，但是它还有好方法让自己不生气，你们想知道吗？

3. 教师通过课件引导幼儿发现不生气的好方法。

教师：看看、说说小兔子都有哪些让自己不生气的办法。教师播放课件《我不想生气》。

教师：小兔子的方法真不少，你还有什么好办法不让自己生气（我看书就不生气了；我就把自己关在一个屋里，谁都不理，一会儿就不生气了；我一生气就使劲拍我的枕头，就不生气了；我生气就大声唱歌）

4. 幼儿用绘画的方式表现让自己不生气的好方法。

在幼儿绘画的过程中，教师巡回观察并指导：

想一想，高兴时人的表情是什么样的？

生气时的表情又是什么样的？

你做什么事情自己就不生气了？

5. 教师引导幼儿分享交流。

幼儿每个人展示自己的作品，简述自己作品的内容。

教师小结：我们每个人都会有不开心的时候，生气没关系，只要你有办法使自己心情好起来，那你每天都会拥有好心情。

延伸

1. 课后，教师可组织幼儿将大家的好办法进行分类、统计并命名，如发泄型、转移型、自己化解型等。

2. 教师组织幼儿将作品《不生气的好办法》按不同方法类型装订成册，投放在语言区，进行讲述和分享。

资料夹

绘本文字

我不想生气

当我生气的时候，我的肚子里好像装着一个大火球，

马上就要爆炸啦！嘭！

当我生气的时候，我想使劲叫，

使劲踢，使劲跺，跺、跺、跺……
我跺得脚都发麻了，我跺得地球都发抖。
我还想不停地跑，跑，永远跑下去……一分钟也不歇息。
哦，每个人都有生气的时候——
我好生气，因为有人在笑话我；
我好生气，盖得好好的城堡被人毁掉了；
我好生气，根本不是我的错，可偏偏怪到我的头上。
唔，生气并没有错，
不过，千万别让生气的大火球烫伤自己哦！
当我生气的时候，最好静静地做点什么——
比如来一次深呼吸吧……呼——吸——
比如安安静静地独自呆着，在一个自己喜欢的地方。
又比如，去和关心你的人说说你这么生气，到底是为了什么？
也许连你自己也不知道，
大火球在你不知不觉的时候会自己瘪掉。
因为嘛，你生气得连为什么生气都忘记了呀！
哈哈，真的好可笑！

（［新西兰］莫洛尼/文图　萧萍/译）

多媒体资源库

专用资源

图片：高兴与生气

56. 我喜欢的小区（彩笔画）

目标

1. 充分发挥想象，用水彩笔和油画棒描绘出多种造型的房子。
2. 将房子与设施合理组合在画面中，体验创作的乐趣与创作后的成功感。

准备

1. 经验准备：
（1）教师组织幼儿在附近小区参观、游玩，观察小区内房子的特征，并拍照留用。

（2）教师请幼儿收集各种各样的建筑图片，观察发现房子各种各样的奇特造型。

2. 物质准备：

（1）幼儿参观小区时的照片，各种各样的建筑图片，轻柔的背景音乐。

（2）水彩笔、油画棒、画纸，幼儿每人 1 份。

过程

1. 教师请幼儿观看在小区内参观、游玩时的照片，引出活动内容。

教师引导幼儿谈话：

这个小区让你印象最深的是什么？楼房有什么特点？（印象最深的是有好多楼房；楼房有高的，也有矮的；楼房的窗子有长方形的，也有正方形的）

小区内还有什么？（草地、喷泉）

你对这个小区有什么不满意的地方吗？你觉得这个小区还缺些什么？还有什么地方需要改进。

2. 教师引导幼儿观看各种建筑图片，开阔幼儿的创作思路。

（1）教师请幼儿欣赏各种各样的建筑图片。教师：请小朋友说一说，图片中的建筑物有哪些奇特的地方。（有的建筑物是三角形的、有的建筑物是梯形的）

（2）请小朋友谈谈自己想设计一个什么样的小区。（小区里有许多三角形的楼房，它们有高有矮，小区里面还有停车场和许多草地）幼儿畅谈自己的想法。

3. 教师请幼儿在轻松的音乐背景下进行绘画。

教师：请小朋友来当小区设计师，设计与众不同的建筑。

教师鼓励幼儿注意美化小区环境。教师：你的小区里还可以添加哪些设施啊？小区设计成什么样子大家就更喜欢搬进去住了？

4. 教师请幼儿欣赏作品，感受同伴的创造性设计。

作品完成后，幼儿自愿展示介绍自己的作品。教师引导其他幼儿发表看法：你喜欢谁设计的小区？为什么？

提示

1. 本活动的重点是设计造型新颖的房子，因此，教师要鼓励幼儿大胆想象。

2. 在幼儿设计时，教师要提醒幼儿注意考虑小区未来居民的需要，好好想一想，自己设计的小区怎样才能更方便、舒适、美观。

延伸

1. 可同时进行立体纸工“我设计的小区”活动。

2. 以“我设计的小区”为主题在建筑活动区开展活动。

资料夹

儿歌

小小设计师

今天我当设计师，
我把画笔手中拿。
先画一个大房子，
再想还要添点啥。

57. 多彩的水下世界（水粉玩色）

目标

1. 和弟弟妹妹一起用毛笔蘸水粉颜料大胆地在画纸上涂抹，表现自己的创意。

2. 体验用自己喜欢的方式和弟弟妹妹一起涂鸦的乐趣。

准备

1. 经验准备：

（1）教师组织大班幼儿和小班弟弟妹妹接触，互相交流了解，体验大带小的乐趣。

（2）小班教师向本班幼儿提供水粉画的工具材料，使其获得使用水粉颜料和毛笔的经验。

（3）两班教师分别带领幼儿玩《鱼儿好朋友》的音乐游戏，使其熟悉游戏内容和步骤。

2. 物质准备：

（1）《鱼儿好朋友》的歌曲录音。

（2）画有一条鱼的 4 开填图纸幼儿每 2 人 1 张；油画棒、毛笔，幼儿每人 1 份；蓝色水粉颜料调稀盛入小碗中，幼儿每组 1 份。

过程

1. 教师带幼儿做音乐游戏，引出活动的内容。

教师播放或弹奏歌曲《鱼儿好朋友》，幼儿跟随欢快的音乐和弟弟妹妹共同做鱼儿游的动作进入活动室。

教师：今天我的鱼宝宝们可真开心啊！请大班的哥哥姐姐找弟弟妹妹做好朋友，拉拉手、抱一抱。大家都找到自己的好朋友。幼儿找朋友。教师引领幼儿分组到画桌前。

教师：小朋友，请你看看桌子上的画纸，上面只有一条小鱼，它很孤单啊！小朋友一起画些小鱼和它一起游戏，好吗？教师请大班幼儿教弟弟妹妹使用油画棒绘画，大带小画小鱼。

教师：水里除了小鱼，还有哪些鱼儿的好朋友？请小朋友也画出来。（水草、泡泡、海星、小螃蟹）

2. 教师引导幼儿涂鸦，并作鼓励和指导。

教师请大班幼儿带领弟弟妹妹用毛笔蘸蓝色颜料在画纸上涂抹。教师：哇！你们给小鱼请来了那么多的好朋友，小朋友再为小鱼画些水，让它们游起来吧。

教师鼓励小班幼儿积极参与。教师：我们一起为它们多加点水，让它们游得更开心吧。

3. 教师引导幼儿一起分享活动成果。

教师启发幼儿分享：

我发现个小秘密，刚才我看见好多小朋友在水里不光画了小鱼，还有有趣的小动物，咱们一起来找一找。

今天我们和弟弟妹妹一起玩的真开心，以后我们还会经常和弟弟妹妹一起来做游戏。

提示

1. 本活动的重点是引导大班和小班幼儿一起大胆涂鸦，相互学习。

2. 本活动的难点在于组织幼儿找朋友和分组，教师可以这样引导幼儿：先请大班的哥哥选一张画桌，带着你的朋友到桌前，注意一张桌子前站一对朋友。再请大班的姐姐带着你的朋友找站在桌前的小朋友作朋友。四个小朋友成为一组好朋友。

3. 作品晾干后可以铺到展板上，可命名为《多彩的水下世界》。

资料夹

儿歌

小鱼游啊游

小鱼小鱼游游游
摇摇尾巴点点头。
一会儿上，一会儿下，
就像快乐的小朋友。

多媒体资源库

专用资源

1. 图片：水下世界

2. 添画纸：孤独的小鱼（1～2）

58. 好看的花纹（拓印画）

目标

1. 寻找、发现生活中各种有趣的纹理。

2. 触摸感受物品的纹理，用多种颜色进行拓印。

准备

1. 经验准备：

（1）教师在日常生活和教育活动中引导幼儿发现和寻找各种物品的纹理。

（2）教师鼓励幼儿触摸发现纹理的深浅、形式的不同。

2. 物质准备：

（1）教师与幼儿一同收集带有纹理的物品若干，白布1块，一块有花纹的凹凸拓版和一张普通的光滑书写垫板。

（2）有凹凸纹理的物品若干；油画棒、画纸，幼儿每人1份。

过程

1. 教师用游戏导入活动，引导幼儿猜想游戏的结果，引发参与活动的兴趣。

（1）教师事先将拓版和垫板平放在桌上，上面覆盖一块白布。活动开始后，教师提示：

今天老师变一个魔术，想请一个小朋友与我一起合作。

请你把手伸到布底下，告诉大家你摸到了什么？你认为这里面会是什么花纹呢？

现在老师用不着看也能把底下的花纹“画”出来，你相信吗？教师用油画棒在白布上拓出下面拓版的花纹。

教师掀开拓板一侧的白布后提问：请你检查一下这个图案是不是跟下面拓版的相同呢？

教师继续提示：

这种神奇的魔术其实是用拓的方法变出来的。

那么另一块板能不能也拓出花纹来呢？我们也来试试。（没有成功）

为什么这块板就拓不出花纹来呢？什么样的东西能拓出花纹来？（表面粗糙或有凸起的花纹才能拓出来）

（2）教师请幼儿在班中寻找可拓出花纹的物品。

教师提问：

动手摸一摸你身边的物品，是不是所有的物品都能够用来拓出花纹呢？

老师这里有一些东西，你看看哪些是可以拓的，哪些不行？

把你找到的东西也拿出来和老师找到的放在一起，分一分哪些物品能够用来拓、哪些不行。

幼儿分类。

教师：你们再想一想，大自然中还有哪些东西可以拓出花纹？（树皮、果核、树叶、石子路、菠萝皮）。

2. 教师请幼儿尝试拓。

教师：现在你用老师刚才变魔术的方法拓一拓，试试你能不能也拓出好看的花纹。

幼儿试拓。

教师：谁来说说你是用什么方法拓的？注意到了什么？（拓的时候应选择较深颜色的画笔，拓时用力均匀、不移动，向同一个方向涂）

教师帮助不成功的幼儿总结教训——颜色不能太厚，否则只是一片颜色而没有纹理出现。

3. 幼儿拓印，教师提示并指导。

教师："一样东西拓出来不够漂亮，我们可以用几样东西组合在一起拓，那样的画面会更漂亮丰富。比如，一张叶子拓出来的不漂亮，把几片不同的叶子组合成一张画，再拓出来，会是什么样的效果呢？

教师及时向大家介绍那些大胆组合拓印的作品，鼓励更多的幼儿尝试拓印出美丽的拓画。

4. 教师组织幼儿展示拓印作品。

教师提问：

请小朋友找一找，哪些作品色彩丰富，印迹清晰，画面均匀？

请作者说一说，你是怎么拓出这么美丽的作品的？拓印的时候注意了什么？

提示

教师鼓励幼儿继续发现和收集各种有纹理的物品，并指导幼儿在活动区尝试用不同方法拓画。

延伸

1. 在活动区投放水粉颜料、板刷，鼓励幼儿利用拓板印画，即在拓板有凹凸的一面刷上颜料，覆盖上画纸，用手轻轻按抚画纸，然后揭下，拓板上的花纹即印在画纸上。印好画纸晾干后可进一步加工为其他饰物，如娃娃的床单、台布、桌布、手绢、围巾等。

2. 教师在美术活动区投放拓印和印台、拓板等，引导幼儿用颜料拓图。

资料夹

小知识

拓法简介

选择有纹理的物品，将韧而薄的画纸覆盖其上，然后把拓包蘸上颜色，在画纸上轻轻按压，所按之处会有纹理呈现出来。拓印时要注意，拓包所蘸颜料不要过多，要均匀；按压时用力也要均匀，平稳。

多媒体资源库

专用资源

图片：拓片

59. 我的名片（彩笔画）

目标

1. 尝试为自己设计和制作个性化的名片。

2. 知道名片的作用，与同伴交换名片作为离别纪念。

准备

1. 经验准备：

教师请幼儿事先向爸爸妈妈了解自己名字的含义，学会正确书写自己的名字，知道自己家的电话和地址。

2. 物质准备：

（1）教师请幼儿收集各种有趣的艺术字和各式各样的名片。

（2）每个幼儿一张写有自己名字和联系方式的卡片；水彩笔、油画棒、记号笔，幼儿每人 1 份。

过程

1. 老师和幼儿谈话，引出活动内容。

教师引导幼儿讨论：

小朋友马上就要毕业了，到不同的小学去读书，以后我们用什么方式联系呢？（写信、打电话、网上联系，约着一起去玩）

怎么让朋友知道我们的联系方式？（把电话写在纸上，告诉朋友）

2. 教师引导幼儿观察名片，了解名片的组成和用途。

教师：大人们是怎样留下联系方式的？（互相交换名片）

教师出示成人名片并引导幼儿讨论：

说一说，名片上都有什么？有什么用途？（有姓名、地址和联系方式；有了名片上的联系方式，我们就可以找到对方）

名片上的字漂亮吗？这些字和通常我们看到的字有什么不同？你喜欢哪一种字？（字的笔画加粗、倾斜，有的变化成水滴形，有的笔画加上卡通图案，还有各种各样的颜色）

小朋友，你们有没有发现，名片上的名字比其他的字要大，笔画要粗，占的位置也最显眼。

除了名字和联系方式，名片上还有些什么？（为了让名片更好看，上面还装饰了一些边框、花纹和图案）

3. 幼儿讲述自己名字的故事。

教师引导幼儿讲述：

小朋友，请你把写好自己名字的卡片展示给大家看，一起念念卡片上的名字。

你们每个人的名字都不一样，你知道这是为什么吗？（每个人都要有一个代表自己的与众不同的符号）

你的名字里有哪几个字？是什么意思？爸爸妈妈为什么给你起这个名字？讲一讲起名字时的故事？幼儿说名字的含义，体会父母对自己的期望和关爱。

4. 幼儿制作名片，教师指导。

教师提示：

每个小朋友的卡片上都写好了自己的名字和联系方式，现在我们就把它装饰制作成美丽的名片。你需要把自己名字的笔画加粗；一定要注意，加粗和装饰过的字要完整，不要抹掉了笔画。

为了让名片更漂亮，加工好字体以后，还可以在卡片的周围画上图案花纹作为边框。

5. 幼儿互相欣赏、交流。

教师请幼儿互相欣赏名片：说说你想得到哪些好朋友的名片，为什么？

幼儿交换名片作为离别纪念。

提示

1. 会写字的幼儿，可以自己在卡片上书写或抄写自己的名字和联系方式；不会书写的幼儿，教师或家长为之代写。

2. 此活动为大班毕业前主题活动之一。教师在美术活动区投放空白卡片，以便幼儿继续设计制作更多的名片，作为离别送给朋友的纪念。

3. 幼儿制作名片的卡片纸可以比通常的名片大一些，以免幼儿对在微小空间做细小描绘感到困难。

多媒体资源库

专用资源

图片：名片

60. 逛庙会（彩笔画）

目标

1. 用水彩笔和油画棒围绕一个主题作画，学习安排内容较丰富的画面。

2. 回忆过大年的热闹情景，表现庙会的节日气氛。

准备

1. 经验准备：

教师请家长在春节时带幼儿去逛庙会或在活动前请幼儿观看庙会的视频。

2. 物质准备：

(1) 音乐磁带，录音机。

(2) 画纸、水彩笔、油画棒，幼儿每人1份。

过程

1. 教师组织谈话活动“欢乐的庙会”，引发活动兴趣。

教师引导幼儿谈论：

你们去过庙会吗？和谁一起去的？

你们喜欢逛庙会吗？说一说庙会热闹的情景，有什么好玩的？好吃的？（有卖烤羊肉串、糖葫芦的，有卖吉祥物、灯笼、风车的，有表演踩高跷、扭秧歌的）

2. 教师引导幼儿讨论“热闹的庙会”，帮助幼儿确定绘画的内容和安排画面。

教师引导幼儿讨论：

你们想不想把自己逛庙会时热闹的情景画下来呢？

怎样才能表现出热闹的画面？都要表现哪些内容？（有小吃街、商品街、表演区、

游艺区，有许多不同动态和表情的人）

在画有许多人和许多场景的图画时，是想起一样画一样呢？还是先想好要画些什么，把要画的东西、事情在画面上安排好位置，然后再一样一样地画？（后者）

画热闹的画时，需要你们更细心和耐心，坚持画满整个画面。

3. 幼儿绘画，教师指导。

教师提示：

小朋友，要注意丰富热闹的画面，需要多画一些人物和各种各样的事情，这样才能表现出庙会的节日气氛。

人物不要画得过大，人物太大，画纸上就画不下很多人了。

要画出每个人的不同动态和表情，这样，才能看出他们在做什么事情。

看一看，画面上是不是还有一些大块空白的地方，在空白的地方添加一些做着什么事情的人们，画满整个画面。

4. 展示作品，分享交流。

（1）每个幼儿展示作品，说一说作品中有趣的故事。

（2）教师组织幼儿将作品连接成长长的庙会画卷，布置在展示墙上。

提示

1. 此主题绘画，可选择集体或小组合作创作的形式。

2. 此绘画内容最好选择在第二学期开学后不久，幼儿对春节庙会场面还留有记忆时进行。

延伸

教师在美术活动区提供材料工具，引导幼儿制作庙会商品，如：风车、风筝、面人、小吃、剪纸、窗花等。

资料夹

小知识

庙会简介

庙会，又称“庙市”或“节场”。这些名称，可以说正是庙会形成过程中所留下的历史“轨迹”。

庙会的形成，有其深刻的社会原因和历史原因，而庙会风俗则与佛教寺院以及道教庙观的宗教活动有着密切的关系，同时它又是伴随着民间信仰活动而发展、完善和普及起来的。

早期庙会仅是一种隆重的祭祀活动，随着经济的发展和人们交流的需要，庙会就在保持祭祀活动的同时，逐渐融入集市交易活动。这时的庙会又得名为“庙市”，成为中国市集的一种重要形式。随着人们的需要，庙会上又增加娱乐性活动。于是过年逛庙会成了人们不可缺少的内容。各地区庙会的具体内容稍有不同，各具特色。

多媒体资源库

专用资源

图片：年画

61. 我眼中的故事（线描画）

目标

1. 用细的水彩笔画出生活中印象最深、最有意义的事情。

2. 用线描的方式描绘出事物的细节，构图丰富、饱满。

准备

1. 经验准备：

教师在日常生活中，引导幼儿讲述看到的事情，即“每日新闻”。

2. 物质准备：

(1)“眼睛轮廓”图片；幼儿作品“我眼中的故事”2～3 幅。

(2) 细的水彩笔、画纸，幼儿每人 1 份。

过程

1. 教师激发幼儿回忆生活中有意义的事情。

教师出示“眼睛轮廓”图片并提问：这是什么？(眼睛)

教师：眼睛能看到很多事情，有的事情看了之后总忘不了，给我们留下了很深的印象。谁来说说你的眼睛看到了什么让你记忆深刻的事情？幼儿讲述自己难忘的事情。

2. 教师引导幼儿画出自己难忘的事情。

教师出示幼儿作品“我眼中的故事”并提问：你从作品中看到了什么事情？

幼儿根据作品讲出自己所见。

教师：每个故事的主人公是谁？

幼儿根据作品讲出自己的看法。

教师继续提问：

你怎么看出他们是故事的主人公?”（他们在主要的位置，所占画面比较大，比较突出，画家对他们的描绘更细致、更生动、更有个性）

作品中的事情发生在什么地方？你是怎么看出来的？幼儿根据作品讲述自己的看法。

我们要在主人公的周围画上和故事有关系的物体和背景，使整幅画更丰富、饱满。

3. 幼儿绘画，教师指导。

教师指导幼儿先在画纸上画出眼睛的轮廓。

幼儿开始画自己“眼中的故事”，教师提示他们注意突出主要形象，不要忘记画出背景。

4. 幼儿分享作品。

教师带领幼儿将作品布置在班中“我眼中的故事”展示栏中。

教师：请小朋友猜一猜，其他小朋友的眼睛看到了什么事情？再问问小作者你猜得对不对。

提示

本活动可分两次进行，一次完成对眼睛的装饰，另一次画看到的事情。

资料夹

参考图

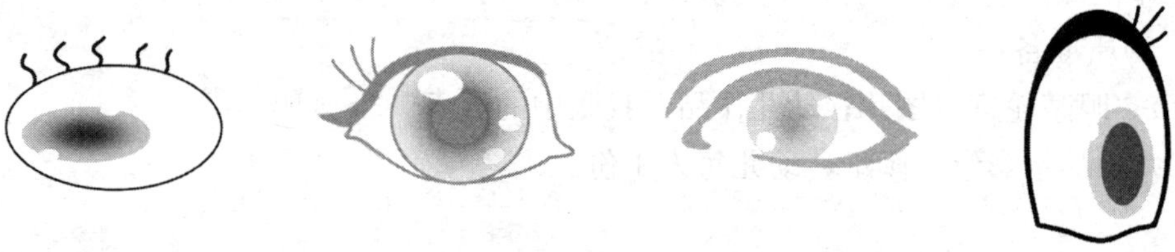

眼睛简图

多媒体资源库

专用资源

1. 儿童画：眼中的故事

2. 图片：眼睛

3. 添画纸：眼睛的轮廓（1～4）

62. 热闹的大街（撕剪添画）

目标

1. 运用撕、剪、粘贴和添画的方法表现所见街景。

2. 关注常见环境中的有趣情景，留意、画出事物的细节。

准备

1. 经验准备：

（1）教师与幼儿一起收集各种交通标志，展示在活动室，并与幼儿讨论各种交通标志的作用和意义，丰富幼儿对交通标志的了解和认识。

（2）利用活动过渡环节，组织幼儿说一说从家到幼儿园路上的情景或在路上发生的趣事。

2. 物质准备：

（1）自制课件《从家到幼儿的路上》。

（2）画纸、水彩笔、胶棒，幼儿每人1份；报纸，幼儿每组若干。

过程

1. 教师播放课件，引出创作内容，激发幼儿对活动的兴趣。

教师：孩子们，你们想知道从老师家到幼儿园的路上是什么样吗？

教师边播放课件，边引导幼儿观察：

看这两端，一个是我家，一个是幼儿园。我的家是什么样的楼房，你能看出我家住在第几层吗？

我要出发了，我现在走在一条什么样的道路上？道路的两边有什么？（路有些窄，是直直的，两边有树和楼房）

我现在来到了哪里，我要做什么？这里有什么？（来到了车站，老师在等车。这里有很多人也在等车，还有很多站牌，有车进站，有人在上车和下车）

我坐在汽车上，汽车走的路是什么样的？路上有什么？路的两边有什么？（路很长、很宽，有时是直的，有时就拐弯了。路上有很多交通标志，有十字路口和过街天桥，有立交桥，还有很多各种各样的车。路两旁的楼房更多了，更高了，而且形状也不一样）

2. 教师组织幼儿谈论“从家到幼儿园的路上”，引发幼儿对已有经验的回忆。

教师引导幼儿讨论：

小朋友，你的家离幼儿园远吗？每天早上你都是高高兴兴上幼儿园的吗？

你走的路是什么样的？（直直的，也有拐弯，还有很多十字路口和分岔的路口）

路上有哪些交通标志？（有斑马线，汽车掉头标志、禁止鸣笛标志）

在来幼儿园的路上，你都看到了哪些建筑物？（看到了医院，还有街心花园，还有麦当劳，还看到了天安门，还看到了像花一样的立交桥）

你在路上还看到了什么？（有很多人，有上学的学生，还有上班的叔叔阿姨；很多车，公共汽车和小客车）

3. 教师提出绘画内容和要求。

教师：从家到幼儿园的路线一定是你最熟悉的路线，请你用废画报在画纸的两端分别撕贴出幼儿园和自己的家，再把刚才想到的路线和路上看到的建筑物、行人和各种车辆等事物都画出来好吗？

4. 幼儿绘画制作，教师指导。

在幼儿绘画的过程中，教师应设法引导他们挖掘记忆，回忆出更多、更细的从家到幼儿园路上的景物和事件。

教师：想一想，你在来幼儿园的路上看到过哪些有趣的事？找一找，在你的画里画出这些故事来了吗？如果没有还可以添画上去。

5. 幼儿展示作品。

幼儿自愿展示作品。教师：请你给其他小朋友讲一讲你的画，告诉他们在你来幼儿园的路上都看到了什么。

提示

1. 此项创作，需要表现众多的景物，教师要提醒幼儿画之前在头脑中好好想一想，自己要画些什么？可以分为几组情景？在画面上，怎样安排这些情景？动手画时，先在画面上画出主要街道，分割出不同的情景区域；然后集中精力，一个一个地画出每个区域的景物和人物活动；最后，浏览整个画面，补充遗漏的东西，添加细节。

2. 在活动前的一段时间，教师一定要与幼儿多谈论相关的话题，谈得越具体、越生动越好，这样可以激活幼儿沉睡的记忆，并引起幼儿更加注意观察从家到幼儿园路上的情景，为创作积累更丰富的经验。

多媒体资源库

专用资源

图片：去幼儿园的路上

63. 我家的故事（彩笔画）

目标

1. 用水彩笔和油画棒描绘自己家的布局或故事。

2. 使用新的构图方法，表达和分享家庭生活的幸福情感。

准备

1. 经验准备：

（1）在语言活动中，教师组织幼儿学习儿歌《家》，并与幼儿一起认识各种小动物的家和生活情景，引导幼儿回味与家人在一起生活的幸福和快乐。

（2）教师组织幼儿谈话，请幼儿说一说发生在自己家中的有趣、快乐、伤心的事。

2. 物质准备：

画纸、水彩笔、油画棒，幼儿每人 1 份。

过程

1. 教师与幼儿一起朗诵诗歌《家》，引出活动内容。

教师：还记得《家》这首儿歌吗？让我们一起来朗诵一遍吧！

2. 教师与幼儿就自己的家进行交谈，梳理对家的认知经验，明确绘画内容。

教师引导幼儿讨论：

小鸟、小鱼都爱自己的家，你爱你的家吗？

你的家中都有谁？（爸爸、妈妈、爷爷、奶奶）

你的家里都有什么房间？房间里有什么？（厨房、客厅、厕所、卧室；客厅里有电视和我的玩具，厨房里有冰箱和灶台）

你最喜欢哪个房间？为什么？（我最喜欢客厅，因为晚上吃完饭后，我们全家人在一起看电视，爸爸、妈妈还会在客厅里陪我玩）

在这些房间里发生过什么有趣的事情？（有一次我在卧室里睡觉，睡着睡着，我从床上掉了下来，醒来后，我告诉妈妈，我一直在飞。我喜欢我家邻居的孩子来我家玩，我们俩会在家里跑来跑去，玩捉迷藏，可开心了；有一次他躲到我家床下面不出来，我怎么也找不着他，把我急坏了）

3. 教师引导幼儿设想自己的家，构思绘画内容。

教师：如果今天由你来做主，你准备怎样来安排呢？你想你家里有几个房间？楼上有几间，是谁的房间？楼下住着谁呢？每个房间是做什么用的？（我想有好多房间，爸爸妈妈一个卧室，我自己一个。我还要有一个玩具室，把我玩具都放在里面，我可以到

那里去玩。我还想要一个很大的房间，像一个小球场，这样天气不好时，我就可以和小朋友在我家里玩）

4. 教师提出新的构图方法和绘画要求。

教师边出示画纸边说：这里有一座大房子，用横线和竖线可以把它分成许多小房间。你可以设计这些房间的功能，把你幸福快乐的故事画进每一个房间；如果你有不快乐的经历也可以大胆地画在一间房子里！

5. 幼儿绘画，教师指导。

教师提出绘画要求：请你不要把房间分得太多，那样房间就太小了，你画的故事我们会看不清楚。小朋友可以给每一个故事分别涂上不同的颜色背景，好让我们分享的时候通过色彩就能知道哪个故事是幸福的、哪个是快乐的。

6. 教师请幼儿分享自己家里的故事。

幼儿自愿展示讲解自己的作品。教师：让我们来听一听小朋友家里的故事吧！你能看出哪些是快乐的吗？

多媒体资源库

专用资源

图片：我画我家

64. 爱运动的娃娃（撕贴添画）

目标

1. 尝试用撕纸拼贴的方法表现运动中的人物，发展借形想象的能力。
2. 用添画的方式表现细节部分，进一步丰富画面内容。

准备

1. 经验准备：

教师在美术角提供废旧纸张，供幼儿练习撕纸，并进行简单的撕纸粘贴。

2. 物质准备：

运动图片，幼儿每人 1 份；画报纸若干；绘画纸、水彩笔、胶棒，幼儿每人 1 份。

过程

1. 教师引导幼儿欣赏运动图片，激发创作兴趣。

教师引导幼儿观察并谈论：

小朋友，你们看这些人都在做什么？（做运动）

他们做的是哪些运动？哪位小朋友为我们表演一下？其他小朋友猜一猜他表演的是什么运动？

2. 教师启发幼儿观察做动作幼儿身体四肢的变化。

教师：这个小朋友做的是什么运动？他的胳膊和腿都是什么样子的？（跑步；他的右胳膊向上弯曲，左胳膊向下弯曲，他的左脚在前，左腿弯曲，右脚在后，右腿是直的）

教师分别请几个幼儿做动作，其他幼儿观察，并说一说他们四肢的变化。

教师：你们看了这么多小朋友的运动，你们有没有发现他们的哪些部位能看出在变动，哪个部位看不出变动？（大臂和小臂，大腿和小腿在不断变动，而他们中间的关节看不出变动）

3. 教师指导幼儿利用画报制作运动小人。

教师提示：

咱们看了这么多的动作，我都有些记不住了，你能不能帮我把它留下来呢？

我们以前做的小人胳膊和腿都是直直的，怎样让小人的胳膊和腿都动起来呢？教师边演示边说：在用这些画报纸进行撕纸粘贴时，我们可以撕出两段纸条代表小人的胳膊和腿。然后，我们找到小人的胳膊和腿的关节，让我们的小纸条围着小关节动起来。

4. 幼儿创作，教师鼓励并指导。

教师提示：

小朋友，请将自己撕出的纸片在绘画纸上找一个合适的位置，摆出小人运动的样子；然后，试着挪动纸片，看看能摆出什么动作，满意了，就把纸片一个个粘好。看哪个小朋友拼摆的运动小人最多。

今天，我们开一场运动会，想一想，你的运动小人要参加哪些项目？用画笔将它用的运动器材画下来。

5. 教师引导幼儿分享创作成果。

教师逐一请幼儿介绍自己的作品：请小朋友介绍一下你的运动小人在参加什么项目。

提示

在活动中，老师不要直接告诉幼儿小人的胳膊和腿的具体动态，要让幼儿对不同的运动进行充分观察，分析每个部位不同的变化；进而通过尝试，拼摆出各种可能的动作，从中选择出满意的动作造型，粘贴，完成作品。

65. 我喜欢的茶具（彩笔画）

目标

1. 初步了解茶具的外形特征以及作用，激发幼儿参与美术活动的兴趣。

2. 引导幼儿尝试设计茶具，并用花纹大胆进行装饰。

准备

1. 经验准备：

（1）教师在活动区展示幼儿收集来的陶瓷杯、陶瓷壶、紫砂壶等多种茶具的实物和图片，供幼儿认识并感受茶具的独特造型美和祖国茶文化的博大。

（2）组织幼儿开展设计青花瓷的活动，或在美工区投放有关青花瓷的图片和空白图形，供幼儿欣赏和设计青花瓷花纹。

（3）幼儿品尝过多种茶，感受过中国的茶文化和茶的不同味道。

2. 物质准备：

（1）有关茶具的谜语。

（2）水彩笔、绘画纸，幼儿每人 1 份。

过程

1. 教师用谜语导入，帮助幼儿快速归纳茶壶的特点。

教师：今天我来说一个谜语，看看哪个小朋友能猜到它！

谜语：颈长嘴小肚子大，头戴圆帽穿花衣。吃水吃叶不吃米，见到客人把头低。

2. 教师唤起幼儿的已有经验，丰富新经验，激发参加美术活动的兴趣。

教师引导幼儿讨论：

除了茶壶能够泡茶，还有什么工具能够泡茶？哪些工具泡茶效果好？

不论是茶壶还是茶杯都统称为茶具，它们的外形都有什么特点呢？（有的有把子有的没有；有的有盖子有的没有；有的就像一个圆柱子；有的就像西瓜上面插上了吸管）

茶具的外形为什么不一样呢？（每个人喝茶的方法不同；每种茶叶的冲泡方法不一样；每个人的爱好不同）

那么你们喜欢什么样的茶具呢？（要是在茶壶的外面套上像美羊羊外衣一样的套子，那肯定保温还不烫手。我喜欢妈妈在玻璃茶具里冲泡玫瑰花茶，能够看到玫瑰花在里面开放。如果有玫瑰花一样的玻璃杯来冲泡玫瑰花茶，不就更加的美丽了吗？如果把茶壶分别设计成我、爸爸、妈妈的样子，不就用不混杯子了吗？多讲卫生呀）

3. 幼儿进行大胆创作，教师鼓励并指导。

在幼儿绘画的过程中，遇到不能确定绘画内容的幼儿，教师应提示幼儿大胆表现自己的饮茶体验和对茶具与众不同的设计。

教师提示幼儿：

你在喝苦丁茶和菊花茶时的感觉一样吗？你怎么才能够用茶具来告诉我们这两种茶喝在嘴里的不同感受呢？（我把苦丁茶的茶具设计成老虎一样，因我喝苦丁茶的时候是一种恐惧；我喜欢喝菊花茶甜甜的感觉，就像吃冰糖，好甜好甜，所以我想把装菊花茶的茶具设计成小孩的笑脸，告诉大家喝在嘴里是甜的，是笑眯眯的）

爷爷在品茶的时候是什么样子的？那么他喜欢什么样的茶具呢？（爷爷喜欢捧着茶杯喝，说茶杯暖暖的，他也就不冷了，那我就给他设计一个我伸手站立的姿势吧，伸出去的手就是茶嘴儿，然后我叉腰的手就是茶杯把儿。当爷爷搂着杯子喝茶的时候就会想起我，就会感觉到温暖）

4. 教师引导幼儿分享成果。

教师请幼儿自愿向大家展示作品：请你和大家说一说你为什么要这么设计？你最喜欢你设计的这套茶具的哪个地方？

提示

在绘画过程中，教师要鼓励幼儿大胆表现自己在品茶过程中的感受。

资料夹

谜语

颈长嘴小肚子大，
头戴圆帽穿花衣。
吃水吃叶不吃米，
见到客人把头低。

（谜底：茶壶）

多媒体资源库

专用资源

1. 图片：茶具
2. 拼图：七巧板

66. 葡萄（水墨画）

目标

1. 仔细观察事物，并发现其特征和独特的美。

2. 感受水墨画的美感所在，体验画水墨画的快乐。

3. 尝试和探索水墨画中的用笔方法。

准备

1. 经验准备：

（1）教师组织幼儿用宣纸、毛笔、水、墨汁随意绘画，尝试和感受水墨画工具和材料的特点；了解水墨画工具的使用方法。

（2）教师与幼儿一起欣赏齐白石的画，说一说画中的事物和画中所用的笔法。

2. 物质准备：

（1）葡萄藤（实物或图片），葡萄，教师把桌子拼摆成可容纳整开宣纸的长条桌。

（2）墨汁 1 瓶；红绿两色国画颜料各 1 瓶；调色盘、蘸水碗、洗笔筒，幼儿每组 1 份；大白云毛笔、宣纸（整开可裁为 3 张）、画毡（可用旧毛毯代替），幼儿每人 1 份。

过程

1. 教师引导幼儿观察葡萄和藤蔓的细节特征，说说可采用的笔法有哪些。

教师引导幼儿观察并提问：

藤蔓是什么样的？怎样使用毛笔可以画出细长的藤蔓？（用笔尖画弯曲的线）

葡萄是什么样的？怎样用笔能够画出圆圆的葡萄？（用笔肚画圆）

2. 教师观察幼儿在绘画中遇到的问题，进行帮助和指导。

教师要启发幼儿仔细观察，发现并刻画事物的细节，同时提示幼儿用笔、用水、用墨的方法，例如：毛笔蘸水太多会把宣纸弄破，要用笔尖少量蘸水等。

3. 教师组织幼儿合作，共同完成作品。

教师：小朋友，把每个人画的葡萄相互连接起来，形成长长的藤蔓。

4. 教师组织幼儿欣赏作品、分享绘画时的心情。

教师鼓励幼儿相互欣赏作品：小朋友，请说说自己的用笔方法和画葡萄的心情。

教师请幼儿品尝葡萄。

提示

1. 本活动指导的重点在于启发幼儿观察和发现葡萄各部位的细节。

2. 本活动指导的难点在于如何运用中锋、侧锋、转笔等笔法表现葡萄的特征。

3. 为了便于幼儿尽情舒展地作画，建议站立完成绘画，并鼓励幼儿相互观摩学习。

4. 如果不方便观察葡萄藤，可以换成绘画藤萝等其他藤蔓植物。

资料夹

小知识

水墨藤蔓的画法

藤蔓类植物属于多年生木本枝干，弯曲而少折，表皮粗且多有皱。画藤蔓时可用墨或赭墨。为使墨色有浓淡干湿变化，画时毛笔应蘸上浓淡不均的墨色。画藤蔓应以书法笔意入画，使用长锋笔，以中锋画曲线。曲线形成“女”字交叉，也称象眼交叉。为了避免画面僵硬，画时注意，每相接的2笔或者3笔线条弧度要有变化，不可对称、重复；线条之间的空隙不能相近或者相似，要有大小、疏密的变化。

多媒体资源库

专用资源

图片：葡萄与藤萝

67. 青青的树林（水墨画）

目标

1. 观察树木的基本结构，克服刻板的画树法。
2. 感受水墨的干、湿、浓、淡，体验画水墨画的乐趣。
3. 尝试和探索水墨画的基本笔法——中锋、侧锋、点画。

准备

1. 经验准备：

（1）教师向幼儿介绍水墨画工具及其简单使用方法。

（2）教师与幼儿一起欣赏齐白石的画，说说画中用墨的干、湿、浓、淡。

（3）教师带领幼儿一起观察自然环境中的树木，如树干与树枝的结构关系、树皮的颜色和纹理、树叶的疏密分布等幼儿感兴趣的特征。

2. 物质准备：

（1）把课桌拼合成长条桌，旧毛毯代替画毡平铺在长条桌上。

（2）大白云毛笔，幼儿每人1支；墨汁1瓶，各色国画颜料或各种广告色若干，幼儿按需求自取；三尺宣纸，幼儿3人共用1张；调色盘，幼儿两人1只；蘸水小碗，幼儿两人1个；洗笔筒2～3个，放置在长条桌的前面，大家共用，以免占用绘画空间，同时利于幼儿在走动中相互学习。

过程

1. 教师带领幼儿到户外观察树木的结构和外表特征。

教师引导幼儿观察：

请小朋友看一看树枝是从哪里开始生长的？（树干）

树枝的生长方向是什么样的？（以实际观察为准）

树皮的纹理和颜色是怎样的？（以实际观察为准）

2. 教师启发幼儿画树的兴趣。

教师：大树有繁密的枝条，有翠绿的叶子，它们不仅能美化环境，有的还能为我们带来甜美的果实。让我们一起用水墨来画美丽的树，装饰我们的活动室吧。

3. 教师演示、讲解水墨画的用笔方法及其要点。

（1）教师边演示，边引导幼儿了解画树时用笔、用墨的方法。

教师提问：

怎样用笔能画出粗壮的树干？（侧锋用笔肚）

怎样用笔能画出细长的树枝？（中锋用笔尖）

怎样画浓墨？（毛笔蘸墨汁）

怎样画淡墨？（用笔尖蘸墨后再蘸水）

（2）教师提示画水墨画的注意事项。

教师：画水墨画的时候，用笔要轻；毛笔蘸水墨不宜过多，不然宣纸会破。

4. 幼儿作画，教师鼓励幼儿尝试用笔、用墨，并根据个体能力进行指导。

教师提示：

小朋友三人共用一张宣纸，画出自己喜欢的大树。

树林中的树喜欢“手拉着手”，小朋友在画树枝时，可以和旁边小朋友的树枝“手拉着手”。

5. 教师和小朋友一起欣赏作品《水墨树林》。

教师：请小朋友说说喜欢哪棵树，为什么喜欢？画中哪些地方使用了浓墨？哪些地方使用了淡墨？

提示

1. 幼儿对于水墨的尝试会产生许多意外的效果，教师应加以鼓励和引导。

2. 为了能够舒展笔墨，幼儿绘画时最好采取站姿。

资料夹

小知识

水墨树枝的画法

树干与树枝的画法以线为主，树叶的画法以点为主，一般先画树干然后画树枝，最后点叶。

树干多以双线画出，线条略近平行而所变化，然后按不同树种加以皴擦和描绘。勾画树枝重在用笔，树枝往往一笔画出，用笔要沉着。树干与树枝的线条以中锋为主，用墨要单纯，以墨线的曲直长短和枯湿浓淡显示树枝变化。画树的枝干时用笔要流畅连贯，方法也要统一。树木枝干的造型十分重要，独立树木的造型特别讲究枝干间的关系。

树干、树枝大致完成之后开始点叶。枝干构成树的骨骼，树叶可以看作是依附于这个骨骼的肌肉，树叶根据树枝的形态而变化，它们之间形成有机的整体。点叶时要注意疏密变化，不显得混乱。点叶在用墨方面更为讲究一些，要注意浓淡干湿的变化。

多媒体资源库

多用资源

图片：花朵、树木

68. 好看的房子（水墨画）

目标

1. 通过观察，了解房子的外形特征。

2. 尝试运用水墨的干、湿、浓、淡画房子。

3. 感受中国水墨画的美。

准备

1. 经验准备：

(1) 教师在美术活动区提供中国画工具材料，以便幼儿尝试使用毛笔、宣纸和水墨，获得相关经验。

（2）教师与幼儿一起欣赏吴冠中的《江南水乡》等作品，说说画中水墨的干、湿、浓、淡。

（3）教师带领幼儿一起观察生活中房子的外形结构：屋顶、墙体形状，墙壁上的砖、瓦窗的排列等。

2. 物质准备：

（1）房屋拼板数组，组装成房屋模型；课桌拼成长条桌；大画毡（可用旧毛毯代替），平铺在长条桌上。

（2）墨汁 1 瓶，12 色国画颜料或广告色若干，幼儿按需求自取；三尺宣纸，幼儿每 3 人 1 张；毛笔，幼儿每人 1 支；调色盘，幼儿每人 1 个；蘸水小碗，幼儿每 3 人 1 个；洗笔桶，2～3 个，放置在长条桌的前面，大家共用。

过程

1. 教师引导幼儿观察房屋模型的外观结构。

教师：请小朋友从上至下说一说，房子的外观各部分都有怎样的形状？（房顶有三角形、半圆形，墙体有正方形、长方形的，窗户有方形、半圆形的）

教师：房顶和墙壁上的砖瓦排列出怎样的线条？（波浪线、长横线、短竖线）

2. 教师引导幼儿讨论如何运用浓淡墨画出漂亮的房子。

教师引导幼儿讨论：

浓墨和淡墨用在哪里比较好？（近距离的房屋结构可用浓墨画，远距离的房子和墙壁上砖瓦的线条可以用淡墨画）

如何使浓墨变成淡墨？再淡一些呢？（逐步加水）

幼儿也可以根据自己的想法去尝试。

3. 教师启发幼儿丰富画面。

教师：想一想，在房子的周围画一些什么会更漂亮？（树、花）

4. 幼儿创作，教师根据幼儿个体情况进行辅导。

在幼儿作画过程中，教师可作如下提示：

房子画大些，才能添加细节，例如窗、窗内的情景，砖、瓦等。

注意构图的饱满和丰富，适当添加环境物。

5. 幼儿展示和欣赏作品。

教师：请小朋友说一说，自己的画中，哪里使用了浓墨、淡墨，为什么？最喜欢哪座房子？为什么？

提示

1. 本活动应在幼儿对用笔用墨比较熟悉，有一定基础的前提下进行。

2. 宣纸要多准备一些。如果幼儿不小心画坏，难以补救，可以换一张纸重画。

3. 遇到幼儿对自己画的不满的情况，教师可以提示或演示将败笔借迹添画为新图形。

资料夹

小知识

吴冠中简介

吴冠中（1919—2010 年），江苏宜兴人，当代著名画家、美术教育家。

20 世纪 50～70 年代，吴冠中致力于风景油画创作，并进行油画民族化的探索。他力图把欧洲油画描绘自然的直观生动性、油画色彩的丰富细腻性与中国传统艺术精神、审美理想融合到一起。他擅长表现江南水乡景色，如初春的新绿、薄薄的雾霭、水边村舍、黑瓦白墙，他以和谐、清新的色调，宁静、淡美的境界，使画面产生一种抒情诗般的感染力。

从 20 世纪 70 年代起，吴冠中渐渐兼事中国画创作。他力图运用中国传统材料工具表现现代精神，并探求中国画的革新。他的水墨画构思新颖，章法别致，善于将诗情画意通过点、线、面的交织表现出来。他喜欢简括对象，以半抽象的形态表现大自然音乐般的律动和相应的心理感受。他的画既富东方传统意趣，又具时代特征，令观者耳目一新。

吴冠中是一位善思考的艺术家，勤于著述，立论独特，而且文字生动流畅。他关于抽象美、形式美、形式决定内容、生活与艺术要如风筝不断线等观点，曾引起美术界的争论。作为美术教育家，吴冠中注重学生艺术个性的培育。

多媒体资源库

专用资源

拼图：房屋

69. 假如鱼儿长着腿（想象画）

目标

1. 大胆想象并画出鱼长出腿之后的生活。

2. 通过想象与创造，享受绘画的乐趣。

准备

1. 经验准备：

教师为幼儿讲述安徒生童话《海的女儿》。

2. 物质准备：

(1) 图卡《鱼》《动物的腿》，几米的图画书《森林唱游》。

(2) 图画纸、水彩笔、签字笔，幼儿每人1份。

过程

1. 教师引导幼儿欣赏鱼的图片，尽情想象。

教师和幼儿一起谈论鱼的生活环境——鱼不能离开水，只同水中的生物作朋友。

教师：《海的女儿》故事中，人鱼姑娘可以到哪里去？（离开水到陆地上来）

教师打开图画书《森林唱游》中鱼在森林游荡的画面：画家笔下的鱼正在森林中散步，我们也想象一下，如果鱼长着腿会怎样？会发生什么事情？（穿上鞋到游乐园中去玩；到草丛中去跑跑；和我一起跳个舞；和小兔子、小鸟一起玩）

2. 教师引导幼儿想象鱼会有怎样的腿。

教师：小朋友希望鱼长着怎样的腿？像仙鹤的腿吗？像猫的腿吗？像人的腿吗？教师边问边播放动物腿的图片。

3. 幼儿画出自己的想象，教师提供帮助。

幼儿创作，教师把各种鱼和各种动物腿的图片展示在墙壁上，为丰富幼儿想象提供帮助。

4. 教师鼓励幼儿展示和介绍作品。

教师：请小朋友讲述“有腿的鱼”的故事。

幼儿自愿介绍自己的作品，然后大家将作品布置在展示墙上。

资料夹

参考图

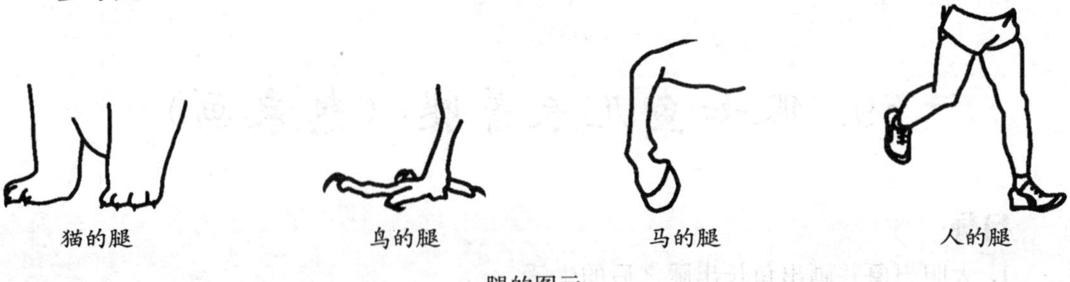

腿的图示

多媒体资源库

专用资源

图片：动物的腿

多用资源

图片：美丽的鱼

70. 新年吉祥（油画棒、彩色铅笔画）

目标

1. 欣赏兔子的照片与剪纸图片，了解两种艺术再现手法的差异。

2. 借鉴剪纸手法，装饰兔子形象，表达对亲人和兔年的祝福。

准备

1. 经验准备：

教师设法使幼儿观察兔子，了解兔子的外形特征，并加以描绘或拍照。

2. 物质准备：

（1）兔子照片与动物剪纸图片。

（2）油彩棒、彩色铅笔，幼儿每人1份。

过程

1. 教师引导幼儿欣赏动物图片，对比生活中的动物与剪纸动物的不同。

教师：小朋友，请你说一说自己见过的兔子的样子。兔子的身体有哪些部分组成？兔子长得最特别的地方是什么？

幼儿讨论，根据自己的印象描述兔子的样子：长长的耳朵、短短的腿……

幼儿观察真实兔子或教师播放兔子的照片，教师提问：小朋友，请你看一看兔子的样子，想一想，刚才大家对兔子的描述还有哪些不全的地方。幼儿补充描述。

教师：请小朋友观察兔子皮毛的纹路（许多像短线一样的毛）

教师出示或播放动物剪纸图片，并请幼儿观察：请小朋友仔细看看动物剪纸，看一看剪纸艺术家怎样表现动物身上的毛。（用各种各样的装饰花纹）

教师：在剪纸作品中，动物不仅有各种各样的的姿态，它们身上还有许多美丽的图案，这些图案都有美好的含义；例如：花卉象征着美好和幸福。这是剪纸作者把美好的心愿和祝福刻画在了动物的身上，祝福大家吉祥快乐的意思。

2. 教师启发幼儿对创作进行设想。

教师提示：

小朋友可以模仿剪纸作品，把自己的愿望和美好的祝福画在小兔子的身上，这幅画的名字就叫《兔年吉祥》，这幅画可以作为礼物送给属兔的家人或朋友。

请小朋友说一说，想把什么画在兔子身上，表示你的祝福？

幼儿畅谈自己的想法：画上好看的，好吃的，好玩的……

3. 幼儿创作，教师提供帮助和指导。

教师向各组幼儿提供兔子照片与剪纸图片，作为创作参考材料。

教师提示：请小朋友把兔子的轮廓画大些，这样才能添画你的美好祝福。

教师观察幼儿创作情况，指导幼儿丰富画面内容。

4. 幼儿展示、欣赏作品，教师鼓励幼儿说出画中的寓意和祝福。

教师：请小朋友介绍自己在《兔年吉祥》中画出了哪些装饰物，有哪些祝福的意思。

幼儿自愿介绍自己的作品。

提示

在幼儿创作过程中，教师应使幼儿了解到可以通过作品说出对家人的祝福。

延伸

活动后，教师可以指导幼儿按上述方法制作12生肖图案的“×年吉祥”。

资料夹

1. 儿歌

小　白　兔

小白兔白又白，
两只耳朵竖起来；
爱吃萝卜爱吃菜，
蹦蹦跳跳真可爱。

2. 参考图

剪纸兔子图示

多媒体资源库

专用资源

剪纸：小兔子

71. 谁的耳（线条写生画）

目标

1. 通过仔细观察，发现不同动物耳朵的形状和线条的区别。

2. 用签字笔描绘出特征明显的动物耳朵。

准备

1. 经验准备：

（1）教师在自由活动时间为幼儿播放画家卢梭作品《热带丛林》幻灯片，引导幼儿欣赏作品所描绘的茂密热带丛林和潜藏在其中的动物。

（2）幼儿于美术区，在绿色系硬纸上描摹树叶，然后沿线剪出树叶纸形，数量越多越好。

2. 物质准备：

（1）狐狸、老鼠、马、虎、熊、豹、长颈鹿、梅花鹿、兔、狮子和树林图片，投影仪 1 台，作品展示板或墙壁 1 块。

（2）黑色签字笔，幼儿每人 1 支；彩色铅笔，幼儿每组 1 盒；白色图画纸、绿色系硬纸若干；剪刀，幼儿每人 1 把；水泥钉 1 盒。

过程

1. 教师播放幻灯片，启发幼儿仔细观察动物耳朵的特征。

教师用投影仪播放野生动物和家养动物的图片，并提问：请小朋友说一说，你在图片里中看到了哪些动物？（狐狸、老鼠、马、虎、熊、长颈鹿、梅花鹿、兔、猫……）

教师：小朋友看得很认真。下面，老师再播放一些照片，小朋友再仔细看一遍！

教师播放幻灯片，同时用树叶模版遮挡其他部分，只露出动物的耳朵。教师：小朋友仔细看，这是谁的耳朵？

幼儿任意猜测。

教师一边把图片交给幼儿，一边说：请小朋友近距离看一看，各种动物的耳朵形状是怎样的？上面有没有线条（动物毛）？线条的方向和疏密是怎样的？

2. 教师演示讲解绘画方法。

教师：小朋友，请你想一想，如果我们只把动物的耳朵画下来，贴在草丛里，你还认得是谁的耳朵吗？（如果有特点，就认得出来；没有特点，就认不出来）

教师：好，小朋友，请你选几种动物，画出它们的耳朵。先用黑色画笔画出动物耳朵的轮廓，注意不同动物的耳朵的形状不一样；再用彩色铅笔在画好的耳朵上仔细画上细细的毛，注意不同动物的毛的方向和疏密是不同的。

3. 幼儿选择自己喜欢的动物图片绘画，教师指导。

在幼儿绘画过程中，教师可从以下几方面进行提示：

（1）提示幼儿边观察边画：先看形状，再看线条，边看边画。

（2）提示幼儿画出动物耳朵的特点：如果我们把画好的动物耳朵剪下来，贴在草丛里，要让别的小朋友还能认出是谁的耳朵。想一想，应该怎样画。

（3）提示幼儿仔细观察和画出耳朵的细节。例如：动物耳朵上的毛，以及毛的走向和浓密等。

4. 幼儿展示欣赏作品。

教师用幼儿在活动区剪出的叶子纸形装饰展示板，然后请小朋友把画好的动物耳朵用剪刀剪下来，贴到树叶展板上。

教师：小朋友的画真漂亮！就像是丛林中隐藏着许多动物，它们只把耳朵露在了外面，猜猜这是谁的耳朵？

延伸

依照此方法可以进行“谁的尾巴”“谁的脚”“谁的嘴巴”等美术教学活动。

资料夹

1. 小知识

画家卢梭

亨利·朱利安·费利克斯·卢梭（HenriJulien Félix Rousseau，1844—1910 年），法国卓有成就的伟大画家，也是法国后期印象派画家，生于法国西北部的拉瓦尔市。

卢梭用那纯真无瑕的眼睛观察世界和感受生活的真谛，他的作品纯净的让人一眼就能看懂，这使他的画具有强烈而鲜明的个性。卢梭的绘画主题广泛，除了巴黎的市郊，还有手法率真的人像，瑰丽的花卉，尤其是一批富异国情调的幻想式作品。这些都来自于他逛巴黎的公园、植物园、动物园时产生的灵感。

卢梭也常被人称为“原始主义”画家。他笔下那浸润着幻想色彩的热带丛林风光，人与野兽间亲密又神秘的关系，很容易使人沉入对遥远古老时代的回忆。这些作品滤去了原始时代血与火的残酷，留存了天真、稚拙、宁静与生命的单纯。卢梭忠实地记录了一个又一个奇妙而神秘的梦境。

2. 参考图

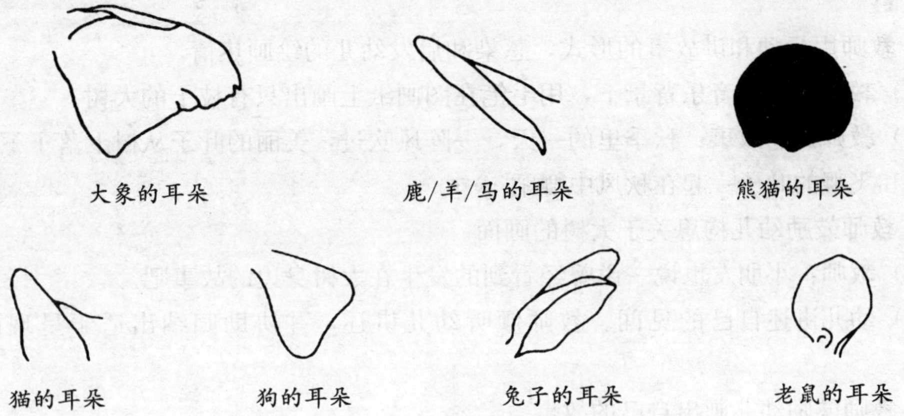

动物耳朵图示

多媒体资源库

专用资源

1. 图片：热带丛林
2. 模版：叶子（1～6）

72. 大树的故事（多种材料作画）

目标

1. 以大树为中心，大胆想象，构思并画出有故事的图画。
2. 学习利用多种材料，表现与树相关的事物。
3. 感受集体创作的乐趣。

准备

1. 经验准备：

教师带领幼儿观察树木的特点以及树木周围的事物。

2. 物质准备：

（1）全开白色图画纸两张粘在一起贴在墙壁上；舒缓的音乐盘。

（2）剪刀、胶棒、水彩笔，幼儿每人1份；油彩棒、签字笔、彩色铅笔，每两名幼儿1盒；彩色手工纸、白色图画纸若干。

过程

1. 教师用行动和讲故事的形式，感染和启发幼儿的绘画热情。

（1）教师在舒缓音乐背景下，用毛笔在图画纸上画出只有枝干的大树。

（2）教师讲述故事：秋季里的一天，一阵风吹过，美丽的叶子从树上落了下来，小朋友们和飞舞的叶子一起在秋风中舞蹈……

2. 教师鼓励幼儿构思关于大树的画面。

（1）教师：小朋友也说一说曾经看到的发生在大树身边的故事吧。

（2）幼儿讲述自己的见闻。教师倾听幼儿讲述，并协助归纳出适于呈现画面的内容。

3. 教师鼓励幼儿画出自己的故事。

教师：现在我们一起把故事中的事物表现出来。小朋友可以任选桌子上的笔和材料，可以画，可以拼贴，可以拓印……完成后贴在墙上大树的周围。

4. 幼儿作画，教师指导。

音乐声中，幼儿安静作画。教师观察并酌情帮助幼儿解决所遇到的困难。

5. 教师组织幼儿展示分享创作成果。

教师引导幼儿欣赏集体创作的成果，轮流讲述画中的故事。

提示

1. 教师重点营造美好的绘画氛围，启发幼儿的绘画愿望，并尊重他们的绘画选择。

2. 教师在帮助幼儿解决绘画中的困难时，可以借助平时积累收集的图片集。

多媒体资源库

专用资源

图片：小鸟的家

多用资源

图片：树木

73. 美丽的点彩画（拼贴画）

目标

1. 观察点彩绘画作品中色彩的微妙变化，感受其光线漫射迷离之美。

2. 尝试用彩点拼贴的方法集体翻制绘画名作。

准备

1. 经验准备：

教师在活动区引导幼儿对同种颜色的深与浅进行对比和观察，例如：深蓝与浅蓝。

2. 物质准备：

（1）点彩作品，修拉的《大碗岛的星期天》，西涅克的《马赛港入口》，凡高的《向日葵》。

（2）柠檬黄、橘黄、深黄、橘红、棕色、橄榄绿、粉绿、深绿色即时贴的不规则小块若干；凡高《向日葵》的黑白图像添画纸，幼儿每组 1 张。

过程

1. 教师引导幼儿欣赏点彩作品。

教师播放修拉的《大碗岛的星期天》，西涅克的《马赛港入口》：小朋友仔细观察这两幅画有什么特别的地方吗？（画面中的色彩是由许多小点组成的）

教师：看这样的画有怎样的感受？

教师谈自己的感受：画家用点彩的方法把许多彩色的点布满整个画面，使画面看起来色彩丰富，形体朦胧，仿佛许多色彩在闪烁和跳跃，这种画叫做点彩画。

教师：请小朋友观察《大碗岛的星期天》，人的皮肤上有哪些彩色的点？哪种颜色最多？

教师：请小朋友观察《马赛港的入口》的画面中，河水中有哪些彩色的点？哪种颜色最多？

教师总结：仔细观察就能发现，画面中的每一种物体上都有许多不同色彩的小点，但是其中有一种颜色最多，这样的画面看起来色彩既丰富又统一。

2. 教师引导幼儿用点彩画的方法翻制（模仿）凡高的《向日葵》。

教师出示或播放《向日葵》的图片问：这幅画是用点彩的方法画的吗？画中向日葵的黄颜色都一样吗？

教师：如果用点彩的方法来画这幅画，会是怎样的效果？我们来试试看好吗？

教师把印有向日葵黑白图像的添画纸与《向日葵》原画的图片并列粘贴在画架或墙

壁上。

教师手拿橘黄色即时贴纸，边演示边说：橘黄色是《向日葵》的花心部分，因此要贴在添画纸花心的位置。

教师：请小朋友对照原画中的色彩，用即时贴纸块，像点彩画一样拼贴一幅《向日葵》。

3. 教师引导幼儿分组进行色彩拼贴。

教师：请小朋友观察原画中向日葵花的深黄、浅黄的位置，并选择与它们的色彩相接近的即时贴纸进行拼贴。

4. 教师引导幼儿欣赏集体翻制的点彩画《向日葵》。

教师：我们的作品中使用了几种黄颜色拼贴出了向日葵？看点彩向日葵有什么感觉？

幼儿讨论。

提示

即时贴的小纸块，可以由小朋友在练习使用剪刀的活动中用边角材料剪出来。

延伸

应用此方法可以引导小朋友进行多种绘画作品的翻制。

资料夹

小知识

什么是点彩画法

点彩画派即“新印象派”，亦称“分色主义”。

点彩画派源于法国，从印象派关于光与色彩的原理发展而来，19 世纪末，由法国画家乔治·修拉首先提出并实践。点彩派对光和色进行了分解，创造出一种用笔触的绘画技法，如把原色中的红色一条条涂在画面上，再在红色的笔触下面平行地涂上蓝色的笔触，站在一定距离看上去，画面的两种色彩恰好混合成紫色。

其后修拉以及西涅克，把物理学上色彩分解与综合的方法运用于绘画上，又创造出一种圆点绘画的方法。他们把自然物象分析成细碎的色彩斑块，不再在调色板上调和颜色，而用画笔按科学的规律把原色一点点地排列在画面上。遵循光的混合规律，这些近看斑驳的各种小色块，在一定距离观察时，经过视觉作用自然柔和地混合在一起，产生比直接颜料混合明度更高、更明快、更艳丽的色彩。“纯色的魅力”使得画面摆脱了朦胧的灰色。就是毕沙罗所说的“以光学调色代替颜料调色”，所以也可以把这种印象派叫做科学的印象派。

多媒体资源库

专用资源

图片：点彩画

添画纸：向日葵

74. 坐在树上看月亮（彩笔画）

目标

1. 观察坐着的人物姿态。
2. 用绘画的方式表现坐着的人物。

准备

1. 经验准备：

教师引导幼儿进行人物绘画。

2. 物质准备

（1）几米作品《森林唱游》；粘贴有长长树干的大树和月亮的展示墙；投影仪一台。

（2）签字笔，幼儿每人1支；彩色铅笔，幼儿2～3人1盒；彩色复印纸，幼儿每人1张。

过程

1. 教师引导幼儿欣赏几米作品《森林唱游》，启发绘画兴趣。

教师和幼儿一起欣赏书中小精灵在树上看月亮的画面，小朋友畅谈感受。

教师：小朋友是否想把自己画成小精灵的样子，也坐到树上去看月亮？

2. 教师引导幼儿观察人物坐着的姿态。

教师提问：

请各组小朋友坐在椅子上，感觉一下自己坐着的姿势。你的身体是怎样的？头是怎样的？手臂是怎样的？腿是怎样的？小朋友再观察一下别人坐着的样子。

请小朋友说一说，人坐着的时候身体是怎样的？（上半身直立或倾斜，腿是弯曲的，手臂可以扶着身边的任何地方）

3. 教师引导幼儿边观察边绘画。

(1) 幼儿在彩色纸上描绘坐着的人，教师根据幼儿的需求进行指导。

(2) 教师启发幼儿：怎样画人看起来像个小精灵？(画上翅膀，头上画出光圈)

(3) 幼儿从绘画纸上剪下画好的“小精灵”。

4. 集体展示分享作品。

教师指导幼儿把剪、绘的“小精灵”粘贴在大树上。

幼儿欣赏作品，畅谈“坐在树上”看月亮的感觉。

提示

教师利用“坐在树上看月亮”的情景，调动幼儿观察和画坐着的人的兴趣和愿望，因此大树和月亮的画面要美好而有意境，也可以参照《森林唱游》中的画面进行制作。

多媒体资源库

专用资源

图片：人物坐姿

75. 同动物玩耍（彩笔画）

目标

1. 大胆想象和喜欢的动物一起嬉戏的情景。

2. 尝试用照片与剪贴、绘画相结合的方法进行创作。

准备

1. 经验准备：

在前期活动中，教师指导幼儿学习写生和拼贴。

2. 物质准备：

(1) 几米的绘本《森林里的秘密》1册。

(2) 幼儿自己的大头贴照片每人1张；各种动物的图卡若干；签字笔或水彩笔幼儿每人1支，图画纸每人1张；彩色手工纸若干。

过程

1. 教师引导幼儿欣赏《森林里的秘密》，启发幼儿的创作灵感。

教师：请小朋友说一说，自己喜欢什么动物？

教师边打开《森林里的秘密》边说：有一位小姑娘很喜欢毛毛兔，她跟着毛毛兔快乐地一起飞奔、玩耍。

教师：我们是不是也有这样的想法呢？

幼儿想象和介绍自己与小动物愉快嬉戏的情景。

教师：小朋友的想象很有趣。让我们把这些想象画在纸上，和大家一起分享吧。

2. 教师介绍创作方法。

教师：用自己的照片和绘画纸粘贴结合起来进行创作很有趣，小朋友想不想试一下呢？

教师边演示边说：先将自己的照片上的头像剪下来，再用彩色纸为头像拼贴出彩色身体，粘贴在画纸上；最后画上自己喜欢的动物。一张自己与小动物快乐玩耍的图画就完成了。

3. 幼儿创作，教师观察指导。

教师提示：

小朋友可以把动物夸张画大，而把自己制作得很小；也可以把自己夸张做大，而动物很小，这样创作出的作品会很有趣。

如果你喜欢，动物也可以用彩色纸剪贴。

4. 幼儿展示和欣赏作品。

教师：请小朋友相互欣赏作品，并向大家介绍自己画中的情节。

幼儿将作品布置在展示板或墙上，教师用彩色纸剪贴出与幼儿作品相协调的树林、草丛等，粘贴在作品之间，以增加美感和趣味。

提示

活动前，教师可以引导幼儿进行“照片与彩色纸拼贴”，组合出人物的趣味漫画。

延伸

活动后，教师可以引导幼儿利用绘画作品进行故事创编。

多媒体资源库

多用资源

图片：可爱的小动物、野生动物

76. 我为动物做新衣（多种材料制作）

目标

1. 为动物设想前所未有的花纹与色彩。
2. 用画或拼贴的方法为动物制作新衣。

准备

1. 经验准备：
教师在活动区引导幼儿进行美术拼贴活动。
2. 物质准备
（1）各种动物图片，图画书《花格子大象艾玛》，剪成树木的展示板拼贴，彩色纸。
（2）彩色铅笔、水彩笔、各色手工纸若干。

过程

1. 教师请幼儿欣赏《花格子大象艾玛》，启发其想象。
教师手指书中身穿格子衣服的大象问：小朋友能看出这是谁吗？
教师：虽然真实的大象不是这样，可小朋友还是一下就认出了它是谁，原来这样画动物，更加漂亮可爱。
教师与幼儿一起阅读图画书《花格子大象艾玛》，引导幼儿谈论想法。
2. 教师引导幼儿想象为动物“换新衣”。
教师：画中的大象身穿方格外衣，小朋友想给其他动物画出新衣吗？想画怎样的新衣？（条纹、圆点、三角、花朵）
3. 幼儿选择绘画材料进行创作，教师观察指导。
幼儿为动物画或拼贴新衣，教师根据幼儿的需要适时指导。教师提示幼儿，可以参照图片画出动物的轮廓，再设计和创作新衣。
4. 幼儿展示作品，教师鼓励。
教师用彩色纸在展示板上拼贴树林，幼儿把画好的动物从图画纸上剪下来贴在树林中。
教师和幼儿一起欣赏创作成果，做“找出穿新衣的动物”的游戏。

多媒体资源库

多用资源
图片：可爱的小动物、野生动物

77. 小小发型师（纸造型）

目标

1. 观察人物发型，发现人们发型的区别。

2. 用不同材质的彩色纸制作发型。

准备

1. 经验准备：

教师在前期活动中指导幼儿使用剪刀，比较熟练地剪东西。

2. 物质准备：

（1）发型图片 5～10 张，投影仪一台。

（2）彩色手工纸、皱纹纸、即时贴、透明胶条、橡皮泥，幼儿每组 1 份；剪刀，幼儿每人 1 把；大可乐瓶，幼儿两人 1 个。

过程

1. 教师引导幼儿相互观察发型，并欣赏发型图卡。

教师：请互相看一看，小朋友都是怎样的发型？

教师边展示图卡边说：我们再看一看，图片中理发师修剪出了怎样的发型？（卷发、直发、短发、辫子）

2. 教师引导幼儿书空好看的发型，为创作发型做准备。

教师：请小朋友用手指画一画自己认为好看的发型，我们也来做一次理发师好吗？

3. 教师引导幼儿讨论如何用彩色纸制作发型。

教师：我们试一试用彩色纸来做发型。怎样用彩色纸制作直发、卷发和辫子呢？（彩色纸剪成 1～2 cm 的长条当作直发；用铅笔把纸条卷曲当作卷发；用皱纹纸编成辫子；短发可以用剪刀修剪出造型）

教师：我们用可乐瓶做模特。那么，彩色纸做的头发与可乐瓶模特该怎样衔接呢？（用胶带或橡皮泥把它们粘在一起）

教师：先把彩纸条固定在可乐瓶上，然后再做发型是否更方便？

幼儿讨论或操作尝试。

4. 幼儿用彩色纸制作发型，教师支持并指导。

教师指导幼儿把大可乐瓶倒置（剪掉部分瓶口）当作人物头部模型；幼儿 4 人一组用彩色纸设计、制作发型。

教师：请小朋友注意，头发做好以后，用剪刀把长短不一的头发修剪整齐。

5. 幼儿展示、欣赏作品。

教师：请小理发师在装饰好发型的可乐瓶上，用即时贴粘贴出人的五官，这样“发型模特”就更美观、完整了。

幼儿展示自己做的“发型模特”，大家相互欣赏。

提示

1. 教师提前把可乐瓶的瓶口剪掉一部分，以便能立在桌面上。
2. 教师提示幼儿先用水彩笔在可乐瓶上画出发际线，再进行头发的粘贴。

资料夹

参考图

发型图示

多媒体资源库

专用资源

1. 图片：发型图
2. 动画：小小理发师

78. 蓝色的远山（水粉画）

目标

1. 观察远山，感受和欣赏其色彩的层次及渐变之美。
2. 尝试蓝色水粉逐渐加白的调色方法。

准备

1. 经验准备：

教师带领幼儿在教学活动或区角活动中，使用水粉色画画。

2. 物质准备：

(1)《蓝色的远山》幻灯片或张大千的《长江万里图》，古筝音乐《高山流水》。

(2) 湖蓝、白色水粉色，幼儿两人 1 份；白色水粉纸或素描纸、5 号油画笔、铅笔、调色盘，幼儿每人 1 份。

过程

1. 教师带领幼儿欣赏“远山”幻灯片，感受蓝色山峦之美。

教师播放第一遍幻灯片后提问：小朋友，看了幻灯片，你有怎样的感受，你喜欢吗？为什么？

教师重放幻灯片并提问：让我们来看一看图片中远山是什么颜色的，从近到远能看到几层远山，每一层的颜色有什么不同？（蓝色的群山层层相叠，就像一层层海水的波浪，透明的蓝色随着远去的山峰渐渐变淡，直到和天空融为一体）

教师：多美的画面啊！让我们一起为它画幅画吧！

2. 教师引导小朋友进行绘画。

教师提问：

在图片中，小朋友发现了怎样的线条？（像波浪一样的线条）

请小朋友伸出食指，在空中画一画像波浪一样的线条。

我们知道了画中的线条，我们还需要知道画中的色彩，谁能说一说，怎样画出山脉渐渐变淡的蓝色？（在蓝色里逐渐加入白色）

教师边演示边说：先把水粉笔从笔尖到笔的末端蘸满湖蓝色，放在调色盘中，把笔上颜料在盘的边沿上刮干一些；用笔尖蘸少量白色与盘中蓝色调匀后，画最近的山脉；之后，在调色盘的边沿上刮干毛笔，第二次蘸少量白色与盘中颜色调匀，画第二层山脉；第三次蘸少量白色，以此类推……

3. 幼儿绘画，教师指导。

4. 教师引导幼儿展示和欣赏作品。

幼儿把作品展示在作品栏中。教师播放古筝音乐《高山流水》。

教师请幼儿逐一介绍自己的作品：请小朋友介绍一下，你画出了几层山脉？你是怎样调颜色的？你喜欢这幅画吗？

教师：想一想，用这种方法还可以画些什么？——湖水、海水、草原、蓝天和白云……

提示

1. 尝试用其他的颜色画远山，如春绿、秋黄。

2. 活动后，教师可以带领幼儿一起为班级画远山背景墙。

资料夹

小知识

张 大 千

张大千（1899～1983年），四川内江人，祖籍广东省番禺，是20世纪中国画坛最具传奇色彩的国画大师，是一位深受爱戴的伟大艺术家。无论是绘画、书法、篆刻、诗词，他无所不通。早期专心研习古人书画，特别在山水画方面卓有成就。后旅居海外，画风工写结合，重彩、水墨融为一体，尤其是泼墨与泼彩，开创了新的艺术风格，代表作品有《爱痕湖》《长江万里图》《四屏大荷花》《八屏西园雅集》。

《长江万里图》为张大千代表作品之一，完成于1968年。长卷以四川省为起笔，开卷是都江堰的铁索桥，接着，长江奔流而下，越三峡，过江陵，纳百川，最后投入大海的怀抱。此长卷近二十米，画面布局宏大，气脉流贯，繁复变化却又浑然天成，显示了画家深厚的功力，也表现了画家气吞山河的胸怀与气度。《长江万里图》是一幅泼墨泼彩画，画家充分利用了水的随意性，水与墨的自然渗透的表现力，从而得到了色墨协调融合的效果。画中既有传统山水画的破墨、积墨、泼墨等技法，又融汇了西方绘画的泼彩法，形成了“泼写兼施、色墨交融”的风格。这些正是张大千晚年的主要画风，具有强烈的个性，豪迈奔放，雄浑苍茫，展卷之下，万流奔腾，千岩耸峙，其壮丽令人叹为观止。

多媒体资源库

专用资源

动画：蓝色的远山

79. 动物纸偶来表演（彩纸拼贴）

目标

1. 观察动物头部，发现其主要特征。
2. 体会手工制作的快乐。

准备

1. 经验准备：

教师在区角投放拼贴材料工具，引导幼儿练习彩色纸拼贴。

2. 物质准备：

(1) 各种动物头部的图片。

(2) 各色手工纸若干；纸口袋或信封，幼儿每人1个；铅笔、剪刀、胶棒，幼儿每人1份。

过程

1. 教师用动物手偶表演，激发幼儿的创作热情。

教师用手偶兔表演：我是手偶兔，用纸做成的，大家都叫我“穿长袍的兔子”，我的长袍漂亮吧！其实就是一个纸口袋。唉！我感觉好孤独啊，要是有动物朋友一起玩儿，该多好啊！

教师：小朋友们，愿意为“穿长袍的兔子”制作朋友吗？

2. 教师引导幼儿观察动物头部，发觉其主要特征。

幼儿各自选择喜欢的动物图片，作为制作纸偶的参考，教师指导观察。

教师：首先，请小朋友观察动物头部的形状。例如：老虎头部为椭圆形；老鼠头部为三角形……然后再观察动物五官的形状和特征。

教师选择几种动物图片和幼儿一起观察并讨论它们的头部和五官特征。

3. 教师演示讲解纸偶的制作方法。

4. 动手制作，教师观察指导。

幼儿制作。教师对幼儿制作中容易忽视之处做出提示：

请小朋友选择不同颜色的纸拼贴动物的脸和五官，这样做出的纸偶的脸和五官才能看得清楚。

小动物的长袍，也就是纸袋的两侧要一边剪出一个小洞，这是表演时伸出手指的地方。

5. 教师指导幼儿展示作品，并即兴表演。

教师：请穿长袍的小动物，向大家做一下自我介绍。

幼儿依次操纵指偶表演。

提示

1. 教师可以引导幼儿制作手偶进行故事表演。

2. 纸袋（信封）的宽度要小于幼儿手的长度。

资料夹

参考图

纸袋手偶图示

多媒体资源库

专用资源

图样：动物头部（1～4）

多用资源

图片：可爱的小动物、野生动物

80. 我和妈妈在一起（写生画）

目标

1. 对照、观察成人与幼儿的脸部特征。

2. 用线条描绘人物头部。

准备

1. 经验准备：

在日常生活中，教师引导幼儿观察人的脸部。

2. 物质准备：

(1) 音乐录音《好妈妈》。

(2) 每个幼儿与妈妈脸部清晰的合影，1 张；签字笔、图画纸、彩色“桃心”纸形，幼儿每人 1 份。

过程

1. 活动的导入。

教师提问：

小朋友最爱的人是谁?（妈妈）

是的，我们是看着妈妈的笑脸长大的，那么你能说一说你的妈妈长什么样吗?

2. 教师引导幼儿观察照片中的“我”和“妈妈”。

教师：请小朋友仔细看一看，照片中妈妈的脸和自己的脸有哪些地方相同？哪些地方不同?（相同的表情，都在笑，很高兴的样子；不同的发型，脸的大小不同；五官的大小不同）

教师：如果小朋友亲手画一幅和妈妈在一起的画像送给妈妈，妈妈一定会很高兴。

3. 幼儿对照照片进行绘画，教师鼓励指导。

教师播放《好妈妈》音乐，幼儿愉快地进行绘画。

教师：请小朋友仔细看照片，边观察边绘画。要注意，你的五官比起妈妈的五官要集中一些；你的脸比起妈妈的脸小一些。

4. 教师组织幼儿展示、欣赏作品。

（1）教师给每位幼儿一个彩纸“桃心”装饰画框，幼儿将自己和妈妈的画像镶在画框中。

（2）教师组织幼儿把照片和画像展示在作品栏中。幼儿评价作品中的自己和妈妈。

提示

幼儿可将自己的作品送给妈妈，作为生日或节日礼物。

多媒体资源库

专用资源

1. 图片：母女

2. 添画纸：心形相框（1～4）

81. 你是我的好朋友（撕贴画）

目标

1. 观察认识人身体的主要部分。

2. 学习表现人物的简单动态。

准备

1. 经验准备：

有一定的画人经验。

2. 物质准备：

彩色画笔、画纸、胶棒，幼儿每人1份。

过程

1. 教师组织幼儿游戏，认识人身体的主要部分。

幼儿两两结对，相对站立，观察对方的身体部位，用手指着对方说：这是你的头，这是你身体的躯干，这是你的胳膊，这是你的腿，你是我的好朋友。

教师带领幼儿唱歌曲《拍拍踏踏》和《头发肩膀膝盖脚》。相对站立的两个幼儿，一个领唱，另一个跟唱。

大家一起唱，每一对幼儿可以做不同的动作。

教师喊“定格”，幼儿保持刚才的动作不动，互相观看对面朋友，然后，讨论所看到的朋友的样子，并用手比画出来。

2. 教师引导幼儿撕贴与绘画。

教师：小朋友，请你用纸撕出人身体的各个部分，在画纸的左面拼摆出自己看到的朋友的样子，粘贴好；然后，在画纸的右面想象着画出自己的样子。

3. 幼儿作画，教师指导。

教师提醒幼儿回忆刚才自己看到的朋友的样子，并想象自己作为好朋友应该有的样子。如果记不太清楚或想不出来，可以动一动身体，帮助自己回忆和想象。

4. 分享展示作品。

作品完成后展示出来。幼儿两人一组，互相观看，说一说，对对方再现的自己是不是满意，有什么改进意见。

多媒体资源库

专用资源

1. 拼版：人物

2. 添画纸：你是我的好朋友（1～2）

82. 自行车运动会（黑白画）

目标

1. 通过观察发现自行车的外形和骑车人的动作特征。

2. 用签字笔表现自行车的线条和骑车人的动作。

准备

1. 经验准备：

教师在活动区指导幼儿画人物画。

2. 物质准备：

(1) 儿童自行车1～2辆。

(2) 黑色签字笔、图画纸，幼儿每人1张。

过程

1. 教师带领幼儿在户外骑自行车，并进行观察。

教师：小朋友，大家轮流骑车，请小朋友注意观察自行车的样子和骑车人的动作。

2. 教师引导幼儿交流观察收获。

教师：请小朋友说一说，通过观察你看到了自行车的哪些部件；如果画出来，它们的形状和线条是什么样的？（车轮是圆形的，车座是三角形的，车把和车轮是由粗线条组成的，车轮内是许多交叉的细直线）

教师：人骑车时，身体有什么变化？（骑车人的手臂向前伸，是直线形，身体有些前倾，两条腿弯曲交换着蹬脚踏板，女孩的头发是飘起来的，男孩的头发上都是汗水）

教师：大家把观察到的自行车和骑车的人画出来，组合成为《自行车运动会》好吗？

3. 小朋友绘画，教师观察指导。

教师把自行车摆放在便于观察的地方。幼儿作画。

在幼儿作画过程中，教师可作如下提示：

小朋友可以边观察边画自行车。

如果你记不清骑车人的样子和动作，可以自己骑自行车体会一下。

车把和车轮可以画双线来体现。

4. 幼儿展示作品。

(1) 作品完成后，教师组织幼儿展示和讲述自己的作品。

(2) 教师组织幼儿将各自的作品粘贴在展示墙上，组成《自行车运动会》壁画。作品全部粘贴好后，用彩纸拼贴树木装饰在画面中。

(3) 幼儿欣赏《自行车运动会》壁画，分享共同创作的成果。

提示

自行车结构简单、线条清晰，适合小朋友观察和绘画，教师可以组织幼儿在区域美术活动中画不同角度的自行车。

资料夹

1. 小知识

骑自行车上街的有关交通法规

中华人民共和国道路交通安全法实施条例（摘录）

第七十二条　在道路上驾驶自行车、三轮车、电动自行车、残疾人机动轮椅车应当遵守下列规定：

（一）驾驶自行车、三轮车必须年满12周岁；

（二）驾驶电动自行车和残疾人机动轮椅车必须年满16周岁；

（三）不得醉酒驾驶；

（四）转弯前应当减速慢行，伸手示意，不得突然猛拐，超越前车时不得妨碍被超越的车辆行驶；

（五）不得牵引、攀扶车辆或者被其他车辆牵引，不得双手离把或者手中持物；

（六）不得扶身并行、互相追逐或者曲折竞驶；

（七）不得在道路上骑独轮自行车或者2人以上骑行的自行车；

（八）非下肢残疾的人不得驾驶残疾人机动轮椅车；

（九）自行车、三轮车不得加装动力装置；

（十）不得在道路上学习驾驶非机动车。

学骑自行车的注意事项

第一，眼睛向前看，扶正车把；不要左顾右看，两边摆。

第二，速度要掌握好，不能太快，太快会摔跤；也不能太慢，太慢车把两边摆，也会摔跤。车速需要慢慢来掌握。

第三，身体放松，随着车而动，不要僵硬。

第四，初学骑自行车时，不要用大的车学，找小一点的车练习；这样在要摔倒的时候可以用脚踏地支撑住。

第五，踩踏板要有节奏感，不能乱踩。

第六，一定要学会刹车，牢记多用后刹车，少用前刹车，不然车子和人都会一起飞出去！控制不好容易出事故。切记切记！

2. 参考图

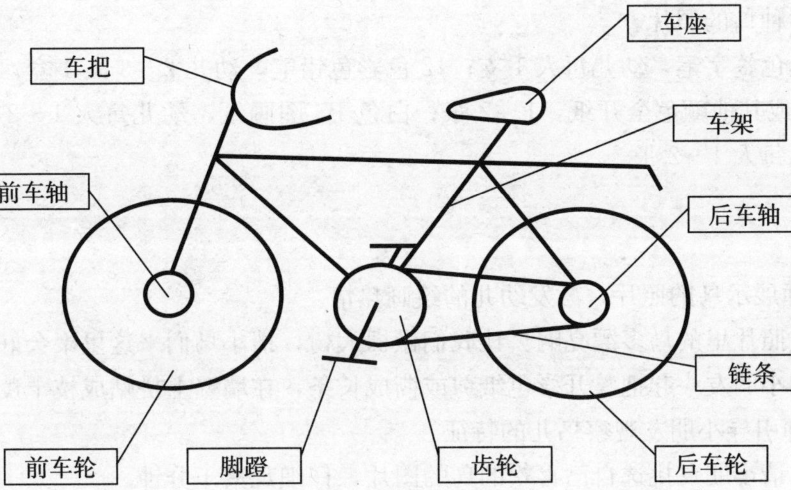

自行车各部位名称

多媒体资源库

专用资源

拼版：自行车及骑车人（1～2）

多用资源

图片：摩托车、自行车

83. 百鸟聚会（彩笔画）

目标

1. 发现鸟的形体特点，感受鸟的美丽。

2. 描绘鸟的形象，表现出鸟的主要特征、细节和多姿多彩之美。

3. 自己动手美化室内环境。

准备

1. 经验准备：

（1）教师或家长带领幼儿到动物园、花鸟市场、街心公园观看鸟，观看中提示幼儿注意鸟的形体的主要特征和基本组成部分及其动态。

（2）教师在前期活动和活动区中指导幼儿掌握彩色水笔和签字笔的绘画技法。

2. 物质准备：

(1) 各种鸟的照片。

(2) 黑色签字笔，幼儿每人 1 支；12 色彩色铅笔，幼儿 2～3 人 1 盒；剪刀，每人 1 把；褐色或其他颜色全开纸，1～2 张；白色 B5 图画纸，幼儿每人 1～2 张；彩色手工纸，幼儿每人 1～2 张。

过程

1. 教师展示鸟的照片，激发幼儿的绘画热情。

教师：照片里的鸟多漂亮啊！让我们做棵大树，请小鸟们来这里聚会好吗？

教师和小朋友一起把整开彩色纸剪或撕成长条，在墙壁上拼贴成枝干茂盛的大树。

2. 教师引导小朋友观察鸟儿的特征。

教师：请小朋友挑选自己喜欢的鸟的图片，仔细观察 1 分钟。

幼儿观察后，教师提问：

鸟的头部是什么形状？(圆形……)

鸟的身体是什么形状？(水滴形……)

鸟头上、身上的羽毛是什么形状的？(半圆形……)

鸟尾巴上的羽毛是什么形状的？(根据图片回答)

鸟的眼睛是什么样的？(圆形的眼睛，周围有彩色的羽毛)

3. 幼儿绘画，教师指导。

教师提示：

小朋友可以选择白色图画纸绘画，用彩色铅笔画小鸟的轮廓，然后为画好的小鸟涂色；也可以选择彩色手工纸或白色图画纸，用签字笔画线条的方法表现小鸟。

小朋友，当你画小鸟时，先把小鸟身体的轮廓画下来，然后再画细节，再涂色，越仔细越好。

小朋友要注意边观察边绘画。

4. 教师指导幼儿把画好的小鸟粘贴在墙饰的纸制大树上。

教师：小朋友画的小鸟真漂亮，快快到大树上来聚会吧！怎样做呢？(把画好的鸟剪下来，贴到树上)

5. 教师带领幼儿欣赏作品。

教师：小朋友，请仔细看一看，大树上有哪几种鸟？哪些鸟样子是类似的？哪些鸟看起来与其他的鸟不一样？你为什么感到它们是不一样的？哪些地方不一样，是它们的样子，还是颜色或者姿势？你最喜欢哪只鸟？为什么？

提示

活动后，将鸟的图片放在绘画区，以便幼儿在区域里继续《百鸟聚会》的创作。

资料夹

参考图

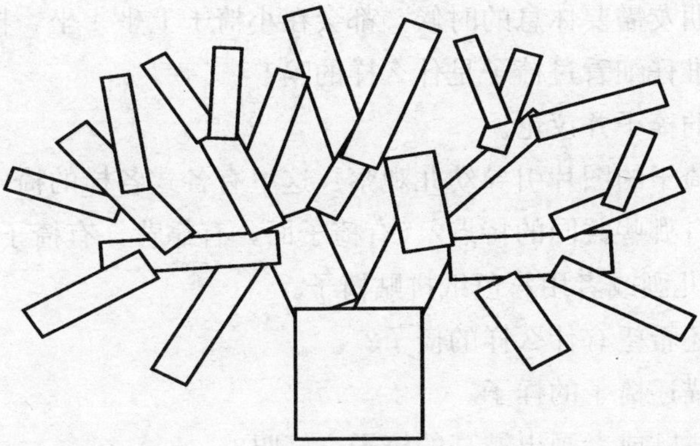

纸条大树图示

多媒体资源库

专用资源

教学用图：纸条大树

多用资源

图片：美丽的鸟

84. 漂亮的椅子（拼贴画）

目标

1. 观察生活中椅子的外形结构。

2. 用绘画或彩色纸拼贴的方式表现椅子。

准备

1. 经验准备：

幼儿能够灵活使用剪刀。

2. 物质准备：

（1）多媒体资源《椅子》或美术作品《凡高的椅子》和《高更的椅子》。

（2）各色手工纸若干；剪刀、胶棒，幼儿每人 1 份；签字笔，幼儿每人 1 支；彩色铅笔，幼儿 3～4 人 1 盒。

过程

1. 教师引导幼儿观察身边的椅子和图片中的椅子。

教师：每当小朋友需要休息的时候，都会在小椅子上坐一坐，椅子陪伴着我们度过每一天。可是，有谁仔细看过椅子是什么样的吗？

幼儿观察自己的椅子并议论。

教师播放各种椅子的图片引导幼儿观察：这里有各式各样的椅子图片。

教师：椅子都有哪些共同的特点？（有椅子面，有靠背，有椅子腿）

2. 教师引导幼儿画或者用彩色纸拼贴椅子。

教师：小朋友还希望有什么样的椅子？

幼儿讨论，并描述椅子的样子。

教师：让我们拼贴或者画出漂亮的椅子，好吗？

3. 幼儿创作，教师适时指导。

教师指导幼儿观察椅子腿的前、后透视关系：前面的椅子腿看起来长，后边的椅子腿显得短一些。

教师：小朋友还可以用彩色笔在椅子上画动物、花卉等，装饰椅子。

4. 幼儿展示和介绍作品。

教师和幼儿一起把作品粘贴在展示板上。

教师：小朋友，找一找，哪张作品上的椅子最与众不同，它什么地方最独特？

幼儿讨论，作者讲述自己的想法。

提示

1. 教师应多给幼儿自主探索和自由发挥的空间，适当地给予指导。

2. 幼儿在观察实物椅子时，教师应提示他们从不同角度看同一把椅子，发现差异。

资料夹

小知识

《凡高的椅子》与《高更的椅子》

1888 年 10 月，画家高更来到阿尔，和凡高住在一起，一起生活一起画画。他们一起住了两个月。这是凡高创作旺盛期。那年 12 月，他画了两幅画，名为《凡高的椅子》和《高更的椅子》。

在《凡高的椅子》中，画家画了一把很普通的木椅，黄色坚实的框架，普通黄色椅垫，上面随意地放着一只烟斗。黄色椅子以蓝绿色描绘轮廓，背景则是室内朴素的红色方格地面和蓝色的墙面。《凡高的椅子》色彩虽然也像他一贯的画作那样不乏鲜亮，但始终向人传达出一点孤寂和落寞。那只烟斗表明了他的嗜好，他喜欢用烟斗抽烟。凡高是个细腻的人，他爱生活中的这些日常家什。

《高更的椅子》画作中央同样只有一把椅子，这是一把有扶手的华丽的木椅，椅子框架不像《凡高的椅子》那样厚实，却似乎轻巧漂亮，线条也更流畅，呈现出几个美丽的弧形。椅子上的椅垫也有花纹，是条形的，使椅子显得华美。背景也有些不同，是带花纹的室内地毯，更加漂亮。这幅画中的椅子上没有烟斗，却有两本书、一个蜡烛座，还有烛座上一支燃着的蜡烛！背景的墙上还有一盏燃着的明亮的蜡烛灯！表现椅子的主人高更离去后凡高的寂寞和孤单。

对比两把椅子，我们看到凡高把高更的椅子画的美好华丽，而他自己的椅子则普通简单。这意味着他对高更的感情，甚至把高更视作明灯，照亮了他孤寂的生活。从画作我们可以得知，凡高善良单纯，他视友情为珍宝，内心细腻温和。

多媒体资源库

专用资源

图片：椅子

85. 滑稽的小丑（彩笔画）

目标

1. 抓住小丑的外形特征及夸张的动作，大胆表现。
2. 用鲜艳的颜色表现小丑的服装。

准备

1. 经验准备：

活动之前，教师引导幼儿尝试画简单的人物。

2. 物质准备：

（1）多媒体资源《小丑》动画，《小狗与口哨》音乐，各种造型的小丑图片若干，各种小奖章若干。

（2）四开图画纸、黑色水彩笔、油画棒，幼儿每人1份。

过程

1. 情境导入。

教师：圆鼻头，大大的嘴，帽子歪歪脚尖翘，走钢丝来翻跟斗，舞台上面惹人笑。小朋友们猜猜他是谁？

教师：现在我们来看一段动画，谜底就会揭晓了！

2. 教师启发与引导幼儿的创作构思。

教师启发幼儿感悟小丑的特点：大家为什么都喜欢小丑呢？为什么他一出来大家都会笑呢？（造型可爱夸张，形象生动，动作滑稽）

教师出示小丑图片，引导幼儿观察小丑的外形：小丑和我们有什么不一样？

在幼儿议论片刻后，教师引导幼儿从上到下观察小丑，先从小丑的头部说起，通过一步步提问，让幼儿发现小丑的发型、五官、服装等所具有的特点。

教师引导幼儿回忆小丑的动作：刚才我们看到小丑表演了什么节目？小丑都有什么本领呢？

幼儿边说边做出相应的动作，以便在头脑里留下比较形象的肢体动作影像。

教师引导幼儿想象构思画面内容：如果你是一个小丑，你想让自己变成什么样子呢？你会设计什么造型？你想有什么与众不同的本领呢？都可以画在画中。

3. 幼儿绘画，教师鼓励指导。

教师播放《小狗与口哨》音乐，让幼儿在轻松诙谐的音乐中进行创作。

教师鼓励幼儿想象出多种小丑不同的样子：看一看谁的小丑样子最可爱。

引导幼儿大胆想象与表现：比一比谁的小丑本领最大，动作最夸张、可笑。

4. 展示与分享。

（1）教师与幼儿一起将作品展示在分享墙上。

（2）教师引导幼儿给每幅作品颁发相应的奖项，让幼儿发现每幅作品的闪光点：今天是小丑们的聚会，我们也有很多的奖章要颁发给这些小丑，评委就是小朋友自己。小朋友们看看小丑们都适合得到什么奖章呢？我们有最佳造型奖，最佳服装奖，最佳技术奖，最大胆表现奖！

提示

1. 可以尝试用各种不同的方法塑造小丑。如撕纸粘贴，教师提供局部形象的半成品，其他部分让幼儿用撕贴补充完成。

2. 活动后，教师可以鼓励幼儿用废旧的塑料袋制作小丑的衣服，并进行小丑服装设计大赛。

3. 教师可以组织幼儿在表演区进行小丑表演，进一步了解小丑的动作特征。

资料夹

小知识

小　丑

戏剧中的一类角色，表演诙谐幽默，打扮滑稽，惹人发笑。他们有很多本领，会走钢丝、会骑独轮车、会站滚筒……但他们为了让大家一笑，却表现得很笨拙，有时候会故意摔倒。站在舞台上，他们是那么吸引人们的掌声，每当表演结束后，人们都会给予他们雷鸣般的掌声，用这种方式来表示对他们表演成功的祝贺。可是，又有多少人知道，在他们成功的背后有多少付出？每天，不管自己多么伤心、多么难过，只要一站到舞台上，他们总是把自己的笑容留给观众，而观众看到的只是他们的笑，有多少人懂得那笑容背后的秘密。

多媒体资源库

专用资源

1. 动画：小丑

2. 拼板：小丑（1～2）

86. 我的一家（油画棒画）

目标

1. 把握人物的简单特征，尝试用油画棒绘画半身人像。

2. 在观察和绘画家人的过程中，激发对家人的爱以及关注家人的情感。

准备

1. 经验准备：

幼儿有和爸爸妈妈一起照合影的经历。教师提示家长经常与孩子一起翻看家庭照片，感受家庭的亲情。

2. 物质准备：

（1）每位幼儿的家庭合影1张或多张，制成幻灯片。

（2）各自的家庭合影，幼儿每人1份；8开图画纸、油画棒、黑色水彩笔，幼儿每人1套。

过程

1. 教师带领幼儿欣赏家庭合影，感受亲情的温馨。

教师播放幼儿的家庭合影，请他们说说该照片是自己几岁时拍照的，和爸爸妈妈一起去了哪里，在什么地方拍照的，现在再看到这张照片的时候，心里是什么感觉。

2. 教师引导幼儿观察几个家庭合影，发现人物间的不同特点。

（1）教师选几张特点鲜明，有代表性的幼儿家庭照片逐一展示。

教师：现在请小朋友看一看，这是谁的家庭合影。他的妈妈长什么样子？头发是长的还是短的？是直发还是卷发？有没有发帘？是直的还是斜的？

他的爸爸是什么样子的？发型、五官、脸型都有什么特点？

（2）教师引导幼儿归纳观察结果。

教师：妈妈和爸爸的区别是什么？（发型、脸型、服装、五官，以及男人和女人给人的感觉都不一样）

3. 幼儿绘画，教师指导。

教师提示：

今天我们就来画一张家庭合影的半身像。

刚才我们都观察了爸爸妈妈和自己的外貌特征，现在我们来画一画心目中的爸爸、妈妈和自己。

你可以给爸爸、妈妈和自己设计一个你喜欢的新发型。

你也可以画出以前去游玩过的地方的风景，或是自己想去的地方的风景。

4. 教师引导幼儿欣赏、评价作品。

教师：看看哪个小朋友画的家庭合影最温馨、最漂亮。

提示

1. 这个活动可以在母亲节或父亲节时进行。

2. 开展系列活动，从关心、关注家人到关注、爱护、照顾自己周围的人，培养幼儿的爱心和关心他人的良好品德。

延伸

1. 幼儿学会观察人物的一般特点后，可以开展“我的好朋友”“我爱的人”等美术活动。

2. 可以进行多种材料的绘画和制作活动。

资料夹

小知识

肖像摄影

肖像摄影始于1836年达盖尔式摄影法中，那是在一块镀银铜版上成像，成本较高，所以被称为贵族的“永久镜子”。1854年，摄影家安德烈·迪斯德里注册了一次成像8张小照片拍摄法的专利，并用这种便宜的肖像制作名片，肖像随之平民化。随着肖像摄影的不断发展，从摄影者角度，大致形成两大走向，一个是主观肖像摄影，另一个是客观肖像摄影。主观肖像摄影者通常诱导被摄者产生他们想要的表情；客观肖像摄影家则让观众自己去揣摩被摄者的形象。

众所周知，脸部是人体中表情最丰富的部分，在肖像摄影中，最简单的方式之一就是突出人物的脸部。而眼睛又是面部五官中最传神的部位，以对象眼睛的水平高度拍摄时，拍摄的照片会显得更加亲切，如果拍摄对象径直看着相机则会加强这种效果，让观赏者感觉像是在与照片中的人进行眼神交流。

多媒体资源库

专用资源

图片：我的一家

87. 幻想国的城堡（线描画）

目标

1. 用线条设计出与众不同的城堡。
2. 大胆想象并设计城堡的多种功能。

准备

1. 经验准备：

（1）教师组织幼儿收集各种城堡图片，使之了解城堡的基本构造及屋顶的不同造型。

（2）教师在美术区提供刮画工具材料，使幼儿获得相关经验。

2. 物质准备：

（1）最佳设计师奖章3枚。

（2）幼儿自己收集的各种城堡图片、刮画纸、刮画笔，幼儿每人1套。

过程

1. 教师通过故事激发幼儿的创作愿望。

教师：幻想国的国王想要重新修建自己的城堡，于是他请来了很多的设计师，要他们帮自己设计一座又漂亮又有很多功能的新型城堡。至于有多漂亮，有哪些特殊的功能国王自己也说不清楚，总之就是要与众不同。设计师们绞尽脑汁都希望设计出国王喜欢的城堡，可是他们的设计图国王一个也没选中。现在就要请咱们小朋友帮帮忙了，你们能不能当回设计师给幻想国的国王设计一座新奇的城堡呢？对了，国王还说要请全班的小朋友当评委，帮他挑出好的设计稿，而且还要颁发最佳设计师奖章呢！

2. 教师引导幼儿观察图片，了解城堡的特殊造型。

教师引导幼儿：

为了帮助小朋友们设计出与众不同的城堡，老师今天给你们带来了一些城堡的图片，我们先来看一看，可能会对你们的设计有帮助。

这些城堡和我们平时看到的房屋有什么不同？从哪些地方看出来？（更复杂、变化更多、更漂亮；可以从墙、屋顶、柱子、大门、窗子、台阶上看出来）

城堡的墙有什么特点？（很厚、很结实，用很大块的石头砌成的）

它们的屋顶都有什么样的造型？（有三角形、梯形、半圆形、长半圆形、水滴形）

城堡的柱子有什么特别的地方？（直直的、高高的，有的下面粗上面细）

城堡的门、窗都有什么特点？（门都是高高的大大的，窗户有很多漂亮的形状，有圆形的、方形的、扇形的、花形的）

每一座独立的城堡都是做什么用的？（不同的人住在里面，有他们的大客厅、厨房、餐厅、书房、卧室、储物间等）

城堡这么高，人们怎么上去呢？楼梯、台阶是什么样子的？（楼梯有的在城堡里面，有的在外面；有的是直直的梯子，有的是盘旋而上的梯子）

幼儿根据每张图片上的城堡发表自己的看法。

3. 幼儿绘画，教师鼓励幼儿大胆想象。

教师：现在我们的设计师想好要设计一个什么样的城堡了吗？谁来说一说？教师根据幼儿的描述，帮助幼儿丰富想象。

教师：别忘了国王想要的是既漂亮又有特殊功能的与众不同的城堡，想一想，你让每座城堡都有什么样的特殊功能呢？设计师们快动手吧！

幼儿绘画，教师巡视观察，发现好的创意及时赞赏。

4. 教师引导幼儿欣赏评价作品，让幼儿学会欣赏他人，肯定自己。

教师引导幼儿：

设计师的作品都完成了，那小朋友们自己先来评一评吧！

你认为哪幅作品的线条用得最漂亮？

哪些作品与众不同？吸引人的地方是什么？

你能看出哪些城堡有特殊的功能？

哪些作品最奇特？

现在我们可以自我推荐，要说出自己作品的优势，然后大家来当评委，选出 3 名最佳设计师。

评出结果后，教师为受奖者戴上奖章，同时给予综合评价，肯定优点，提出合理建议。

提示

1. 此活动可以延伸到建筑区，搭建城堡群。

2. 活动过程中，教师可以引导幼儿运用刮画笔的两头，刮出粗细不同的线条，使画面更加丰富且有变化。

资料夹

参考图

城堡简图

多媒体资源库

专用资源

1. 图片：城堡

2. 教学用图：城堡（1～3）

88. 跳舞的人（油画棒画）

目标

1. 画出肢体扭动跳舞的人的轮廓。

2. 尝试用黑色表现人物的剪影。

准备

1. 经验准备：

（1）教师带领幼儿跟随音乐伸展肢体，模仿舞蹈动作。

（2）教师在美术区提供剪影作品供幼儿观赏和仿制。

2. 物质准备：

（1）音乐光盘、舞台激光灯下跳舞的人的视频，照相和摄像设备。

（2）4开图画纸、油画棒，幼儿每人1套。

过程

1. 教师带领幼儿跟随音乐尽情感受跳舞的快乐。

教师引导幼儿：

小朋友，请跟着老师欢快的音乐尽情地跳舞吧，看谁的动作最漂亮、最独特。

老师这里有照相机和摄像机，我要把你们漂亮的舞姿都拍下来，一会儿我们大家一起来欣赏。

2. 教师和幼儿一起看录像或照片，观察不同动作的肢体特点。

教师播放刚刚拍摄的照片和视频，边放边提问：

这张照片里有好几个小朋友，她们的动作都一样吗？

有什么不一样？教师引导幼儿观察头、胳膊、手、腰、胯、腿、脚的不同方位，主要观察肢体变化的关键——各关节部位。

3. 教师播放视频，观察在舞台激光灯下跳舞的人的特点。

教师引导幼儿：

舞台激光灯有什么特点，和普通的灯光有什么不一样？（舞台激光灯一闪一闪、很亮，因为闪得很快，看不清人的脸，只能看到人的影子）

舞台激光灯下跳舞的人有什么不一样？（只能看到人的外轮廓，看不清五官和衣服）

快节奏音乐和慢节奏音乐的动作有什么不同？（快节奏的时候人的身体扭动也比较快，而且动作会很大很夸张。慢音乐的时候人的动作也会比较慢）

我们用什么颜色表现这些在舞台激光灯下跳舞的人比较合适呢？（用黑色或深色表现人物的剪影）

4. 教师指导幼儿绘画。

幼儿作画，教师可作如下提示：

教师：小朋友可以把自己想表现的动作都画出来，看谁的动作最漂亮、夸张、可爱。

舞台激光灯是五颜六色的，它可以把画面衬托得更漂亮。

5. 教师带领幼儿以模仿方式分享创作的快乐。

教师：看看谁的作品上的人物跳舞最热烈？我们来模仿一下他的肢体造型，看谁学得最像。

提示

1. 活动可以多种方式进行，如两个幼儿合作，一个做模特，摆出造型，另外一个写生，然后轮换。

2. 活动可以设计成合作绘画，在墙上贴大的绘画纸，一个幼儿靠墙站好并摆出动作，另外一个幼儿用画笔描出轮廓，最后大家一起用水粉颜料给形象涂色。

多媒体资源库

专用资源

动画：舞蹈

89. 猜猜我摸到了什么（水粉画）

目标

1. 能大胆尝试用色彩表现自己的感觉。

2. 尝试用抽象的表现手法进行绘画。

准备

1. 经验准备：

在活动前，教师在美术活动区提供水粉画工具和材料，并指导幼儿使用。

2. 物质准备：

触摸箱每组 1 个，箱内装入软的、硬的，光滑、粗糙，凉的、热的等各种物品；水粉笔、水粉颜料、调色盘、涮笔桶、水粉纸若干。

过程

1. 教师引导幼儿通过触摸说出自己的感觉。

（1）教师：谁想来摸摸箱子里的东西，然后说说你摸到它的感觉？教师尽量引导幼儿尽可能多地说出自己的感受，不要让幼儿猜是什么，只请他们说出摸到后的感觉就可以，要引导幼儿将具体的物品转为抽象的感觉。

（2）教师：你觉得要是用颜色表现这些感受的话，你会选择什么颜色？教师引导幼儿在表现平和感受的时候可以用较柔和的颜色、同类色；在表现强烈感受的时候可以用冲突的颜色、对比色。

2. 幼儿绘画，教师指导。

教师提示：

每个小朋友都已经在摸箱里摸了一样东西，现在就请你们把你摸到后的感觉画出来。

在画的时候不要考虑你摸到的是什么，只想你摸到它的时候第一感觉就可以了。

找出与你的感觉相对应的颜色画满整张纸，可以是一种颜色的深浅变化，也可以是很多种颜色融合在一起。

3. 教师引导幼儿欣赏和评价作品。

教师引导幼儿欣赏：

现在我们把摸箱里面的东西都拿了出来，大家看看都有什么？

我们再来看看小朋友的作品，你能说说看到这些作品时你有什么感觉？教师引导幼儿根据颜色说感觉。

谁能说说这些作品有可能画的是哪个物品？教师引导幼儿将色彩、感觉与物品建立联系。

提示

1. 在准备活动材料时，教师可以大胆尝试在触摸箱中放更多的东西。可以有一些幼儿平时接触不到的东西，避免幼儿过于熟悉而直接考虑是什么物体而忽略感受。

2. 按照本活动思路，还可以设计“画听觉”“画视觉”“画味觉”等系列活动。

90. 蚂蚁的家（黑白画）

目标

1. 描绘出小蚂蚁的外形特征，以幻想的方式设计出小蚂蚁的生活环境，表现出一定的情节。

2. 体会集体拼画的乐趣。

准备

1. 经验准备：

教师在户外活动时，请幼儿注意并观察蚂蚁的外形、动态和活动。

2. 物质准备：

蚂蚁图片若干；图画纸，幼儿每人1张；（纸的四周点好蚂蚁洞的出入口，幼儿完成绘画后，所有的作品摆在一起上下左右的洞口都是相通的）黑色水彩笔，每人1支。

过程

1. 教师通过图片和儿歌帮助幼儿构建对蚂蚁形象的认知。

教师出示图片 1 并说儿歌：小蚂蚁，爱劳动，一天到晚勤做工；找食物，搬进洞，饱饱暖暖过个冬。

教师出示图片 2 并说儿歌：小蚂蚁真有趣，头上长对小胡须；小蚂蚁有情谊，见面点头很有礼。

2. 教师通过提问鼓励幼儿大胆想象蚂蚁的生活环境，为绘画做铺垫。

教师提问：

小蚂蚁整天都在忙碌着搬东西，它们把东西都搬到哪去了呢？

小蚂蚁的家是什么样子的呢？住的环境是什么样子的呢？教师鼓励幼儿大胆想象蚂蚁洞的样子。

小蚂蚁的家是不是和我们小朋友的家一样，有家具和电器，有卧室和卫生间呢？周围有马路，有红绿灯和人行道，还有汽车？

教师通过引导帮助幼儿拓展思维。

3. 教师通过启发与演示，解决幼儿创作中的技术要点。

教师：请小朋友说一说，小蚂蚁长什么样子？教师边说边画出来。

教师演示如何画蚂蚁洞，将图画纸对角的点用弯曲的弧线随意连接，最后在纸上形成一个不规则的十字通道。通道的四个角为蚂蚁洞，每个洞的形状可以不一样，有大一点的，也可以有小一点的。

4. 幼儿作画，教师激发幼儿进一步发挥想象。

教师视幼儿创作进展程度，激发幼儿的想象：

把每个洞都设计成一个小房间，通过家具的摆设知道这个房间是做什么用的。

把通道的地方设计成马路，将其中形象以外的空间作为背景涂成黑颜色，以突出房间和通道的区别。

5. 教师通过合作游戏，提高幼儿活动的趣味性。

教师和幼儿一起把所有的作品连接粘贴在一起，形成一个大的蚂蚁洞，体会合作绘画的乐趣。

提示

1. 教师要先在绘画纸上给幼儿点好蚂蚁洞的四个口，注意当幼儿的画都连接到一起时，所有的洞口都是可以相接的。

2. 教师应尽量引导幼儿画出丰富的情节，这样画面才更有意思。

延伸

1. 教师带领幼儿一起玩迷宫游戏，教师指出入口和出口，幼儿来选择通道，看谁走得最快。

2. 此活动可以和科学活动结合，制作蚂蚁饲养箱或蚂蚁饲养观察器，观察蚂蚁的活动和习性。

资料夹

参考图

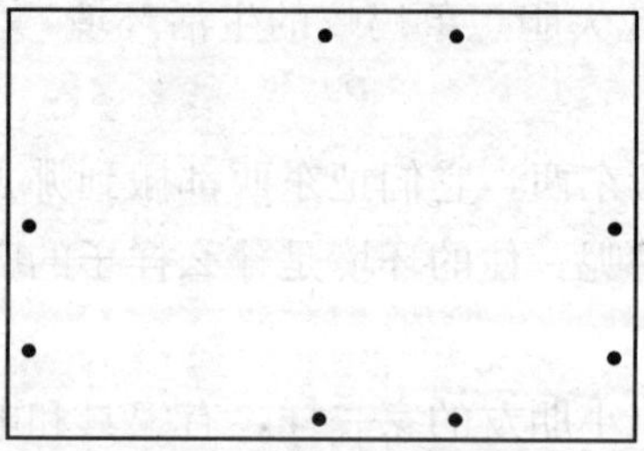

点好洞口的添画纸

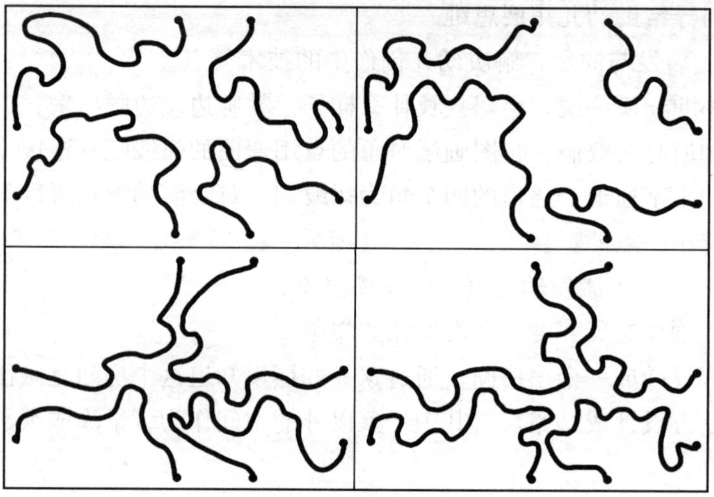

连接在一起的蚂蚁洞效果图

多媒体资源库

专用资源

添画纸：蚂蚁洞（1～2）

91. 石头变变变（石头彩塑）

目标

1. 大胆尝试在石头上进行色彩和线条绘画。
2. 根据石头的形状组合成自己想要的形象，并进行绘画创作。

准备

1. 经验准备：

教师请家长带领幼儿收集石子。

2. 物质准备：

（1）大小、形状各异的石子若干；黑色油性笔、小号水粉笔、硬纸板，幼儿每人1套；涂胶、水粉颜料，幼儿每组1份。

（2）活动前，教师请幼儿把和爸爸妈妈一起捡的石子带到班里，教师选比较光滑、形状大小各异的石子，清洗干净，留待美术活动时使用。

过程

1. 教师出示石子，激发幼儿的想象。

教师提问：

看看老师这里有这么多各种形状的石子，小朋友猜猜我会把它们变成什么？

这个形状的石子像什么？我们可以把它变成什么？

2. 教师边演示边讲解作画方法和步骤。

教师提示：

现在来看看老师是怎样把一个椭圆形的石子变成一条小鱼的！教师用水彩笔在石子上添画，还可以给小鱼设计上花纹和图案。

小鱼的身体出来了，可它还缺鱼鳍和鱼尾。我们再找更小一点的石子，做鱼鳍和鱼尾，也画上好看的颜色或花纹。

最后用牙签蘸上乳胶把鱼鳍和鱼尾粘在小鱼的身体上。教师把粘好的小鱼平放在桌面上，待干了以后在背面画上相同或不同的图案。

3. 教师指导幼儿画石子。

教师：小朋友想用这些石子变什么呢？现在就可以动手来尝试一下了！

在幼儿动手的过程中，教师提示幼儿根据自己选择的石头形状进行大胆想象，在描画的过程中注意颜色的搭配和花纹的设计。

4. 幼儿展示分享作品。

幼儿完成作品后，教师请一些幼儿展示、介绍他们的作品，说一说自己是怎么想的，把石子变成了什么。其他小朋友发表看法。

提示

1. 有条件的幼儿园，可以给幼儿提供水粉颜料或丙烯颜料画石子，这样颜色更鲜艳，效果也会更好。

2. 向幼儿提供一些辅助材料，帮助他们丰富自己的作品。

3. 备一个硬纸板，在上面组成一个有情节的石子彩塑。

多媒体资源库

专用资源

图片：石子彩塑

92. 奇怪的脸（水彩画）

目标

1. 欣赏抽象画作品，尝试画抽象画。

2. 在有拼图纹样的纸上绘画，感受绘画的乐趣。

准备

1. 经验准备：

教师在活动区提供拼图玩具，使幼儿获得有关经验。

2. 物质准备：

毕加索的作品图片或视频，印有拼图纹样的8开图画纸、彩色卡纸、黑色油性笔、水彩笔，幼儿每人一套；胶棒若干。

过程

1. 教师引导幼儿欣赏毕加索的作品，感受抽象画的夸张与怪诞。

教师引导幼儿欣赏：

这些画是著名的画家毕加索的作品，小朋友们看到这些画有什么感觉？

它们和我们平时看到的画有什么不一样？（平时的画我们能看出画的是什么，这些画只有漂亮的颜色和线条，看不出是什么）

这些作品有什么共同的特征？（都有好看的颜色和各种各样的线条，但是都看不出来画的是什么）

这些怪诞的、夸张的、变形的、有趣的作品，我们称它们为抽象画。

2. 教师引导幼儿讨论，在头脑中构思画面内容。

教师：今天我们就来画一张抽象画，画一张奇怪的脸。你想怎么表现这张奇怪的脸呢？

你想怎么进行夸张和变形的？

3. 教师指导幼儿绘画。

教师提示：

请小朋友先将拼图纹样用黑色油性笔描一遍，让这些纹样清楚、明显起来。

在这张纸上将自己设计的“奇怪的脸”画好，可以画几张“奇怪的脸”；然后将画纸全部涂色，可以涂几种颜色，不要受拼图纹样的影响。

4. 教师带领幼儿制作有趣的拼图画，感受绘画的乐趣。

教师边演示边说：先将画好的“奇怪的脸”剪下，再将余下的纸沿黑色线条一块块地剪下。

将“奇怪的脸”粘贴在彩色卡纸的主体位置，再将剪下来的其他纸块随意的粘贴在它四周。

幼儿制作，教师巡视，随时给予指导。

5. 教师组织幼儿欣赏作品。

幼儿自己将作品粘贴在绘画墙上。

教师：小朋友，你们互相猜猜作品上剪下的那些拼图块是从画面的哪个位置剪下来的。

提示

1. 活动后，幼儿可以用拼图模板自制拼图，在拼图底纸上绘制有主题的图画，也可以画些装饰形象和抽象图案。

2. 此活动也可以用油画棒进行绘画。

多媒体资源库

专用资源

添画纸：拼图底纹（1～4）

93. 好看的瓶瓶罐罐（写生画）

目标

1. 初步掌握写生有遮挡关系的物体。

2. 在写生的基础上用多种线条装饰瓶子。

准备

1. 经验准备：

在活动前，教师带领幼儿写生一两个物体。

2. 物质准备：

（1）各种大小不同的、形状不同的瓶瓶罐罐。

（2）黑色卡纸、粗细金、银油漆笔，幼儿每人1套。

过程

1. 教师把所有的瓶罐摆成一排，引导幼儿观察其不同的造型。

教师引导幼儿观察：

老师桌子上的这些瓶罐都是怎么摆放的？

这些瓶罐有什么不一样？

教师引导幼儿从高矮、宽窄、上下进行比较。

2. 教师把瓶罐重新摆放，小的、矮的放前面，高的、大的放后面，引导幼儿观察瓶罐之间的关系。

教师引导幼儿进一步观察：

现在老师这么摆放和刚才有什么不一样？教师引导幼儿说出位置变化了，瓶罐之间出现了遮挡关系。

前面的瓶子挡住了后面瓶子的哪一部分？

我们在写生的时候是先画前面的，还是先画后面的？（先找一个主要的瓶子画在纸的合适位置，其他的瓶子，无论前后都对照这个瓶子去画；看看在它的什么位置上，左面还是右面，前面还是后面，比它高还是矮，胖还是瘦，造型上有什么区别）

后面的瓶子被挡的部分还要画出来吗？如果不画出来，我们在画面上怎么表现？教师引导幼儿把被挡上的部分可以先虚画，定稿的时候被挡住的部分就不要画出来了。

画写生画的时候我们是低着头一直画，还是边观察边画？（边观察边画）

3. 幼儿绘画，教师指导。

教师提示：

小朋友要想好第一个瓶子画在画面的什么地方，要给旁边和后面的瓶子留好位置。

我们今天画的是写生画，所以小朋友要边观察边画。

为了让我们这张画更好看，可以给瓶子上装饰出漂亮的花纹。

4. 教师引导幼儿评价欣赏作品。

教师引导幼儿欣赏：

看看谁的画面最完整，瓶子摆放的位置最合适。

谁的瓶子装饰得最漂亮。

提示

1. 此活动可以用砂纸、油画棒进行绘画。

2. 遮挡关系比较难表现，教师要引导幼儿自己进行观察，并尝试绘画，不要强求幼儿画出遮挡关系。

资料夹

小知识

什么是写生画

写生即直接面对实物或是人作画；一般属于资料收集和经验积累，但是有些精湛写生也可成为具有欣赏性的作品。

94. 彩色的画框（彩笔画）

目标

1. 用漂亮的图案和花纹装饰画框。

2. 学习用水彩笔在画框内画画。

准备

1. 经验准备：

教师带领幼儿为绘画、照片等装上画框，并悬挂于活动室，使幼儿了解画框的作用。

2. 物质准备：

(1) 各种画框及带有画框的照片或美术作品。

(2) 8开图画纸、水彩笔，幼儿每人1套。

过程

1. 教师引导幼儿欣赏画框，了解画框的作用。

教师引导幼儿欣赏：

小朋友请看看这些画放在画框里和不放在画框里有什么不一样？教师出示有框的和没框的照片和图片。

这些画框都一样吗？它们有什么区别？

画框上用的都是什么花纹或图案？它们都有什么规律？（有的花纹和图案是随意的，有的则是规律的）教师帮助幼儿找到简单的规律。

2. 教师引导幼儿设计画框。

教师提问：

你们今天想不想也来设计一个漂亮的画框，在里面画上自己喜欢的画啊？

谁能说说你想设计一个什么样的画框？（教师停顿片刻，再请幼儿回答，以便幼儿先在头脑中建立自己的设想，学会先构思再落笔）

想一想，你准备画一幅什么样的画，给这幅画配上一个什么样的画框会更漂亮。

3. 教师指导幼儿作画。

教师在幼儿作画过程中可作如下提示：

（1）先把画框的大小、宽窄定下来，再进行装饰。教师：你是想画宽一点的画框，还是窄一点的画框？别忘了给里面漂亮的画留出地方哦！

（2）如果幼儿设计了有规律的图案或花纹，提示他们，色彩上也应有一定的规律。

（3）注意画框的颜色与里面画的颜色反差要适度。教师：小朋友要注意，画框和画的颜色如果太一样，将会怎样？如果太不一样了，又会怎样？（太一样了，就分不清哪是画哪是框了；如果太不一样，画和框又好像要分家了。所以，画和画框的颜色要有一些区别，区别又不要太大）

4. 教师引导幼儿分享评价作品。

作品完成后，幼儿将其展示，教师提问：

哪幅画最有特点？哪个画框最有特点？

哪幅画和画框最与众不同？

哪幅画和画框的色彩最和谐？哪幅画和画框的颜色最跳跃？

你最欣赏哪个作品？为什么？

幼儿说出自己的看法，同时学会欣赏与客观地评价自己和他人的作品。

提示

幼儿可以设计异形的画框，如花形、心形等。

延伸

手工制作画框，如将平面材料剪成画框，再在上面描绘或粘贴花纹。

资料夹

参考图

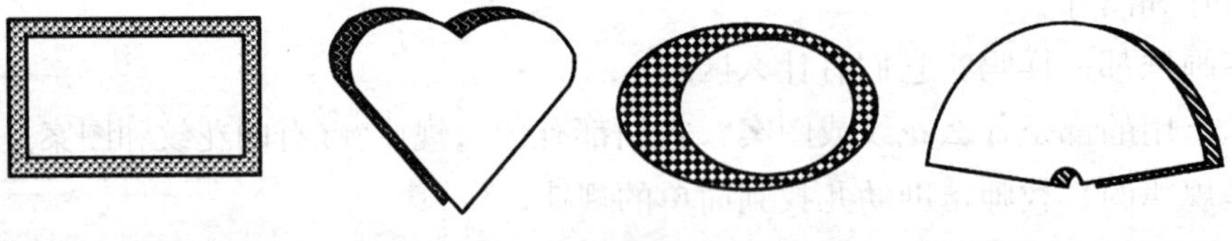

画框图示

多媒体资源库

专用资源

纸形：画框（1～8）

95. 三个和尚（彩笔画）

目标

1. 能表现三个和尚不同的外形特征。

2. 尝试画出故事情节。

准备

1. 经验准备：

（1）活动之前，教师为幼儿讲述《三个和尚》的故事，使其了解故事情节。

（2）教师为幼儿播放《三个和尚》动画。

2. 物质准备：

（1）《三个和尚》动画。

（2）4 开图画纸、油画棒、黑色水彩笔，幼儿每人 1 套。

过程

1. 教师播放《三个和尚》故事动画，引导幼儿觉察人物的不同外貌特征。

教师提问：

三个和尚各有什么特征？怎么能区别出每一个人？（引导幼儿从他们的脸型、高矮、胖瘦来进行分析）

他们的动作有什么不一样？

他们的表情都一样吗？

2. 教师引导幼儿回忆故事情节，改编故事的结尾。

教师提问：

小朋友还记得故事的情节吗？

是哪个和尚先上的山，他是怎么生活的？后来谁又上山了，最后发生了什么事情？幼儿复述故事情节。

教师：我们设想一下，还会有什么不同结局？有想法的幼儿逐一讲述自己的新设想，其他幼儿给予补充。

3. 幼儿绘画，教师指导。

教师提示：

小朋友，在画画之前，先想想你想画一个什么情节，这个情节里有几个和尚。

他们在做什么，都是什么姿态，什么表情。

画面的背景都有什么?

如果是不一样的结尾，想一想，怎么画才能让别人看出来。

我们先用黑色水彩笔画出轮廓，然后进行涂色。

4. 幼儿讲述自己的故事，增强信心。

教师提问：

谁能给我们讲讲你画的是哪个情节?

你的画和别人有什么不一样的地方?

延伸

1. 如果幼儿对画故事感兴趣的话，教师可以提供更多的16开画纸，每周一个内容，然后将幼儿的作品装订成册，制作成自己的故事书。

2. 这个活动也可以设计成泥塑，可以更好地表现人物的外貌特征。

资料夹

故事

《三个和尚》故事梗概

山上有座小庙，庙里有个小和尚。他每天挑水、念经、敲木鱼，给观音菩萨案桌上的净水瓶添水，夜里不让老鼠来偷东西，生活过得安稳自在。

不久，来了个长和尚。他一到庙里，就把半缸水喝光了。小和尚叫他去挑水，长和尚心想一个人去挑水太吃亏了，便要小和尚和他一起去抬水，两个人只能抬一只水桶，而且水桶必须放在扁担的中央，两人才心安理得。这样总算还有水喝。

后来，又来了个胖和尚。他也想喝水，但缸里没水。小和尚和长和尚叫他自己去挑，胖和尚挑来一担水，立刻独自喝光了。从此谁也不挑水，三个和尚就没水喝了。

大家各念各的经，各敲各的木鱼，观音菩萨面前的净水瓶也没人添水，花草枯萎了。夜里老鼠出来偷东西，谁也不管。结果老鼠猖獗，打翻烛台，燃起大火。三个和尚这才一起奋力救火，大火扑灭了，他们也觉醒了。

从此三个和尚齐心协力，水自然就更多了。

“变变变”系列美术活动

1. 白云飘飘（创意手工）

目标

1. 感受天空中不断变化的云，用棉花富有创意地表现白云。

2. 喜欢参加创意手工活动，体验创作的乐趣。

准备

1. 经验准备：

教师在户外活动时和幼儿一起观察天上不断变化的白云，说一说自己的发现。

2. 物质准备：

（1）白云飘飘图片。

（2）棉花、蓝色图画纸，幼儿每人 1 份，双面胶、胶棒，幼儿每组 1 份。

过程

1. 教师出示白云飘飘图片，幼儿集体随图中出现的景象，说说自己的发现，引出活动内容。

教师引导幼儿欣赏图片，并提问：

小朋友，我这里有许多天上白云变幻的图画，让我们一起看一看，你会有什么发现！教师同幼儿一起观看白云飘飘图片。

白云飘飘，变幻无穷，说变就变，说出发现。

幼儿说出自己的观感和发现。

2. 教师引导幼儿创作自己的“白云飘飘”，并介绍工具材料。

教师：小朋友，刚才我们都看到了许多变幻的白云，你们想不想也创作一幅属于自己的“白云飘飘”？老师这里有许多洁白柔软的棉花，用我们的小手，会变出各种各样不同的白云。

教师边说儿歌边演示：“白云白云变变变，千变万化在眼前。棉花棉花变变变，变成白云天上飘。”教师将棉花摊开，摆在蓝色画纸上，然后用手将棉花抻拉成一定形状，最后将变好的白云粘贴在蓝色图画纸上，白云飘飘就做好了！

3. 幼儿用棉花创作白云，教师进行指导。

教师视幼儿创作情况，重点提示幼儿造型的方法和步骤：应先将胶或双面胶涂抹、粘贴在蓝色图画纸上，然后再将抻拉好的白云贴在上面。

4. 幼儿集体分享创作成果。

幼儿创作完成后，将每个人的作品贴在班内屋顶，组合成蓝天白云的场景，集体欣赏，在白云下唱歌跳舞。

多媒体资源库

专用资源

1. 图片：棉花创意画

2. 图片：白云飘飘

2. 绕线线（线条添画）

目标

1. 在简单图形外，有控制地画出线条的不同变化。

2. 提高小肌肉的动作及手眼协调能力，感受线条添画的乐趣。

准备

1. 经验准备：

活动前，教师同幼儿一起玩描画直线、弧线、折线、螺旋线的游戏，感知线的不同变化。

2. 物质准备：

图形卡、印有几何图形的画纸、水彩笔或油画棒，幼儿每人1份。

过程

1. 教师通过话题“蚕宝宝的新房子”引入，激发幼儿创作兴趣。

教师：春天到了，在一棵茂密的大桑树上住着许多可爱的蚕宝宝。它们每天不停地吃桑叶，等着吐丝盖新房。可是，它们只会设计一种形状的房子。小朋友，你们能帮它们设计一些其他形状的房子吗？

教师：你们能用手或身体，把你喜欢的图形变出来吗？哪位小朋友为我们表演一下？其他小朋友猜一猜他变的是什么图形？（圆形、三角形、正方形）

2. 教师启发幼儿用手指在空中描画图形的轮廓。

教师发给每组一套图卡并提示

教师：小朋友，我们做一个游戏，请你抽出一张图形纸，看看上面画的是什么形状，你用手指比划一下，请其他小朋友猜一猜。

教师请几个幼儿分别试着画出图形的轮廓，其他幼儿观察，并说出他们画的是什么形状。

教师：蚕宝宝还想把自己的房子变大，它就一圈一圈地吐丝。

教师边说边演示绕圈画线的方法（由内向外一圈一圈画图形的轮廓线），幼儿跟随教师用手在空中画不同的线。

教师带领幼儿画各种不同的线，边画边告诉幼儿什么是直线，什么是弧线，巩固幼儿对不同线条的认识。

3. 幼儿画线，教师鼓励并指导。

教师发给每个幼儿一张几何图形添画纸。

教师：小朋友，蚕宝宝想请你帮它们用线把房子变大；现在请你选一支彩色笔沿着蚕宝宝房子的外周绕线线，让房子越变越大。

幼儿画线，教师提示：注意房子变大了，房子的形状可不能变。

4. 教师和幼儿一起分享创作成果。

(1) 教师与幼儿一起将作品展示在创意主题墙《蚕宝宝的新家》上。

(2) 教师模仿蚕宝宝对完成今天活动的幼儿致谢，感谢他们给自己设计的新房子、大房子。

提示

在创作活动中，教师应注意观察，在沿图形轮廓画线将图形扩展变大时，如果幼儿总在同一轮廓线上重复画，教师要给予提示和引导。

资料夹

小知识

蚕

蚕是全变态昆虫，一生中历经卵、幼虫、蛹、成虫四个发育阶段。蚕属寡食性昆虫，桑叶是蚕最适合的天然食料。除喜食桑叶外，也能吃柘叶、榆叶、葡萄叶、鸦葱、蒲公英和莴苣叶等。蚕食桑后，幼虫生长迅速。在适温条件下，一头蚕自孵化至吐丝结茧，一般经四次休眠和蜕皮，大约6～9 天蜕一次皮，共需约 24～32 天。桑蚕茧可缫丝，丝是珍贵的纺织原料。

多媒体资源库

专用资源

1. 动画：蚕吐丝

2. 添画纸：几何图形（1～5）

3. 会变的杨树花（小制作）

目标

1. 感知杨树花柔软、易变形、易组合的特性，能运用其特性组合、变化造型。

2. 喜欢参加自然物的收集、创意活动，体验用自然物创作的乐趣。

准备

1. 经验准备：

教师在户外活动时和幼儿一起观察杨树花的样子，充分感知它的柔软、易变形、易组合的特性。

教师在美术区提供其他自然物，如树叶、树枝等，以便幼儿获得与其相关的创作经验。

2. 物质准备：

（1）活动选择在春天杨树花开，户外场地有大量的杨树花的时候。

（2）照相机或摄像机。

过程

1. 教师同幼儿一起在户外活动，做活动前的准备。

（1）教师和幼儿一起在户外场地捡拾杨树花，并请幼儿说说自己的发现——杨树花的颜色不同、软软的像毛毛虫、许多杨树花放在手里沉甸甸的……

教师：小朋友，这些杨树花长长的、软软的，不知道你们能不能用这些捡来的杨树花拼幅画？谁想试一试，挑战一下。

（2）回到活动室，教师组织幼儿将捡拾的杨树花放入小篮中，幼儿每组 1 份。

2. 教师启发引导幼儿用杨树花进行构思创作。

教师：小朋友，现在你可以用刚才收集的杨树花组合拼出你的创意，可以是房子、小汽车、小花、小狗……如果你觉得自己一个人创作太孤单了，你还可以找个朋友一起来创作。

针对个别遇到困难的幼儿，教师可以先询问他们的创作意图，然后和幼儿一起拼出轮廓，再继续创作。教师随时关注幼儿创作情况，重点提示他们运用杨树花柔软的特性进行造型。

3. 教师与幼儿集体分享创作成果。

（1）创作完成后，教师请幼儿将作品摆放到指定位置，集体欣赏。

（2）大家依次走到作品前，教师：请小朋友猜一猜这幅作品拼的是什么？如果猜不出来，就请作者大声地告诉大家。

提示

1. 如果条件允许，活动前一定让幼儿充分与杨树花互动，充分感知它的柔软、易变形、易组合的特性，丰富幼儿的感知经验，为幼儿的创作做充分的准备。

2. 教师还可以在户外活动时组织幼儿进行杨树花的创意活动，鼓励幼儿与同伴合作创作，体现集体创作的力量。

3. 由于自然物创作不易保存，教师在幼儿创作的过程中，可以有针对性地进行拍摄和录像，记录下幼儿的创作过程和作品。

资料夹

小知识

杨　树　花

早春，冰封未全解，杨树就早早地开花了，杨树花与其说是花不如说是穗，每个穗十多公分长，一串串，毛茸茸的，呈淡褐色，样子极像毛毛虫，倒挂在树枝上。大约一两天，街道路旁的地上就落满了杨树花。捡拾起杨树花，会发现花穗是柔软的，可摆放成各种形状，可谓即兴创作的有趣材料。

多媒体资源库

专用资源

图片：杨树花

4. 橘皮对对碰（橘皮组画）

目标

1. 根据橘子皮天然的颜色和纹理，将其分割、组合、变化，构成形象。

2. 喜欢用橘子皮进行创意活动，体验用生活中的常见废旧物品创作的乐趣。

准备

1. 经验准备：

吃午点时，教师与幼儿一起观察橘子、橘子皮的颜色和样子，感知橘子皮的特点。幼儿剥橘子皮时，教师提示他们充分感知橘子皮的柔软、易破碎的特性。

2. 物质准备：

（1）照相机或摄像机。

（2）橘子皮若干，橘皮创意图片。

过程

1. 教师与幼儿欣赏橘皮创意图片，引出活动内容。

教师：小朋友，你们知道吗？这些吃完的橘子皮碰在一起可以组成有趣的图画，现在我们大家一起来欣赏哥哥姐姐用橘子皮碰在一起组成的图画。

2. 教师启发引导幼儿用橘子皮进行构思创作。

（1）教师：小朋友，现在你也可以把刚才剥下的橘子皮碰在一起，组合拼出你的创意画，可以是小鸡、小花、小狗、小房子……看看谁的橘子皮碰在一起拼出的图画最有趣。

（2）针对个别遇到困难的幼儿，教师可以先询问他的创作意图，然后和他一起拼出形象的主体部分，再由他自己添加剩余部分，完成作品。

（3）教师视幼儿的创作情况，重点提示幼儿运用橘子皮的自然形态和颜色进行创作。

3. 教师与幼儿集体分享创作成果。

幼儿创作完成后，教师请幼儿保留作品与旁边的幼儿交流分享。教师：先请你的朋友猜一猜，这幅作品拼的是什么？如果猜不出来，你再将自己拼的是什么告诉他。

提示

1. 活动前一定让幼儿充分观察橘子皮的自然形态、颜色、纹理等特征，丰富幼儿的感知经验，为幼儿的创作做充分的准备。

2. 由于橘子皮创作画不易保存，教师在幼儿创作的过程中，可以有选择地进行拍摄和录像，记录下幼儿的创作过程和作品，以便事后与幼儿一起进行分享。

3. 幼儿掰橘子皮时，会出现许多小块的橘子皮，教师要提醒幼儿保持桌面和地面的整洁，必要时可以提供小筐或小盘子供幼儿装剩余的橘子皮。

4. 活动后，每遇午点吃完橘子，教师都可以鼓励幼儿与同伴一起用橘皮做创意拼摆。

多媒体资源库

专用资源

图片：橘皮创意拼图

5. 什么长长的（综合美术活动）

目标

1. 尝试变长人或动物身体的某一部位，体会千变万化带来的乐趣。

2. 按一定线索大胆想象，运用不同的材料进行创作。

准备

1. 经验准备：

在活动前，教师引导幼儿尝试画简单的人物和容易变形的动物，如蛇、大象、小兔等。

2. 物质准备：

（1）长颈鹿、大象、小兔、猴子、儿童等图片，可以变长脖子、胳膊、腿的木偶玩具。

（2）8 开图画纸、黑色水彩笔、油画棒、剪刀、彩色卡纸、彩泥，幼儿每人 1 份。

过程

1. 情境导入。

教师：动物园里的动物真奇怪，有的尾巴长又长，有的耳朵长又长，有的脖子长又长，有的鼻子长又长，要是它们都变长，那该是个什么样？小朋友们猜一猜，它们到底都是谁？——大象、小兔子、长颈鹿……

教师：现在我们来看屏幕，看看你们猜到了吗？教师播放视频或出示图卡。

2. 教师向幼儿发出挑战，激发幼儿创作的愿望。

（1）教师启发幼儿回忆动物“长长的”部位：小朋友刚才看到的这些动物，身体上都有一个长长的部位，它们都是什么？——尾巴、耳朵、鼻子、脖子。

（2）教师引导幼儿进行“长长的……”创作：小朋友，这些长长的部位对每个动物都很重要。这些部位还能变长吗？如果都在人的身上变长，会是什么样？你们也来试试把人或动物身体的某个部位变长。教师边讲边用变形木偶或其他玩具演示。

（3）教师介绍材料，启发幼儿使用不同材料进行创作：彩泥容易变形，可变长；画笔使用方便，可变长；剪纸折纸变化多，可变长。如果需要，可以组合起来使用。

3. 幼儿创作，教师适时给予鼓励指导。

（1）教师播放音乐，让幼儿在轻松、欢快的音乐中进行创作。

（2）教师鼓励幼儿大胆想象与表现，创作不同的“长长的……”作品，当幼儿遇到困难不知如何表现时，教师用图片或木偶进行示范引导。

4. 教师组织幼儿展示与分享作品。

（1）教师与幼儿一起将作品分两组（动物组、人物组）在分享墙或展示台上供大家欣赏。

（2）教师引导幼儿向大家介绍自己的作品，讲一讲它们“长长的”在哪里？

提示

1. 鼓励幼儿进行多种材料的尝试，但过多的材料会影响创作，所以教师的引导重点一定要放在如何表现“长长的”，而不是谁用的材料丰富。

2. 活动后，教师可在美工活动区域创设“百变创意区”，引导幼儿进行更多的创意活动。

多媒体资源库

多用资源

图片：可爱的小动物、野生动物

6. 大大和小小（综合美术活动）

目标

1. 喜欢听童话故事，感受夸张的故事情境。

2. 感知物体大与小带来的不同视觉效果，能运用夸张的手法进行表现。

准备

1. 经验准备：

（1）在活动前，教师同幼儿一起观看迪士尼动画片《小人国》或图画书《鼠小弟的小背心》等，感受画面中“大大的”和“小小的”。

（2）教师引导幼儿练习画简单的人物、动物、生活中的物品等，将其变大或变小。

2. 物质准备：

（1）动画片《小人国》，多媒体资源《大大和小小》。

（2）8 开图画纸、黑色水彩笔、油画棒、剪刀、彩色卡纸、彩泥，幼儿每人 1 份。

过程

1. 教师回放动画片片段进行情境导入。

教师：小朋友，你们刚才在动画片里都看到了大大的什么和小小的什么？他们给你的感觉一样吗？为什么？（有格列佛、小人国的士兵、大船、小船和小兔子）

2. 教师展示“大大与小小”图片，激发幼儿创作的愿望。

（1）教师展示图片，幼儿欣赏。教师：小朋友，在刚才的动画片里我们看到了大大的格列佛和小人。现在我们还会看到“大大的”和“小小的”新组合。

（2）教师引导幼儿进行“大大和小小的”创作。教师：小朋友，我们生活中也有许多大大和小小的东西，你能把他们之间发生的故事画下来，或用剪贴的方式表现出来，讲给大家听吗？

3. 幼儿创作，教师适时给予鼓励指导。

（1）教师鼓励幼儿大胆创作，提示幼儿大与小对比要明显，很夸张。

（2）当幼儿遇到困难表现不出所画物体的大小对比时，教师可以利用图片与添画相结合的方式支持幼儿进行创作。

4. 教师组织幼儿展示与分享作品。

（1）教师请幼儿将自己的作品在小组内进行交流展示，向朋友们讲述自己的“大大的”和“小小的”故事。

（2）每组推选1～2幅作品向全班幼儿展示并讲述。

（3）指导幼儿将画分组装订成册，放在图书区供大家阅读欣赏。

提示

1. 创作过程中教师应注意提示幼儿，在表现大大与小小的同时，不要忽略故事情境的表现。

2. 活动后，教师在美工活动区域提供一幅长卷纸，幼儿可以随时把自己的“大大的与小小的”创意画在上面。

资料夹

伊索寓言

青蛙和公牛

有一次，公牛在湿润松软的牧场上吃草时，踩着一窝青蛙。许多青蛙被踩死，只有一只逃出来，跳回去把这件事告诉妈妈。

他喊道：“妈妈，牧场上有一头巨大的动物，我从来没见过这样的东西。”

青蛙妈妈鼓起她那皱巴巴的外皮。

“像这么大吗?”她问。

“噢，比这大多了，妈妈。”小青蛙说。

青蛙妈妈鼓得更大一些。

“那么，有这么大吗?”她闷声闷气地问。

“比这大一百倍，妈妈。即使你吸足气，鼓破肚子，也不会有它一半大。”

青蛙妈妈一想到有人比她大，非常恼火。她把自己瘦小的蛙腿弯起来撑到地上，深深地吸了一大口气，把肚子鼓得很大很大，她原来皱巴巴的皮绷得像鼓面那么光滑，由于用劲过大，眼睛都凸出来了。

“大，还要大，大，再大，”她想，“再大，再大，再大。最大!”最后她吸足了一大口气，砰的一声，胀破了，瘪瘪地倒在草地上。

多媒体资源库

专用资源

图片：大大和小小

图画故事：大大和小小